역사관과
역사학자
비동시성의 동시성

역사관과 역사학자

비동시성의 동시성

2022년 7월 20일 초판 인쇄
2022년 7월 25일 초판1쇄 발행
2023년 5월 15일 초판2쇄 발행

지은이 | 허동현
교정교열 | 정난진
펴낸이 | 이찬규
펴낸곳 | 북코리아
등록번호 | 제03-01240호
주소 | 13209 경기도 성남시 중원구 사기막골로 45번길 14
　　　우림2차 A동 1007호
전화 | 02-704-7840
팩스 | 02-704-7848
이메일 | ibookorea@naver.com
홈페이지 | www.북코리아.kr
ISBN | 978-89-6324-880-6(93900)

값 25,000원

역사관과 역사학자

비동시성의 동시성

허동현 지음

북코리아

CONTENTS

CONTENTS

I

「황사영백서」,
개인과 전체
무엇이
더 소중한 가치인가?

1
머리말

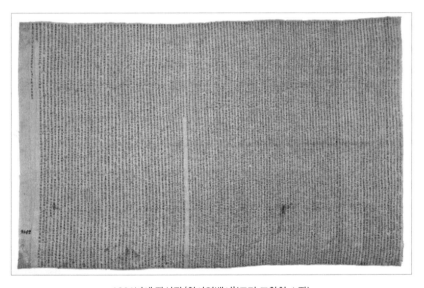

1801년에 작성된 '황사영백서'(로마 교황청 소장)

천주교 신자 황사영이 흰 비단에 썼으므로 '황사영백서(帛書)'라고 한다(출처: 천주교 원주교구 배론성지).

"네가 20세가 되거든 곧 나를 만나러 오너라. 내가 어떻게 해서든 네게 일을 시키고 싶다."

16세에 진사가 된 신동 황사영(黃嗣永, 세례명: 알렉시오, 1775~1801)의 손목을 잡고 정조(正祖, 재위 1777~1800)가 한 말이다.[1] 임금의 옥수(玉手)가 닿았던 손목에 붉은 비단천을 감고 다녔던 장래가 촉망되던 청년 황사영. 그러나 그는 바로 다음 해인 1791년 신해박해(辛亥迫害)를 맞아 남인 출신 지식인 신자들이 배교(背敎)하는 와중에 천주교에 입교함으로써 양반 관료로서의 길을 포기하고 새로운 사상운동에 투신했다. 이후 그는 이승훈(李承薰, 1756~1801), 홍낙민(洪樂敏, 1740~1801), 최창현(崔昌顯, 1754~1801)과 함께 선교사 영입 운동을 전개하는 등 1801년 신유박해(辛酉迫害)가 일어날 무렵에는 교계의 핵심 지도자 중의 하나로 떠올랐다.

박해가 일어나자 다른 양반 신도와는 달리 체포령을 거부하고 충청도 제천 배론[舟論]의 토굴에 은신한 그는 신유박해의 전말과 순교자들의 행적 및 조선 교회 재건을 위한 방안들을 북경교구 구베아(Alexander de Gouvea, 1751~1808) 주교에게 호소하는 장문의 서한을 흰 비단천에 썼다. 소위 「황

1　"왕이 그의 비상한 재능에 대한 이야기를 듣고 불러들여 얼마 동안 이야기를 나누고 크게 후대하여 친애하는 표로 손목을 잡기까지 하였으며 그를 떠나 보내며 이렇게 말하였다. '네가 20세가 되거든 곧 나를 만나러 오너라. 내가 어떻게 해서든지 네게 일을 시키고 싶다.' 특히 왕이 아무도 만나지 않고 자기 가족이나 국사를 논하기 위하여 대신들하고밖에는 관계를 가지지 않으며, 우리네 관습에서 허용되는 점잖고 고상한 그 친숙을 하나도 결코 하지 않는 이 나라에서 그것은 비상한 특전이다. 그러므로 (황사영) 알렉산델은 그때부터 왕의 손이 닿은 영광을 가진 이 손을 보통 사람은 마구 만질 수 없다는 것을 표시하기 위하여 손목을 명주로 늘 감고 다녀야 하였다." Dallet, *Histoire de L'eglise de Coree*, I, Librairie Victor Palme, Paris, 1874; 샤를르 달레, 안응렬·최석우 역주, 『한국천주교회사』상, 분도출판사, 1979, p. 574. 하성래는 정조와 그의 일화를 "재주 있는 인물들에 붙어 다니는 카리스마적인 설화"로 치부했고, 권평은 황사영이 급제자 126명 중 113등이었다는 사실로 미루어볼 때 이 일화는 사실이 아닐 것으로 보았다. 하성래, 「황사영의 교회활동과 순교에 대한 연구」, 『교회사연구』13, 1998, p. 83; 권평, 「황사영(「백서」)과 정하상(「상재상서」)의 저작에 나타난 천주교의 국가에 대한 두 가지 태도 연구」, 『한국교회사학잡지』54, 2019, p. 16. 그러나 그의 무덤에서 청화백자함에 담긴 비단 수건이 출토됨으로써 이 일화가 사실이었음이 입증되었다. 이장우, 「황사영과 조선후기의 사회변화: 경기 북부 지역 교회 사적의 기초적 검토 일례」, 『교회사연구』31, 2008, pp. 82-83; ——, 「신유박해와 황사영백서 사건」, 한국교회사연구소 편, 『한국천주교회사』2, 한국교회사연구소, 2010, p. 48.

사영백서(黃嗣永帛書)」라고 불리는 이 서한은 사전에 발각되어 북경 주교에게 전달되지 못했지만, 신앙의 자유를 얻기 위한 방안으로 외세의 개입 — ① 서양 제국의 재정원조 ② 북경 교회와의 긴밀한 연락 ③ 선교사의 조선 입국 허용을 위한 로마 교황의 중국 황제에 대한 협조 서신 발송 ④ 조선 교회의 안정을 위해 조선에 대한 중국의 보호와 간섭 ⑤ 서양 함대 및 병력의 조선 파견 등 — 을 요청하고 있었다는 점에서 그 역사적 의의를 둘러싼 논란이 계속되어왔다.

　　인간은 한 시대의 지배적 정신에서 자유롭기 어렵다. "우리는 민족중흥의 역사적 사명을 띠고 이 땅에 태어났다." 1994년 국민교육헌장(1968년 공포)이 역사의 뒤안길로 사라지기 전까지 이 땅의 사람들은 민족의 중흥을 위해 살아야 했다. 그 시대를 산 이들의 머릿속에는 고사리손으로 제방에 난 구멍을 막아 마을을 구한 네덜란드 소년의 이야기도 각인되어 있다. 교과서를 통해 주입받은 이야기이기 때문이다. 이 모두 전체의 이름으로 낱낱의 희생을 강요하던 시절 국가가 국민을 동원하기 위해 만든 신화일 뿐 아이의 손바닥 하나로 둑에 난 구멍을 막을 수는 없는 일이다.[2] 그러나 이에 맞서 민중의 이름으로 새 세상을 꿈꾼 이들의 눈에도 개인은 보이지 않았다. 민족과 민중 같은 거대담론이 횡행할 때 개인은 없다. 이데올로기가 모든 것을 지배하던 시대에 자신들이 상상하는 세상에 정당성을 주기 위해 만들어진 개인 동원을 위한 거대담론의 수사(修辭)인 민족과 민중은 일란성 쌍둥이다. 그때를 산 여성들은 남성보다 큰 희생을 강요받았다. 국가권력과 가부장권이라는 두 개의 족쇄가 여성을 속박했다. '현모양처(賢母良

2　메리 메이프스 도지(Mary Mapes Dodge, 1831~1905)가 쓴 동화책(*Hans Brinker or The Silver Skates*, 1865)에 나오는 소년이 손가락으로 제방에 뚫린 구멍을 막아 마을을 구했다는 이야기는 사실이 아니지만, 이를 사실로 알고 몰려드는 관광객으로 인해 동상까지 만들어졌다고 한다. https://en.wikipedia.org/wiki/Hans_Brinker,_or_The_Silver_Skates

妻)'라는 말이 웅변하듯 여성은 민족과 민중의 이름으로 남성에 봉사하는 도구일 뿐이었다.

그러나 시대가 변하면 역사를 보는 눈도 바뀌어야 하지 않을까? 다원화된 세상으로 진화한 오늘날은 이데올로기가 모든 것을 지배하던 시대에 자신들이 상상하는 세상에 정당성을 주기 위해 연역적으로 만들어진 도식적 역사서술에서 벗어나 타자와 더불어 살기를 이야기하는 시민의 눈으로 본 역사 인식이 더없이 필요한 때다. 왜냐하면 오늘 시민사회를 사는 이들은 뭉쳐 다니는 우중(愚衆)이 아니라 자신의 양심과 소신에 따라 행동하는 자율적이며 각성된 개별주체로서 거듭나야 하기 때문이다.

근대란 무엇인가? 부르주아지가 일찍 자라난 선발국 영국과 프랑스에는 굴뚝과 인권 세우기가 함께 행해진 시대였고, 그렇지 못했던 후발국 독일과 일본에는 인권을 유보한 국가주도의 산업화가 추동(推動)된 시대였다. 백색(白色) 전체주의로 갈 수밖에 없었던 후발국 일본과 독일의 역사 경험에 비춰볼 때 개인의 발견이 없는 한 우리에게 진정한 근대는 없다. 그렇다면 국가권력의 횡포에 맞서 개인의 기본권인 신앙의 자유를 쟁취하려 한 백서의 역사성도 새롭게 조명돼야 한다고 본다. 여기서는 먼저 황사영은 누구이고, 백서의 내용은 무엇인지를 알아보려 한다. 다음으로 조선왕조에서 오늘에 이르는 역사관에 따라 다른 역사가들의 백서에 대한 평가를 살펴본 후 시민사회를 사는 오늘 개인의 인권을 중시하는 시좌에서 백서에 대한 나름의 관견(管見)을 밝혀보려 한다. 역사해석은 다양할 수 있으나 사실에 입각한 역사서술이어야 하며, 역사적 사건에 대한 판단은 오롯이 독자의 몫이 아닐까 한다.

2
황사영은 누구인가?

순교자 황사영 초상(상상도)

황사영은 기호(畿湖) 남인(南人) 명문가 출신으로 시파계(時派系) 남인인 정약용(丁若鏞)의 맏형 약현(若鉉)의 사위였다. 그는 16세인 1790년(정조 14)에 진사시(進士試)에 합격했다.

황사영은 창원(昌原) 황씨 회산공파(檜山公派) 17대손이다. 그의 가문은 고려 말 문하시랑(門下侍郞)에 오른 시조 황석기(黃石奇, ?~1364)로부터 대사성(大司成)을 지낸 7대조 황호(黃㦿, 1604~1656), 공조판서(工曹判書)와 중추부사(中樞府事)를 지낸 증조부 황준(黃晙, 1694~1782)에 이르기까지 대대로 고위 관직을 역임했으며,[3] 11대조 황침(黃琛) 때부터 한양에서 세거(世居)한 남인 명문대가(名門大家)였다.[4] 그의 증조부는 아들 황재정(黃在正, 1717~1740)이 24세에 후사 없이 요절하자 7촌 조카를 양자로 들여 종가의 절손 위기를 막았다. 봉사손(奉祀孫)으로 들어간 황석범(黃錫範, 1747~1774)은 1771년 정시(庭試)에 급제해 승문원(承文院) 정자(正字, 정9품)와 한림(翰林)을 지냈으나, 1774년 1월 28세를 일기로 아내 이윤혜(李允惠)의 복중에 생명을 남기고 세상을 등지고 말았다. 이듬해 1775년 손이 귀한 명문가에 유복자가 태어나자 증조부는 증손자의 이름을 대를 길게 이어주기를 바라는 마음을 담아 돌림자 '연(淵)' 자를 버리고 '사영(嗣永)'으로 지었다.[5] 서울 아현방(阿峴坊, 애오개)에서 태어난 그는 8세 때 증조부를 여읜 후 홀어머니 슬하에서 성장했다.[6] 15세 되던 1789년 정난주[丁蘭珠, 아명: 명련(命連), 세례명: 마리아, 1773~1838]와

---

3 황사영의 가계는 다음에 잘 정리되어 있다. 하성래, 앞의 논문, 1998, pp. 79-81. 하성래에 의하면, 그의 집안 족보에 11대조가 한성판윤을 역임했기 때문에 '판윤공파'로 불리기도 한다. "황사영은 명문인 창원 황씨 판윤공파의 후예였다." 정민, 「(정민 교수의 한국교회사 숨은 이야기 63) 황사영의 애오개 교회」, 『가톨릭평화신문』, 2021년 8월 15일자.

4 이장우, 앞의 논문, 2008, p. 83.

5 "그가 태어났을 때, 집안에 남자라고는 82세의 증조부 혼자뿐이었다. 황사영은 8세까지 증조부 황준의 사랑을 받고 자랐던 듯하다. 아슬아슬 이어온 집안의 명운이 이 귀한 아이의 어깨에 달려 있었다. 그의 돌림자는 원래 '연(淵)' 자였지만, 증조부는 아이가 집안의 대를 길게 이어가주기를 바라 돌림자를 버리고 '사영(嗣永)'으로 지었다." 정민, 앞의 신문 글, 2021년 8월 15일자.

6 출생지가 강화도 월곶리 대묘동이라는 달레의 저작에 보이는 오류는 하성래에 의해 실증적으로 바로잡혔다. 하성래, 앞의 논문, 1998, pp. 80-81.

결혼했다.[7]

황사영의 외가와 처가는 모두 일찍이 천주교를 받아들인 집안이었다. 외조부 이동운(李東運)은 이승훈과 일가였고, 이가환(李家煥, 1742~1801)의 생질 이학규(李學逵, 1770~1835)의 조부였다. 따라서 그와 이학규는 서로 고종사촌과 외사촌 관계였으며, 이승훈의 부인은 그의 처고모(정약용의 누이)였다. 그의 아내는 정약용(丁若鏞, 1762~1836)의 맏형 정약현(丁若鉉, 1751~1821)과 이벽(李檗, 1754~1786)의 손위누이 사이의 장녀였다. 황사영은 외가와 처가를 매개로 정약용 집안과 연결되었다. 정약용에게 그는 5촌 이모의 외손자인 동시에 조카사위였다.[8]

16세인 1790년(정조 14년) 9월 12일 황사영은 나라에 큰 경사가 있을 때 열리는 증광시(增廣試)에서 20세 이하 합격자 5명 중 최연소로 합격했다. 『내각일력(內閣日曆)』 동일자 기록에 의하면 정조 임금은 자신의 재실(齋室)로 쓰는 창덕궁 내 이문원(摛文院)으로 20세 이하와 70세 이상 합격자 10명을 따로 불렀다. 노인은 '노인성(老人星)'을 제목으로 부(賦)를, 소년은 '소년행(少年行)'을 제목으로 시(詩)를 지으라 하명했고, 손수 점수를 매겼다. 황사영은 1등의 영예를 안았다.[9] 22세 때 증광시에 합격한 정약용보다 6년이나 앞섰다.[10] 그가 한 해 전 대과에 급제한 정약용의 조카사위임을 안 정조는

---

7   정민, 앞의 신문 글, 2021년 8월 15일자. 기왕의 연구들은 황사영이 진사시 합격 후에 결혼한 것으로 보지만, 한 해 전에 결혼한 것으로 보는 정민의 견해가 설득력이 있다.

8   이장우, 앞의 책, 2010, pp. 49-51. 황사영의 장인은 천주교를 받아들이지 않았지만, 처가는 장인의 처남 이벽의 전교로 천주교 집안이 되어 있었으며, 이승훈은 정약용의 매형이었다. 김태영, 「황사영의 의식 전환과 천주교적 세계관: 백서 작성 배경과 관련하여」, 『지역과 역사』 25, 2009, pp. 193-194.

9   정민, 「(정민 교수의 한국교회사 숨은 이야기 62) 보석처럼 빛났던 소년 황사영」, 『가톨릭평화신문』, 2021년 8월 8일자.

10   "16세 나던 1790년에 진사시에 당당히 급제해서 세상을 놀라게 했다. 22세 때 생원시에 급제

그에게 특별한 기대를 품었다.[11] 이는 정민의 다음 글에 잘 적시(摘示)되어 있다.[12]

　　1811년 11월 3일, 조선 교회에서 북경 주교에게 보낸 이른바 「신미
년 백서」에는 이때 임금이 황사영을 불러보고는 손을 잡고 총애하시며
이렇게 말했다고 적었다. "네 나이가 스무 살이 넘으면 바로 벼슬길에
나와 나를 섬기도록 하라." 반짝반짝 보석처럼 빛나는 명민한 소년을
임금은 흐뭇한 표정으로 바라보았다. 다블뤼 주교는 「조선 주요 순교
자 약전」에서 다시, "국왕은 그를 각별히 아껴 환대의 표시로 그의 손을
잡기까지 하였다. 그런 일은 이 나라에서는 이례적인 총애였다. 그 일
이 있은 뒤 알렉시오는 항상 손목에 띠를 두르고 있어야 했고, 그때부
터 사람들은 더 이상 함부로 그의 손을 만질 수 없었다." 그의 무덤 속
청화백자합에 소중하게 담겼던 작은 천 조각은 그가 평생 손목에 감고
다녔던 그 비단의 조각이었을 것이다. 임금은 그를 아껴 사랑해 각별한
총애를 내렸고, 그는 감격해서 평생 어수(御手)가 닿았던 그 손목에 비
단을 감았다.

　　황사영은 임금의 하명(下命)대로 스무 살 되던 해인 1794년 3월 18일
성균관 밖 유생들을 대상으로 한 과거인 '방외유생응제(方外儒生應製)'에서

한 다산보다 6년이나 앞섰다." 정민, 「(정민의 다산독본 69) 황사영 백서 사건」, 『한국일보』,
2019년 6월 27일자.

11　"황사영이 16세로 진사시에 최연소 합격하기 한 해 전에 처삼촌 정약용이 대과에 급제했다. 정
조는 이 영특한 소년이 다산의 조카사위임을 알았을 테고, 그마저 진사시에 급제하자 임금은
황사영에게 아주 특별한 기대를 품었다." 정민, 앞의 신문 글, 2021년 8월 15일자.

12　정민, 앞의 신문 글, 2021년 8월 8일자.

지은 '부(賦)'에서 '삼하(三下)'의 점수를 받아 정조가 직접 내린 합격자 명부인 '어고방(御考榜)'에 이름을 올렸으며, 붓 세 자루와 먹 한 개를 하사(下賜)받았다.[13] 그러나 정조는 황사영이 기대를 저버리는 낮은 성적을 거둔 것에 실망했다. 이는 이틀 뒤 정조가 황사영을 비롯한 급제자 24인을 불러본 자리에서 나눈 대화에 여실히 드러난다.[14]

"유생들은 앞으로 나오너라." 김처암 등 24인이 차례로 나와 성명을 아뢨다. "김처암은 초시(初試)를 몇 차례나 보았느냐?" "다섯 번 보았습니다." "김상임은 글발이 순수하고 올발라 속투(俗套)에 물들지 않았으니 기특하구나." … "서영풍은 시가 아주 좋구나. 몇 수나 지었느냐?" "천여 수이옵니다." "그간 황사영은 부(賦)와 표(表)를 몇 수나 지었느냐?" "표가 50수, 부가 30수이옵니다." "그대를 본 지 오래인데 이리 적단 말이냐. 달마다 한 수만 지어도 시간이 남지 않느냐. 그간 도대체 무얼 한 게냐? 책을 읽기는 했느냐?" "대학(大學)과 시경(時經)·서경(書經)을 읽었사옵니다."

정조가 벼슬길에 나설 것을 명한 스무 살에 황사영이 같이 알현했던 이들에 대한 상찬과 대비되는 힐난과 질책을 받은 이유는 무엇일까? 그는 천주교 집안인 외가와 처가의 영향으로 입신양명의 길 대신 새로운 종교

---

13 "方外儒生應製御考榜 … 賦三下 … 進士黃嗣永 年二十 本昌原居京 父正字錫範 … 各筆三枝 墨一笏" 『승정원일기』 1794년 3월 18일자.

14 "甲寅三月二十日辰時 … 上曰 儒生進前 金處巖等二十四人 次次進前 各陳姓名 上曰 金處 巖初試幾次? 對曰 五次矣 上曰 金相任 文路純正 不染俗套 誠可嘉也 … 上曰 徐榮豐詩甚 佳 平日所做幾何? 對曰 千餘首矣 上曰, 黃嗣永賦表 今爲幾首? 對曰 表爲五十首 賦爲三十首 矣 上曰 爾之小成旣久 雖一月一首 日猶有餘矣 間做甚事 能讀書否? 對曰 讀大學及詩書矣" 『승정원일기』 1794년 3월 20일자.

에 마음을 빼앗겼기 때문이다. 그는 증광시에 합격한 이듬해인 1791년 이 승훈에게서 천주교 서적을 얻어 본 후 정약용의 바로 윗형인 정약종(丁若鍾, 1760~1801)의 영향으로 신앙을 갖게 되었다.[15] 바로 그해 8월 전라도 진산(珍 山, 현 충남 금산군 지산면)에 사는 정약종·정약용의 외종(外從) 윤지충(尹持忠, 1759~1791)과 그의 외사촌 권상연(權尙然, 1751~1791)이 제사를 폐하고 신주를 불살라버린 폐제훼주(廢祭毀主), 즉 '진산사건'이 일어났다. 이 사건을 빌미로 조선왕조가 천주교를 박해하자, 그의 대다수 친척과 친구들은 신앙을 저버렸다. 이처럼 학문적 입장에서 서학(西學)에 매료되었거나 천주교와 유교의 단점을 메운다는 보유론적(補儒論的) 입장에서 천주교를 받아들였던 양반층이 배교(背教)하는 상황 속에서도 그는 신앙을 버리지 않았다.[16] 그는 1795년 주문모(周文謨, 1752~1801) 신부가 입국하자 '알렉시오(Alexius)'라는 이름으로 세례를 받았다.[17] 그가 영세한 그해 4월 18일자 『일성록(日省錄)』에

---

15 황사영은 백서에 정약종의 열성적 신앙과 영향에 대해 다음과 같이 기술했다. "혹 한 가지 조그 만 이치라도 모르는 것이 있으면, 먹고 자는 것을 잊고 온 마음과 힘을 다해 생각하여 반드시 분 명한 깨달음에 이르렀다. … 매번 교우를 만나면 안부 인사 정도만 하고, 강론을 시작해서 힘써 서 미처 다른 이야기를 할 겨를이 없었고, … 그가 하는 말은 다 차례가 갖추어져 논리가 어그 러지거나 혼란하지 아니하고, 날카로우면서도 뛰어나 오묘함을 넘어서며, 자세하고도 정확하 여 사람들의 믿음을 굳게 했다." 또한 그는 백서에서 정약종의 최후와 그에 대한 존경의 마음을 다음과 같이 기록했다. "진산사건 때 그의 형제와 친구들 중에서 믿음이 온전한 사람이 드물었 는데 오직 그만이 조금도 동요하지 않았다. … 칼로 한 번 찍으니 머리와 몸이 반으로 잘렸는데 그는 벌떡 일어나 앉아 손을 크게 벌려서 십자 성호를 긋고는 조용히 다시 넘어졌다." 김태영, 위의 논문, 2009, pp. 195~196.

이재기(李在璣)는 『눌암기략(訥菴記略)』에 황사영에게 미친 이승훈과 정약종의 영향과 천주 교 몰입에 대해 "절친한 인척 약종과 가까운 친척 승훈을 따라 과거를 폐지하고 오로지 사학 (邪學)을 연구하며 밤낮으로 얼굴이 누렇게 뜰 정도로 공부하기에, 나는 언국(彦國, 황사영의 숙부)을 만날 때마다 그것을 금지하라고 말하였다(而從更乎切姻之若鍾 近戚之承薰 廢擧專治 邪法 圖晝夜頷頷 余每謂彦國禁止之)"라고 한다. 김태영, 같은 논문, 2009, p. 194.

16 김태영, 위의 논문, 2009, pp. 197~198.

17 황사영의 세례명은 '알렉산델'이 아니라 '알렉시오'가 올바르다. 방상근, 「황사영백서의 분석적 이해」, 『교회사연구』 13, 1998, p. 149; 이영춘, 「황사영백서 사건에 대한 역사신학적 성찰」, 한

는 바로 전날 정조 거둥[擧動] 시 어가(御駕)를 나와 맞이하지 않은 유생들의 과거 응시를 막아야 한다는 성균관의 상소에 그의 이름이 23명 중 두 번째로 올라있다.[18] 그는 지배이념으로서의 위상을 잃어가는 유교 대신 천주교를 '구세(救世)의 양약(良藥)', 즉 세상을 구하는 좋은 약이자 유교를 대체할 '구원의 학문'으로 보아 과거 응시를 완전히 포기했다.[19] 1797년 그는 종가였던 자신의 집에 모셔져 있던 사당을 허물어버릴 정도로 신앙의 길에 온 몸을 던졌다.[20]

그는 주문모 신부가 세운 최초의 평신도단체인 명도회(明道會)에서 회장인 장인을 도와 그 하부 조직인 육회(六會)의 한 곳을 맡아 교리를 가르치는 역할을 했다. 1796년 그는 당시 교회의 주축 인물이었던 이승훈, 홍낙민 등과 함께 주 신부의 지시를 받아 구베아 주교에게 바다를 통한 선교사 파견을 요청하는 제2차 서양 선박 청원에 관여했다. 1798년경에는 애오개와 북촌 등지에서 신자 청소년에게 글을 가르치고 한문 교리서를 한글로 옮기는 일에도 힘을 쏟았다.[21] 이런 활동을 통해 그는 1801년 신유박해 이전 천주교계를 이끄는 중추적 인물로 인정받았다.[22]

국순교자현양위원회, 『신유박해와 황사영백서사건』, 2003, pp. 233-234.

18 정민, 앞의 신문 글, 2021년 8월 8일자.

19 황사영은 1791년 신해박해 때 이미 천주교를 '구세의 양약'으로 여겼다. 방상근, 앞의 논문, 1998, p. 151; 이장우, 앞의 책, 2010, p. 52.

20 정민, 앞의 신문 글, 2021년 8월 15일자.

21 원재연, 「황사영백서의 인권론적 고찰」, 『법사학연구』 25, 2002, p. 12; 김태영, 앞의 논문, 2009, pp. 196-197.

22 "황사영의 둘레에는 당시 조선 교회의 수뇌부들이 포진하고 있었다. 교회의 중요한 결정이 이루어진 자리에 황사영은 예외 없이 함께했다. … 「사학징의」에서 검거된 인물들이 자신이 속한 혈당의 무리를 거론할 때 황사영은 빠지지 않고 이름이 나온다. 필자가 「사학징의」에 나오는 인명의 출현 빈도를 조사해 보니, 황사영의 이름이 무려 380차례나 나와 압도적 1위를 차지했다. 주문모 신부가 275번, 홍필주 189번, 강완숙이 128번이었다. 정약종은 102번, 이합규

1800년 정조가 승하(昇遐)하자 상황은 급변했다. 그해 12월 박해가 시작되었고, 이듬해 1월 10일 순조를 대신해 수렴청정(垂簾聽政)하던 정순왕후(貞純王后, 1745~1805)는 천주교도 색출을 위해 다섯 집을 하나로 묶어 연대책임을 지우는 오가작통(五家作統)의 연좌제 실시를 명하는 윤음(綸音)을 내렸다. 위기를 직감한 황사영의 장인 정약종은 1월 19일 주문모 신부와 황사영 등 신자 사이에 오간 편지가 가득 담긴 상자를 숨기려 집 밖으로 옮기다가 적발되었다. 황사영은 책롱 사건이 터진 당일 집을 떠나 은신했다. 국청(鞫廳)이 설치되고 2월 10일에는 이가환·이승훈·정약용 등이, 11일에는 정약종과 권철신이 체포되어 끌려왔다. 피바람 이는 혹독한 국문(鞫問)이 이어졌고, 그때마다 황사영의 이름은 빠지지 않았다.[23] 13일 매질을 못 이긴 정약용은 조카사위를 잡을 방법을 다음과 같이 토설(吐說)하고 말았다.[24]

소굴(巢窟)을 찾아내는 데에도 방략(方略)이 있습니다. 최창현과 황사

101번, 최창현은 67번, 최필공이 58번, 최필제는 42번씩 각각 등장한다. 이 수치는 황사영의 당시 교회 내 비중을 단적으로 알려준다." 정민, 위의 신문 글, 2021년 8월 15일자.
"열성적인 활동으로 황사영은 교회의 중추적 인물로 인정받았다. 김한빈은 그를 '천주교에 대한 식견이 뛰어나다(聖學高名)'라고 평가했으며, 강한숙도 '남자 신자들 중 가장 으뜸가는 사람(男敎中最高者)'으로 … 양반 가운데서는 정광수와 황사영을 꼽았다. 심지어 황사영 자신도 추국에서 천주교회 안에서 겉으로 드러난 사대부로는 자신과 권철신·정약종 등이 … 있다고 발언하였다. 이처럼 신유박해 이후와는 달리 교회 내에서 그의 활동은 대단히 긍정적인 평가를 받았다." 이장우, 앞의 책, 2010, pp. 54-55.

23 정민, 「(정민 교수의 한국교회사 숨은 이야기 64) 황사영의 도피를 도운 사람들」, 『가톨릭평화신문』, 2021년 8월 22일자; 이장우, 위의 책, 2010, pp. 55-58.

24 "至於覈窩窟之道亦有方略 如崔昌顯黃嗣永輩 雖日日屢刑 決不吐實 必也捉來其奴屬學童之漸染不深者 問之然後 或可以得其端緒矣." 「신유년 사학 죄인 이가환 등 신문기록: 정약용 신문기록」, 1801년 2월 13일, 『추안급국안』. 한국학진흥사업성과포털(waks.aks.ac.kr/site/chuangu-kan)에서 원문을 볼 수 있다.

영 같은 무리는 날마다 수차례 형장(刑杖)을 치더라도 실상을 불지 않을 것입니다. 반드시 그 노속(奴屬)이나 학동(學童) 중 깊이 물들지 않은 자를 잡아 와 물은 뒤에야 그 단서를 얻을 수도 있을 것입니다.

신도들 집을 옮겨가며 은신 중이던 황사영은 15일경 검거령을 피해 수염을 잘라내고 상복으로 위장한 후 장인 집 행랑채에 살던 공주 포수 김한빈(金漢彬, 1764~1801)의 안내로 도성을 빠져나왔다. 25일 정순왕후는 그를 하루속히 잡아들이라는 엄명을 내렸다. 다음날 정약종·이승훈·최창현 등이 서소문 밖에서 목이 잘렸으며, 고문을 이겨내지 못한 이가환과 권철신은 감옥에서 순교했다. 눈에 불을 켠 의금부(義禁府)의 추적에도 불구하고 충청도 배론(현재의 충청북도 제천군 봉양면 구학리) 김귀동(金貴同, ?~1802)의 집에 몸을 숨긴 그의 종적은 오리무중(五里霧中)이었다. 토굴을 파고 옹기로 입구를 가렸기에 인근에 사는 신자들도 오랫동안 그의 존재를 알지 못했다.[25]

은신 중 황사영은 3월 말 한양에 다녀온 김한빈으로부터 장인을 비롯한 교회 지도자들의 순교와 주문모 신부의 자수 소식을 듣고, 혹독한 박해로 무너진 교회의 재건을 위한 방안을 마련하려 했다. 1790년 이래 핵심 신자들이 거듭 요청해온 선교사 파송 및 신앙의 자유 획득을 지원해줄 서양 선박의 파견 청원, 이른바 '대박청원(大舶請願)'의 연장선에서 황사영은 북경의 구베아 주교에게 박해의 전말을 알리고 서양 군함 파견을 통한 교회 재건을 도와달라는 서한을 쓰기 시작했다.[26] 8월 26일 김한빈을 만나러

---

25 정민, 앞의 신문 글, 2021년 8월 22일자; 이장우, 앞의 책, 2010, p. 59.

26 외세의 무력 동원을 통한 신앙 확보책은 갑자기 생겨난 것이 아니라 박해 이전부터, 특히 1798년 부터 신자들 사이에서 활발히 논의된 방안이었다. 김진소, 『천주교 전주교구사』 1, 천주교 전주교구, 1998, pp. 166-167; 정두희, 「황사영백서의 사료적 성격」, 한국순교자현양위원회, 앞의 책, 2003, pp. 11-12.

배론에 온 황심(黃沁, 1756~1801)이 전한 주문모 신부의 군문효수(軍門梟首)의 참형 소식도 덧붙여 9월 22일에 서한을 완성했다. 황심의 세례명을 빌려 흰 비단 위에 쓴 이 서한은 황심이 9월 말 이전에 가져다가 10월에 출발할 동지사(冬至使)를 따라 북경으로 가는 옥천희(玉千禧, 1767~1801) 편에 구베아 주교에게 전달할 예정이었다. 그러나 이 계획은 실행되지 못했다. 1801년 6월 북경에서 귀환하던 옥천희가 의주에서 잡혔고, 9월 15일과 29일에는 황심과 황사영도 체포되어 의금부(義禁府)로 압송되었다. 황사영의 옷 속에서 찾아낸 백서에는 위정자들이 용납할 수 없는 내용이 가득했다.[27]

10월 3일 황사영 체포에 대한 보고가, 그리고 5일에는 흉악한 내용이 담겼다는 영의정 심환지(沈煥之, 1703~1802)의 보고와 함께 백서가 어전(御前)에 올려졌다. 7일 정순왕후의 지시로 추국이 시작되었으며, 11월 2일까지 일곱 차례의 신문(訊問)과 세 차례의 형장이 가해졌다. 황사영은 대역부도죄(大逆不道罪)로 11월 5일 서소문 밖에서 온몸이 여섯 토막으로 찢기는 능지처참(凌遲處斬)의 극형에 처해졌고, 가산(家産)은 몰수되었다. 모친과 아내는 각각 경상도 거제부와 제주목 대정현의 관비로 전락했고, 두 살배기 아들 경한(景漢)도 관노로 추자도로 보내졌다. 그의 친인척과 신앙의 벗들도 처형되거나 유배당했다.[28]

---

27 "포졸들은 그를 쇠사슬로 결박하여 서울로 데려갔는데, 그의 몸속에서 옷 속에 둘둘 말아 지녔던 그 유명한 편지가 발견되었다." 샤를르 달레, 안응렬 역, 앞의 책, 1979, p. 571.

28 정두희, 「신유박해의 전개과정」, 한국순교자현양위원회, 앞의 책, 2003, pp. 64-65, 69; 이장우, 앞의 책, 2010, p. 62; 이원희, 「황사영 백서 연구의 다층적 내러티브 탐색」, 『교육학 논총』 39(1), 2018, pp. 5-6.

3
백서의 내용은 무엇인가?

    가로 62cm, 세로 38cm의 흰 비단에 적은 122행 1만 3,384자에 달하는 이 백서(帛書)의 내용은 크게 세 부분으로 나눌 수 있다.[29] 편지 형식으로 작성된 백서의 서론 부분에는 수신자인 구베아 주교에 대한 인사말과 위기에 처한 조선 교회의 절박한 상황 설명과 함께 교황에게 보내는 구원 간

---

[29] 백서의 글자 수는 야마구치 마사유키(山口正之)가 1946년에 낸 책에서 1만 3,311자로 밝힌 이후 답습되어 왔다. 1992년 배은하 신부가 1만 3,384자로 바로잡았으며, 1998년 방상근에 의해 다시 확인되었다. 『黄嗣永帛書の研究』, 全國書房, 1946; 山口正之, 「황사영백서의 연구」, 여진천 편, 『황사영 백서 논문 선집』, 기쁜소식, 1994, p. 6; 배은하, 『(역사의 땅, 배움의 땅) 배론』, 성바오로출판사, 1992, p. 53; 방상근, 앞의 논문, 1998, p. 154.
    백서의 내용을 방상근은 ① 서론(박해에 대한 간략한 설명과 서한을 보내는 이유) ② 본론(신유박해의 전말과 주문모 신부를 포함한 순교자들의 행적) ③ 결론(조선 교회의 재건을 위한 다섯 가지 대안)으로, 하성래는 ① 서두 ② 신유박해의 발단과 그 진행 ③ 순교자의 활동과 그 순교 사적(순교자 전기) ④ 신부 영입과 신앙의 자유 획득책 ⑤ 말미로, 박현모는 ① 구원 요청 ② 주문모 신부와 신도들의 언행 ③ 정국 동향 ④ 조선 교회 구원 방책 ⑤ 기타 등으로, 그리고 이장우는 ① 서론(인사 및 위기에 빠진 조선 교회에 대한 구원 요청) ② 본론(신유박해의 발발과 진행 과정, 주문모 신부와 순교자들의 약전, 교회의 재건과 신앙의 자유를 얻기 위한 방안) ③ 결론(대재와 소재의 관면 요청과 맺음말)으로 구분했다. 방상근, 같은 논문, 1998, p. 155; 하성래, 앞의 논문, 1998, pp. 107-108; 박현모, 「세도정치기 조선 지식인의 정체성 위기 황사영 백서를 중심으로」, 『동방학지』 123, 2004, p. 104; 이장우, 앞의 책, 2010, p. 66. 이 글에서는 이장우의 견해를 따랐다.

청에 관한 내용이 담겨 있다. 본론 부분은 서한의 94%를 점하는데, 신유박해의 전말과 주문모 신부와 순교자들의 약전(略傳), 그리고 교회의 재건과 신앙의 자유를 얻기 위한 방안이 담겨 있다. 결론 부분에는 박해로 인해 대재(大齋, 금식)와 소재(小齋, 금육)의 재계(齋戒)를 지킬 수 없으니 이를 면하게 해달라는 요청과 맺는말이 들어 있다. 특히 논란을 빚어온 교회 재건과 신앙자유 확보책으로 황사영이 제시한 방안은 다섯 개였다.[30]

첫째, 조선 교회에 대한 서양의 재정 지원을 요청하는 방안이다. 황사영은 박해로 풍비박산(風飛雹散) 난 조선 교회와 신자들의 상황을 설명하고 교회를 다시 세우는 데 서양 제국의 재정 지원이 절실함을 호소했다.[31] 두 번째 방안은 북경의 천주당과 조선 신자들 간에 원활한 연락과 소통을 위한 방법에 대한 것이었다. 소통의 관건이 언어 장벽을 넘는 데 있다고 본 황사영은 조선어에 능통한 중국 신자들을 양성하고 국경의 책문(柵門) 내에 비밀 접선 장소로 중국인 신자가 운영하는 상점을 열 필요성을 제기한 것이다. 세 번째 방안은 로마 교황이 청의 천자에게 서한을 보내 이르기를,

---

30 백서의 내용에 대해서는 이장우, 위의 책, 2010, pp. 64-74 참조. 『벽위편』에 실린 이본 백서를 사료로 사용한 박현모는 조선에서의 전교의 자유를 획득하기 위한 방책을 "① 책문에 점포를 열어 중국과 조선의 신도들이 서로 연락할 수 있는 거점[通信之際]을 마련하는 안, ② 교황이 중국 황제에게 편지를 보내어 황제로 하여금 조선에 전교 허락을 명령하게[圖得皇旨] 하는 안('천자를 끼고 제후를 호령하는 것[挾天子以令諸侯]'), ③ 황제와 친근한 사람에게 접근하여 조선의 내정에 간섭하여 전교를 허락하게 하라는 안[命爲內復·監護], ④ 큰 배와 군대를 보내 조선으로 하여금 전교의 자유를 허락하게 강요하게 하는[西洋傳敎舶] 안"으로 요약했다. 박현모, 위의 논문, 2004, pp. 105-106.

31 "모든 나라 가운데 우리나라(東國, 동국)가 가장 가난하고 우리나라 가운데에서도 교우(敎友)들이 더욱 가난하여 겨우 굶주림과 추위를 면하는 자가 10여 명에 지나지 않습니다. … 환난이 이처럼 참혹하게 된 것도 태반이 재정난 때문이었습니다. … 지금 일의 형세가 이와 같지만 아직 반드시 앉아서 죽음을 기다리는 것은 아닙니다. 그러나 이런 일은 모두 재물을 가진 다음에 논의할 수 있습니다. … 다만 재물이 없는 연유로 교회가 망하고 영혼이 죽는 데 이른다면, 원한이 또한 어떻겠습니까? 이에 감히 몽매함을 무릅쓰고 말씀을 올려 청하오니, 이를 위해 서양의 여러 나라들에 애걸하여 주시기 엎드려 바랍니다(백서 91-96행)."

천자가 종주권을 발동해 속국인 조선 국왕에게 천주교를 믿을 자유를 주라고 권고하게 하라는 것이었다.[32] 네 번째 방안은 청의 조선 감호책(監護策)이었다. 청나라에 내우외환이 있다는 이유를 들어 청의 발상지인 영고탑(寧古塔)을 제2의 수도로 삼은 뒤, 안주(安州)와 평양 사이에 조선 내정 감독기구로 무안사(撫按司)를 두어 친왕(親王, 천자의 아들이나 형제)으로 하여금 조선을 감호하게 하고 조선 국왕은 부마로 삼으라는 것이었다. 가장 문제가 된 다섯 번째 방안은 서양의 군함과 무기·군대를 동원하여 조선 국왕에게 선교사의 포교와 신앙의 자유를 허용하도록 요구하라는 것이었다.

> 본국의 병력은 본래 잔약하여 모든 나라들 가운데 맨 끝입니다. 그리고 하물며 지금 나라가 태평한 지 200년이 되어 인민들이 군대를 알지 못합니다. 위로는 뛰어난 임금이 없고, 아래로는 좋은 신하가 없어서 자칫 불행한 일이 생기면 흙더미처럼 무너지고, 기와처럼 산산이 흩어질 것이 틀림없습니다. 만일 할 수 있다면 선박 수백 척과 정예 병사 5~6만 명을 얻어 대포 등 날카롭게 쪼개어 흩어지게 하는 무기를 많이 싣고, 글을 잘하고 사리에도 밝은 중사(中士, 중국 선비) 3~4명을 데리고 직접 해안에 이르러 국왕에게 편지를 보내 "우리는 곧 서양의 [천주교를] 전교하는 배입니다. 옥백(玉帛, 여자와 재물)을 위해 온 것이 아니라 교종(敎宗, 교황)으로부터 명령을 받아 이곳의 생령(生靈, 백성)들을 구원하러 왔습니다. 그대의 나라에서 한 사람의 전교사를 받아들인다면 우리

---

32 황사영이 제시한 교황이 천자에게 보낼 유서(諭書)의 내용은 다음과 같았다. "내가 조선을 전교하고자 하는데, 듣건대 그 나라는 중국에 속해 있어 외국과 통하지 아니한다고 합니다. 그런 까닭에 이렇게 청합니다. 폐하는 그 나라에 따로 칙령을 내려서 서사(西土, 서양 신부)를 받아들이게 하여 마땅히 충성하고 공경하는 도리를 가르쳐, 백성들이 중국 조정에 충성을 다하여 폐하의 덕에 보답하게 하십시오(백서 100-101행)."

는 많은 것을 요구하지 않고, 반드시 대포 한 방 화살 한 개도 쏘지 않을 것이며, 티끌 하나 풀 한 포기도 움직이지 않을 것입니다. 영원한 우호를 체결한다면 북을 치고 춤을 추며 갈 것입니다. 만일 천주(天主)의 사절을 받아들이지 않는다면, 반드시 천주의 벌을 집행하고 죽어도 발길을 돌리지 않을 것입니다. [조선의] 왕께서는 한 사람을 받아들여 온 나라의 벌을 면하고자 할 것입니까? 왕께서 이를 선택하기를 청합니다. 천주성교(天主聖敎)는 충효와 자애에 힘쓰고 있으므로 온 나라가 봉행하면 실로 왕국에 한없는 복이 될 것입니다. 우리에게는 이익이 없습니다. 왕께서는 의심하지 말기를 바랍니다"라고 하십시오.

이어서 서양의 여러 나라들이 참된 진주(眞主, 천주)를 흠숭하므로 오랫동안 평안하게 다스리는 효과가 동양의 각 나라들에 미치게 될 것이니 서양 전교사를 받아들이는 것은 유익하지 해로움이 없는 일임을 거듭 타이르면, 반드시 온 나라가 놀라고 두려워 감히 따르지 않을 수 없을 것입니다. 선박과 사람의 숫자가 말씀드린 바와 같으면 대단히 좋겠지만, 만일 힘이 모자란다면 수십 척과 5~6천 명도 할 만합니다(백서 109-112행).

백서가 불러온 파장은 컸다. 이로 인해 천주교도들은 나라를 파는 매국의 집단으로 낙인찍혔으며, 신유박해(1801) 이후 자행된 을해박해(1815), 정해사옥(1827), 기해박해(1839), 병오박해(1846), 경신박해(1860), 병인박해(1866), 무진박해(1868) 등 크고 작은 박해를 정당화하는 물증이 되었다. 그러나 당시 천주교도와 그 주변 사람들은 보지도 못한 백서 때문에 박해를 당하고 폭압에 시달렸다. 황사영의 검거 시에 압수된 원본 백서는 1894년 갑오경장 때 뮈텔(Mutel, Gustave Marie, 1854~1933) 주교에게 전해지기까지 백오십 년 이상 의금부 문서궤에 잠들어 있었다.[33] 그동안 '허구적 내러티브'가 담긴 여러 종의 가짜 백서, 소위 '이본(異本)' 백서가 만들어져 박해나 정적 제거의 도구로 사용되었다.[34]

최초로 나온 이본 백서는 황사영이 처형된 직후 조선 정부가 만든 '가백서(假帛書)'다. 주문모 신부 처형에 대한 청의 반발을 사전에 막기 위해 조정은 진주사(陳奏使) 조윤대(曹允大, 1748~1831)를 보내 신유박해에 대해 이해를 구하려 했다. 그는 대제학 이만수(李晚秀, 1752~1820)가 지은 「토사주문(討邪奏文)」과 그 입증 자료로 불리한 내용을 삭제해 922자 원본의 7%로 압축·편집한 '가백서'도 함께 갖고 갔다. 황사영이 교회 재건과 신앙 자유 확보책으로 내건 다섯 가지 방안 — ① 조선 교회의 재건을 위한 서양의 재정 원조 ② 북경 교회와의 원활한 연락방안 ③ 교황이 청의 천자에게 조선에서의 신앙의 자유를 위해 외교적 압력을 행사하도록 제안 ④ 조선을 청의 지방으로 만들어 청이 조선에 대해 감독·보호할 것을 제안 ⑤ 서양의 군함과 무기·군대를 동원하여 신앙의 자유를 획득할 수 있도록 하자고 제안 — 은 조선 조정의 시각에서 "삼조흉언 — 밀통이역(密通異域), 종용타국(慫慂他國), 청래대박(請來大舶)"으로 축소되었다가 청에 보낸 '가백서'에서는 "종용타국"이 제외된 이조흉언으로 압축되었다.[35] 이후 황사영이 원본

---

33 원본 백서의 전달 시기는 1894년, 1895년, 1896년 설이 있으나, 1894년 설이 우세하다. 1925년 조선 순교자 79위 시복식 때 불어 번역본과 함께 교황 비오 11세에게 증정된 원본 백서는 현재 바티칸 민속박물관에 소장되어 있다. 이장우, 앞의 책, 2010, pp. 64-65; 이원희, 앞의 논문, 2018, p. 12.

34 여진천, 「황사영 백서 이본에 대한 비교 연구」, 『교회사연구』 28, 2007, pp. 7-8; 이원희, 위의 논문, 2018, pp. 2-3. 백서의 원본과 이본의 글자 한 자 한 자를 대조하는 방식으로 판본 간의 차이, 이본 속에 담긴 오자 및 탈자, 그리고 삭제 또는 첨가된 사안을 적시한 여진천의 연구가 주목할 만하다. 여진천, 『황사영 백서 연구: 원본과 이본 비교 검토』, 한국교회사연구소, 2009.

35 박광용, 「황사영백서 사건에 대한 조선왕조의 반응」, 『신유박해와 황사영백서사건』, 한국순교자현양위원회, 2003, pp. 146-147. 추국에서 황사영의 죄를 따지는 죄목이 되었던 3조 흉언은

백서에서 말하고자 했던 박해와 저항, 성리학에 대한 도전과 신앙의 자유를 얻기 위한 호소 등은 '척사윤음(斥邪綸音)' 같은 폭압적 공적 담론에 밀려 사라져버렸다.[36]

'가백서'를 포함해 작성 주체의 이익과 정략에 따라 내용을 고치고 삭제하기도 한 이본이 현재 정부 측 2종, 남인 측 3종, 노론 측 1종, 천주교회 측 3종으로 총 9종이 남아 있다.[37] 1925년 교황청에 증정된 원본 백서는 한글 번역본이 "아룩산델 황진ᄉ 수영의 빅셔"라는 제하에 1928년 10월부터 1930년 1월까지 『경향잡지』에 연재됨으로써 일반에 알려졌다.[38] 그러나 최근까지도 천주교 신도들을 징치(懲治)할 목적으로 왜곡·가공된 이본을 사료 비판 없이 사용한 연구들이 이어지고 있다.[39] 『백위편』 이본 백서를

'도득황지(圖得皇旨)', '내복감호(內服監護)', '대박청래(大舶請來)'로도 말해진다. 이원희, 앞의 논문, 2018, pp. 5-6.

36 "청나라에 보낸 '토사주문(討邪奏文)'에는 원본 백서 안에 들어 있는 주문모 신부의 처형 사실이나 황사영이 보고 들은 동료 신자들의 참담한 죽음과 사정 이야기는 모두 빠져 있고, 또 그가 신앙의 자유를 얻기 위해 고심해서 기록한 여러 가지 대책들도 두 가지만 제시되어 있고 다른 것은 모두 삭제되어 있다. 황사영이 백서에서 말하고자 했던 '천주교인들의 박해 상황', '사악한 관료들에 대한 저항', '성리학에 대한 도전', '신앙의 자유를 얻기 위한 간절한 호소' 등은 모두 묻혀버렸다. 압제적 폭력과 끊임없이 이어진 상소와 차자(箚子) 그리고 이른바 '척사윤음(斥邪綸音)'이 위세적 '공적 담론'이 되어 황사영의 이야기는 세상에서 사라지게 되었다. 조선 후기 억압받는 약자들의 내러티브는 공식적으로 폐기되어버리고, 대신에 비밀스럽고 황탄무계한 내러티브가 만들어지게 되었다." 이원희, 위의 논문, 2018, p. 7.

37 이본 중 『추안급국안』에 들어 있는 백서가 원본의 내용이나 의미를 크게 훼손하지 않았지만, 필사 과정에서 원문과 다른 단어를 쓰거나, 글자를 생략 또는 첨가한 곳도 있으며, 철종 때 정조의 서형인 은언군에 대한 언급이 도삭(刀削)되었다. 방상근, 앞의 논문, 1998, pp. 153-155; 여진천, 『황사영 백서의 원본과 이본에 관한 연구』, 서강대학교 박사학위논문, 2005, pp. 83-111; 이장우, 앞의 책, 2010, pp. 65-66; 이원희, 위의 논문, 2018, p. 8.

38 이원희, 위의 논문, 2018, p. 12.

39 『벽위편』에 실린 이본 백서를 사료로 삼은 대표적 연구는 다음과 같다. 박현모, 앞의 논문, 2004, pp. 99-128; 안수강, 「황사영의 "백서" 고찰」, 『역사신학논총』 24, 2012, pp. 160-191. 박현모는 『벽위편』 백서를 이용한 이유를 다음과 같이 밝히고 있다. "『벽위편』 백서는 원본 백서의 천주교 신자들의 언행에 대한 반복되는 부분(41-52행) 및 은언군과 관련된 부분(69-70행)이 누

사료적 근거로 삼은 대표적 연구 두 편 모두 황사영백서를 부정적으로 평가하고 있다는 점에서[40] "황사영이 직접 비단에 쓴 원본 편지를 가지고 연구하지 않은 연구는 진정한 '황사영의 백서 연구'라 할 수 없다"라는 이원희의 지적은 정곡을 찌른다.[41]

락되어 있다. 그러나 전체적인 구성과 비율에서 원본과 크게 다를 바 없다." 박현모, 같은 논문, 2004, p. 105.

40 "정치에 있어서는 정치행위자의 동기를 고려하지만, 무엇보다도 결과를 중시한다. 황사영 등의 시도는 일차적으로 의도와 달리 그들 자신을 '물과 불 속에서 건져다가 요자리에 눕게 해'주기는커녕 죽음을 재촉하는 계기가 되었으며, 다수 천주교도의 순교를 강요하는 결과를 가져왔다. ··· 정치사에 끼친 심각한 결과를 고려할 때 백서의 위험한 시도는 아무리 그 동기가 좋은 것이었다 하더라도 그 파국적인 결과로부터 책임을 면할 수 없으며, 황사영 역시 '훌륭한 순교자'일지 모르지만 정치적으로 '잘못된 판단과 위험한 시도'를 한 무책임한 인물이었다는 비난을 면치 못할 것으로 본다." 박현모, 위의 논문, 2004, pp. 127-128. "황사영의 백서는 유교에서뿐만 아니라 기독교에서도 용납하기 어려운 논지를 담았다. ··· 백서에 제기된 외세에 의한 조선천주교 구원론은 유교의 입장으로서는 사학의 정점이자 흉서로 단죄할 수밖에 없었다. 기독교의 입장에서도 백서를 환영할 수는 없다. 일면 교회의 연합운동, 천주의 우주적 통치권, 조선천주교 갱생 모색, 천주교의 전교 방책, 선택의 여지가 없는 유일한 방법론이었다는 관점에서 일부 긍정적으로 검토해볼 단서는 있다. 그렇지만 기독교 신앙은 국가와 관련하여 역사관, 윤리관, 민족관, 애국심, 나라의 체계, 국가의 정체성, 국가관 등 중차대한 논점들이 유기적으로 연관되어 있기 때문에 미묘하고도 복잡한 난제들이 파생될 수 있다는 점에서 백서를 호의적으로 용인할 수 없다." 안수강, 위의 논문, 2012, p. 191.

41 이원희, 앞의 논문, 2018, pp. 2-3, 7-8.

4
역사가들은 백서를 어떻게 보았나?

1) 전통적 역적관에 입각한 백서관

먼저 황사영을 체포·처형한 조선 시대 위정자들은 서양 군함과 군대를 불러들여 조선 정부를 위협함으로써 신앙의 자유를 얻으려 한 그의 교회 재건책을 왕조 전복을 꾀한 것으로 규정해 그와 백서를 전대미문의 역적과 흉서로 낙인찍었다. 1801년 10월 5일자 『순조실록(純祖實錄)』에는 황사영을 "사족(士族)으로서 사술(邪術)에 미혹됨이 가장 심한 자"로, 그리고 백서를 "도득황지(圖得皇旨), 내복감호(內服監護), 대박청래(大舶請來)"의 "세 조항의 흉언[三條凶言]"이 "서폭에 꽉 찬 흉악하고 참람한(만폭흉참, 滿幅凶憯)" 문서로 혹평했다.[42]

죄인 황사영은 사족(士族)으로서 사술(邪術)에 미혹됨이 가장 심한

42　『순조실록』3권, 순조 1년 10월 5일, http://sillok.history.go.kr/id/kwa_10110005_002

자였는데, 의금부(義禁府)에서 체포하는 처음에 기미(機微)를 미리 알고 망명(亡命)하여 혹은 상복(喪服)을 입고는 성명을 바꾸고 혹은 토굴에 숨어서 종적을 감추어 반년이 지나기에 이르렀었다. 포청(捕廳)에서 은밀히 염탐하여 지금에야 제천(堤川) 땅에서 붙잡아 그의 문서(文書)를 수색하니 백서(帛書)가 있는데, 장차 북경(北京)의 천주당(天主堂)에 통하려고 한 것이었다. 서폭(書幅)에 꽉 찬 흉악하고 참람한 말은 주문모(周文謨) 이하의 여러 죄인이 복법(伏法)되었다는 일을 서양인(西洋人)에게 상세히 보고하려 한 것으로서, 그중에 세 조항의 흉언(凶言)이 있는데 하나는 황지(皇旨)를 꾀하여 얻어서 조선(朝鮮)에 교유(敎諭)하여 서양인을 가까이 교제하도록 함이었고, 하나는 안주(安州)에 무안사(撫按司)를 열어 친왕(親王)이 국생(國生)을 감시하고 교훈(敎訓)을 모으도록 명하게 하여 틈을 타서 행동하려 함이었고, 하나는 서양국(西洋國)에 통하여 큰 선박(船舶) 수백 척에 정병(精兵) 5, 6만 명을 꾸며 보내고 대포(大砲) 등 이해되는 병기(兵器)를 많이 싣고 와서 동국(東國)을 깜짝 놀라게 하여 사교(邪敎)가 행해지도록 함이었다.

「사학죄인(邪學罪人) 사영등(嗣永等) 추안(推案)」에서는 백서의 신앙 자유 확보책을 "온 세상 온 역사를 통틀어보아도 듣지도 있지도 않았던 흉악하고 음흉한 모의와 계획[凶謀·陰計]"으로 규정한 바 있으며,[43] 추국(推鞫) 관원이 10월 9일 첫 신문 때 던진 "너는 바로 어미 새를 잡아먹는 올빼미처럼 배은망덕하고, 부모를 잡아먹은 짐승처럼 흉악한 놈이다. 서양의 사악한

---

43 "窮天地 亙萬古 所未聞所未有之凶謀陰計."「邪學罪人嗣永等推案」, "1801年 10月 9日 黃嗣永供招", 한국학문헌연구소 편, 『推案及鞫案』, 아세아문화사, 1978; 이상식 역주, 『추안급국안』 75, 전주대학교 한국고전학연구소, 2014, p. 155.

천주학의 술수(邪術)는 바로 아버지도 임금님도 안중에 두지 않는[無父無君] 짐승과 오랑캐들이나 하는 짓거리이다"라는 힐문은 동시대 유교 지식인들의 황사영 역적관을 극명하게 보여준다.[44] 이와 같은 조선왕조 위정자들의 백서관은 대제학 이만수(李晚秀, 1752~1820)가 짓고 진주사(陳奏使)를 통해 중국에 보낸 「토사주문(討邪奏文)」에 잘 나타난다.[45]

백서의 가운데에 두 조항의 흉계(凶計)로써 양인에게 구원을 청하여 장차 소방(小邦)을 뒤집어엎으려고 하였는데, 그 하나는 태서(泰西)의 여러 나라에 전하여 알려서 선박(船舶) 수백 척으로 정병(精兵) 5, 6만과 화포(火砲) 등 이해(利害)되는 병기(兵器)를 많이 싣고 오도록 청하여 직접 바닷가에 다다라 이 나라를 진멸하려 하였고, 그 하나는 교인(敎人) 중의 한 사람을 꾸며 보내어 집을 옮겨 가면서 책문(柵門) 안에 점포(店鋪)를 개설하고는 저들과 서신(書信)을 교통하고 모의(謀議)를 지휘할 계제(階梯)를 만들려고 하였습니다. 김유산 · 황심 · 옥천희의 공사(供辭)도 같은 종속이었고, 또 사당의 유항검(柳恒儉) · 윤지헌(尹持憲) 등의 공사에도 역시 서양의 선박을 오도록 청하여 한바탕 죄다 죽이고 결판을 벌이려는 계획이 있었다 하였으며, 이가환 등이 각각 은화(銀貨)를 내어 몰래 불궤(不軌)를 도모했던 것은 황사영의 공사와 꼭 맞았습니다. 아! 서양의 나라가 소방과는 본래 은혜나 원한이 없었으니, 상리(常理)를 미루어보더라도 어찌 10만 리 해로(海路)를 항해하여 소방을 위태롭게 모의할 마음이 있겠습니까? 그런데 단지 저 역적들이 형세가 위급하게 된 짐승의 아주 먼 궁벽한 곳에 의지하여 붙으려 하는 것 같은 데

---

44 이상식 역주, 위의 책, 2014, p. 154.

45 『순조실록』 3권, 순조 1년 10월 27일, http://sillok.history.go.kr/id/kwa_10110027_003

에 인연하여 이에 바다를 건너 도적을 불러들이고 문을 열어 나라를 바칠 계획을 만들어냈으니, 신과 온 나라의 신민(臣民)은 늠연하게 놀라고 분개하여 가슴과 뼈가 함께 떨립니다.

이규경(李圭景, 1788~?)의 『오주연문장전산고(五洲衍文長箋散稿)』와 이재기(李在璣, 1759~1818)의 『눌암기략(訥菴記略)』도 백서를 서양 선박을 끌어들여 왕조를 전복하려 한 역모로 규정했으며,[46] 임금에게 올라온 상소(上疏)들도 백서사건과 황사영을 유사(有史) 이래 "있어본 적이 없는 변괴나 난적"으로 성토하거나 "천지가 생긴 이래 어찌 금일과 같은 역변(逆變)이 있을 수 있단 말인가"라고 개탄을 금치 못했다.[47] 이와 같은 황사영 역적관은 위정자들에 국한된 것이 아니었다. 한때 천주교에 귀의했던 정약용,[48] 순교자 정하상(丁夏祥, 1759~1839), 유진길(劉進吉, 1791~1839), 남이관(南履灌, 1780~1839) 같은 인물들도 황사영이 모색한 신앙 자유 획득책의 외세 의존성을 비판해 그를 역적으로 혹평한 바 있었다.[49]

---

46 여진천, 「황사영백서의 이본(異本) 연구」, 『(최석우 신부 수품 50주년 기념논총 제1집) 민족사와 교회사』, 한국교회사연구소, 2000, pp. 141-142, 155-156; 하성래, 「『눌암기략』의 저자 및 내용 소고」, 『교회와 역사』 280, 1998, p. 296.

47 "(待讀官 閔耆顯 檢討官 安廷善等所啓) 今番邪獄 實是載籍以來 所未有之變怪 而諸賊設施之至兇絶憯 又是載籍以來 所未有之亂賊也…(執義 洪羲運 獻納 申龜朝聯名箚子) 嘻嘻痛矣 自有天地以來 寧有如今日之變逆乎哉." 李基慶, 『闢衛篇』(1801); 이만채, 『벽위편(闢衛篇)』, 열화당, 1971, pp. 479, 481.

48 신유교란을 맞아 배교한 정약용은 조카사위 황사영을 밀고했으며, 그를 '역적', 백서를 '하늘을 뒤엎을 흉계'가 담겼다고 단언했다. 丁若鏞, 《與猶堂全書》 권15, 〈先仲氏墓誌銘〉.

49 여진천은 정하상 등의 부정적 백서관은 백서를 적극 반대하는 파리외방전교회 선교사들의 영향 때문으로 보았다. 여진천, 앞의 글, 2000, pp. 152-153, 158. 하성래는 이들이 황사영을 역적이라고 답변한 이유는 백서로 인해 전체 천주교도가 역적으로 몰리는 것을 막고자 한 것이라고 보았지만, 이장우는 그렇다고 하더라도 이들의 답변 속에 당시 천주교인의 백서와 황서영에 대한 인식의 일단이 그대로 반영된 것이라고 보았다. 하성래, 앞의 논문, 1998, p. 76; 이장우, 앞의 논문, 2008, p. 93.

1930년대 이전 일제 식민주의 사가들에 의해 백서 연구가 본격화되기 전에는 전통적 역적관이 계승되고 있었다. 대한제국 관료 출신으로 총독부 조선사편수위원회 편수위원을 역임한 바 있던 이능화(李能和, 1869~1943)는 『조선기독교 및 외교사』(1928)에서 황사영을 "사족이면서 사술에 미혹됨이 가장 심한 자(士族而蠱惑邪術之最甚者)"로, 백서는 "흉악하고 참람한 내용이 서폭에 가득 찬(滿幅凶憯)" '흉서'로 규정한 『순조실록(純祖實錄)』의 기사를 가감 없이 인용·기술한 바 있었다.[50]

2) 식민주의 사관에 입각한 백서관

1915년 6월 박은식(朴殷植, 1859~1925)은 일제에 나라를 앗긴 아픈 역사를 기록한 『한국통사(韓國痛史)』(大同編譯局)를 펴냈다. 그 요지는 식민지 조선인에게 역사를 잊지 않으면 국권을 되찾을 수 있다는 것이었다. 이 책은 고요한 연못에 던져진 작은 돌멩이였다. 그 동심원의 궤적들은 점점 큰 원을 그리며 멀리멀리 퍼져나갔다. 식민지 조선 사람들 가슴에 독립에 대한 열망이 샘솟기 시작했다. 위기감을 느낀 일제는 이 책이 나온 지 한 달 뒤

---

50 "純祖元年辛酉冬十月戊申에 左捕將任崒. 右捕將申應周持邪學罪人黃嗣永凶書ᄒ고 來詣闕外ᄒ니 命入之ᄒ야 省覽後에 下鞫廳ᄒ다. 罪人 黃嗣永은 士族而蠱惑邪術之最甚者라 知機亡命於金吾建捕之初ᄒ야 或衣衰麻而變姓ᄒ며 … 搜其文書ᄒ니 有帛書而將通於北京之天主堂者也라 滿幅凶憯ᄒ니 以周文謨以下諸罪人伏法之事로 細報於西洋人. 而中有三條凶言ᄒ니 一則圖得皇旨ᄒ야 敎諭朝鮮ᄒ야 使之容接西洋人也오 一則開撫按司於安州ᄒ야 命親王監國ᄒ야 生聚敎訓ᄒ야 乘釁而動也오 一則通于西洋國ᄒ야 裝送大舶數百艘. 精兵五六萬ᄒ야 多載大砲等利害兵器ᄒ야 震駭東國ᄒ야 使之行敎也러라." 李能和, 『朝鮮基督敎及外交史』, 朝鮮基督敎彰文社, 1928, p. 150.

『조선반도사(朝鮮半島史)』편찬 작업에 나섰다.[51]

> 『한국통사(韓國痛史)』라고 일컫는 한 재외조선인의 저서 같은 것이
> 진상을 규명하지 않고 함부로 망설을 드러내 보이고 있다. 이러한 사적
> 들이 인심을 현혹시키는 해독은 실로 말로써 이루 다 할 수 없는 바 있
> 다. 이를 멸절시킬 방책만을 강구한다는 것은 헛되이 힘은 들고 성과
> 는 없는 것이 될 뿐만 아니라 혹은 그 전파를 장려하는 일이 될지도 모
> 른다는 점을 헤아리지 않으면 안 되는 것이다. 오히려 구사(舊史)의 금
> 압(禁壓) 대신 공명적확한 사서로써 대처하는 것이 좀 더 첩경이고 또
> 그 효과가 현저할 것임은 달리 비할 바가 없는 것이다.

일제는 한민족을 일본에 동화시켜 다시는 독립을 꿈꾸지 못하게 하려
했다. 역사 기억을 둘러싼 일제와의 전쟁은 그때 이미 시작되었다. 1919년
거족적 3 · 1운동은 우리와 일본인은 본래 한 핏줄인 '동족'이니 일본의 지
배를 순순히 받아들이라는 억설(臆說) 일선동조론(日鮮同祖論)을 일축해버
렸다. 그러나 식민지 지배를 정당화하고 영속화하기 위한 한국사 왜곡과
사료 편찬 작업은 계속되었다. 1922년 조선사편찬위원회가 만들어졌고,
1925년에는 조선사편수회로 개편되었다. 편수회는 『조선사』 37권을 비롯
해 '타율성론', '정체성론', '당파성론' 등 식민주의 사관에 입각해 일제의
식민 지배를 정당화하는 역사책과 자료집을 무수하게 찍어냈다.[52]

---

51 朝鮮總督府 編, 『朝鮮半島史編成ノ要旨及順序 朝鮮人名彙考編纂ノ要旨及順序』, 1916, pp.
3-4; 장신, 「조선총독부의 조선반도사 편찬사업 연구」, 『동북아역사논총』 23, 2009, p. 360 재
인용.

52 식민주의 사관은 반도국인 한국이 그 지리적 특성상 독립국가로 존재할 수 없다는 '타율성론(반
도적 성격론)', 봉건제도를 경험하지 못한 한국의 사회 · 경제는 자력으로 근대를 향해 갈 수 없

1930년대에 접어들면서 일제 식민주의 사가들은 민족적 속성이 파쟁적인 한국인은 정치적 자치능력이 결여되어 있다는 '당파성론'을 입증할 역사 사건으로 황사영백서에 주목했다. 먼저 오다 쇼고(小田省吾, 1871~1953)는 「이조의 붕당을 약술하여 천주교 박해에 이름」(1930)이라는 글에서 1801년의 신유교난이 종교상의 박해만이 아니라 시(時)·벽(僻) 양파의 투쟁, 즉 붕당(朋黨) 간의 파쟁에서 발생했음을 구명(究明)하는 데 주사료로 황사영백서를 이용함으로써 당파성론에 입각한 황사영백서관을 최초로 제시했다.[53]

붕당(朋黨)의 다툼이 이조시대의 일대폐두(一大弊竇)였음은 누구나 수긍하는 바일 것이다. 따라서 그 원인을 토구(討究)하고 그 경과를 핵명(覈明)하는 일은 조선근대사를 이해함에 있어 가장 필요한 일이다. 아니 당파관계를 알지 못하고서는 조선근대사의 진상을 알고 또 현재의 조선을 이해하지 못한다. … 1801년에 돌발한 천주교 박해는 실로 시벽(時僻) 양파의 투쟁에 터전하고 있는 것이다. 그것은 결코 종교적인 일만은 아니었다. 이를 입증하는 자료가 황사영백서이다.

오다의 학설은 1940년대 들어 이시이 도시오(石井壽夫, 1915~1991)의 「황

다는 '정체성론', 그리고 민족적 속성이 파쟁적인 한국인은 정치적 자치능력이 결여되어 있다는 '당파성론'을 주논거로 한다. 이와 같이 한국사의 내재적 발전을 부정하는 식민주의 사관은 그 당연한 논리의 귀결로서 식민지화가 낙후된 한국 역사를 발전시킨 획기적 계기로 작용했음을 주장함으로써 일본의 식민지배를 정당화하려 했다. 식민주의 사관에 대해서는 이기백 편, 『한국사 시민강좌』 1, 일조각, 1987 참조.

53 小田省吾, 「李朝の朋黨を略述して天主教迫害に及ぶ」, 『靑丘學叢』 1, 1930; 小田省吾, 「이조의 붕당을 약술하여 천주교 박해에 이름」, 『한국천주교회사논문선집』 2, 한국교회사연구소, 1977, pp. 171, 176.

사영백서에 대해서: 조선에 있어 양박청래의 사상」(1940)에 의해 확대 · 보완되었다. 그는 천주교적 국가관이 이학(理學)지상주의를 기반으로 한 조선왕조를 부정하는 혁명 원리로 작용했다고 보았으며, 특히 황사영을 "이조(李朝) 붕괴기"에 한계를 드러낸 이학지상주의를 타파하려 한 "구시대의 반역아" 또는 "신시대의 건설자"로 평가하면서, 선각적 지식인으로서 그의 역사적 고뇌를 토로한 것이 황사영백서라고 보았다.[54]

황사영이 직면한 전환기란 18세기에서 19세기에로의, 즉 성리학 지상주의의 동요기에서 쇠퇴기로의 그것이었다. 그러나 이 전환기는 현대에서 본다면 신시대 탄생의 태동기였다. 그러한 전환기의 고뇌를 황사영은 구시대에 대한 반역자, 바꾸어 말하면 신시대에 대한 건설자로서 심각하게 맛보았다. 남인 · 중인 · 서민부녀 등의 피압박 계급한테 환영되고, 성리학지상주의를 파괴하여 신규범하에 신사회를 건설하려는 전통파괴적 작용을 하고 있었던 천주교의 지도자로서, 황사영이 시대에 앞서는 지식인의 고뇌를 토로한 것이 황사영백서였다.

이 글의 배후에 흐르는 당파성론적 백서관은 「이학지상주의 이조에 대한 천주교의 도전」(1942)에 여실히 드러난다. 그는 천주교가 인륜과 가부장권적 가족주의 및 왕조를 부정하는 도전체계였기 때문에 이학지상주의를 신봉하는 조선왕조의 박해를 받을 수밖에 없었지만, 박해의 이면에는 "본능적 붕당심(朋黨心)", 즉 당파성이 강하게 작용했다고 보아 이를 조선

---

54 石井壽夫, 「黃嗣永の帛書に就いて ― 朝鮮天主敎徒の洋舶請來の思想」, 『歷史學硏究』 10(1), 10(2), 1940; 문성규 역, 「황사영 백서에 대하여: 조선천주교도의 양박청래의 사상」, 여진천 편, 『황사영 백서 논문 선집』, 기쁜소식, 1994, p. 173.

망국의 주원인으로 꼽음으로써 전형적인 당파성론에 입각한 백서관을 제시했다.[55]

이조에 있어서는 전통적 진리를 수호하고 조국을 괴멸의 위기에서 구하여야 한다는 건강한 의욕보다도 오히려 자기가 사회적으로 농단해 온 전통적 우월을 지켜야겠다는 본능적 붕당심(朋黨心)이 강하게 그들을 움직이게 한 것 같이 보인다. ― 그리하여 사회적 우월을 자랑하는 전통보수파(구체적으로는 노론 벽파를 중심한)가 천주교 만연의 대세를 저지하고자 이 신래(新來)의 위험사상에 대하여 참혹한 박해를 되풀이했다. 이리하여 피비린내 나는 양자의 항쟁이 1800~1910년대 붕괴기의 이조를 다채롭게 물들였다. 박해자가 사회적 우월계급이었는 데 대하여 신도들은 이미 밝힌 바와 같이 대부분이 구(舊)국가사회에서 불우한 계급이었다. 이리하여 조국을 저버린 민중에 의하여 완고하게 신봉되어 온 천주교신앙은 정치를 이권화한 박해자와 집요하게 싸워왔으며, 몇 차례의 좌절에도 굴하지 않고 비밀리에 만연되고 있었다. 이러한 상극의 통탄할 결말 ― 이것이 이조의 망국이었음은 당연하다.

일제 식민지 시대에 식민주의 사관에 입각한 백서관은 교회사가라고 해도 예외는 아니었다. 일본인 교회사가인 우라카와 와사부로(浦川和三郎, 1876~1955) 신부는 『조선순교사』(1944)에서 백서를 천주교의 전통주의나 교리를 벗어난 "도저히 인정될 수 없는 비상식을 극(極)한 공상"이기 때문에

---

55 石井壽夫,「理學至上主義 李朝への天主教挑戰」,『歷史學硏究』12(6), 1942, 교회사연구소 역,「이학지상주의 이조에 대한 천주교의 도전」,『한국천주교회사논문선집』2, 한국교회사연구소, 1977, p. 95.

설령 이 백서가 북경에 전달되었더라도 주교가 이를 "일소(一笑)에 부쳐버릴" 정도로 무모한 계획이었던 것으로 폄하(貶下)했다. 교회사가인 그가 백서의 교회사적 가치조차 평가절하한 이면에는 당시 중국과 조선 양국 간의 사대관계를 반(半)식민지적 종속관계로 보고, 나아가 조선인의 민족성을 열등한 것으로 보는 민족적 편견이 작용하고 있었다. 이 점은 그가 "당시의 조선은 완전한 독립국이 아니라 청의 정삭(正朔)을 받들고 사대에 힘써 해마다 조공사(朝貢使)의 파견을 게을리하지 않았을 정도이기 때문에 국민 사이에는 국가적 관념이 십분 발전해 있지 않았다는 느낌을 면키 어렵다"라고 하거나, "우리 일본의 천주교는 격렬한 박해를 받아오면서도 아직한 번도 이러한 비국가적인 망상을 품은 적이 없었다"라고 한 데서 여실히 드러난다.[56]

무론(無論) 이것은 황사영 등 두세 신도의 몽상하는 바로 천주교의 전통주의뿐만 아니라 교리상으로도 도저히 인정될 수 없는 비상식을 극한 공상인 것은 말할 것까지도 없는 바이다. 설령 해서(該書)가 북경 사교(司敎)의 손에 들어갔다 해도 사교는 그들의 우직을 민망히 여겨 일소(一笑)에 부쳐버렸을 것이다. 본래 당시의 조선은 완전한 독립국이 아니라 청의 정삭(正朔)을 받들고 사대(事大)에 힘써 해마다 조공사의 파견을 게을리하지 않았을 정도이기 때문에 국민 사이에는 국가적 관념이 십분 발전해 있지 않았다는 느낌을 면키 어려운 것도 있었을 것이다. 우리 일본의 천주교(切支丹)는 어느 정도까지 격렬한 박해를 받아오면서도 아직 한 번도 이러한 비국가적인 망상을 품은 적이 없었다.

---

56 浦川和三郎, 『朝鮮殉敎史』, 全國書房, 1944, p. 176.

1945년 패전 이후에도 당파성론에 입각한 백서관은 일본학계에 답습(踏襲)되었다. 야마구치 마사유키(山口正之, 1901~1964)의 『황사영백서의 연구』(1946)는 당파성론과 민족차별적 편견에 입각한 백서관을 폐기하지 않았다. 그는 백서에 담긴 외세에 의존한 교회 재건 구상을 "분명히 가톨릭 교리의 위범(違犯)이고 조선 천주교회사에 각인된 씻을 수 없는 오점"이자, "피상적이면서도 동시에 낮은 차원의 관념적·종교적 세계관의 현실적인 착오"로 비판했다. 또한 그는 그 이유를 "후기 조선의 정신 생활을 지배한 회의적·고립적 운명관"과 "대륙의존의 모화(慕華)사상이 배태한 생활정신의 허약성" 및 "그리스도교 세계주의에 현혹되었던 서방의존의 비극적 오류"에서 기인한 것으로 보았으며, 이러한 당파성론에 입각한 그의 백서관은 유고집 『조선서교사』(1967)에도 온존(溫存)되었다.

황사영백서는 후기 이조에 있어서 정치, 외교 및 종교의 사회적인 하나의 단면도이고, 또 정조시대를 중심으로 한 조선 문운(文運) 부흥기에 있어서의 종교적 세계관의 발전도이며, 또 당론 분파의 당적도(黨籍圖)였다. 최후에 천주교인으로서 황사영이 취한 이 수단은 분명히 가톨릭 교리의 위범(違犯)이고, 조선 천주교회사에 각인된 씻을 수 없는 오점이었다. 더구나 그로 하여금 이와 같은 태도가 나오게 한 사상적 근저에는 후기 조선의 정신 생활을 지배한 회의적·고립적 운명관의 일대비약이 인식됨과 함께 대륙의존의 모화사상에 배태한 생활정신의 허약성에 서학전래에 의한 세계 지식의 확대와 그로부터 유도된 그리스도교 세계주의에 현혹되었던 서방의존의 비극적 오류가 기인되고

있었다고 단정할 수 있을 것이다(1946).[57]

종교부흥책으로서 외력(外力)의존의 구상 — 청국의 종주권 발동과 북경 주교를 통한 교권(로마법왕) 발동에 의한 가톨릭 제국의 무력간섭 — 도 단순한 관념적·종교적 세계관에 불과한 환상에 그쳐버린 것이다. … 실로 백서는 이조(李朝) 당쟁사상에서 춤추는 꼭두각시(迷彩人形)였다. 이것이 이조 독자의 정치사회부터의 속성에서 부여된 백서 제2의 표정이었다(1967).[58]

3) 민족·민중주의 사관의 백서관

일본만이 아니었다. 해방 이후 한국학계에서도 식민주의 사관에 대한 비판이 본격화되기 전인 1960년대 초반까지 당파성론에 입각한 백서관이 여전히 주류 학설이었다. 『신판 조선역사』(최남선, 1946), 『고쳐 쓴 조선역사』(김성칠, 1947), 『조선사대관』(이병도, 1948) 같은 개설서들은 백서가 시파와 벽파의 대립 산물이라는 당파성론적 시각에서 개략적인 사건 경위의 서술에 그치고 있었다.[59]

---

57 山口正之, 『黃嗣永帛書の研究』, 全國書房, 1946; 山口正之, 『황사영백서의 연구』, 여진천 편, 『황사영 백서 논문 선집』, 기쁜소식, 1994, pp. 68, 84.

58 山口正之, 『朝鮮西敎史 — 朝鮮キリスト敎の文化的硏究 — 』, 雄山閣, 1967, pp. 94, 96. 이 책에 보이는 오류를 교정한 연구로 주재용, 「산구정지 저 조선서교사 참정(參訂)」, 『혜암(惠庵) 유홍렬박사화갑기념논총』, 探求堂, 1971이 있다.

59 최남선, 『신판 조선역사』, 동명사, 1946, p. 82; 김성칠, 『고쳐 쓴 조선역사』, 대한금융조합연

이 신유(辛酉)의 교난은 실상 서인의 벽파가 남인의 시파를 넘어트린 일방편(一方便)인 것이오 거기는 영조의 비로 사도세자와 갈등으로 지내든 정순(貞純)왕후가 수렴(垂簾) 중에서 벽파의 후원된 것이 있었다(최남선).

정조께서 돌아가시고 순조가 즉위하니 아직 나이 어려서 정순대비가 정치를 보살피게 되었으므로 이는 벽파에게는 좋은 기회여서 순조원년(1801)에 곧 서교(西敎)의 옥사를 일으켜서 황사영을 능지처참하고 주문모(周文謨)를 효수하며 이가환(李家煥)·이승훈(李承薰)·정약종(丁若鍾) 등 젊은 학자들을 때려죽이고 정약용(丁若鏞) 등을 귀양 보내었다(김성칠).

이것이 순조 원년(신유)에 일어났으므로 신유사옥이라 한다. 흔히 말하는 바와 같이 이 교난은 대왕대비 김씨를 배경으로 한 벽파가 남인 시파를 타도하려는 술책에서 나온 것이 분명하나 …(이병도).

1960년대 중반 이후 민족주의적 정서가 한국학계를 풍미하면서 신교(信敎)의 자유를 실현하기 위한 방안으로 외세의 개입을 요청한 백서에 대한 평은 부정적 평가가 주류를 이루게 되었다. 먼저 개설서의 경우 당파 대신 민족과 국가를 주어로 백서의 역사성을 평가하기 시작했다. 백서의 신앙 자유 확보책을 이기백(李基白, 1924~2004)은 "극단적인 행위"(『한국사신론』, 1967), 이상백(李相佰, 1904~1966)은 "실현의 가능성도 없는 것"([진단학회] 『한국사:

합회, 1947, pp. 224-225; 이병도, 『조선사대관』, 동지사, 1948; 이병도, 『한국사대관(5차 개판)』, 동방도서, 1983, p. 408.

근세후기편』, 1965), 한우근(韓㳓劤, 1915~1999)은 "황탄한 것에 지나지 않는 것"(『한국통사』, 1970)으로, 변태섭(邊太燮, 1925~2009)은 "외세 의존의 반국가적 행위"(『한국사통론』, 1986), 그리고 한영우(韓永愚, 1938~)도 "외세 의존적 행위"(『다시 찾는 우리역사』, 1997)로 보아 박해에 구실을 제공하거나 정당성을 부여했을 뿐이라고 평가했다.

황사영이 몰래 백서를 북경의 서양인 주교에게 보내려다 발각되어 사형을 당한 사건이 발생했다. 백서에는 해군 병력을 파견하여 정부를 위협해서 신앙의 자유를 얻을 수 있도록 꾀하여 달라는 요청이 적혀 있었다. 이 같은 천주교도의 극단적인 행위로 말미암아 천주교에 대한 탄압정책은 더욱 심하여졌다(이기백).[60]

이른바 황사영백서는 그 청원의 내용이 당시의 실정으로 보아 실현의 가능성도 없는 것에 불과하였지만, 그렇지 않아도 천주교도를 매국적이라고 보던 관헌이나 반대파에게는 외세도입이라는 절호의 구실과 증적을 준 셈이어서, 이들은 이해 12월 대역무도(大逆無道)의 죄명으로 참형(斬刑)되고 특히 황사영은 시신을 육절하여 각지에 효시(梟示)하기까지 하였다(이상백).[61]

황사영의 서간(書簡)의 내용은 그 점에 있어서는 황탄(荒誕)한 것에 지나지 않았다. 그러나 그러한 서간의 발로가 위정자의 천주교 박해의 결의를 더욱 굳게 했으며, 또한 그 정당성마저 부여하는 것이기도 했

---

60 이기백, 『한국사신론』, 일조각, 1967; 『한국사신론: 신수판』, 일조각, 1990, p. 315.
61 이상백, 『(진단학회) 한국사: 근세후기편』, 을유문화사, 1965, pp. 324-325.

다(한우근).[62]

이때 신도 황사영이 북경에 있는 프랑스인 주교에게 무력을 동원하여 조선에서의 신앙과 포교의 자유를 보장받아 달라는 서신을 보내려다 발각된 소위 황사영백서사건이 일어났는데, 이러한 천주교의 외세의존의 반국가적 행위는 정부를 더욱 자극시켜 천주교에 대한 박해가보다 가혹해지게 되었다(변태섭).[63]

신유사옥 때 신도 황사영은 북경에 있는 프랑스인 주교에게 군대를 동원하여 조선에서의 신앙과 포교의 자유를 보장받게 해달라는 서신을 보내려다가 발각된 사건(황사영백서사건)이 일어났다. 이러한 외세 의존적 행위는 정부를 더욱 자극시켜 천주교에 대한 박해가 가혹해지게되었다(한영우).[64]

해방 이후 한국사학계는 1970년대까지는 문명의 준거를 자유민주주의와 자본주의에 입각한 국민국가의 수립에 두고 그 주체로 민족을 호명(呼名)했지만, 1980년대 이후 수정주의 사관의 영향으로 민족을 단위로 민중이 주인 되는 사회민주주의 체제의 완성을 문명의 전환으로 보는 민족·민중주의 역사가들이 등장하면서 종래의 우파 민족주의 사관은 퇴색하고 말았다. 농민(민중)을 역사 발전의 '올바른' 주체로 보는 계급적 관점은 민족주의 사관이 독재를 옹호하는 도구로 전락했다는 비난이 촉발된

---

62   한우근, 『한국통사』, 을유문화사, 1970, pp. 382-383.

63   변태섭, 『한국사통론』, 삼영사, 1986, p. 368.

64   한영우, 『다시찾는 우리역사』, 경세원, 1997, p. 407.

1980년대 중반 이후 한국사학계의 신진 연구자 모임들이 민중(생산대중)을 역사 발전의 주체로 호명하는 개설서들을 펴내면서 지배적 담론의 지위를 얻기 시작했다.[65] 이들은 반공이데올로기의 굳은 껍질을 깬다는 명분하에 6·25전쟁 이후 금기시되었던 마르크스 유물사관을 망각의 저편에서 되살려냈다.[66] 민족을 계급으로 나눈다는 점에서 민중주의 사관은 해방 후 마르크스 유물사관과 친연성이 크다.[67]

　1980년대 말 대두된 민중주의 사관에 입각한 대표적 개설서(한국역사연구회, 『한국사강의』, 1989; 『한국역사』, 1992)에는 황사영백서에 대한 언급 자체가 없다. 그 이유는 외세의 침략을 요구한 매국 행위로 보았기 때문인 듯하다. 이 점은 한국사특강편찬위원회가 펴낸 『한국사특강』(1990)에서 「민족의식의 형성과 전개」를 집필한 서중석(徐仲錫, 1948~)이 백서를 "외세를 끌어들여 자기 나라를 침략하게 하려는 움직임"의 대표적 사례로 간략히 서술

---

[65]　대표적인 저술로 다음을 꼽을 수 있다. 한국민중사연구회, 『한국민중사』 1, 2(풀빛, 1986); 한국역사연구회, 『한국사 강의』(한울아카데미, 1989); 구로역사연구소, 『바로 보는 우리 역사』(거름, 1990); 한국역사연구회, 『한국역사』(역사비평사, 1992). 이에 관해서는 이기동, 「민중사학론」, 『전환기의 한국사학』, 일조각, 1999, pp. 67-70 참조.

[66]　"역사의 필연적 법칙성은 개괄적으로 말하면 인간해방의 과정을 그 내용으로 하며 기본적으로 생산활동의 발전과 그 변화에서 비롯된다. 즉 생산활동의 발전과 변화는 그것에 적합한 사회로의 전환을 요구하며, 이러한 전환이 일정한 법칙성을 가지는 것, 그것이 역사의 필연성이다. … 역사의 원동력은 인간의 생산활동이었고, 그것의 담당자인 '생산대중'이었다. … 역사에서 생산대중의 역할은 생산력의 발전과 이에 조응하는 새로운 사회체제로 이행하기 위한 전제조건을 준비하는 데 그치는 것이 아니다. 그들은 사회변혁운동의 방향과 그 완수를 결정하는 가장 기본적인 힘이 된다." 한국민중사연구회, 「서설」, 『한국민중사』 1, pp. 17, 19. 민중주의 사가들의 자평(自評)에도 이 점은 잘 나타난다. "일제시기 마르크스주의 사학의 성과를 비판적으로 계승하여 사적유물론을 부활시키기도 하였다. … 특히 근대 이래 민족해방운동의 주체로 노동자·농민 등이 등장하고 그들에 의해 운동이 주도되었다는 사실도 밝혀냈다." 한국역사연구회, 「근현대 역사학의 발전」, 『한국역사』, 1992, p. 452.

[67]　정두희는 1980년대 말 이후 민족·민중주의 사가들이 펴낸 개설서와 이청원과 전석담 등 유물사가들의 저서가 많은 공통점이 있음을 지적했다. 정두희, 「개설서를 통해 본 한국 사학사의 전통」, 『하나의 역사, 두 개의 역사학』, 소나무, 2002, pp. 105-110.

한 데서 추측할 수 있다.[68] 민중주의 사관에 입각한 백서관은 한길사가 펴낸『한국사』10에 실린 김태웅(金泰雄, 1961~)의 「서구자본주의의 침투와 위기의식 고양」(1994)에 잘 나타난다. 그는 벽서를 노론 벽파 주도하의 정국에 저항한 일종의 정치운동으로 파악하면서 "황사영의 몽상"이 천주교 탄압만이 아닌 민중의 사상통제 강화의 계기로 작용한 것으로 평가함으로써 백서에 보이는 외세 의존적 신앙 자유 획득방안을 비이성적 돌출행동 또는 반민족적 행위로 비판했다.[69]

서양의 무력시위를 통해 신앙의 자유를 얻는 방안도 제시하여 서양배 수백 척과 병사 5~6만 명을 동원하여 조선에서 신앙의 자유가 허락되도록 강박해주기를 희망하였던 것이다. 이러한 일련의 정치운동은 봉건지배층을 경악에 이르게 하였다. 내적으로 농민들의 끊임없는 저항에 부딪치고 있던 그 당시의 정황으로 보아 이러한 천주교의 도전은 봉건지배층에게는 실로 위협적인 것으로 보였다. 따라서 황사영백서사건은 봉건정부가 천주교를 탄압할 수 있는 호기가 되었을 뿐만 아니라 이를 통해 사상통제를 강화시키는 계기가 되었다. 다시 말해 황사영의 몽상은 당시 지배층뿐만 아니라 일반 민에까지 퍼져있는 해상세력의 조선 침략에 대한 위기의식을 가중시킴으로써 봉건정부가 대탄압을 가할 수 있는 빌미를 제공한 것이다.

---

68 "외세를 끌어들여 자기 나라를 침략하게 하려는 움직임은 이미 황사영백서사건이나 병인양요에서도 엿보이지만, 1880년대 이후에는 훨씬 심각한 양태를 띠었다." 서중석, 「민족의식의 형성과 전개」, 한국사특강편찬위원회 편, 『한국사특강』, 서울대학교 출판부, 1990, p. 306.

69 김태웅, 「서구자본주의의 침투와 위기의식 고양」, 『한국사』 10, 한길사, 1994, pp. 160-161.

민중주의 사관의 등장에 영향을 미친 재일동포 사학자 강재언(姜在彦, 1926~2017)도 『조선의 서학사』(1990)와 『서양과 조선: 그 이문화 격투의 역사』(1994)에서 "로마교황의 청황제에 대한 영향력을 크게 믿고 호소한 조선 교회의 재건책은 하나의 환상에 지나지 않았다"라고 비판하거나,[70] "조선의 자주적 근대화의 좌절과 그로 인한 식민지화의 원인을 1801년의 신유교난에서 비롯된" 것으로 보면서, 백서 사건으로 인해 천주교가 "변명의 여지 없이 서양과 내통하는 위험한 집단이라는 것을 확신시키는 결과"를 초래했다는 점에서 "이성을 결여한" 행동으로 평가했다.[71]

이 백서는 변명의 여지 없이, 서양에 의한 외부로부터의 압력에 대해서 천주교가 국내에서 서양과 내통하는 위험한 집단이라는 것을 확신시키는 결과가 되고 말았다. 이는 신유교난에 뒤이은 그 후의 천주교 박해의 구실도 되었다. 많은 교우들이 처형된 것에 대한 반발로 행한 일이라고는 해도 너무나 이성을 결여한(민족적 입장이 결여된: 번역본) 내용이다. … 조선의 자주적 근대화의 좌절, 그로 인한 식민지화의 원인을, 나는 1801년의 신유교난에서 비롯되었다고 보고 있다.

---

70 "이 백서는 어느 모로 보든지 종교를 국가주권의 위에 놓고, 종교의 자유를 위해서는 나라의 주권침해도 불사한다는 코즈모폴리터니즘이 깃들어 있었다는 사실을 부정할 수 없다. … 그러나 황사영이 로마교황의 청황제에 대한 영향력을 크게 믿고 호소한 조선 교회의 재건책은 하나의 환상에 지나지 않았다. … 청나라 예부에서 보내온 '토사주복(討邪奏覆)'에서는 북경에 있는 서양 선교사가 조선 전교에 관여할 리가 없으니 조선 국왕은 관민을 엄중하게 다스려서 '정도를 더욱 숭상해 이단에 미혹되지 않도록(敦崇正道 勿惑異端)' 천주교 탄압을 지지한 것이다." 강재언, 『조선의 서학사』, 민음사, 1990, pp. 176-177.

71 姜在彦, 『西洋と朝鮮 — その異文化格鬪の歷史』, 文藝春秋, 1994, pp. 212-214, 215; 이규수 역, 『서양과 조선: 그 이문화 격투의 역사』, 학고재, 1998, pp. 191-193, 194. 번역본에서는 "理性を欠如させた內容である"를 "민족적 입장이 결여된 내용이다"로 옮겨놓았다.

스즈키 노부아키(鈴木信昭, 1956)도 「황사영 백서의 의의와 배경: 천주교 신도의 서양선박 청원계획과 관련해서」(1998)라는 글에서 1990년대 이후 일본학계의 동아시아 역사 전개에서의 국제적 계기를 중시하는 '동아시아 국제체제론'의 영향과 1970년대 이후 한국학계의 내발론적 연구성과를 수용하여 황사영의 신앙 자유 확보책이 "우연히 그 자신이 생각해낸 것이 아니고, 당시 동아시아에서의 중국과 조선의 관계와 조선사회의 현상에 근거한 것이며, 또한 그때까지 조선의 신도들이 수없이 행한 서양배[大船]의 요청과 『정감록(鄭鑑錄)』 사상의 영향에 의해서 작성된 것이라고 볼 수 있다"라고 분석했다.[72]

4) 천주교 역사가들의 백서관

(1) 민족 · 민중주의 역사가

민족 · 민중주의 역사가들의 경우 천주교 신자나 사제라 해도 황사영 백서는 정당화될 수 없는 반민족적 행위였다. 정의구현사제단 소속 문규

---

[72] "황사영이 작성한 「백서」는 신교(信敎)의 자유를 얻는 것을 목적으로 서술된 것이다. 그러나 신교의 자유를 얻기 위해서 그가 채용한 방안은 너무나도 무리한 점이 많은 것이었다. 단 황사영이 생각하고 생각해서 북경교회에 제안한 다섯 가지의 방안은 우연히 그 자신이 생각해낸 것이 아니고, 당시 동아시아에서의 중국과 조선의 관계와 조선사회의 현상에 근거한 것이며, 또한 그때까지의 조선의 신도들이 수없이 행한 서양 '대박(大舶)'의 요청과 『정감록(鄭鑑錄)』 사상의 영향에 의해서 작성된 것이라고 볼 수 있다. 鈴木信昭, 「황사영 백서의 의의와 배경: 천주교 신도의 서양선박 청원계획과 관련해서」, 『부산교회사보』 17, 1998, p. 20.

현(文奎鉉, 1945~) 신부는 『(민족과 함께 쓰는) 한국천주교회사 I』(1994)에서 백서가 "너무나 캄캄한 암흑과 고립 속에서도 신앙을 지키기 위한 충정에서 비롯된" 것으로 "교회의 입장으로 보면 심각한 탄압과 위기에 처한 교회를 구하고자 하는 열렬한 청원과 기도"이긴 하지만, "민족의 이익을 배반해가며 지키는 교회, 한 민족의 존엄성과 그 구성원들의 오랜 삶의 터전, 그리고 소중한 문화전통을 쓸어내며 전파하는 복음"은 무가치하다고 보아 민족과 민중의 이름으로 황사영과 천주교회의 외세 의존성과 반민중적 성격을 통박(痛駁)한다.[73]

백서가 발각되자 나라 안은 발칵 뒤집혔고, 백서는 흉서(凶書)로 낙인찍혔으며, 천주교인들에 대한 체포와 학살은 극단으로 치달았습니다. … 그처럼 외세에 의존하려던 모습들은 너무나 캄캄한 암흑과 고립 속에서도 신앙을 지키기 위한 충정에서 비롯되었다고 말할 수 있습니다. … 이렇게 예기하면 다 되는 것인가? … 오늘의 시선으로 찾아보는 교훈이긴 하나, 종교의 자유를 획득할 수 있는 원동력, 힘은 민족의 현실, 민중의 삶의 자리에서 찾아졌어야 할 것입니다. 민족사 안에서 초기 교회 공동체가 빛내었던 자주적이고 개혁적인 모습의 예언자적 소명이 그간의 과정에서 사위여 갔음은 무척이나 안타까운 일입니다. 완고할뿐더러 민중의 고혈을 짜낼 줄만 알 뿐 위로하고 치유할 줄 모르는 봉건 정부를 향해 민중들과 일체를 이루고, 봉건 정부의 기반을 내부로부터 허물어 내리는 그러한 신앙운동이 펼쳐졌어야 했다는 것입니다. 민족의 이익을 배반해가며 지키는 교회, 한 민족의 존엄성과 그 구성원

---

73 문규현, 『(민족과 함께 쓰는) 한국천주교회사 I: 교회 창설부터 1945년까지』, 빛두레, 1994, pp. 26, 28, 67, 72.

들의 오랜 삶의 터전, 그리고 소중한 문화전통을 쓸어내며 전파하는 복음이란 과연 어떤 것인지 되묻게 됩니다. 종교의 자유, 신교의 자유만 주어진다면, 그렇게 해서 '교회'를 지킬 수만 있다면 다른 가치들은 무시되어도 좋은 것인지를 다시 생각해 봅니다.

반면 조광(趙珖, 1945~)과 노길명(盧吉明, 1944~) 같은 신자 사가들은 조선 후기 천주교가 '반국가적·반민족적' 종교였다는 학계 전반의 비판을 불식시키기 위해 백서의 외세 의존성에 대해서는 비판적 입장을 보이지만, 천주교는 조선 후기의 내재적(內在的) 발전에 역행한 종교가 아니었음을 변호한다. 먼저 조광은 「황사영백서의 사회사상적 배경」(1977)에서 백서의 외세의존 신앙 자유 확보책을 "사태 판단의 미숙성에서 기인한 것으로 어떠한 의미에서든지 정당화될 수 없음은 명백한 사실"이지만, 서구에 기댄 자유 획득방안과 사회개혁 의식은 당시 민중이 갖고 있던 — 외세에 의한 조선왕조의 멸망과 새로운 사회의 도래를 희구한 — 전환기적 의식과 일맥상통한 것이었으며, 백서 작성 당시 서구 자본주의의 발전단계가 제국주의의 전 단계인 중상주의(重商主義)에 지나지 않았음을 지적해 백서 속의 외세의존의식을 제국주의 침략과 동일시해서는 곤란한 "전환기적 시대상의 한 유물"로 비정함으로써 천주교가 한국사의 내재적 발전 흐름에 역행한 것은 아니었다고 조심스럽게 변호한 바 있다.[74]

당시의 민중들은 해상으로부터 들어올 외부의 세력에 의하여 조선왕조가 멸망하고 새로운 사회가 도래할 것이라는 희원(希願)을 품고 있

---

[74]   조광, 「황사영백서의 사회사상적 배경」, 『사총』 21 · 22 합집, 1977, pp. 370-371.

었다. … 당시의 민중들 가운데는 새롭게 전래된 천주교가 새로운 시운(時運)과 관련된다고 생각하던 사람도 있었다. … 황사영은 당시의 사회에서 노출되고 있던 이와 같이 불안한 전환기적 위기의식에 간접적으로라도 영향을 받았으리라고 생각된다. … 그는 천주교가 조선 정부로부터 혹독히 탄압을 받고 있던 당시, 평화적인 방법으로는 신교의 자유를 획득하기 어려운 절망적인 상황에서 백서를 작성하였다. 따라서 황사영은 '태서제국(太西諸國)'의 무력간섭을 요구하게 되었던 것이다. 황사영의 이러한 발상은 당시의 참언에 드러나고 있는 특징들과 매우 근사(近似)한 점이 있다. 또한 그는 극한적인 상황 아래에서 백서를 작성하였다. 즉 황사영의 백서는 황사영이 처해 있던 전환기적 시대상의 한 유물로 생각할 수 있을 것이다. 그렇다 하더라도 '태서제국'의 무력간섭을 요청하려 했던 황사영의 발상은 사태 판단의 미숙성에서 기인한 것으로서, 어떠한 의미에서든지 정당화될 수 없음은 명백한 사실이다.

다음으로 노길명도 "그 동기야 어떠하든 서양의 무력을 이용하여 신앙의 자유를 얻으려 하였던 그의 소망은 하나의 몽상(夢想)이 아닐 수 없다"고 백서의 외세 의존성을 비판하지만, 백서를 근거로 조선 후기 천주교회가 민중과 괴리된 반민족적 집단으로 보는 학설에 아래와 같이 반론을 제기한다.[75]

박해기의 가톨릭 교회는 봉건사회 질서의 청산과 근대사회에로의

---

75 노길명, 「조선후기 한국 가톨릭 교회의 민족의식」, 『성농 최석우 신부 고희기념 한국가톨릭 문화활동과 교회사』, 한국교회사연구소, 1991, pp. 487-489.

이양이라는 민족사적 과제에는 응분의 역할을 하였던 것으로 평가될 수 있는 것이다. 한편 많은 비판가들은 가톨릭 교회가 박해기에 접어들면서부터 이미 반민족적 태도를 갖고 있었던 것으로 파악하고 있다. 이들은 그 근거로서 1801년에 발생한 황사영의 백서사건을 지적한다. … 그러나 황사영이라는 한 개인의 태도만으로 당시의 가톨릭 교회가 반민족적 집단이었던 것으로 평가될 수는 없는 것이다. 뿐만 아니라, 백서에 포함된 내용을 보다 정확히 이해하기 위해서는 당시의 정치·사회적인 측면과 민중세계의 동향을 파악할 필요가 있다. 당시는 봉건사회 체제가 급속히 해체되는 과도기적 상태였다. 따라서 사회적 혼란은 극도에 달했으며, 민중은 심화되는 계급모순으로 인해 생존의 위협까지 맞고 있었다. 따라서 민중세계에서는 자신들을 구원해 줄 1천 척의 군함이 도래하리라는 내용을 포함한 수많은 유언비어와 각종 예언사상 및 도참사상 등이 유포되고 있었다. 국왕보다는 천주, 국가보다는 신앙을 우위에 두었던 황사영이 처참한 순교현장을 목격하면서 신앙의 자유를 얻기 위한 방안의 하나로 청국의 지원과 서양의 무력함대 시위를 요청했던 것은 이와 같은 당시 민중세계의 동향으로부터 상당한 영향을 받은 것으로 볼 수 있다. 그러나 그 동기야 어떠하든 서양의 무력을 이용하여 신앙의 자유를 얻으려 하였던 그의 소망은 하나의 몽상이 아닐 수 없다. 박해기 가톨릭 신자들의 민족의식은 하나의 해프닝이었던 황사영의 백서사건에 의해서만 규정될 수는 없다. 오히려 이 사건을 제외한다면, 19세기 전반기의 가톨릭 신자들에게는 민족의식이 신앙의 내면에 상당히 깔려 있었음을 감지할 수 있다.

원재연(元載淵, 1963~)의 경우도 인권 중시의 관점에서 백서를 "조선시대 인권서"로 비정하면서도[76] 국가 주권을 신앙의 자유보다 더 중요한 가치로 보는 이중 잣대로 백서에 보이는 외세 의존적 신앙 자유 확보책을 부정적으로 평가한다(「황사영백서의 인권론적 고찰」, 2002).[77]

황사영백서는 "조선시대 소수자인 천주교도"의 한 사람 황사영이 그가 믿는 신앙의 자유를 인간이면 당연히 누려야 할 보편적 권리의 하나로 당당하게 선포한 조선시대판 인권선언서(人權宣言書)였다. 황사영은 그가 살던 18세기 말에 이미 그리스도교가 온 지구상에 두루 전파된 상황을 직시하고 다른 나라들에서는 이를 용인하는데 유독 조선만이 그리스도교 신앙을 탄압하는 현실을 통탄하였다. 이러한 현실인식에 입각하여 그는 이른바 '삼조흉언(三條凶言)'으로 대표되는 과격한 방법을 사용해서라도 조선 정부가 신앙의 자유를 허용하도록 조선 정부에 대해 국제적인 압력을 행세해야 한다고 주장하였던 것이다. … (그는) 굳건한 순교신심(殉敎信心)을 지니고 있었던 모범적인 신앙인이었다. 또한 신행일치(信行一致)의 정신으로 자신이 옳다고 믿는 바에 대해서는 어떠한 사회적 통념에도 구애되지 않고 철저히 실천하고자 했던 일세(一世)의 기인(奇人)이었다. 그러기에 그가 쓴 백서는 대쪽 같은 그의 기인적 성품이 그대로 반영된 결과물이었다고 할 수 있다. … 이른바 '삼조흉언' 중에는 국제법적인 인권 옹호의 관점에서 수긍할만한 점도 있으나 인권운동의 단계를 초월하는 절대적 주권침해의 요소도 있

---

76 원재연은 인권을 "국가의 횡포로부터 개인인 인간의 자유 및 기본적 권리를 보호하는 데 주안점을 두는 시민적·정치적 권리"로서 "소수자가 자신의 문화를 향유하고 신앙의 자유와 종교활동의 자유를 행할 수 있다"는 것이 핵심 개념이라고 정의한다. 원재연, 「황사영백서의 인권론적 고찰」, 『법사학연구』 25, 2002, pp. 9-10.

77 원재연, 위의 논문, 2002, pp. 10, 14, 32.

어 수긍할 수 없는 점도 있다. … 조선을 청의 속국(屬國)으로 만들자는 '내복감호책(內服監護策)'은 … 조선의 독립을 부인하게 될 수도 있고, 또한 조선의 주권을 절대적으로 훼손할 수 있다는 점에서 인권운동이 만개하고 있는 21세기 초반에도 여전히 부정적인 의견으로 평가된다.

조선 후기의 천주교 수용을 근대 지향의 문화운동 차원에서 인식함으로써 근대적 가치체계 수용에 기여한 천주교의 역할을 긍정하는 신자 사가 이원순(李元淳, 1926~2018)과 박광용(朴光用, 1951~)도 백서가 결과한 천주교회의 몰락과 백서에 보이는 외세 의존성은 비판적으로 보았다. 즉, 이원순은 백서를 "위정자들의 정치적 불안을 자극하기에 충분한 조심스럽지 못한 언동"(『조선서학사연구』, 1986)으로 보았으며,[78] 이 백서사건이 천주교도에 대한 박해를 강화시켜 "천주신앙을 터전으로 한 가치체계와 문화양태", 즉 "근대를 지향하는 자유·평등·박애의 인간의식"의 수용에 기여해온 조선 교회를 "빈사지경"에 빠지게 한 결과를 초래했다고 평가했다(「천주교의 수용과 전파」, 1998).[79]

---

[78] "1801년 신유교난의 국가적 박해가 떨어지게 되었다. 박해사태가 더욱 악화된 데에는 천주교도들의 조심스럽지 못한 언동에도 책임이 있다. 천주교도 유관검(柳觀儉)의 위협적 폭언이나 청 친왕(親王) 감호, 청황(淸皇) 효유, 무력 개교(開敎) 등의 방안을 담은 황사영백서 등은 위정당국자들의 정치적 불안을 자극하기에 충분한 언동이었다." 이원순, 『조선 서학사연구』, 일지사, 1986, p. 248. 한편 이원순은 다른 글에서는 "근대 민족주의가 성립되지 않았던 상황 아래서 제시되었던 그의 생각을 반민족주의로 규정하는 데에는 제고가 요청된다"라고도 보았다. 「황사영 백서의 제문제」, 『교회와 역사』 182, 한국교회사연구소, 1990, p. 7.

[79] "신해진산사건으로 조선 정부는 '폐제멸륜지교(廢祭滅倫之敎)'로 몰리게 된 천주교에 대하여 박해의 구실을 찾기는 어렵지 않았다. … 이런 와중에 생겨난 황사영백서사건은 사태를 더욱 악화시켰다. 천주교도는 모역의 무리로, '통외'의 무리로 단죄되는 등 박해가 오가작통법(五家作統法)을 동원하여 더욱 치열하게 전개되어 주문모와 그 밖의 지도적 교인들이 모두 희생됨으로써 조선 교회는 빈사지경에 빠지게 되었다. … 조선 후기사회에서의 천주신앙의 수용은 … 천주신앙을 터전으로 한 가치체계의 수용이었고, 천주신앙이 기초하는 문화양태의 수용인 것이다. … 이 점에서 그리스도 신앙은 근대를 지향하는 자유·평등·박애의 인간의식과 합치되

또한 천주교 수용에 대해 "진정한 실력을 기르기 위한 '문화운동'의 관점에서 접근하는 것이 바람직하다"라는 입장을 개진한 박광용도 백서가 기도한 외세 의존적 신앙 자유 확보 수단에 대해서는 "조선 중화주의에 입각한 아주 심각한 이적화(夷狄化) 음모이자 반국가 음모에 해당한다"고 비판한 바 있다(「황사영백서 사건에 관한 조선왕조의 반응」, 2003).[80] 박광용과 사제관계인 여진천(呂珍千, 1965~) 신부도 백서의 신앙 자유 확보책을 "조선 중화주의 입장에서는 중대한 이적화의 음모였고, 오늘날의 입장에서 보면 사실상 반민족적인 방안이었다"라고 보았다.[81] 이경구(1953~)의 경우 황사영에 대한 학계의 '인색한' 평가 이유를 "민족주의 정서를 기계적으로 대입한 결과"라고 보지만, 그 역시 황사영이 천주교인을 "무부무군의 무리, 나라를 팔아먹는 무리"로 여기게 만든 장본인이라고 평가하는 점에서 민족주의 사관의 연장선에 서 있는 것으로 보인다(「이벽, 황사영, 정하상의 천주교, 유교 인식의 동일성과 차이점」, 2018).[82]

는 면을 가지고 있었다." 이원순, 「천주교의 수용과 전파」, 『한국사』 35, 국사편찬위원회, 1998, pp. 116, 122, 126.

[80] "필자는 서학에 대해 당시 조선 사회의 생각과 반응을 좀 더 제대로 이해하기 위해서는 종속국 체제라든지 체제저항운동이라는 관점보다 진정한 실력을 기르기 위한 '문화운동'이라는 관점에서 접근하는 것이 더 바람직하다고 생각해왔다. 특히 18세기 이후 조선 사회의 '조선중화주의' 지향이라는 문화운동의 입장을 주목해야 한다고 생각한다. … 청나라에 내복(來服)시키려는 기도도 당시 조선중화주의 분위기에서는 아주 심각한 이적화(夷狄化) 음모이자 반국가 음모에 해당한다." 박광용, 「황사영백서사건에 관한 조선왕조의 반응」, 『신유박해와 황사영백서 사건』, 한국순교자현양위원회, 2003, p. 43.

[81] 여진천, 「조선 후기 천주교인들의 교회 재건과 신앙 자유 획득 방안에 관한 연구」, 한국천주교 중앙협의회, 『한국 천주교회사의 성찰과 전망』, 한국사목연구소, 2000, p. 38.

[82] "이벽의 역할, 최후에 대한 교회의 논쟁은 진행 중이고, 황사영에 대한 교회와 일반 사회의 평가는 인색하다. 두 평가는 한국 평신도를 대표하는 성인(聖人)으로 추앙받는 정하상과는 대조적이다. 이 대조는 당대의 정황과 사유의 맥락을 일정 부분 배제하고, 이벽의 경우는 유럽의 역사문화적 시각을, 황사영의 경우는 민족주의적 정서를 기계적으로 대입한 결과가 아닌가 한다. … 황사영의 경우는 이상을 향한 열망은 높았지만, 대립에 기초한 이상이라는 점에서 융합의

이와 같이 민족주의 사관이나 민중주의 사관으로 역사를 해석하고 서술하는 역사가들은 천주교 사제나 신자라도 민족과 민중에 반하는 행위인 외세 의존 신교의 자유 확보책을 부정적으로 평가할 수밖에 없었다.

(2) 호교론적(護敎論的) 입장의 교회사가

개화기 서양인 교회사가 달레(Dallet, Claude Charles, 1829~1887)는 『한국천주교회사』(1872)에서 "황(사영) 알렉산델(sic, 알렉시오)의 흥분한 상상에서 나온 계획이 특히 그 시대에 있어서 비현실적이었음은 명백하다. 그것은 무모하고 위험하였다"라고 해 백서에 보이는 국가권력에 정면 도전한 교회 재건책의 실현 가능성을 비판적으로 보았다.[83] 그러나 그는 교회를 지키려는 호교론적 입장에서 "그가 바른 의향을 가지고 있었고, 교우들의 해방과 외교(外敎)에 대한 복음의 승리와 지옥에 대한 하느님의 승리를 특히 고려하였음은 의심의 여지가 없는 것 같이 생각된다"라고 하여 신앙의 자유를 획득하려 한 황사영의 목표가 갖는 정당성을 긍정하는 옹호론을 전개한 바 있었다.[84] 그러나 그는 "그를 판단하는 것은 각자의 자유지만, 그의 계획이

지점을 이탈했다. 그리고 결과는 비극이었다. 비극은 단지 그 개인과 가족, 당대 교인들에게만 끝나지 않았다. 지배층과 일반 백성은 백서사건을 계기로 천주교인들을 정말로 무부무군의 무리, 나라를 팔아먹는 무리로 여기게 되었다." 이경구, 「이벽, 황사영, 정하상의 천주교, 유교 인식의 동일성과 차이점」, 『교회사연구』 52, 2018, pp. 122-123, 140.

[83] 안응렬 · 최석우 역주, 앞의 책, 1979, p. 574.

[84] "불행히도 너무나 유명하고 그 결과가 매우 유감스러웠던 이 사건은 이렇게 끝이 났다. 황(사영) 알렉산델의 흥분한 상상에서 나온 계획이 특히 그 시대에 있어서 비현실적이었음은 명백하다. 그것이 무모하고 위험하였다는 것을 필자는 기꺼이 인정한다. 승리자인 노론에 대한 패배자 남인의 정치적인 격정과 노여움이 외국 간섭에 대한 이 호소에 관계가 없지 않았다는 것도 있었음직한 일이다. 그러나 따지고 보면 그가 바른 의향을 가지고 있었고, 교우들의 해방과

실려 있는 그 편지는 그의 피신처의 세 동료의 개인적인 일이다"라고 한 데서 알 수 있듯이,[85] 천주교회와 그를 동일시하는 것을 경계해 백서가 초래한 역효과를 황사영 개인의 책임으로 돌리려 했다.

또한 일제 치하 조선 교구장이었던 뮈텔(Mutel, Gustave Marie, 1854~1933) 대주교도 1925년에 백서를 프랑스어로 번역하여 홍콩에서 간행하면서 그 서문에 "이 역사적인 문서들은 두 개의 계획을 기록하고 있는데, 세 번째(大舶請來, 서양 함선을 불러옴)는 더욱 위태로운 것으로 잘 알려져 있지 않다. 이러한 계획은 공상적이고 위험하고 경솔한 것이다. 그러나 저자의 의도가 올발랐다는 것은 의심의 여지가 없다"라고 해 신앙의 자유를 얻기 위한 방법의 무모성은 비판했지만, 그 목적의 정당성은 달레와 같이 옹호한 바 있었다.[86]

해방 후 교회사가 유홍렬(柳洪烈, 1911~1995)은 일반 사가들이 당파성론의 주술에서 미처 빠져나오지 못한 것과 달리 백서가 교회사에서 점하는 의의를 호교론적 입장에서 높이 평가한 바 있었다. 그는 『조선천주교회사: 상』(1949)에서 백서를 달레의 『한국천주교회사』에 비견되는 "교회사와 근세 조선사상에 귀중한 근본사료"로 비정하고, 백서에 보이는 "조선교회 구출의 일대방책(一大方策)"을 "원대한 계획"으로 높이 평가한 반면, 역으로 조선 정부가 청국에 보내기 위해 백서를 개작(改作)한 것을 '사대사상' 또는

외교(外敎)에 대한 복음의 승리와 지옥에 대한 하느님의 승리를 특히 고려하였음은 의심의 여지가 없는 것 같이 생각된다." 안응렬 · 최석우 역주, 위의 책, 1979, p. 574.

85　안응렬 · 최석우 역주, 위의 책, 1979, p. 574.

86　Gustave Mutel, *Lettre d'Alexandre Hoang a Mag de Gouvea, Eveque de Pekin*(1801), HongKong, 1925; 하성래, 「황사영의 교회활동과 순교에 대한 연구」, 1998, p. 77에서 재인용. 다블뤼(Daveluy, Marie Nicolas Antoine, 1818~1866) 주교가 초기 순교자 약전을 기록하며 황사영을 시복(諡福) 추천 대상에서 제외한 이유도 이러한 부정적 인식이 작용했기 때문이다. 차기진, 「황사영」, 『한국가톨릭대사전』 12, 한국교회사연구소, 2006, p. 9814.

'의타주의'의 산물로 비판했다.[87]

> 1801년의 신유대교난의 귀중한 근본사료로 그 당시의 유명한 남인 학자 교도(敎徒)인 황사영이 지은 백서라는 것이 있다. … 조선 교회 구출의 일대방책을 세웠던 것이니, 이것이 곧 황사영의 백서이다. … 이보다 앞서 1801년 10월 27일에는 동지진주사(冬至陳奏使) 조윤대(曺允大) 일행이 서울을 떠났으니, 이로 말미암아 황사영들의 원대한 계획은 수포로 돌아가고 말았다. … 그의 사명(使命)이 단순한 예물을 바치고 문안을 드리는 것뿐만이 아니라, 조선에 있어서의 천주교 박해의 정당성을 진주하는 데 있었던 것만큼 그 출발에 앞서 1만 3천 자의 긴 백서를 이쪽에 유리하도록 단축하여 … 만일의 시에는 이것을 제시하려 하였던 일종의 사대사상, 의타주의에서 나온 짓이었다. … 문장이 근엄하고 장중하며 필세가 웅혼하여 조금도 과대 허구한 자취가 보이지 않으니, 그 당시의 실정을 잘 알 수 있을 뿐 아니라, 필자의 문재가 뛰어남을 알 수 있다. 이 백서야말로 '다레'의 『조선교회사』 두 권과 아울러 우리 교회사상, 또는 근세조선사상 귀중한 근본사료이다.

1970년대 들어 '민족중흥'과 '조국 근대화'의 기치가 높이 올라가자, 사제(司祭) 역사가들도 천주교가 이에 부응하는 종교임을 백서를 증표 삼아 밝히려 했다. 먼저 주재용(朱在用, 1894~1975) 신부는 『한국 가톨릭사의 옹위』(1970)에서 백서를 "한국 근대화의 첫 발걸음"으로 높이 평가했다.[88]

---

87 류홍렬, 『조선천주교회사: 상』, 조선천주교회순교자현양회, 1949, pp. 182-187; 『(증보) 한국천주교회사: 상』, 가톨릭출판사, 1962, pp. 164-168.

88 주재용, 『한국 가톨릭사의 옹위』, 한국천주교중앙협의회, 1970, p. 113.

황사영백서는… 우리 한국 교회의 초창기 사료의 보통문헌이 아니라, 순혈(殉血)로 기록된 진귀한 보배의 하나이다. 백서는 교회사 연구 자료로서의 비중 높은 사료일 뿐 아니라, 나아가서 한국 일반 사학계의 이조(李朝) 후기의 내정, 외교 및 종교사 연구의 귀중한 사료인 동시에, 오늘날 우리나라가 고조(高調)하는 한국 근대화의 첫 발걸음으로서 한국 천주교 초기 지도자들의 새 문화 새 사상으로 조국 근대화를 획책하던 그 의욕적 호흡을 느낄 수 있으며, 천주교[西學] 전래에 따른 세계 지식의 확대상을 파악할 수 있는 것이다.

최석우(崔奭祐, 1922~2009) 신부의 경우 1970년대 중반까지는 국가 주권보다 개인 신앙의 자유를 앞세우는 것이 "천주교의 정통교리"가 아니라는 입장에서 백서에 보이는 몰(沒)민족성 또는 외세 의존성을 "종교와 국가를 혼동한 잘못"을 범한 것이자 "서구제국에 대한 사대성"의 발로라고 비판한 바 있었다.

일찍이 중세 몇몇 신학자들에 의해 주장된 바로서 즉 천주교에서 일단 영세를 받으면 이미 국가의 주권에 속하지 않는다는 것이고 그 국가가 천주교를 박해할 때는 더욱이 예속될 필요가 없다는 견해이다. 황사영의 백서에 이르러 천주교는 현실정권에까지 도전하는 반국가적인 종교로 간주되기에 이르렀다. 백서에서 보는 바와 같이 참으로 사대국이 될 수 있는 나라는 천주교 신앙을 허용하고 이를 박해하지 않는 나라이다. … 외세에 의존하여서라도 종교의 자유를 얻고야 말겠다는 서구제국에 대한 사대성이 바로 그것이다(「조선후기사회와 천주교」,

1974).[89]

　　사영은 중세기 일부 천주교신학자들의 이론을 들어 자신의 생각과 행동을 변호하려 했다. 즉 교회를 박해하는 정부에게는 순종할 필요가 없고 특히 영세한 후에는 그러한 권위에는 예속되지 않는다는 것이다. 이러한 그의 주장이 결코 천주교의 정통적 교리는 아니다. 그러나 그 이면에는 인간의 기본권의 하나인 신앙 자유의 거부는 부당하다는, 정부에 대한 도전이 숨어 있다. 조선 정부의 천주교에 대한 박해는 정교 일치에서 오는 그릇된 생각이었다. … 황사영이 비록 '조정이 성교(聖敎)를 박해하므로 군사를 일으켜도 좋다'는 이론으로 자신의 계획을 변호하긴 했지만 이는 용납될 수 없는 것이었고, 그의 외세 원용(援用) 계획의 밑바닥엔 종교와 국가를 혼동한 잘못과, 서양 천주교 국가에 대한 사대성이 깊게 깔려 있었다(「천주교세력의 확대」, 1975).[90]

　　그러나 그는 1970년대 후반 이후 백서의 순교사적 가치를 강조하거나, 집권 위정자들도 종교와 정치를 혼동한 점에서 백서와 동일한 잘못을 범해 "공동선을 추구해야 할 국권을 양반지배체제를 유지하기 위한 사적 권력으로 악용한" 점을 지적함으로써 백서를 옹호하는 쪽으로 선회했다.

　　황사영이 대역죄로 능지처참을 당하고 말았다. 대역죄의 선고를 받게 된 이유는 무엇보다도 그가 백서에서 제시한 조선의 신교 자유를 획

89　최석우, 「조선후기사회와 천주교」, 『(숭전대학교) 논문집』 5, 1974, ＿＿, 『한국교회사의 탐구』, 한국교회사연구소, 1982, p. 25에 재수록.

90　최석우, 「천주교세력의 확대」, 『한국사』, 국사편찬위원회, 1975, pp. 201-206.

득하려는 방안이 매국적 혐의를 받았기 때문이었다. 백서의 정치성이 강조되는 나머지 백서가 지니는 또 다른 면, 즉 그 종교사적 · 순교사적 가치가 간과되기 쉽다(「한국교회사는 어떻게 서술되어 왔는가?」, 1979).[91]

황사영의 백서는 천주교가 본질적으로 국가와 왕조에 적대적이라는 박해의 구실을 신조화하는 데 더할 수 없이 도움이 되는 자료요 근거가 되었다. 황사영은 북경의 주교에게 보낸 그의 서한, 즉 백서에서 숙원인 종교자유의 획득의 일환으로 외세의 원용을 제의했었다. 황사영

북경교구 구베아(Alexander de Gouvea, 湯士選) 주교

(출처: 위키미디어)

91　최석우, 「한국교회사는 어떻게 서술되어 왔는가?」, 『司牧』 34, 1979, 『한국교회사의 탐구』, 한국교회사연구소, 1982에 재수록, p. 224.

의 본의도가 어디까지나 종교 자유를 획득하는 데 있었고, 거기에 정권에 대한 야욕이 개재되어 있지 않았음은 분명하다. 그럼에도 불구하고 위정자들과 마찬가지로 그도 여기서 종교와 정치를 혼동한 데 대한 비난은 면키 어려울 것이다. … 위정자들이 이와 같이 즐겨 정치와 종교를 혼동하였고, 아니 혼동하려 한 데에는 또 다른 이유가 숨어 있었으니 그것은 곧 그들의 정권을 유지시키려는 야욕 때문이었다. 이렇게 그들은 공동선을 추구해야 할 국권을 그들의 양반 관료적인 지배 체제를 유지시키기 위한 사적(私的) 권력으로 남용하고 악용하였다(「한국 근대 국가 형성과 기독교」, 1981).[92]

1990년대 접어들어 한국 사회의 민주화와 다원화의 진전과 함께 그간 국가와 민족이라는 명제에 눌려왔던 시민적 자유와 개인의 인권이 재조명되면서 국가권력에 맞서 신앙의 자유를 쟁취하려 한 황사영백서의 역사성을 재평가하는 연구가 본격적으로 나오기 시작했다. 배은하(裵銀河, 1952~) 신부가 엮은 『(역사의 땅, 배움의 땅) 배론』(1992)에서는 백서가 "민족감정으로 수긍하기 어려운 점을 내포하고 있음이 분명"하지만, 황사영이 백서를 쓴 이유가 "자신의 안전과 입신 영달을 위해서가 아니라 교회의 재건과 이 겨레의 구원을 이루기 위해 왕조체제에 과감히 도전한 것"이기 때문에 "민족을 배반한 것"이 아니라고 변호한 다음, 백서를 "박해로 인한 대량 학살의 비극으로부터 부당한 죽음과 어려움을 당하는 민족을 구하기 위해 국제적인 원조를 요청한 인권존중 옹호의 텍스트"로 규정한 바 있다.[93]

---

92 최석우, 「한국 근대 국가 형성과 기독교」, 1981, 기독교사상 편집부 편, 『(기독교사상 300호 기념논문집) 한국역사와 기독교』, 대한기독교서회, 1983에 재수록, pp. 24-25.

93 배은하 엮음, 『(역사의 땅, 배움의 땅) 배론』, 성바오로출판사, 1992, pp. 94-97.

조선에 천주교의 전래를 상세히 전하는 이 백서는 구베아 주교의 『조선왕국에 있어서 천주교의 확립』과 함께 조선천주교회사의 여명을 장식하는 쌍벽이며, 초대교회의 신앙생활과 순교자들의 약력, 신유박해의 전개과정을 정확하게 전해줌으로써 교회의 역사를 잘 이해하게 하는 중요한 교회사적 자료이고, 달레의 『조선천주교회사』와 더불어 교회사상, 근세조선의 역사상 커다란 가치를 지닌 귀중한 사료다. 또한 박해의 배경이 된 정치계의 실상, 즉 당쟁이라든가 중국과의 관계를 이용한 호소 등을 자세한 부분까지 설명함으로써 이조 후기의 정치사를 이해하는 데도 중요한 역사적인 가치가 있다. … 백서의 내용을 언급하면서 살펴본 '대안제시' 부분에선 민족감정으로 수긍하기 어려운 점을 내포하고 있음이 분명하며, 오늘날에도 많은 사람들은 5가지 방안들을 반민족적 행위로 규탄하고 있다. 특히 무력 개입을 요청한 부분은 국가의 생존권을 부정했다고 비판받는 부분이다. 그리고 대안제시 부분을 제국주의 침략의 앞잡이로만 해석하여왔으나 근대 민족주의가 성립되지 않았던 상황 아래서 제시되었던 그의 생각이니만큼 반민족주의로 규정하는 데는 재고가 요청된다. 우리나라의 민족주의는 개항기 이후에 이르러 성립되고 있기 때문이다. … 우리가 여기서 그르치지 않도록 유의해야 할 점은 오늘의 정치 역학에서 황사영백서를 보지 말고 그 당시 황사영 자신이 쓴 텍스트 안에서 그와 만나 이야기를 하도록 해야 한다는 것이다. 그를 이해하기 위해서는 그가 쓴 백서를 편견 없이 그 시대적 상황과 그의 인물됨과 함께 바라보아야 할 것이다. 자신의 안전과 입신 영달을 위해서가 아니라 교회의 재건과 이 겨레의 구원을 이루기 위해 왕도체제에 과감히 도전하였기 때문에 진리 편에 서서 국가의 추한 면을 폭로한 것이다. 다시 말하면 진리 위주의 노선을 고수하면서

겨레를 구하기 위해 국가를 거슬러 고발한 왕도체제에 대한 도전이지 민족을 배반한 것은 아니다. … 황사영의 백서는 박해로 인한 대량학살의 비극으로부터 부당한 죽음과 어려움을 당하는 민족을 구하기 위해 국제적인 원조를 요청한 인권존중 옹호의 텍스트다. 또한 우리나라 역사에서 왕실과 국가를 분리시키려고 한 최초의 문서로서 우리나라 근대 정치사상의 분기점을 이루고 있는 것이다.

신자 교회사가 차기진(車基眞, 1955~)의 경우 백서는 "신앙의 자유를 얻고자 하는 종교운동의 일환"이므로 이를 "당시의 반서학적 입장 또는 근대 혁명사상의 입장"에서가 아니라 "가치중립적"으로 평가해야 한다고 보았고(「조선후기 천주교 신자들의 성직자영입과 양박청래(洋舶請來)에 대한 연구」, 1998),[94] 방상근(方相根)은 백서가 "조선사회의 모순을 해결하고 민생(民生)의 안정"을 위해 "정권을 담당하고 있던 집권세력"만을 제거하려 했던 것으로 보았으며(「황사영 백서의 분석적 이해」, 1998),[95] 하성래(河聲來, 1935~)도 황사영이 "서양 배

---

[94] "19세기의 위정자들이나 일부 지식층에서는 양박 청래 계획, 특히 이우집(李宇集)과 유관검(柳觀儉)의 진술에서 처음으로 나온 8자 흉언, 즉 '대박청래 일장판결(大舶請來 一場判決)'을 천주교 신앙 활동의 궁극적인 목적인 것처럼 이해하였고, 이것이 황사영의 「백서」사건과 결부되면서 천주교 박해에 가장 타당한 구실을 제공해주는 결과를 낳게 되었다. 이와 관련하여 후대의 연구자들도 양박 청래 계획에 관한 한 몇몇 신자들이 지니고 있던 인식 성향을 그 실질적인 배경이었던 것처럼 설명해왔고, 신앙의 자유를 획득하기 위한 노력을 일종의 혁명(革命)사상 또는 모화(慕華)사상의 발로였다고 설명함으로써 천주교회가 이상향을 추구하는 비현실적인 집단이었음을 논증하고자 하였다. … 당시의 신자들은 스스로 정치적·사회적 한계성을 인식하고 있었으며, 신앙의 자유를 얻고자 하는 종교운동의 일환에서 북경 교회를 통해 성직자 영입과 양박(洋舶) 청래(請來) 계획을 추진하였다. 그것이 바로 조선 교회의 내적인 염원이었다. 따라서 18세기의 신앙활동을 당시의 반서학적(反西學的) 입장 또는 근대 혁명사상의 입장에서만 설명해서는 안 될 것이다. 이것은 분명 가치중립적인 성격이 강하기 때문이다." 차기진, 「조선후기 천주교 신자들의 성직자 영입과 양박청래에 대한 연구」, 『교회사연구』 13, 1998, pp. 20, 71.

[95] "황사영 자신이 당시 민족 구성원으로서 겪고 있던 갈등과 고뇌, 그리고 그가 의도했던 바가 무

를 불러와 나라를 짓밟으려" 한 "민족 반역자"가 아니라 "외교적 교섭을 통해 평화적으로 신앙의 자유를 얻고, 나아가 문호를 개방하려다가 실패한 선각자"이자 "순교의 길을 걸어간 훌륭한 순교자"였다고 평했다(「황사영의 교회활동과 순교에 대한 연구」, 1998).[96]

최석우 신부도 1998년에 발표한 「박해 시대 천주교 신자들의 국가관과 서양관」에서 외세에 의존한 신앙 자유 확보책이 천주교도의 입장에서는 "구세(救世)의 양약(良藥)"을 얻기 위한 방법이었으나, 집권 노론 세력이 천주교도와 남인계를 탄압하는 정치적 구실로 악용한 것임을 강조함으

엇인지를 드러내는 것이 그에 대한 올바른 평가를 가능하게 할 수 있을 것이다. 다시 말해 서양의 무력을 청했으면서도 이의 실행보다는 시위만으로 문제를 해결하려 했다던가, 중국의 감호(監護)를 받는 것이 오히려 조선 사회의 모순을 해결하고 민생(民生)의 안정을 가져올 수 있다는 인식은 황사영의 적대세력이 조선왕조나 민중이 아니라 정권을 담당하고 있던 집권 세력이었음을 보여주며, 그 결과 천주교 박해라는 극한 상황 속에서 이들의 제거야말로 당시 조선 사회가 안고 있던 제 모순(諸矛盾)의 해결책이라 판단하여 감호책(監護策)과 대박청래책(大舶請來策)을 제시했다고 볼 수 있다." 방상근, 앞의 논문, 1998, p. 174.

[96] "황사영의 백서가 발견되면서부터 모든 천주교인을 서양 배를 불러와 나라를 짓밟으려는 역적 행위자로 규정하며, 천주교인은 학살하여도 당연하다는 사회 통념을 형성하게 되었고, 그 처단의 구실을 제공하였다. 여기서 두 가지 문제가 드러난다. 하나는 황사영이 역적이라는 점이고, 다른 하나는 천주교인은 모두 서양 배를 불러다가 나라를 짓밟으려 하는 역적이라는 통념이다. 이 두 가지 중 후자는 오늘에 와서 씻어졌지만, 전자는 아직까지 씻어지지 않고 있음을 부인할 수 없다. 사실 이 역적의 누명이 벗겨지지 않는 한 황사영은 순교자로서 공경할 수도 없으며, 교회에서 현양할 수도 없다. … 단순히 일방적인 논리로 그를 반역자(叛逆者)로 매도한다면, 우리는 중요한 순교자 한 분을 민족 반역자로 몰아 매도하는 어리석음을 범하게 될 것이요, 반대로 민족 반역자를 순교자라 하여 아무 비판 없이 찬양한다면 그 또한 어리석은 일로, 국민의 조소를 면치 못할 것이기 때문이다. … 만약 황사영이 반역자였다면 반역의 의도가 있어야 한다. 그러나 위의 고찰을 통해 보았듯이, 그에게는 전혀 반역의 의도가 없었다. 다만 외교적 교섭을 통해 평화적으로 신앙의 자유를 얻고, 나아가 문호를 개방하려다가 실패한 선각자였다. 송학(宋學)에 싫증을 느낀 그가 민본(民本)을 생각하며, 천주교를 우리의 영혼을 구원하고, 나아가 정신을 개혁하고, 나라를 새롭게 할 수 있는 바른 진리[道], 구세(救世)의 양약(良藥)으로 인식하여 위관의 물음에도 조금도 굽힘 없이 당당하게 대답하며 순교의 길을 걸어간 훌륭한 순교자였다는 사실을 확인할 수 있었으면 하는 것이 필자의 소박한 바람이다. 하성래, 앞의 논문, 1998, pp. 75, 78, 144.

로써 백서의 역사성을 다시 한번 옹호했다.[97] 같은 맥락에서 변기영(卞基榮, 1940~) 신부는 백서를 "구원의 편지"로, 황사영은 "죽으면서도 주님의 진리와 교회를 증거"한 순교자로 옹호했다(『한국 천주교회 창립사 논증』, 1998).[98]

정두희(鄭杜熙, 1947~2013)는 1997년에 쓴 「황사영백서」라는 글에서 황사영을 신앙의 자유를 얻기 위해 국가체제를 정면으로 부인한 최초의 개인이자 순교자로 보았으며, 그의 도전은 조선왕조의 종말을 극적으로 부각시킨 사건이었다고 높이 평가했다.[99] 나아가 그는 "만약 국가적 권위가

---

[97] "초기의 지도층 신자들이 금령(禁令)을 알면서도 북경으로 밀사를 파견하고 양박이나 선교사 영입을 추진한 것은 국가관의 한계성을 드러낸 것으로 볼 수도 있지만, 그들의 입장에서 본다면 황사영의 말과 같이 구세(救世)의 양약(良藥)을 얻기 위한 방법이기도 하였다. 반면에 유교 국가인 조선의 위정자들은 정교합일주의(政敎一主義)라는 기본적인 정교인식을 가지고 있었으나 종교를 정치 내지는 국가와 대등한 것으로 인정하지 않았다. 뿐만 아니라 위정자들은 종교를 정치 내지 국가에 예속시키려고 하였으며, 종교가 정치에 굴복하는 한에 있어서 그 자유를 인정하려 하였다. … 이렇게 볼 때 봉건주의 아래에서는 국가와 종교, 특히 동양의 유교 국가와 서양의 천주교 신앙이 동일한 정·교 관념 아래 합일되기는 어려웠다. 더욱이 이러한 불일치가 노론계에 의해 정치적으로 이용되면서 천주교 신자들은 물론 남인계 인물들은 탄압을 받을 수밖에 없었고, 신자들의 국가관이나 서양관은 그 하나의 수단으로 이용되었다. 황사영의 백서사건 또한 이러한 상황 아래서 이해되어야 할 것이다." 최석우, 「박해 시대 천주교 신자들의 국가관과 서양관」, 『교회사연구』 13, 1998, p. 17.

[98] "알렉산델 황사영은 북경 천주교회 주교에게 구원 요청 편지 「백서(帛書)」를 쓰고 나서 잡히어 신앙을 위하여 죽은 후에도 온몸이 여섯으로 찢기었으며, 죽으면서도 주님의 진리와 교회를 증거하였다." 변기영, 『한국 천주교회 창립사 논증』, 한국천주교회창립사연구원, 1998, p. 34.

[99] "우리는 나면서부터 국가를 벗어날 수가 없다. 한 인간이 살아가는 데 있어서 필요한 모든 사회적 여건은 국가체제 속에서 마련될 수밖에 없다. 그런 국가체제는 힘을 지니고 있으며 개인이 그 힘에 맞서기는 거의 불가능한 일이다. 모든 시대의 순교자들은 대부분 그 체제의 힘에 의해 희생된 사람들이라 할 수 있다. 그들은 자신들을 억압하는 체제를 거부하지는 않았지만, 그들이 추구하는 숭고한 가치를 따랐던 사람들이었다. 그러나 황사영의 경우처럼 자신의 종교적 가치를 지키기 위해 국가체제를 정면으로 부정하고 나선 사람은 흔하지 않은 것 같다. … 박해가 다가오자 그는 수백 년 묵은 조선왕조의 그늘에서 과감하게 벗어나 버리고 말았다. 이 한 사람의 반역(?)은 그 당장엔 아무것도 바꾸지 못하고 말았지만 조선왕조의 종말이 가까웠음을 이처럼 극적으로 부각시킨 사건도 흔하지는 않았다. 그런 의미에서 황사영백서는 천주교의 초기 역사를 이해하는 데 있어서나, 조선왕조 해체기의 역사를 이해하는 데 있어 각별한 의미를 지니고 있는 것이라 생각한다." 정두희, 「황사영백서」, 『세계의 신학』 36, 한국기독교연구소, 1997, pp. 164-165.

종교적 신앙을 부정한다면 우리는 정말 어떻게 할 것인가? 국가의 체제 그 자체가 우리가 신봉하는 종교적 신앙에 어긋나는 것이라면 또 어떻게 할 것인가?"라는 개인과 전체(국가) 중 무엇이 더 소중한 가치인지에 대해 질문을 던짐으로써 황사영의 국가에 대한 "과감한 반역"을 옹호했다(「황사영 백서를 어떻게 볼 것인가」, 1999).**100**

　　18세기 말에서 19세기 말경까지 거의 100여 년간 지속된 박해 속에서 수많은 천주교도들이 죽임을 당하였으며, 그들에 관한 기록들도 결코 적은 것이 아니다. 그러나 그 어느 기록도 황사영백서와 같은 것은 없다. 대부분의 순교자들이 자신들의 신앙을 당당하게 증언하고 죽음을 받아들였지만, 그들 누구도 공개적으로 조선왕조의 국가체제를 거부하고 어떤 수단을 통해서라도 신앙의 자유를 얻겠다고 주장한 사람은 없었다. 그러나 황사영은 달랐다. 그는 외국의 군대를 끌어들여 조선을 청나라의 한 지방으로 만드는 한이 있더라도 부당하고 참혹한 박해를 멈추게 하는 것이 옳다고 믿었으며, 그러한 만행을 일삼는 국가라면 그 같은 국가체제에 승복할 필요가 없음을 확실히 하였다. 그러므로 황사영은 국가체제와 신앙이 정면으로 충돌하여 더 이상 공존할 수 없다고 판단될 때는 천주신앙을 택하는 것이 옳다고 믿었을 뿐 아니라, 그러한 국가체제를 공개적으로 부정하려는 의지를 지닌 사람이었다. 그 점에서 그는 동시대의 다른 순교자들과는 구별되는 존재였던 것이다. 오늘날 우리는 신앙의 자유가 보장되는 시대에 살고 있기 때문에 황사영의 고뇌를 이해하기 쉽지 않다. 그리고 우리나라를 다른 나라에

100　정두희, 「황사영백서를 어떻게 볼 것인가」, 『신앙의 역사를 찾아서』, 바오로딸, 1999, pp. 86-93.

복속시키거나 또는 외세의 군사력을 빌려서라도 종교의 자유를 얻어야 한다는 주장에 쉽게 동조할 수 없다. 그렇기 때문에 황사영은 반민족적이며 광신적 몽상가라고 비난을 받기도 하였다. 그러나 만약 국가적 권위가 우리의 신앙을 부정한다면 우리는 정말 어떻게 할 것인가? 국가의 체제 그 자체가 우리가 신봉하는 종교에 어긋나는 것이라면 또 어떻게 할 것인가? … 그런 점에서 본다면 황사영이 적극적으로 조선왕조를 부정하였던 이유를 이해할 수 있을 것 같다. 그에게 있어서 조선왕조와 조선의 군주는 더 이상 하늘과 같은 존재는 아니었다. 거기에 더하여 그 군주가 천주의 가르침을 정면에서 어기고 또 천주교인들을 그처럼 무참하게 학살하는 행위를 저지른다면 이것은 천주의 큰 가르침에 대적하는 행위가 되기 때문에 황사영은 너무나 당당하게 조선의 왕실을 비난할 수 있었으며 그런 조선왕조가 응징을 받아 마땅하다고 생각한 것이었다. 필자는 황사영의 생각이 옳다 그르다는 입장에서 말하는 것이 아니라, 실로 지배적인 이념을 벗어나지 않고서는 새로운 변화를 — 비록 그 변화가 개인에 국한된 것이라 하여도 — 이룩할 수 없음을 말하고자 하는 것이다. 그리고 새로운 이념은 과거의 지배적인 이념 이상으로 체계화되고 보편화된 가치체계를 갖춘 것이어야 하였다. 그러므로 황사영은 천주교의 가르침 안에서 유교를 넘어서는 길을 찾았기 때문에 과감한 반역의 길을 택할 수가 있었다고 생각한다.

최완기(崔完基, 1944~2007)도 황사영을 "서학이 수용되고 이양선이 접근해오는 시대적 조건을 나름대로 활용하여 사회변혁·사상변혁을 시도한 개혁운동가"로 비정하면서 "백서는 당시 매우 불안하던 조선의 현실을 적나라하게 밝힌 고발장으로서뿐만 아니라 그러한 현실 속에서 민족의 구원을 위해서는 무엇보다도 신앙의 자유가 우선임을 일깨워준 인권선언서로서 높이 평가되어야 할 것"이라고 보았다(「황사영 백서 작성의 사상적 배경」, 2003).[101] 이영춘(李榮春, 1960~2012) 신부도 백서를 평가함에 있어 "신앙과 민족을 대치"시켜 "민족감정을 자극"하는 식의 인식틀을 불식시킴으로써 백서의 역사적 가치를 재정립해야 한다는 견해를 피력했으며(「황사영 백서 사건에 관한 역사신학적 성찰」, 2003),[102] 김진소(金眞召, 1938~) 신부도 황사영이 국가와 정부를 분리해 "무수한 생명을 살상하고 당쟁이나 일삼는 이씨 정권"을 반민족적이라고 보아 타도하려 했던 것으로 보았다(「신해박해 당시 서양 선박 청원의 특성」, 2003).[103]

---

[101] "그의 백서가 발각된 뒤, 황사영은 그 내용으로 인해 반국가적 · 반민족적 인물로 매도되거나 몰민족적 행동가로 인식되면서 당시 지배층을 경악케 했을 뿐만 아니라 그 후의 많은 역사책에서는 서구 세력의 침투와 관련해서 그의 이름을 명기하고 있다. 그렇다면 과연 황사영은 그와 같이 일방적으로 매도되어야만 하는가. 결론하여 본고에서는 황사영을 서학이 수용되고 이양선이 접근해오는 시대적 조건을 나름대로 활용하여 사회변혁, 사상변혁을 시도한 개혁운동가라고 보고자 한다. 왜냐하면 냉정하게 분석해보면 그의 의도는 방향은 같지 않다고 하여도 홍경래나 최제우의 궁극적 의도와 상호 합치한다고 보여지기 때문이다. 뿐만 아니라 이때 발각된 백서는 당시 매우 불안하던 조선의 현실을 적나라하게 밝힌 고발장으로서뿐만 아니라 그러한 현실 속에서 민족의 구운을 위해서는 무엇보다도 신앙의 자유가 우선임을 일깨워준 인권선언서로서 높이 평가되어야 할 것이다." 최완기, 「황사영백서 작성의 사상적 배경」, 한국순교자현양위원회, 앞의 책, 2003, p. 78.

[102] "황사영백서에 대한 평가가 '대안제시'라는 측면에서만 지나치게 강조되는 경향이 있다는 것과 그로 인해 박해 당시 위정자들이 의도한 것처럼 신앙과 민족을 대치시키는 상황에 빠져서 백서가 전해주고 있는 교회사뿐만 아니라 당시 사회 인식에 대한 역사적 사료로서의 가치가 정당하게 평가되지 못하는 경향이 있음을 살펴볼 수 있다. … 그러므로 백서 전체의 내용을 객관적으로 이해하려는 노력보다 지엽적인 면을 지나치게 비약시키거나, 섣불리 민족감정을 자극하는 식의 평가를 내려서는 안 될 것이다." 이영춘, 「황사영백서사건에 관한 역사신학적 성찰」, 한국순교자현양위원회, 앞의 책, 2003, pp. 252, 254.

[103] "천주교를 박해하여 귀한 인재와 무수한 생명을 살상하며 당쟁이나 일삼는 통치권의 행위는 하늘의 뜻이 아니었다. 민심은 천심이었다. 천주교를 살생으로 대결하여 막는 것은 백성이 아니라 집권자였으니 역성혁명을 꿈꿀 만하였을 것이다. 황사영은 정부의 실세인 정순왕후와 '이씨정권'을 반민족적 세력으로 규정한 것이다." 김진소, 「신해박해 당시 서양 선박 청원의 특성」, 한국순교자현양위원회, 위의 책, 2003, p. 136.

천주교 신자 역사가 프랭클린 라우시(Franklin Rausch)도 『교회사연구』에 실린 「사악한 관료와 고결한 순교자: 황사영 백서에 나타난 순교자 전기에 대한 분석(Wicked Officials and Virtuous Martyrs an analysis of the martyr biographies in Alexius Hwang Sayng's Silk Letter, 2009)에서, 백서를 사회적 약자인 천주교 순교자들의 숨겨진 생각을 엿볼 수 있는 역사적 자료로 "사악한 관료"의 "공적 담론"에 맞서는 "고결한 순교자"의 숨겨진 "비공식 담론"으로 박해를 견뎌낸 힘이었다고 보았다.[104]

한국교회사연구소에서 펴낸 『한국천주교회사』 2에 실린 이장우의 글(「신유박해와 황사영백서사건」, 2010)은 호교론(護敎論)의 입장에 선 천주교 교회사가들의 백서관을 응축·대변한다.[105]

> 황사영이 백서에서 제시한 내용의 실현 가능성이나 미숙성을 따지는 일보다 더 주목해야 할 점은 황사영이 '조선'이라는 국가와 사회를 궁극적으로 새롭게 변화시켜야 할 대상으로 보았다는 점이다. … 황사영의 의식과 행동은 그 자체가 바로 당시 사회의 일각에서 제기되고 있던 '변화의 조짐'을 상징적으로, 그리고 보다 분명하게 보여주는 것이라 여겨진다. 말하자면 황사영 등은 근대로 향하는 길목의 들머리에서 굳게 닫혀 있던 문의 열쇠를 찾고자 했던 것이다. 물론 이 행위는 당시

---

[104] "황사영의 '백서'를 통하여 조선시대 약자의 숨겨진 생각을 볼 수 있다. 이 때문에 '백서'는 아주 중요한 역사적 자료이다. 조선시대 천주교 신자는 그 오랜 기간의 극심한 박해를 견뎌내야만 했다. 물론 많은 신자들이 비공식 담론이 담긴 '백서'를 직접 본 것은 아니었다. 그러나 '백서'에 나타난 천주교 신자들의 비공식 담론을 통해 사회적 약자이며 피지배자이던 순교자의 마음을 더욱 가까이 접해볼 수 있다. 그것은 조선 사회에서 '사악한 관료'의 박해를 견디어내는 '고결한 순교자'의 숨겨진 담론이었던 것이다. 그 숨겨진 비공식 담론은 그들이 박해를 견디어내는 힘이었으리라고 본다." "Franklin Rausch, Wicked Officials and Virtuous Martyrs an analysis of the martyr biographies in Alexius Hwang Sayng's Silk Letter", 『교회사연구』 32, 2009, p. 30.

[105] 이장우, 앞의 책, 2010, pp. 83-86.

사회의 주류 집단으로부터 반역으로 매도되었으며, 후대에도 반민족적 · 반국가적 행위로 비난받았다. 그렇지만 황사영 등이 당시 조선 사회에 던진 강력한 충격파는 그에 대한 지지나 반대에 상관없이 전방위적으로 영향을 끼침으로써 조선 사회를 변화시키는 결정적인 계기 가운데 하나가 되었다. 그 결과 조선 사회는 교조적 유교가 지배하는 전근대 사회에서 점차 근대 사회를 향하여 나아가기 시작하였다. 이런 점에서 보자면 그는 자신의 신앙을 죽음으로 증거한 한국 천주교회의 순교자였을 뿐만 아니라, 유교가 지배하는 조선 사회를 근대 사회, 즉 왕정에서 공화정으로 변화시키는 데 앞장서서 목숨을 바친 또 다른 의미에서의 순교자이기도 했다. … 한편 천주교회는 계속 박해를 당하면서도 꾸준히 교세를 늘리며 새로운 사회를 향하여 나아가고 있었으며, 마침내 1886년 조불조약의 체결을 계기로 신앙의 자유를 획득하기에 이르렀다. 천주교회의 이러한 성과에 힘입어 프로테스탄트 교회 역시 영향력을 확대시키면서, 그리스도교가 추구하는 가치는 한국 사회의 근대의식 성립에 밑거름이 되었다. 그 결과 역사의 물줄기는 마침내 왕정에서 공화정으로 바뀔 수밖에 없었다. 그런 점에서 황사영을 비롯한 초기 천주교 신자들에게서 '근대적 인간'의 전형(典型)을 찾을 수 있지 않을까 한다.

요컨대 이장우는 천주교가 근대의 문턱을 향해 자생적으로 변화해가던 조선 후기 기층사회의 역동적 변화를 앞서 추동한 종교였으며,[106] 황사

---

106 "신유박해 이후 지식인 사회에서는 천주교의 확산에 대응하여 천주교로 상징되는 외세를 배격하기 위한 척사론이 강하게 대두되는 동시에 다른 한편에서는 근대사회로의 전환을 추구하는 개화론(開化論)이 제기되었다. 그렇지만 유교의 테두리에서 벗어나지 못한 채 타협이 전제되지 못한 척사론과 개화론의 갈등과 대립은 조선인들에게 아무런 희망을 주지 못하였으며, 조선

영도 신앙의 자유와 공화정의 도래를 위해 몸과 목숨을 바친 순교자이자 "근대적 인간의 전형"으로 보아야 한다고 옹호한다.

5) 개신교 역사가들의 백서관

(1) 부정론자

1960년대 들어 민족주의 정서가 학계를 휩쓸면서 개신교 교회사가들은 구교에 대한 신교의 차별성을 강조하는 입장에서 민족의 이름으로 백서에 보이는 외세 의존성을 비판했다. 김재준(金在俊, 1901~1987) 목사는 「한국사에 나타난 신교(信敎) 자유에의 투쟁」(1966)에서 황사영백서를 "순수한 신앙 고백으로서의 순교 가치를 저하시킨 것"으로 비판함으로써 천주교에 대한 개신교의 차별성을 드러내려 했다.[107]

천주교에 대한 박해의 이유는 위에서 이미 지적한 바 있거니와 황사영의 백서사건에서, 청국의 조선병합과 서양으로부터의 무력침공

사회의 붕괴를 더욱 가속화시켰다. 그리하여 개항 이후 조선 사회에 주어진 역사적 과제인 '개화'와 '자주' 가운데 어느 한쪽도 성공적으로 완수하지 못한 채 조선 사회는 일본의 식민지로 전락하고 말았다. 반면 기층 사회에서는 천주교에 자극받은 『정감록』의 예언사상이 더욱 탄력을 받아 널리 유포되면서 민심은 유교가 지배하는 조선왕조로부터 멀어지고 있었다."

107 김재준, 「한국사에 나타난 신교(信敎) 자유에의 투쟁」, 1966; 기독교사상 편집부 편, 『(기독교사상 300호 기념논문집) 한국역사와 기독교』, 대한기독교서회, 1983, p. 56.

을 제의한 것이라든지, 대원군의 연불로척(聯佛露斥: 프랑스와 연계해 러시아를 막음)의 암계에 걸린 남종삼의 외교 참여라든지가 '매국'행위로 규탄받을 구실로 전용된 일도 있었다. 이런 것은 순수한 신앙 고백으로서의 순교 가치를 저하시킨 것이라 생각된다.

민경배(閔庚培, 1934~)도 「기독교사상」(1976)에서 백서사건이 천주교가 "매국(賣國) 대역(大逆)의 사악한 종교(邪宗)"로 각인된 주된 원인으로 보았으며,[108] 「한국 교회사에 있어서 "민족"의 문제」(1981)에서는 "민족 양심의 지탄"을 받는 백서의 몰(沒)민족성과 반(反)민족성을 부각함으로써 신교와 구교와의 차별성을 입증하려 했다.[109]

1801년 황사영의 백서라든가, 그때의 신유교란을 겪은 프랑스 신부들의 거동이 대역무도와 몰민족성에 치우친다는 좋지 않은 인상을 꽤 오래 남겼던 것이다. 시기적으로 그다음에 들어오는 개신교가 우선 천주교와 다르다는 호교적 관심을 짜내야 하는 까닭이 여기 있었다. 적어도 반민족은 아니요, 오히려 친민족적이라는 행태 양식을 시위하여

---

108 "백서의 내용이 조야에 알려져 전국이 들끓어 서교(西敎)는 바야흐로 매국대역(賣國大逆)의 사종(邪宗)이라는 비판이 빗발쳐, 두고두고 천주교는 한국에서 모반부도(謀反不道)의 눈초리를 피할 수 없게 되었던 것이다." 민경배, 「기독교사상」, 고대민족문화연구소 편, 『한국현대문화사대계』 II, 고려대학교 민족문화연구소, 1976, p. 758.

109 민경배, 「한국교회사에 있어서 민족의 문제」, 1981, 기독교사상 편집부 편, 앞의 책, 1983에 재수록, pp. 104-106. 또 다른 교회사가 김성준은 "이 백서는 전달되지 못하고 중도에 발각되어 천주교도는 조국을 외국에 파는 역적으로 몰려 박해를 더욱 가혹하게 하였던 것이다"라고 해 박해의 구실을 제공한 것으로 보았으며, 배본철도 "황사영의 백서 사건 이후 가톨릭은 매국(賣國)이라는 낙인이 찍힐 수밖에 없었다"라고 혹평했다. 김성준, 『한국기독교사』, 한국교회교육연구원, 1980, p. 37; 배본철, 『(선교와 에큐메닉스 중심의) 한국교회사』, 문서선교 성지원, 1997, p. 44.

야만 했다. … 천주교의 몰민족적 행동양식은 1801년의 신유 때와 그 해의 황사영백서에서 절정에 이른 형편이었다. 천주교에서는 '천주'라 는 변수를 개입시킴으로써 국왕의 절대권에 도전하여 이를 상대화시 켰는데, 이것은 당시의 체제 형태에서는 바로 겨레 나라에 대한 도전 으로 당장 간주될 수밖에 없었다. 더구나 행형(行刑)상의 혼란을 야기 한 것은 패륜 멸기로 투사된 교도들을 즉사(節死) 순교로 오히려 추앙 하였기 때문이다. 이것은 국가 통치권에 대한 심각한 도전이 아닐 수 없었다. 이렇게 해서 천주교도들은 원국(怨國)의 도(徒), 사욕변이자(思 慾變而者), 나라의 난얼(亂蘗)들로, 무부무군(無父無君)의 난류(亂類)들로 치죄받게 되었던 것이다. 여기에 황사영의 대역비도(大逆非道)가 천하 에 공개되면서 천주교도들은 나라의 표양(表樣)까지 진멸돼도 교(敎)만 세워지면 된다는 반란 배역의 무리들로 격렬한 민족 양심의 지탄을 받 게 되었던 것이다.

금장태(琴章泰, 1943~)의 경우 백서를 조선 정부에 천주교가 "반국가적 행동"을 할 수 있는 집단임을 확인시켜줌으로써 "유교 전통의 국가와 기 독교 신앙이 공통의 이해관계나 협력의 가능성이 단절된 채 대립하게 한" 사건으로 간주했다(「기독교의 전래와 이조 유교사회와의 갈등」, 1977).[110] 김인수도 『한 국기독교회사』(1994)에서 백서가 조정이나 백성이 받아들일 수 없는 "반역

---

[110] "황사영은 백서에서 '예수의 성훈(聖訓)에는 전교를 용납하지 않는 죄는 소돔과 고모라보다 더 중하다 하니, 이 나라를 전멸한들 성교(聖敎)의 표양(表樣)에 해로울 것이 없다'는 주장을 하는 데 이르렀다. 이것이 황사영 개인의 사견인지 아닌지가 문제가 아니라 이를 통해 이조 정부는 기독교 교단이 반국가적 행동을 할 수 있는 집단이라는 것을 실질적으로 확인하게 되었다." 금 장태, 「기독교의 전래와 이조 유교사회와의 갈등」(1977), 기독교사상 편집부 편, 『(기독교사상 300호 기념논문집) 한국역사와 기독교』, 대한기독교서회, 1983에 재수록, pp. 39-40.

적인 글"이 된 이유를 무력을 사용한 비복음적 선교 방법 때문이라고 보아 신교와의 차별성을 부각하려 했다.[111] 서정민(徐正敏, 1956~)은 『한국교회의 역사』(2004)에서 "탈(脫)민족, 함(含)교회 사상"에 함몰된 황사영의 "생각은 당시로서나 지금으로서나 용납하기 어려운 민족 공동체에 대한 위해요, 위협이 아닐 수 없다"라고 혹평했다.[112] 박용규(朴容奎, 1956)와 안수강도 황사영의 외세 의존 신앙 자유 확보책을 개신교와 다른 천주교의 반민족적 신앙 양태를 보여주는 사례로 꼽는다.

> 열국이 군사를 동원해 조선을 침략해서라도 종교의 자유를 얻을 수 있도록 협력해 달라는 황사영의 요청은 한편으로 조선의 천주교도들이 얼마나 박해를 견디기 힘들었는가를 말해주면서도 다른 한편으로는 이들이 얼마나 반민족적인 사고를 가지고 있었는가를 단적으로 말해준다. … 후대 개신교 지도자들이 기독교 신앙과 민족을 통합적으로 이해했던 것과는 너무도 차이가 있었다(박용규, 『한국기독교회사 1』, 2004).[113]

---

111 "황사영은 조정의 박해를 종식시키고 전교의 자유가 확보되어 온 나라 백성이 천주의 자녀가 되도록 해야겠다는 일념으로 이 편지를 쓰면서 나름대로 그 방책을 제시한 것이 조정이나 백성들이 볼 때는 도저히 용납할 수 없는 반역적 글이 되고 말았다. … 전통적으로 가톨릭교회가 물리적 힘을 동원하여 선교하는 방법을 택해 온 것이 사실이다. 따라서 목적이 선하면 방법은 물리적 힘을 동원해도 좋다는 결론에 이르게 되는 것이다. 그러나 분명한 것은 … 목적이 선해도 그 방법이 비도덕적이거나 비복음적이면 용납될 수 없다고 하는 진리를 간과해서는 안된다. 선교는 복음적 방법으로만 행해져야 하는 것이다." 김인수, 『(신학연구도서 18) 한국기독교회사』, 한국장로교출판사, 1994, p. 47. "특히 문제가 된 것은 '비록 이 나라는 진멸한들 성교(聖敎)의 겉모양에 해로울 것이 없고'라고 쓴 것이었다. '이 나라가 진멸해도…'라는 말은 한 나라의 국민으로서는 도저히 쓸 수 없는 배역무도의 말로서 모든 사람들로부터 만고의 역적이라는 비난을 받게 되었다." ——, 『한국기독교회의 역사』상, 장로회신학대학 출판부, 2004, p. 61.

112 서정민, 『한국교회의 역사』, 살림, 2004, pp. 6-7.

113 박용규, 『한국기독교회사 1(1784~1910)』, 생명의 말씀사, 2004, p. 173.

황사영의 백서는 유교에서뿐만 아니라 기독교에서도 용납하기 어려운 논지를 담았다. … 백서에 제기된 외세에 의한 조선천주교 구원론은 유교의 입장으로서는 사학의 정점이자 흉서로 단죄할 수밖에 없었다. 기독교의 입장에서도 백서를 환영할 수는 없다. 일면 교회의 연합운동, 천주의 우주적 통치권, 조선 천주교 갱생 모색, 천주교의 전교 방책, 선택의 여지가 없는 유일한 방법론이었다는 관점에서 일부 긍정적으로 검토해볼 단서는 있다. 그렇지만 기독교 신앙은 국가와 관련하여 역사관, 윤리관, 민족관, 애국심, 나라의 체계, 국가의 정체성, 국가관 등 중차대한 논점들이 유기적으로 연관되어 있기 때문에 미묘하고도 복잡한 난제들이 파생될 수 있다는 점에서 백서를 호의적으로 용인할 수 없다(「황사영 백서 고찰」, 2012).[114]

백서의 반국가성을 지적함으로써 천주교에 대한 신교의 우월성을 부각시키는 개신교 역사가들의 연구는 최근까지 하나의 경향성으로 계속되고 있다. 이는 천주교 신도들의 신앙 형태를 자신의 나라보다 교황에 충성하는 '울트라몬타니즘(ultramotanism, 교황권지상주의)'이라고 비판하는 권평의 「황사영(「백서」)과 정하상(「상재상서」)의 저작에 나타난 천주교의 국가에 대한 두 가지 태도 연구」(2019)에 잘 나타난다.[115]

황사영은 「백서」에서 "비록 이 나라가 망하여 그 모양이 없어질지라도 성교(聖敎)의 표식은 남아 있어야 할 것(雖殄滅此邦 亦無害於聖敎之表)"

114 안수강, 「황사영의 '백서(帛書)' 고찰」, 『역사신학논총』 24, 2012, p. 191.
115 권평, 「황사영(「백서」)과 정하상(「상재상서」)의 저작에 나타난 천주교의 국가에 대한 두 가지 태도 연구」, 『한국교회사학잡지』 54, 2019, p. 19.

이라는 말을 남겼는데 이런 황사영의 신앙은 명백히 자신이 속한 나라보다 천주교를 우선시하는 입장이라고 하지 않을 수 없다. '힘의 신앙' 혹은 '울트라몬타니즘(ultramotanism, 교황권지상주의)' 유형이라고 부를 수 있다. 이 유형의 특징은 교회와 국가의 대립 관계 속에서 자신의 최후의 충성을 교황에게 바친다는 것이다. 즉 자신이 속한 나라의 국경(산맥)을 넘어 자기의 마지막 충성을 국가가 아닌 교황에게 바친다는 의미이다.

(2) 긍정론자

반면 국가권력에 맞서 신앙(信仰)의 자유를 쟁취하려 한 황사영백서의 역사성을 순교사의 시각에서 긍정적으로 평가하려는 신교 교회사가들의 연구도 찾아볼 수 있다. 신교 교회사가 김광수(金光洙)는 백서의 순교사적 측면에 주목하여 "한국의 천주교도를 위기로부터 구출해 주어야 한다는 피눈물 나는 애끓는 심정의 호소"(『한국기독교전래사』, 1974)로 보았으며,[116] 한국기독교사연구회도 "선교의 자유를 획득하려는 진일보한 계책"(『한국 기독교의

---

[116] "황사영백서의 내용의 개요는 다음과 같다. 그 첫 부분에 있어서는 신유박해 시, 약 30명에 달하는 순교자가 있었는데 그들의 내력이 자세히 서술되어 있다. 둘째 부분에는 박해의 요인이 되었다고 볼 수 있는 당쟁의 전개를 분석하고 있다. 그리고 셋째 부분에 있어서 한국 천주교회를 재건하고 부흥케 하는 데 필요한 안을 건의한 것으로 되어 있다. 즉 교세의 부진은 재정적 빈곤에 있으니 의연금의 혜택을 호소하였고 중국의 간섭으로서 한국의 조정이 서교를 받아들이게 해야 한다는 것과 또한 유럽의 기독교 국가를 동원하여 수백 척의 군함과 함께 선교사를 입국케 하여 한국의 천주교도를 위기로부터 구출해 주어야 한다는 피눈물 나는 애끓는 심정의 호소이었다." 김광수, 『한국기독교전래사』, 기독교문사, 1974, pp. 100-101.

역사』I, 1989)으로 높이 평가했다.[117]

　　이 백서는 천주교를 대역부도(大逆不道)하고 반국가적인 단체로 몰
아넣을 결정적인 근거가 되었다. … 천주교를 '무군무부'의 종교, '대역
부도'한 사악의 무리로 규정한 정부 측 입장은 황사영백서와 같은 증거
로 보장을 받게 된 셈이다. 그러나 이러한 절망적인 상황 속에서 신앙
은 재기한다. 다음과 같은 달레의 지적은 당연한 것이다. "박해는 신앙
의 눈으로 보아서 더 귀중한 결과를 낳았다. 천국에는 새로운 간선자(揀
選者)가 많이 생겼고, 조선 천주교는 하느님 앞에 힘 있는 전구자(轉求
者)의 무리를 많이 보냈으니, 나중에 갖가지 장애가 있었음에도 불구하
고 선교사들의 말이 구원의 열매를 풍부히 맺은 것은 순교자들이 기구
하여 주신 덕택이다."

　　조윤선도 황사영 사건 관련자들을 "비신앙인에게 기독교 사상의 참
모습을 각인시켜준 순수한 신앙인"이었다고 보았으며, 이들의 순교가 이
후 무리 없는 개신교 수용의 밑거름이 되었다고 보았다(「조선후기 기독교 수용의
사회, 사상적 배경」, 2010).[118] 경제학자인 이정린(李正麟, 1921~2013)도 황사영을 "새
로운 이념의 잉태기"에 신앙의 자유를 얻기 위해 순교한 "초창기 한국교
회의 대표적 순교자요, 독실한 신앙의 귀감"이라 평하고, 백서에 대해서도

---

117 한국기독교사연구회, 『한국 기독교의 역사』 I, 기독교문사, 1989, pp. 92-93.

118 "비록 외세의 무력에 의지하려 했다는 점이 문제가 되었으나 황사영을 비롯한 백서사건에 관련
된 사람들의 순수한 신앙인으로서의 모습은 비신앙인들에게 기독교 사상의 참모습을 각인시
켜주기에 충분했을 것이다. … 천주교인들의 순교는 이후 개신교가 무리 없이 수용되는 데 밑
거름이 되었다." 조윤선, 「조선후기 기독교 수용의 사회, 사상적 배경」, 『학문과 기독교 세계관』
1, 2010, p. 117.

"민족 복음화를 위해 작성한 기도문적 성격의 편지"로 보아 그 역사성을 옹호했다(이정린, 『황사영백서 연구』, 1999).**119**

　　요컨대 「황사영백서」는 세상적인 관점에서가 아니라, 신앙적인 관점에서 그의 의도 내지 취지를 파악하는 것이 올바른 고찰이라고 생각한다. … 그때나 지금이나 반역적 흉서라느니, 또는 공상적 발상이라느니 하면서 그렇게 매도당했고, 그리고 지금도 매도당하고 있는 「황사영백서」. 이 「백서」를 그렇게도 매도했거나, 또는 지금도 매도하고 있는 사람들의 견해는 단적으로 말하자면, 오로지 세상적인 관점에서만 본, 너무나 편협하고 근시안적인 안목에 의존했거나, 또는 지금도 의존하고 있다고 볼 수 있지 않을까? 거듭 말하거니와 「백서」는 창조주 하나님의 섭리를 믿고 하나님께 전적으로 의지한, 다시 말하면 하나님의 독생자 예수 그리스도의 무한대의 능력에 전적으로 의지한, 의인(義人) 황사영의 민족 복음화를 위한 하나의 기도문의 성격을 띤 편지라고 믿는다. … 백서를 작성한 황사영. 그가 직면한 시대는 이렇게 성리학이 18세기의 동요기에서 19세기의 쇠퇴기로 이행해 가는 전환기, 즉 과도기였다. 이러한 과도기는 새로운 시대가 출현하기 전 단계의, 말하자면 새로운 사상, 새로운 이념의 잉태기(孕胎期)라고 할 수 있다. 이렇게 볼 때 황사영은 조선의 통치원리인 성리학을 타파하고, 이에 대신하여 시간과 공간을 초월하여 영원불멸의 생명력을 가진 창조주 하나님의 말씀을, 즉, 성경에 기록된 진리의 말씀인 예수 그리스도의 복음을 어둠

---

119 이정린, 『황사영백서 연구』, 일조각, 1999, pp. 19-20, 229-233. 이정린은 이 책의 머리말에서 집필 동기를 교회사학자도 천주교 신자도 아닌 자신이 황사영백서를 객관적으로 평가할 수 있다고 판단했기 때문이라고 했다.

속에서 신읍하는 이 겨레에게 전파하기 위하여 헌신 · 봉사하다가 급기야 자기 자신의 목숨까지 예수 그리스도께 바친, 초창기 한국 천주교회의 대표적인 순교자요 독실한 신앙의 귀감이라고 믿는다. 동시에 18~20세기를 통하여 앞서 말한 정하상과 더불어 이 겨레가 낳은 가장 뛰어난 선각자였다고 필자는 믿는다.

황사영백서를 근거로 천주교를 '반민족적 · 반국가적' 신앙으로 규정하면서 개신교를 옹호하는 역사서술의 편향성을 비판하는 개신교 역사가들의 연구도 찾아볼 수 있다. 정성한은 「황사영의 백서에 대한 연구」(2009)에서 백서를 "민족과 반민족"의 이분법적 사고를 넘어서 보아야 하는 이유를 제시했으며,[120] 박규환은 「한국 기독교 역사 서술의 관점에 대하여: 황사영 백서 사건을 중심으로」(2011)에서 황사영백서와 비슷한 개신교 측의 "반민족적" 역사사건이나 인물들을 옹호하는 역사서술의 모순을 하나하나 지적하면서,[121] 그 편향성의 원인인 국가주의와 교회주의에서 벗어나야

[120] "역사 속의 한 사건이 시대와 역사가를 지배하고 있는 이데올로기 그리고 역사해석방법론[史觀]에 따라 매우 상반되게 해석되어 그 결과 하나의 사건이 역사가들을 통해 역사 속에서 상대화되기 때문이다. 결국 역사적 사건에 대한 평가는 역사가의 삶의 자리 및 그가 속한 공동체의 역사적 경험에 절대적인 영향을 받는다. 이는 역사가들의 해석틀[史觀]이 갖는 시공간적 한계성이다. 역사가들에 의한 규범화된 역사해석은 역사 속에서 자주 폭력으로 확대 재생산되기도 했다. … 황사영백서의 사건은 '민족'(혹은 반민족)과 '선교'(혹은 포교)의 이분법적 사고로만 볼 수 있는 성격이 아닌 것이 분명해진다. 만약 여전히 이분법적으로 평가한다면 백서 사건은 한국 가톨릭 포교사에 남겨진 반민족적 · 반국가적인 오점의 사건이거나 분단된 민족의 현실에서 설득력이 떨어지는 이상적 언어로 평가될 수밖에 없다." 정성한, 「황사영의 백서에 대한 연구: 보다 통전적인 역사해석을 위한 한 시론」, 『장신논단』 33, 2009, p. 112.

[121] 박규환은 '민족'을 주어로 개인의 신앙보다 민족의 안위를 염려하면 황사영백서를 비판한 민경배가 중무장한 '힘'에 기대어 선교하다 죽은 제너럴셔먼호 사건 때 "한국 최초의 순교자" 토마스 목사를 같은 잣대로 비판하지 않음을 지적한다. 이 밖에도 그는 서정민, 박용규, 김인수 같은 기독교 역사가들의 기독교 호교론적 역사서술의 편향성을 낱낱이 밝히고 있다. 박규환, 「한국 기독교 역사 서술의 관점에 대하여: 황사영 백서 사건을 중심으로」, 『(숭실대학교) 인문학연

함을 역설한다.[122]

황사영백서 사건을 반민족, 반국가, 비복음, '힘' 추구의 신앙 등과 같이 부정의 언어로 성격을 규정하면서도 개신교 쪽의 비슷한 사례에 대해서는 긍정의 눈으로 보는 데서 알 수 있듯이, 한국 개신교의 기독교 역사서술은 개신교 '호교론'으로 불려도 손색이 없을 만큼 가톨릭교회에 대한 폄훼와 개신교회에 대한 옹호로 가득 차 있다. '사실에 대한 해석'의 과학성이 무시되고 있을 뿐만 아니라, 무엇이 사실인지에 대한 검증조차 소홀하다. 사람의 편향성과 당파성이 '있는 사실'마저 왜곡하고, 자기가 했던 말까지 뒤집도록 만들고 있는 것이다. … 한국 기독교 역사와 관련된 주요 저작들 대부분에는 국가주의와 교회주의의 그늘이 드리우면서 역사서술의 원칙이나 일관성이 흐리터분해지고 있다. 그리하여 곳곳에서 견강부회나 아전인수를 느끼게 만든다. 기독교의 가치에 대한 견해를 뚜렷이 밝히고 그에 입각하여 역사를 서술하려는 이들조차도 국가주의와 교회주의에 대한 경계를 소홀히 한 탓에 어느 사이에 일관된 흐름을 놓치는 경우를 여기저기서 읽을 수 있다.

개신교 역사가들의 백서관은 백서가 국가나 민족보다 신앙을 우위에 놓는 "반민족적"·"반국가적" 신앙 양태라고 폄훼하는 견해와 신앙의 자유를 얻기 위한 순교라는 점에 주목해 옹호하는 견해가 병존한다. 민족주의 정서가 팽배하던 1990년대 이전에는 백서에 대한 부정적 평가가 우세했지만, 한국 사회가 다원화된 2000년대 이후에는 국가주의나 교회주의

구』41, 2011, pp. 60-67.

122 박규환, 위의 글, 2011, pp. 72, 74.

의 그늘을 넘어 인권과 신앙의 자유를 잣대로 삼는 균형 잡힌 평가가 늘어 나는 추세다.

6) 북한과 서구학계의 백서관

해방 후 북한학계의 황사영백서관은 가톨릭을 제국주의 침략과 문화적 침투의 첨병으로 보는 유물사관의 입장에서 부정적 평가 일변도로 흘렀다. 즉, 1956년 판 과학원 력사연구소의 『조선통사』에서 백서 속의 외세 의존성을 "매국적"이라고 보아 천주교 포교와 "자본주의 침략 세력"과의 관련성을 지적한 이후 가톨릭이 제국주의자들의 침략과 문화적 침투의 앞잡이로 기능했음을 입증하는 주근거로 백서를 강도 높게 비판했다.[123] 즉, 사회과학출판사가 1971년에 발간한 『력사사전』 II에는 "천주교가 침습한 첫날부터 우리나라를 침략할 목적을 가졌으며 그 앞잡이를 기르고 있었다 는 것"을 실증해주는 "매국적 비밀 편지사건"으로 규정했으며,[124] 사회과학

---

[123] "이때 황사영이란 남인 신자는 일단 법망을 벗어나 산곡에 숨어서 이 사건의 전말을 보고하며 구원을 청하는 백서를 북경에 있는 천주교 주교에게 몰래 보내다가 발각되였는데 여기에는 조선에서의 포교 자유를 획득하기 위하여 구라파 렬강의 무력간섭을 요청하는 매국적 내용이 들어 있었다. 황사영의 백서는 조선에서의 천주교 포교가 자본주의 침략 세력과 밀접히 련결되여 있다는 것을 자체 폭로한 것으로서 조선 인민들에게 커다란 파문을 일으켰다. 그러나 봉건 통치배들은 내정을 개혁하고 국방을 정비할 데 대해서는 아무런 관심도 없이 오직 자기들의 탐욕을 채우는 데만 광분하였다." 조선민주주의인민공화국 과학원 력사연구소, 『조선통사』, 조선민주주의인민공화국 과학원 력사연구소, 1956, pp. 498-499.

[124] "황사영편지사건: 1801년에 있었던 천주교 신자 황사영의 매국적 비밀 편지사건. … 특히 천주교에 대하여 비교적 온화한 립장을 취하고 있던 정조가 죽고 남인당파가 정권에서 몰려 나가게 된 1801년(순조 1년)에 천주교도들에 대한 대대적 탄압을 개시하였다. 이때 많은 기독교신자들과 함께 그들과 련계를 가진 사람들도 형을 받거나 귀양 갔다. 이때 주문모의 세례를 받은 신

원 력사연구소가 1977년에 펴낸『조선문화사: 원시-중세편』은 "침략세력의 앞잡이로서의 천주교선교사들의 정체"를 폭로한 "반역사건"으로 지목했다.[125] 그리고 사회과학원 력사연구소의 1977년 판『조선통사: 상』에서는 백서사건을 평해 "부르죠아적 '자유', '평등', '박애'의 구호를 들어 사람들에게 혹심한 환상을 조성"하고 "자본주의 나라들에 대한 맹목적인 사대주의를 고취함으로써 민족자주의식을 좀먹고 우리 사람들의 정신세계를 부화타락"하게 하는 기만적인 천주교 교리에 맹목된 "광신자 황사영"이 저지른 "매국적인 편지사건"으로 평가했다.[126]

18세기 말엽 이후 천주교 교리는 점차 일부 계층에 침투하기 시작하여 19세기에 이르러서는 봉건 유교 교리에 직접 대립하는 사상조류로 자라났다. 천주교는 부르죠아적 '자유', '평등', '박애'의 구호를 들고 사람들에게 혹심한 환상을 조성하였다. 특히 천주교는 그것이 지배적 종교로 되어 있는 자본주의 나라들에 대한 맹목적인 사대주의를 고취함으로써 민족자주의식을 좀먹고 우리 사람들의 정신세계를 부화타락케 하였다. … 천주교의 광신자 황사영이란 자는 검거망을 피해 충청북도

자 황사영이란 자는 충청북도 제천으로 도망하여 산골짜기에 숨어서 신자들에 대한 탄압사건의 전말을 베이징에 있던 프랑스 주교놈에게 통보하는 한편 교회의 재건과 포교의 '자유'를 위해서는 프랑스함대를 파견하여 리조정부에 대하여 압력을 가하는 것이 필요하다는 매국적 내용을 비단 쪼각에 편지로 써서 보내려고 하였다. 그러다가 이 매국적 사실이 탄로되어 그의 일당이 모두 체포되어 그해 11월 초에 처형당하였다. 이 사건은 천주교가 침습한 첫날부터 우리나라를 침략할 목적을 가졌으며 그 앞잡이를 기르고 있었다는 것을 실증해준다." 사회과학출판사,『력사사전』II, 사회과학원 력사연구소, 1971, p. 1101.

[125] "1801년에 외래침략세력과 야합한 천주교도인 황사영이 프랑스교회에 편지를 띄워 함대를 몰고 와서 우리나라를 '정복해 줄 것'을 '제기'한 반역사건이 있은 이후 침략세력의 앞잡이로서의 천주교 선교사들의 정체는 온 세상에 폭로되었다." 사회과학원 력사연구소,『조선문화사: 원시-중세편』, 사회과학원 력사연구소, 1977, p. 411.

[126] 사회과학원 력사연구소,『조선통사: 상』, 사회과학출판사, 1977, pp. 504-505.

제천 산골짜기에 숨어서 천주교 탄압사건의 전말을 베이징에 있는 프랑스 주교놈에게 통보하는 한편 교회의 재건과 천주교 전파의 '자유'를 위하여 수많은 군함과 대병력을 파견하여 조선 정부에 압력을 가하는 것이 필요하다는 매국적 내용의 편지를 써서 보내려고 하였다. 이 매국적인 편지사건이 탄로되어 그의 매국도당은 모두 체포되어 그해 11월에 처형당하였다. 이것을 역사상 '신유(1801년)사옥'이라고 한다. … 기만적인 천주교 교리에 홀리워 제정신을 잃고 천주교가 지배적 종교로 되여 있는 자본주의 나라들에 대한 맹목적인 사대주의에 굴러떨어진 조선의 일부 모리간상배들과 협잡꾼들에 의한 매국배족행위도 조장되여갔다. 그들은 다른 나라 선교사들이 우리나라에 기여드는 것을 적극 비호하고 방조하였을 뿐 아니라 제국주의자들의 침략의 길잡이로, 그 문화적 침투의 앞잡이로 굴러떨어졌다.

또한 사회과학원 력사연구소가 1980년에 발간한 『조선전사』 11은 백서를 "침략 대상지역 주민들의 민족의식·계급의식을 마비시키는 아편"인 천주교의 "반동적 교리"에 중독되어 "이른바 신앙의 자유를 위해서는 나라의 자유와 독립마저도 서슴없이 내던지는 배족행위까지 감행하게 하고 구라파 식민주의자들의 침략의 길잡이로 굴러떨어지게 한 단적인 실례"로,[127] 그리고 『조선전사』 12는 백서를 "민족허무주의자"나 "구라파에

---

127 "구라파의 식민주의자들은 천주교를 포함한 기독교 각파의 교리들을 침략 대상지역 주민들의 민족의식, 계급의식을 마비시키는 아편으로, 선교사놈들을 침략의 길잡이로 리용하였다. … 천주교의 해독성은 무엇보다도 그것이 그 반동적 교리로 신자들을 중독시켜 그들로 하여금 이른바 '신앙의 자유'를 위해서는 나라의 자유와 독립마저도 서슴없이 내던지는 배족행위까지 감행하게 하고 구라파 식민주의자들의 침략의 길잡이로 굴러떨어지게 하였다는 데 있다(19세기 벽두에 이른바 "신앙의 자유"를 위하여 프랑스함대의 조선 침략을 요구한 천주교 신자 황사영의 '백서'사건은 그 단적인 실례로 된다). … 인민들은 당시 일부 천주교도들이 나라와 민족을 배

대한 사대주의자", 그리고 "참으로 민족의 넋이란 티끌만큼도 없는 자"들만이 할 수 있는 반역행위"이자 "매국배족행위의 절정"으로서 천주교도들이 "민족의 자주권을 송두리째 외세에 팔아먹는 매국노이며 침략자의 길잡이"라는 것을 여실히 보여주는 입증 자료로 혹평했다.[128]

천주교가 전파됨에 따라 일반인민들과는 달리 민족허무주의자로, 구라파에 대한 사대주의자로 굴러떨어진 일부 량반 출신의 신자들은 베이징에 있는 구라파 선교사들에게 큰 군함을 보내여 리조 정부를 위협할 것을 요구하는 지경에까지 이르렀다. 이러한 행동은 참으로 민족의 넋이란 티끌만큼도 없는 자들만이 할 수 있는 반역행위였다. 이 시기 천주교도들의 매국배족행위에 절정을 이룬 것은 "황사영백서(비단천에 쓴 편지)사건"이였다. … "황사영의 편지"는 그들이 민족의 자주권을 송두리채 외세에 팔아먹는 매국노이며 침략자의 길잡이라는 것을 여실히 보여주었다. … 특히 "황사영편지사건"으로 하여 그들의 매국배족적 죄악이 낱낱이 드러나고 "매국역적"으로 락인되여 큰 타격을 받은 다음부터 다시는 서뿔리 "외국군함을 끌어들일" 모략을 꾸미지 못하였다.

한편 1957년 판 김일성종합대학 조선사 강좌의 『조선사 개요』나 1962년 판 과학원 력사연구소의 『조선통사: 상』 및 1987년 판 손영종 · 박

반하는 반역자로 굴러떨어졌으며 우리의 고유한 풍속과 생활감정에 맞지 않은 행동을 하는 것을 증오하고 배척하였다." 사회과학원 력사연구소, 『조선전사』 11, 과학 · 백과사전출판사, 1980, pp. 213-215.

128 사회과학원 력사연구소, 『조선전사』 12, 과학 · 백과사전출판사, 1980, pp. 164-166.

영해의 『조선통사: 상』에서는 가톨릭이 19세기 이후 자본주의 침략의 첨병 역할을 수행했음을 서술하면서도 백서를 직접 지목해 비난하지 않았다.[129]

　　서구학계의 경우 근대사를 다룬 통사적 성격의 연구들에서 그 역사성에 대한 단편적인 서술을 찾아볼 수 있을 뿐이다. 먼저 팔레(James B. Palais, 1934~2006)는 『전통 한국의 정치와 정책(*Politics and Policy in Traditional Korea*)』(1974)에서 백서를 "많은 한국인들이 국내의 가톨릭 신자와 외국의 군사세력 사이에는 연계가 굳건하게 확립되어 있다고 믿게 만든" 사건으로 평했다.[130] 다음으로 김기혁(Key-Hiuk Kim, 1924~2003)은 『동아시아 세계질서의 마지막 국면(*The Last Phase of East Asian World Order*)』(1980)에서 백서가 "가톨릭이 유교의 교의를 부정한다는 조선 정부의 의심을 확인시켜주어 전국적 규모의 박해를 초래"한 계기가 된 것이자 이것이 "명민한 양반 지배계층의 젊은이에 의해 일어났기 때문에 위정자들에게 두 배의 충격을 준" 사건으로 보았다.[131] 브루스 커밍스(Bruce Cumings, 1943~)는 『양지의 한국(*Korea's Place In the Sun*)』(1998)에

---

[129]　조선민주주의인민공화국 과학원 력사연구소, 『조선통사: 상』, 과학원출판사, 1962, pp. 799-800; 김일성종합대학 조선사 강좌, 『조선사 개요』, 국립출판사, 1957, p. 651; 손영종 · 박영해, 『조선통사: 상』, 사회과학출판사, 1987. pp. 476-477.

[130]　"Ever since the capture of Hwang Sa-yong and his 'silk letter' in 1801 (requesting French military aid for the support of Catholicism in Korea) the link between native Catholics and foreign military force was established firmly in the minds of many Koreans." James B. Palais, *Politics and Policy in Traditional Korea*, Cambridge and London: Harvard University Press, 1975, p. 178; James B. Palais, 이훈상 역, 『전통한국의 정치와 정책』, 신원문화사, 1993, p. 298.

[131]　"Hwang's proposal confirmed the Korean authorities' worst suspicions about Christianity. The Roman Catholic church was not merely propagating a heterodox faith that was fundamentally incompatible with the Confucian precepts and principles, upon which the kingdom's socio-political order was founded, but it seemed to be engaged in a sinister scheme to seize the whole country either by internal subversion or by force. That Hwang was a bright aristocratic youth with impeccable credentials, a member of the ruling elite, was doubly shocking to the authorities. The incident instantly transformed what might have been a minor incident into a wholesale massacre of Christians." Key-Hiuk Kim, *The Last Phase of East Asian World Order : Korea, Japan and the Chinese Empire, 1860-1882*, Berkeley and Los Angeles: University of California Press, 1980, p. 35.

서 백서의 외세 의존적 성격을 들어 "수치스러운 백서"라고 폄하한 바 있다.[132] 도널드 베이커(Donald Baker, 1945~)는 『조선후기 유교와 천주교의 대립』(1997)에서 백서가 천주교를 유학에 대한 지적 · 도덕적 위협 정도로만 느끼던 조선왕조 위정자들이 "천주교인들은 외부침략자와 내통하여 조선왕조의 존립을 심각하게 위협하는 무리로 간주"하게 만들었다고 보았다.[133]

---

[132] "결국 황사영이라는 한국인 가톨릭 신자가 1801년, 뻬이징 주재 프랑스 주교 앞으로 한국에서 바티칸의 사업을 도울 수 있게 서양 군함 100척과 수만 명의 병사를 보내달라고 청하는 수치스러운 '백서'를 가지고 가다 발각되었다." Bruce Cumings, *Korea's Place In the Sun: A Modern History*, New York and London: W. W. Norton & Company, 1998; 브루스 커밍스, 김동노 외 역, 『브루스 커밍스의 한국현대사』, 창작과 비평사, 2001, p. 135. 한국사를 보는 커밍스의 시각은 수정주의, 세계체제론, 오리엔탈리즘, 그리고 목적론적 구조주의 이론에 여전히 주박(呪縛)되어 있으며, 이 책도 객관성과 논리성에 의거한 학술서라기보다는 비꼼과 뒤틀림, 비유와 은유로 점철되어 읽는 이의 가슴에 호소하는 격정적 역사 산문이라 할 수 있다. 이에 관해서는 허동현, 「"태양(the Sun)"의 함의: 종속의 남한과 주체의 북한」, 『서평문화』 45, 2002 참조.

[133] "황사영백서는 조선 정부와 유교 전통에 맞선 천주교의 도전에 성격의 변화가 있음을 잘 보여준다. 황사영백서 사건 이전까지만 해도 천주교는 국가 이데올로기의 근본 교의 일부를 부정하며 유학을 불충분한 사상이라고 믿는 지적 · 도덕적 위험으로만 여겨졌다. 그러나 황사영이 프랑스 군대의 지원을 요청한 사실이 알려지자, 천주교인들은 외부침략자와 내통하여 조선왕조의 존립을 심각하게 위협하는 무리로 간주되었다. 1801년 이후에 천주교에 대한 조선의 대응은 이전까지의 지적 대응과는 상이하다. 도덕적 · 사상적 정통 정도가 아니라 국가의 존립 자체가 위태롭다는 인식과, 그 인식이 19세기에 불러일으킨 반응에 대해서는 별도의 연구에서 진지하게 살펴볼 필요가 있다." 도널드 베이커, 김세윤 역, 『조선후기 유교와 천주교의 대립』, 일조각, 1997, pp. 98-99. 이 책은 도널드 베이커의 영문 논문을 모아 번역해 펴낸 책이다. 박홍식, 「(이 책을 말한다) 도널드 베이커의 『조선후기 천주교와 유교의 대립』」, 『오늘의 동양사상』 1, 1998 참조.

5
황사영과 백서에 대한 관견(管見)

조선왕조에서 현재에 이르기까지 황사영과 백서에 대한 역사가들의 인식과 평가를 역사관과 신앙의 차이에서 비롯된 호오(好惡)가 엇갈리는 평가에 방점을 두어 살펴보았다. 여기서는 이러한 개관을 통해 나타나는 백서관의 특징적 성격에 대해 필자 나름의 관견을 밝힘으로써 결론에 가름하고자 한다.

첫째, 황사영의 인물됨과 백서의 역사성에 대해 그것이 나온 당대(當代)에서 현재에 이르기까지 대조적인 평가가 교차하고 있다. 즉 황사영에 대해서는 "전대미문의 역적", "민족 반역자", "민족허무주의자", "구라파에 대한 사대주의자", "기만적 천주교리에 맹목된 광신자" 같은 악평과 "신시대의 건설자", "선각적 지식인", "고결한 순교자", "독실한 신앙의 귀감", "사회변혁·사상변혁을 시도한 개혁운동가", "근대적 인간의 전형" 같은 호평이, 그리고 백서에 대해서도 "흉서", "매국지계", "비상식을 극한 공상", "외세 의존의 반국가적 행위", "몽상", "매국적 편지", "민족공동체에 대한 위해" 같은 혹평과 "조선교회 구출의 원대한 계획", "구원의 편지",

"인권존중 옹호의 텍스트", "인권선언서", "한국 근대화의 첫 발걸음" 같은 찬탄이 엇갈리고 있다.

둘째, 황사영을 체포 · 처형한 위정자와 정하상 같은 순교자, 야마구치 마사유키 등 식민주의 사가를 비롯해 해방 이후 한국학계의 민족 · 민중주의 사가, 천주교와의 차별성을 강조한 개신교 교회사가, 북한학계의 유물 사가, 그리고 강재언과 브루스 커밍스 같은 일본과 미국학계의 역사가들은 부정적 · 비판적인 평가를 내리고 있는 데 반해 달레, 유홍렬, 최석우, 정두희, 이장우 같은 호교론적 입장의 천주교 교회사가나 순교사적 의미를 중시하는 개신교 사가들은 변호 · 옹호하는 견해를 보인 바 있다.

셋째, 거시적으로 볼 때 백서에 대한 학계의 평가는 1970년대 이전에는 부정적 · 비판적 평가가 압도적이다가 1970년대 후반을 분수령으로 하여 긍정적 평가가 점점 늘어나는 추세를 보이고 있다. 특히 한국학계의 경우 민족주의 정서가 지배적이던 권위주의 체제하에서 국가와 민족이라는 명제에 가려온 시민적 자유와 인권이 정치의 민주화와 사회의 다원화가 진전됨에 따라 새롭게 조명되면서 국가권력에 맞서 신앙의 자유를 쟁취하려 한 백서의 역사성을 긍정적으로 평가하는 경향이 1990년대 이후, 특히 2000년대 들어 눈에 띄게 늘어나고 있다.[134]

넷째, 사실 황사영과 백서에 대한 평가는 신앙의 자유와 인권을 쟁취

---

134 "대부분의 선행연구들이 황사영백서에 초점을 맞춘 내용은 조선조에서 단죄한 이른바 삼조흉언(三條凶言)이다. 그리고 이에 대해 내린 평가는 크게 긍정, 부정, 중도적인 것으로 구분된다. 그런데 이 세 가지 평가는 연구자의 국적, 이념, 종교, 계층, 관점, 정치적 입장 등에 따라 상당히 다른 양상을 나타내는 경향이 있다. 또 시대적으로 볼 때, 1970년대 이전까지는 부정적 · 비판적 평가가 절대적으로 다수였다면, 그 이후부터 점차 중도적 입장으로 돌아서기 시작하였고, 1990년대 뒤로는 긍정적 평가를 내리는 경향이 높게 나타나고 있다. 요컨대 연구자의 개인적 성향과 시대적 정신이나 조류가 황사영백서의 연구에도 크게 반영되고 있음을 드러낸다." 이원희, 앞의 논문, 2018, p. 15.

하려 한 목적의 정당성과 외세를 동원하려 한 수단의 결함으로 인해 오늘에 이르러서도 그 역사적 의의를 자리매김하는 데 있어 호오(好惡) 간에 논란이 계속되고 있는 미해결의 화두(話頭)다. 특히 자신이 속한 학파(學派)의 역사관과 종교의 신앙관이 충돌할 때 스테레오 타입의 이분법적 잣대만을 갖고 황사영과 백서를 옹호하거나 폄하하기 어려운 평가의 혼돈이 빚어지기도 한다. 민족 · 민중주의 사관으로 역사를 보는 천주교 역사가의 경우 수단과 목적을 분리하는 이중 잣대로 황사영과 백서를 재단한다.[135] 조선 후기 천주교가 "반국가적 · 반민족적" 종교였다는 학계 전반의 비판을 불식시키기 위해 백서의 외세 의존성에 대해서는 비판하지만, 천주교는 조선 후기의 내재적(內在的) 발전에 역행한 종교가 아니었음을 변호하거나,[136] 인권 중시의 관점에서 백서를 "조선 시대 인권서"로 비정하면서도 국가 주권을 신앙의 자유보다 더 중요한 가치로 보는 이중 잣대로 백서에 보이는 외세 의존적 신앙 자유 확보책을 부정적으로 평가한다.[137]

다섯째, 황사영과 백서에 대한 평가에 보이는 긍부가 엇갈리는 스테레오 타입의 이분법적 확증편향은 원본 백서가 아닌 정파적 이해로 편집된 이본 백서를 사료 비판 없이 이용했기 때문이기도 하지만,[138] 부정적 평

---

[135] "그 자신의 삶을 통해서 지향했던 궁극적 목적의 정당성과 함께 그가 채택하고자 했던 방법의 부당성을 동시에 감안해야 할 것이다. 이 양자 중 어느 한 측면에만 입각한 평가는 결코 정당한 평가로 이해될 수 없을 것이다." 조광, 「황사영의 생애에 관한 연구」, 제2회 신유박해 순교자 연구 발표회 발표문, 1998, p. 26.

[136] 조광, 앞의 논문, 1977, pp. 370-371; 노길명, 앞의 논문, 1991, pp. 487-489.

[137] 원재연, 앞의 논문, 2002, pp. 10, 14, 32. 이장우는 원재연에게 황사영은 "역적 또는 민족 반역자인가 아니면 순교자인가 하는 양자택일의 존재가 아니라, 역적이자 민족 반역자인 동시에 순교자였다"고 보았다. 이장우, 앞의 논문, 2008, pp. 96-97.

[138] 여진천에 의하면 백서에 대한 긍부 양론이 엇갈리는 평가의 원인 중 하나는 원본이 아닌 이본(異本)을 사료로 쓴 데 있다. "원본이 아니라 이본이 백서를 이해하는 기준이 되었고, 이본 저자의 생각이 황사영의 생각으로 잘못 인식되어왔음을 알 수 있었다." 여진천, 「황사영 백서 이

가를 입증하기 위한 목적을 갖고 가공된 사료를 사용했기 때문이기도 하다.[139] 정적을 제거하거나 당리당략을 위해 의도적으로 가공된 이본 백서를 사료로 삼은 역사 서술(내러티브)의 문제점에 대한 이원희의 지적은 경청할 만하다.[140]

13,384자의 원본 백서는 황사영이 잡히면서 압수되어 거의 백 년 동안 의금부 문서궤 안에 보관되어 있었다. 그 대신 조정에서 급히 조작한 922자에 불과한 가짜 백서가 청나라에 보내졌고, 갑오경장 이후에 백서가 세상에 다시 드러나기까지 「사학죄인 사영 등 추안(邪學罪人 嗣永 等 推案)」을 저본으로 필사한 여러 가지 종류의 이본(異本) 백서가 원본 행세를 하면서 정적을 제거하거나 당리당략을 위한 도구로 사용되었다. 황사영이 쓴 진본 백서가 감춰져 있는 동안 "허구적 내러티브"가 기승을 부렸고, 천주교 신자는 말할 것도 없고 그들과 인연이 있던 사람들마저 보지도 못한 백서 때문에 폭압에 시달려야 했다. 이본 백서는

본에 대한 비교 연구」, 『교회사연구』 28, 2007, p. 26.

139 "몽둥이 고문과 힐난으로 얻어낸 답변 기록은 현재 황사영백서를 연구하는 주요 자료이다. 그리고 황사영이 능지처참형을 받고 죽은 지 일 년이 지나도록 끊이지 않았던 상소와 차자(箚子) 또한 백서의 내용을 이해하는 보조 자료로 사용된다. 그런데 이러한 자료의 수집과 코딩 과정에서 이 자료들이 지니는 편향적 성질에 주목하지 않는다면 연구의 결말도 편파적으로 흐를 가능성이 매우 높다." 이원희, 앞의 논문, 2018, p. 8. 박현모는 원본 백서가 아닌 『벽위편』 백서를 이용한 이유를 "『벽위편』 백서는 원본 백서의 천주교 신자들의 언행에 대한 반복되는 부분 및 은언군과 관련된 부분이 누락되어 있다. 그러나 전체적인 구성과 비율에서 원본과 크게 다를 바 없다"고 밝혔지만, "정치사에 끼친 심각한 결과를 고려할 때 백서의 위험한 시도는 아무리 그 동기가 좋은 것이었다 하더라도 그 파국적인 결과로부터 책임을 면할 수 없으며, 황사영 역시 '훌륭한 순교자'일지 모르지만 정치적으로 '잘못된 판단과 위험한 시도'를 한 무책임한 인물이었다는 비난을 면치 못할 것으로 본다"는 자신의 생각을 입증하기 위해 가공된 사료를 이용한 것일 수도 있다. 박현모, 앞의 논문, 2004, pp. 105, 127-128.

140 이원희, 앞의 논문, 2018, pp. 2-3, 7.

객관적 사실을 담고 있는 "역사 내러티브"가 어떻게 가공되어 "허구적 내러티브"로 되고, 누구를 위하여 변조되었는가를 밝히는 자료로서 가치가 있을는지 모른다. 또, 황사영과 생각과 입장이 다른 사람들이 어떤 식으로 황사영을 비난하고, 어떻게 백서의 가치를 폄훼하고 또 공박해왔는지를 탐구하는 데 도움이 될지는 모른다. 그러나 1924년경 원본 백서가 다시 세상에 공개된 후에도 이에 근거하지 않고 이본에 실린 글귀를 좇아 논의를 전개한다는 것은 어떤 특정한 연구 목적을 가지고 있지 않다면, 온당한 연구라 할 수 없을 것이다. 가백서(假帛書)의 내용을 바탕으로 황사영 사고방식의 잘잘못을 따진다는 것은 더욱더 부적절한 처사일 수밖에 없다. … 몽둥이 고문과 힐난으로 얻어낸 답변 기록은 현재 황사영백서를 연구하는 주요 자료이다. 그리고 황사영이 능지처참형을 받고 죽은 지 일 년이 지나도록 끊이지 않았던 상소와 차

신유박해 시 황사영이 피신한 충청도 제천 배론[舟論] 성지

(출처: 천주교 원주교구 배론성지)

자(箚子) 또한 백서의 내용을 이해하는 보조 자료로 사용된다. 그런데 이러한 자료의 수집과 코딩 과정에서 이 자료들이 지니는 편향적 성질에 주목하지 않는다면 연구의 결말도 편파적으로 흐를 가능성이 매우 높다. 다시 말하면, 백서에 대한 연구 자료 가운데 황사영이 쓴 비단 편지를 제외한 모든 자료는 지극히 부정적 논조로 씌어져 있고, 패권적인 조정의 입장에서 단죄되어 있을 뿐만 아니라 또 많은 부분이 변조되어 있기 때문이다.

끝으로 개인과 전체에 대한 것이다. 밤새 물이 새는 제방을 고사리손으로 막아 마을을 수몰의 위기에서 구한 네덜란드 소년의 이야기에 감동하고, "우리는 민족중흥의 역사적 사명을 띠고 이 땅에 태어났다"라는 말로 시작하는 「국민교육헌장」(1968년 공포, 1994년 폐지)을 외우도록 강요받으며 자란 50대 이후 세대들은 전체(국가와 민족)를 위한 개인의 희생을 당연하게 여기도록 교육받았다. 인간이란 한 시대의 지배적 정신에서 자유로울 수 없다. 교회사가 문규현 신부도 예외일 수 없었다.[141]

이제 황사영백서에 대해 말하고자 합니다. 이 백서는 북경의 주교에게 들어가기 전 압수되었으나 파문은 대단히 컸습니다. 피신지 충청도 배론의 토굴 속에서 작성된 백서는 교회의 입장으로 보면, 심각한 탄압과 위기에 처한 교회를 구하고자 하는 열렬한 청원과 기도입니다. 또 당시의 박해 상황과 교회 실태를 잘 알 수 있게 해주는 귀중한 사료이기도 합니다. 그러나 백서가 발각되자 나라 안은 발칵 뒤집혔고, 백서

---

141 문규현, 앞의 책, 1994, pp. 28, 67, 72.

는 흉서(凶書)로 낙인찍혔으며, 천주교인들에 대한 체포와 학살은 극단으로 치달았습니다. … 그처럼 외세에 의존하려던 모습들은 너무나 캄캄한 암흑과 고립 속에서도 신앙을 지키기 위한 충정에서 비롯되었다고 말할 수 있습니다. … 이렇게 얘기하면 다 되는 것인가? … 오늘의 시선으로 찾아보는 교훈이긴 하나, 종교의 자유를 획득할 수 있는 원동력, 힘은 민족의 현실, 민중의 삶의 자리에서 찾아졌어야 할 것입니다. 민족사 안에서 초기 교회 공동체가 빛내었던 자주적이고 개혁적인 모습의 예언자적 소명이 그간의 과정에서 사위어 갔음은 무척이나 안타까운 일입니다. 완고할뿐더러 민중의 고혈을 짜낼 줄만 알 뿐 위로하고 치유할 줄 모르는 봉건 정부를 향해 민중들과 일체를 이루고, 봉건 정부의 기반을 내부로부터 허물어 내리는 그러한 신앙운동이 펼쳐졌어야 했다는 것입니다. 민족의 이익을 배반해가며 지키는 교회, 한 민족의 존엄성과 그 구성원들의 오랜 삶의 터전, 그리고 소중한 문화전통을 쓸어내며 전파하는 복음이란 과연 어떤 것인지 되묻게 됩니다. 종교의 자유, 신교의 자유만 주어진다면, 그렇게 해서 '교회'를 지킬 수만 있다면 다른 가치들은 무시되어도 좋은 것인지를 다시 생각해봅니다.

그런데 고사리손으로 제방의 균열을 막는 일이 현실 세계에서는 가능한 일이 아니다. 혹 국가와 민족의 이름을 빌려 개인의 자유를 제한하려 한 독재정권의 최면 걸기는 아닐까? "개인"은 국가나 민족에 봉사해야 하는 종속적 존재가 아니며, 국가가 개인의 인권을 지켜주어야 한다는 것이 오늘날 우리 사회의 상식이다. 현행 대한민국 헌법 제20조 1항에는 "모든 국민은 종교의 자유를 가진다"라고 명시되어 있다.

시대가 변하면 역사를 보는 눈도 바뀌는 법이다. 결국 개인의 발견이 없는 한 우리에게 진정한 근대는 없다. 그렇다면 국가권력의 횡포에 맞서 개인의 기본권인 신앙의 자유를 쟁취하려 한 백서의 역사성도 새롭게 조명되어야 한다.[142] 개인의 인권을 중시하는 시좌에서 본다면 황사영은 공화정을 꿈꾼 최초의 근대적 인간으로, 그리고 백서는 인권선언과 국제적 연대의 이정표로 재평가할 수도 있다. 이렇게 볼 때 백서는 지구촌 시대를 사는 우리가 지향해야 할 배타적 민족주의를 넘어선 다원적 시민사회 구현과 국제적 연대의 이정표로서 그 의의를 자리매김할 수도 있을 것 같다. 국가를 넘어 개인의 인권이 보장되며, 민족을 넘어 타자와 함께하는 삶은 오늘날 우리 사회의 주요 화두다.

　그러나 필자는 역사의 법정에 선 황사영을 마냥 옹호할 수만은 없다고 본다. 왜냐하면 그 역시 자신과 다른 세상을 꿈꾸는 사람들을 굴복시키기 위해 서양 군사력이라는 또 하나의 물리력을 빌리려 했다는 점에서 상대와 똑같은 잘못을 범하고 있기 때문이다. 나아가 조선왕조 지배층의 피비린내 나는 박해는 전통적 제사 관습을 부정한 천주교의 "천상천하 유아독존(天上天下 唯我獨尊)"격 포교전략이 자초한 것이라는 점도 부정할 수 없는 사실이기 때문이다. 그렇다면 논란 많은 백서 사건에서 우리가 얻을 수

---

142 "황사영을 역적 또는 민족 반역자인가 아니면 순수한 종교적 희생양인 순교자인가 하는 이분법적 접근 방법은 바람직하지 못하다고 여겨진다. 이러한 양자택일의 접근 방식보다는 교조화된 유교가 지배하던 당시의 조선 사회를 벗어나고자 '변화'를 갈망했던 한 젊은 신앙인이자 지식인으로서의 황사영을 당대적인 관점에서 역사적 변화에 초점을 맞추어 이해해야 하지 않을까 한다. … 황사영이 던진 충격파는 그에 대한 지지나 반대와 상관없이 전방위적으로 영향을 끼침으로써 조선 사회를 변화시키는 결정적인 계기가 되었다. 그 결과 조선 사회는 교조적 유교가 지배하는 전근대사회에서 그리스도교 정신에 바탕을 둔 근대사회를 향하여 점차 나아가기 시작하였던 것이다. 이런 점에서 보자면 그는 자신의 신앙을 죽음으로 증거한 한국 천주교회의 순교자였을 뿐만 아니라 유교가 지배하는 조선 사회를 근대사회, 즉 왕정(王政)에서 공화정(共和政)으로 변화시키는 데 앞장서서 목숨을 바친 또 다른 의미의 순교자이기도 했다. 그렇다면 황사영을 '근대적 인간'의 선구적인 전형(典型)으로 볼 수 있지 않을까 한다." 이장우, 앞의 논문, 2008, pp. 81, 102.

있는 교훈은 무엇일까?

우리 교회는 세계 정세에 어둡던 박해 시대에 외세에 힘입어 신앙의 자유를 얻고 교회를 지키고자 한 적도 있었으며, 서구문화를 받아들이는 과정에서 문화적 갈등을 빚기도 했습니다. … 우리 교회는 다종교 사회인 우리나라 안에서 다른 종교가 지닌 정신문화적 가치와 사회윤리적 선을 충분히 이해하지 못한 잘못도 고백합니다. … 우리는 참회를 통하여 우리 자신을 새롭게 하면서 그리스도의 가르침에 따라 선의의 모든 사람과 더불어 더 나은 세상, 정의와 평화가 가득한 세상을 만들어나가기 위하여 노력하겠습니다(한국천주교주교회의, 「쇄신과 화해(2000년 12월 3일)」).

과거의 잘못을 돌아보고 참회함으로써 미래에 대비하는 천주교단의 과거 반성은 타자와 더불어 살아가기를 꿈꾸는 우리에게 많은 것을 일깨워준다. 자기만의 가치와 신념을 고집하며 지향을 달리하는 사람들을 무조건 배척하거나 고귀한 목적을 이루려 한다는 명분 아래 폭력이라는 수단을 사용한다면 결코 세상을 변화시킬 수 없다. 관용과 대화만이 세상을 바꾸는 유일한 힘이 아닐까?

황사영이 꿈꾼 세상은 오늘의 현재적 입장에서 볼 때 자유·평등·박애의 근대정신이 실현되는 오늘날 우리가 소망하는 이상적 사회에 가깝다는 점에서 선각적이다. 따라서 그가 강구한 수단과 방법이 현명하지 못했고 이로 인해 초래된 결과가 더욱 참담했다 하더라도 백서는 '그것이 장기적으로 한국의 역사발전에 어떠한 교훈을 주는가?'라는 정신사적 관점에서 평가하는 것이 바람직하다고 생각한다. 왜냐하면 19세기 이래 한국에서 위로부터의 근대화운동을 추진·전개한 어떠한 정치세력이나 집권 정부도 주체성 결여와 외세 의존이라는 공통의 약점에서 예외일 수 없기에 더욱 그러하다. 이렇게 볼 때 황사영백서는 지구촌 시대를 사는 우리가 지향해야 할 민족주의를 넘어선 다원적 시민사회 구현운동의 이정표로서 역사적 의의가 부여된다.

끝으로 자본가와 노동자, 도시민과 농민, 남성과 여성, 정규직과 비정규직, 시민권자와 이주노동자같이 지향과 이해를 달리하는 타자(他者)들과 함께 사는 시대의 역사서술(내러티브)은 다양할 수밖에 없다. 다원화된 시민사회를 사는 오늘 우리에게 필요한 것은 역사학자의 주관적 역사해석이 아니다. 역사가의 역사해석과 서술은 반드시 사료(史料)를 토대로 해야 한다는 점에서 문학 작가(作家)의 상상력 산물인 팩션(faction)과 다르다. 역사가의 존재 이유는 사실 중심의 객관적 역사서술을 함으로써 시민 스스로 다양한 역사해석을 할 수 있도록 하는 것이다. 역사의 해석은 다양할 수 있으나 사실에 입각한 역사서술이어야 하며, 역사적 사건에 대한 판단은 오롯이 독자의 몫임을 다시 한번 부언(附言)한다.

1894년
동학농민봉기를
어떻게
기억해야 하나?

1
머리말

2004년 참여정부가 만든 '동학농민혁명 참여자 명예회복심의위원회' 홈페이지

아이의 이름자에 지은이의 바람이 담겨있듯, 역사용어에도 사가(史家)들의 지향이 실려 있다. 그때 거기를 산 이들의 삶을 어떻게 기억하는가는 오늘 여기를 사는 이들이 바라는 내일이 어떠한지를 알려주는 시금석이다. 태평양(太平洋)전쟁과 대동아(大東亞)전쟁의 경우, 침략의 과거사를 성찰하는 이들과 분칠하는 이들의 군국주의(軍國主義) 일본이 일으킨 전쟁에 대한 기억은 너무도 다르다. 동아시아에 대한 침략을 백인종 제국주의에 맞서 황인종의 번영을 지키려던 "대동아 공영을 위한 방어 전쟁"으로 기억한다면 앞으로도 그들은 과거의 잘못을 스스럼없이 되풀이할 것이다. 일본의 역사 왜곡을 둘러싸고 기억의 국제전과 내전(內戰, civil war)의 포연이 가득한 이유는 침략의 과거사를 영광의 역사로 미화하는 역사기억이 결과할 내일에 대한 동아시아와 일본의 시민사회가 품는 우려 때문이다.

역사기억을 둘러싼 전쟁은 남의 집에 난 불이 아니다. 일본 지배 아래 식민지 시절에 대한 우리의 역사기억도 평행선을 달린다. 한 세기 전 이 땅의 사람들은 국민국가의 시대를 맞아 국민으로 진화하지 못하고 일본 제국의 식민지 국민이자 '천황'의 신민(臣民)으로 전락했다. 1919년 3·1운동 이후 그들은 아직 생기지 않은 나라의 모습을 놓고 서로 다른 그림을 그리기 시작했다. 민족 독립운동과 계급 해방운동의 경우도 역사가가 자유민주주의와 사회혁명(social revolution) 중 어느 쪽을 꿈꾸느냐에 따라 역사책에 이들의 투쟁에 다른 이름이 붙여진다.

역사가의 역사서술과 해석은 사료(史料)를 바탕으로 해야 한다. 1894년 봄과 가을 두 차례에 걸쳐 전라도 일원을 뒤흔든 동학농민봉기를 주도한 이들이 남긴 강령·격문(檄文)·포고문, 일본 외교관과 기자들이 남긴 보고서·취재기·체험담 같은 당대 사료, 위정자들이 남긴 심문기록에는 대원군이 봉기와 밀접한 관계가 있음을 보여주는 내용이 담겨 있다.

일제 식민지 시대에 나온 봉기 관련 저작(著作)에서도 대원군과 전봉준의 공모관계에 대한 서술이 차고 넘친다. 봉기의 역사적 성격을 규정하는 명명(命名)도 '동학란(東學亂)'이었다. 그러나 해방 후 한국사학계의 봉기에 대한 역사적 기억을 담은 호명(呼名)은 둘로 나뉜다. 1960년대 민족주의 역사가들은 이 봉기를 근대 국민국가 수립을 꿈꾼 반외세 민족운동이나 반봉건 평등주의를 지향한 민중운동이라 보아 '동학농민혁명'으로 기억하기 시작했다. 반면 1980년대 이래 현재까지 한국사학계의 주류인 민족·민중주의 사가들은 이 봉기를 일종의 계급전쟁(class war)으로 간주해 '갑오(甲午)농민전쟁'이라는 새 이름을 주었다. 명칭은 다르지만 둘 다 이 봉기를 자유·평등·민권의 근대적 이상을 구현하려 한 진보적 성격의 사회혁명으로 보는 데 이견이 없다. 봉기의 진보성과 혁신성을 제약하는 대원군과의 관련성은 간과되거나 역사서술에서 삭제되었다.[1]

그때 거기를 산 이들의 삶을 어떻게 기억하는가는 오늘 여기를 사는 이들이 바라는 내일이 어떠한지를 알려주는 시금석이다. 냉전의 종식과 실존 공산 진영의 붕괴는 진보 개념이 더는 좌파의 전유물(專有物)로 머물지 않는 상황을 초래했다. 그러나 남의 국민과 인민이 하나 되는 민족을 단위로 한 국민국가라는 근대기획의 완성과 민중이 주인 되는 세상의 구현을 여전히 가슴에 품고 있는 한국사학계의 민족·민중주의 담론은 '민중혁명 필연론'을 폐기하지 않았다. 또한, 이러한 민족·민중주의는 과거사 청산을 외친 노무현 정부, 그리고 이를 계승한 문재인 정부와 정치적 지향을 같이할 만큼 여전히 지배담론의 위치를 점한다.

힘이 곧 정의인 약육강식의 세상을 다시 맞아 민족주의와 국가주의의

---

1   유영익, 「동학농민운동의 기본성격」, 『한국사 시민강좌』 40, 2007, pp. 198-199.

깃발이 지구마을 여기저기서 휘날리는 오늘, 한국에서 동학농민봉기는 민족주의와 민중주의의 표상으로 상상되는 경향이 더욱 강해지고 있다. 동학농민봉기를 민족 · 민중주의 역사가들이 주도한 '진보적 사회혁명'으로 규정하는 역사해석은 참여정부가 2004년 9월 17일 국무총리 직속으로 '동학농민혁명 참여자 명예회복심의위원회'를 설치함으로써, 그리고 문재인 정부가 2018년 「동학농민혁명 참여자 등의 명예회복에 관한 특별법」을 시행함으로써 국가권력이 공인한 공식 역사기억으로 자리를 굳히기에 이르렀다.[2] 이제 한국 사회에서 동학농민봉기는 민중이 주도하는 아래로부터의 힘이 역사발전의 원동력임을 상징하는 표상으로 국가권력에 의한 '기억의 정치'에 동원되어 정치권력의 정당성을 부여하려는 권력 담론으로 기능하고 있다. 그러나 외세의 침략에 맞선 저항담론으로서의 민족 · 민중주의는 어찌 보면 개인에게는 외세와 마찬가지로 인간해방을 제한하는 억압기구이자 탄압의 기제로 작용할 수도 있는 거대담론으로 다원적 시민사회를 사는 오늘의 한국에 비추어볼 때 시대 흐름에 뒤떨어진 시대착오일 수도 있다.[3]

---

2 2004년 제정된 「동학농민혁명 참여자 등의 명예회복에 관한 특별법」에 따라 동학농민혁명 참여자 명예회복심의위원회(위원장: 국무총리, 2004~2009)와 (재)동학농민혁명기념재단(2004~2009)이 운영된 바 있었다. 2010년 2월에는 그 업무를 승계한 동학농민혁명기념재단이 문화체육관광부 특수법인으로 출범해 '동학농민혁명'을 국가권력이 법인(法認)한 공식 역사기억으로 만드는 작업을 계속하고 있다. 민족 · 민중주의 사관의 입장에서 국가의 역사독점에 따른 문제점을 지적한 글로는 다음이 있다. 지수걸, 「국가의 역사독점과 민중기억의 유실」, 『역사비평』, 2015, pp. 173-202.

3 세계사의 흐름은 물론 양성평등 사회를 지향하는 오늘에 비춰볼 때 민족과 민중을 내세워 어느 쪽이 역사의 주도권을 쥐는 것이 정당한가를 다툰 이데올로기가 지배하던 냉전 시대의 이분법적 역사 인식은 이미 유효기간이 지났다. 1994년 국민교육헌장이 역사의 뒤안길로 사라지기 전까지 이 땅의 사람들은 민족의 중흥을 위해 살아야 했다. 전체의 이름으로 낱낱의 희생을 강요하던 개발독재에 맞서 민중의 이름으로 새 세상을 꿈꾼 이들의 눈에도 개인은 비치지 않았다. 민족과 민중 같은 거대담론이 횡행할 때 개인은 없다. 그때를 산 여성들은 남성보다 큰 희생을 강요받았다. 국가권력과 가부장권이라는 두 개의 족쇄가 여성을 속박했다. '현모양처(賢母

동학농민혁명기념재단

동학농민혁명기념재단은 2004년 제정된 「동학농민혁명 참여자 등의 명예회복에 관한
특별법」에 따라 동학농민혁명참여자명예회복심의위원회(위원장: 국무총리, 2004~2009)와
(재)동학농민혁명기념재단(2004~2009)의 업무를 승계하여 2010년 2월 문화체육관광부
특수법인으로 출범했다.

(출처: 동학농민혁명기념재단 홈페이지)

따라서 이 글에서는 동학농민봉기의 전개 과정과 동시대에서 오늘에
이르는 역사가들의 봉기에 대한 인식을 살펴본 다음, 한국사학계의 주류
학설인 민족 · 민중주의적 해석이 국가권력에 의해 공적 기억으로 자리를

良妻)'라는 성어(成語)가 웅변하듯, 당시 여성은 민족과 민중의 이름으로 남성에 봉사하는 도
구일 뿐이었다.

굳히기까지의 과정 및 이 특권화된 기억에 대한 반론을 살펴봄으로써 한국의 민족·민중주의 사관에 입각한 역사해석의 문제점을 비판적 입장에서 성찰해보려 한다.

2
동학농민봉기의 발발과 전개

1) 동학의 탄생과 포교

동학은 1860년에 탄생한 신흥종교다. 민족과 민중을 주어로 내부의 동력에서 역사의 변화 동인을 찾는 일국사(一國史)의 시야에서 볼 때 동학은 19세기에 접어들면서 연이어 일어난 민란(民亂)의 연속선상에 있다. 이러한 '봉건적 위기'에 더해 외세의 침략이라는 민족적 위기를 극복하기 위한 민중의 체제 변혁 욕구에서 동학이 배태(胚胎)되었다고 본다.[4] 반면 국제사적 시야에서 볼 때 1860년은 동아시아 지역에서 충격적 변화의 시작을 알리는 해였다. 동아시아의 중심국가였던 중국의 수도 북경(北京)이 영국과 프랑스의 연합군에 의해 함락되고 천자가 만주로 몽진(蒙塵)하는 수모를 겪은 것이 그해 10월이었다. 청조(淸朝)는 북경조약을 맺어 영국과 프랑스 공사의 주경권(駐京權)과 양자강을 통한 내륙 항행권, 그리고 기독교 선

---

4 우윤, 「고종조 농민항쟁, 갑오농민전쟁에 대한 연구 성과와 과제」, 『한국사론』 25, 국사편찬위원회, 1995, pp. 196-207.

교권도 허용했다. 이때 영·프 연합군의 철병을 중재했던 러시아는 그 대가로 연해주를 할양받았다. 북경조약으로 부동항을 확보하려는 러시아의 침략이 예견되면서 한반도를 둘러싼 열강의 세력균형이 깨졌다. 북경조약이 맺어진 1860년 열강 사이의 각축전은 이미 시작되었다. 국내적으로는 영·프 연합군에 쫓긴 천자가 조선으로 피신한다는 소문이 파다하게 퍼졌다. 양이(洋夷)의 침략이 임박했다는 위기감에 민심이 요동쳤다. 바로 그때 최제우(崔濟愚, 1824~1864)가 서학(西學, 천주교)에 대한 대항을 기치로 내걸고 민족종교 동학(東學)을 창도했다.[5] 이질적인 서구문화의 침입에 맞선 '전통 보수(保守) 운동(nativistic movement)'인 동학이 일어난 곳은 천년 고도(古都) 경주였다.[6]

창도(創道) 3년 만에 동학의 교세가 대구까지 퍼져나가자, 그 확산을 막으려 한 조정은 교조(敎祖) 최제우와 교도 20여 명을 체포했다. 1863년 12월 고종이 즉위하고 흥선대원군 이하응(李昰應, 1820~1898)이 권력을 잡았다. 그는 대내외적 위기 상황에서 조선왕조를 구하려 했다. 대외적으로 나라의 문호를 걸어 잠그는 쇄국(鎖國)과 서구를 배척하는 양이(攘夷) 정책을 전개했다, 대내적으로는 반체제 사상인 동학과 서학 등 사학(邪學)의 대두를 막기 위해 철퇴를 가했다. 1864년 봄 대원군은 유교적 질서 파괴 및 민란 유발 가능성을 우려해 교조 최제우를 혹세무민(惑世誣民, 세상을 어지럽히고 백성을 속임)의 죄로 처형했다. 교조 사후 수면 아래로 잠복했던 동학은 1880년 제2대 교주 최시형(崔時亨, 1827~1898)이 교리서 『동경대전(東經大全)』과 『용

5　Key-Hiuk Kim, *The Last Phase of East Asian World Order: Korea, Japan and the Chinese Empire, 1860-1882*(Berkeley and Los Angeles: University of California Press, 1980), pp. 328-351; 김기혁, 『근대 한·중·일 관계사』, 연세대학교 출판부, 2007, pp. 86-119.

6　Chai Sik Chung, "Religion and Cultural Identity: The Case of 'Eastern Learning'," *International Yearbook for the Sociology of Religions* 5, 1969, pp. 118-131.

담유사(龍潭遺詞)』를 발간하고 육임제(六任制) 등 조직을 매개로 포교에 나섰다. 1884년 갑신정변 실패 이후 조정의 탄압이 완화되자 1886년에는 충청도 일대에, 1888년 이후로는 전라도 지역으로 교세가 확장되어나갔다. 1892년 최시형이 충청과 전라감사를 상대로 교조 최제우의 억울함을 풀어달라는 교조신원(敎祖伸冤) 운동을 전개하자 서울로 가서 국왕에게 신원하라는 답변이 돌아왔다. 이에 동학 교단은 1892년 12월 교통의 요지인 삼례(參禮)에 모여 국왕에게 올릴 상소문을 작성했으며, 이듬해 2월 서울 광화문 앞에 모여 복합상소(伏閤上疏, 궁궐 앞에 엎드려 올리는 상소)를 올리고 3일간 시위하며 교조의 신원과 포교의 자유를 요구하다가 군사적 위협으로 해산했다. 최시형은 보은(報恩)에 대도소(大都所)를 설치하고 각지의 동학교도를 소집했다. 이에 1893년 3월 보은집회에 2만여 명의 동학교도가 각처에서 모여들었다. 종교운동이었던 삼례집회와 달리 보은집회는 '척양척왜(斥洋斥倭)', '탐관오리 징계' 등 민씨 척족정권에 도전하는 정치집회로 바뀌었다.[7]

이에 조정은 민씨 척족과 유착되지 않은 청백리로 고향이 보은인 어윤중(魚允中, 1848~1896)을 선무사(宣撫使)로 보내 600여 명의 군사로 동학교도들을 포위하고 해산을 종용했다. 17일간 농성하던 집회 참가자들은 장마와 식량난으로 인해 자진 해산했다. 선무사가 국왕에게 올린 보고서에 의하면 집회 참석자들은 광범위한 지역에서 온 반정부세력들이었다. 특히 마지막까지 남았던 1만 2,403명 중 6,270명이 전라도 지방에서 참가했다. 이들은 1892년부터 동학에 입도한 전봉준(全琫準, 1855~1895)과 김개남(金開南, 1853~1894) 등이 주도한 전라도에 기반을 둔 남접(南接)에 속했다. 이들은 1880년대 최시형이 포교한 충청도 지역 동학교도, 즉 북접(北接)과 달리 비

7　신용하, 『동학과 갑오농민전쟁 연구』, 일조각, 1993, pp. 4-48.

타협적 태도를 보였다.[8]

2) 제1차 동학농민군의 봉기

갑신정변(1884) 실패 이후 조선을 둘러싼 열강이 세력균형을 이뤄 이렇다 할 충돌이 없었던 이른바 '태평 10년(1885~1894)'은 근대화를 추진할 좋은 기회였다. 그러나 감국(監國) 원세개(袁世凱, 1859~1916)의 압제와 민씨 척족정권의 전횡하에 시달리던 농민들의 불만은 1894년 동학농민봉기로 터져 나왔다.[9] 봉기의 시작은 1894년 고부민란이었다. 그러나 이는 자연발생적 민중봉기가 아니었다. 보은집회 8개월 후인 1893년 12월 전봉준 등 20여 명의 봉기모의자 이름과 목표가 적힌 사발통문(沙鉢通文)이 이를 명증(明證)한다.[10] 그들이 서약한 목표는 다음과 같았다.[11]

① 고부성을 격파하고 군수 조병갑을 효수할 사(事)
② 군기창과 화약고를 점령할 사
③ 군수에게 아유(阿諛)하야 인민을 침어(侵漁)한 탐리(貪吏)를 격징(擊懲)할 사

8   이광린, 『한국사 강좌: 근대 편』, 일조각, 1981, pp. 279-282.

9   유영익, 『동학 농민봉기와 갑오경장』, 일조각, 1998, pp. 208-211.

10   이 사발통문은 1969년 고부에서 발견되었다. 『동아일보』 1969년 1월 7일자.

11   김용덕, 「격문을 통해서 본 전봉준의 혁명사상」, 『나라 사랑』 15, 1974, pp. 47-48; 정창렬, 「고부 민란연구: 하」, 『한국사연구』 49, 1985, pp. 99-102.

④ 전주성을 함락하고 경사(京師, 서울)로 직행할 사

사실 전봉준과 흥선대원군 이하응(李昰應, 1820~1898)은 1893년경 봉기를 모의한 바 있었다. 『천도교 창건사』(1933)에 의하면, 1891년부터 운현궁(雲峴宮, 대원군의 저택)에 머물던 전봉준은 1893년 "실의에 빠진 대원군을 달래어 정치개혁의 계책을 서로 밀약"했다.[12] 이후 전봉준은 전주부 봉상면 구미리에 거처를 옮겨 밀사 나성산(羅星山)을 통해 대원군과 연락하면서 김개남과 송희옥(宋喜玉) 등과 봉기를 준비했다.[13]

1894년 2월 마침내 고부민란이 터졌다. 전봉준이 이끈 농민군은 고부군수 조병갑(趙秉甲, 1844~1912)의 탐학에 맞서 관아를 점령했다. 그러나 조정이 실상을 살피라고 보낸 안핵사(按覈使)는 오히려 동학교도에게 죄를 묻고 탄압했다. 이에 농민군이 다시 일어났으며, 무장(茂長)에 남접의 도소(都所)를 세운 전봉준은 4월 27일 봉기 이유를 밝히는 「무장포고문」을 발포했다.[14] 그 주요 대목은 다음과 같다.[15]

포악한 정치는 날로 심해가고 원망하는 소리는 그치지 아니하니, 군
신(君臣)의 의리와 부자의 윤리와 상하(上下)의 분별이 드디어 무너지
고 말았도다. 관자(管子)가 말하기를 "사유(四維, 즉 禮·義·廉·恥)가 바

---

12   이돈화, 『천도교 창건사』, 천도교 중앙종리원, 1933, pp. 57-58.

13   대원군과 전봉준의 봉기 공모에 관한 1·2차 자료는 유영익, 앞의 책, 1998, pp. 12-14 참조.

14   제1차 농민봉기는 고부가 아닌 무장에서 일어났다. 신용하, 앞의 책, 1993, pp. 139-142; 배항섭,
      「동학농민군의 〈무장기포〉와 〈무장포고문〉에 대한 이해의 변천과정 고찰」, 『역사와 담론』 79,
      2016, pp. 105-106, 128.

15   「茂長縣謄上東學人布告文」, 「隨錄」, 河合文庫 소장자료; 국사편찬위원회 편, 『동학란기록』
      상, 국사편찬위원회, 1959, pp. 142-143. 번역문은 진기홍, 「무장은 동학농민혁명의 발상지」,
      고창문화원 부설 향토문화연구회 편, 『향토사료』 12·13 합집, 1993, pp. 29-30.

로 서지 못하면 나라는 멸망하고 만다"고 하였는데 지금의 형세는 오히려 옛날보다도 더욱 심하다 하겠다. 공경(公卿) 이하 방백(方伯)·수령(守令)에 이르기까지 국가의 위태로움은 생각지 아니하고 오직 일신의 비대와 가문의 윤택만을 꾀할 뿐, 벼슬아치를 뽑고 움직이는 일을 돈벌이하는 수단으로 생각하고 과거를 치르는 마당은 마치 물건을 사고파는 저자로 변하고 말았다. 백성에게서 걷은 세금과 물건이 국고로 들어가지 않고 도리어 세도가의 사복만 채우고 있으며, 나라에는 빚이 쌓여 있는데도 이를 갚을 생각은 하지 않고, 교만과 사치와 음란한 생활만을 일삼으면서 조금도 두려워하거나 꺼릴 줄을 모른다. 이에 이르니 온 나라가 짓밟힐 대로 짓밟혀 결딴이 나고 만민은 도탄에 빠져 허덕이고 있다.

벼슬아치들의 탐학이 이러하니 어찌 백성이 궁하고 또 곤하지 아니하랴. 백성은 나라의 근본인데 근본이 쇠잔하면 나라는 반드시 멸망하고 말 것이다. 이러한 이치인데도 국가를 보전하고 백성을 편안케 할[輔國安民] 방책은 생각지 아니하고, 밖으로 향제(鄕第, 사저)를 꾸며 오직 일신의 온전만을 도모하여 헛되이 국록과 지위를 도적질하고 있으니 어찌 이것이 옳은 일이라 하겠는가? 우리는 비록 초야에 버려진 백성이지만 이 땅에서 나는 곡식을 먹고 또 옷을 얻어 입고 사는 터, 어찌 앉아서 나라가 멸망하는 꼴을 보고만 있겠는가. 온 나라가 마음을 같이하고 억조창생이 뜻을 모아 의기(義旗)를 들어 나라를 보존하고 백성을 편안케 하고자 사생(死生)을 같이하기로 맹서하고 일어섰으니, 오늘의 광경이 비록 놀라운 일이기는 하겠으나 결코 두려워하거나 흔들리지 말고 각자의 생업에 충실할지며, 함께 다가올 태평성세를 빌어 성상의 덕화를 고루 입게 된다면 천만다행이겠노라.

이 글에는 '반(反)봉건적' 또는 '평등주의적'인 내용이 담겨 있지 않다. 따라서 전봉준은 근대적인 정치적·사회적 질서를 지향하거나 만들려 하지 않고 조선왕조의 전통적 기존 질서를 보존하려 한 유교 지식인이었다.[16] 포고문을 발포한 이후 농민군은 고부 북쪽 백산(白山)으로 이동해 전봉준을 동도대장(東徒大將)으로 추대하고, 4월 30일에는 4개의 행동 강령인 사대명의(四大名義)도 선포했다.[17]

① 사람을 죽이지 말고 물건을 축내지 말라(不殺人 不殺物).

② 충효를 함께 다 하여 세상을 구제하고 백성을 편안케 하라(忠孝雙全 濟世安民).

③ 일본 오랑캐를 축멸하고 성인[공자]의 도를 맑고 깨끗하게 하라(逐滅倭夷 澄淸聖道).

④ 군사를 몰고 서울로 들어가 권세 있고 지위 높은 자들을 모두 죽이고 기강[기율과 법강]을 확고히 세워 이로써 성인[공자]의 가르침을 따르라(驅兵入京 盡滅權貴 大振紀綱 立定名分 以從聖訓).

이 강령도 '축멸'·'진멸' 등 과격한 문구를 사용하지만, 그 기본 취지는 앞의 포고문과 궤를 같이해 충효 및 '성도(聖道)'·'성훈(聖訓)' 같은 유교적 가치의 실천에 있었다. 특히 농민군은 성현(공자)의 가르침에 기반을 둔 전통적 정치·사회질서의 재건을 통해 제세안민(濟世安民)할 것을 봉기 이유로 내세웠다. 특히 봉기 이전 조선을 반(半)식민지 상황으로 만들었던 중국이 아니라 일본을 몰아내는 데 목표를 두었다. 따라서 이 사대명의를 '반

---

16   유영익, 앞의 책, 일조각, 1998, pp. 21-22.

17   정교, 『대한계년사』 상, 국사편찬위원회, 1957, p. 74. 번역문은 유영익, 위의 책, 1998, p. 213.

봉건적'·'혁명적' 강령으로 볼 수 없다.[18]

여하튼 민씨 척족정권의 폭정에 반기를 든 반정부세력인 농민군의 세력이 커지자 5월 6일 조정은 전라도병마사 홍계훈(洪啓薰, 1842~1895)을 양호초토사(兩湖招討使)로 임명해 토벌을 명했다. 그러나 5월 11일 황토현 전투에서 승리한 농민군은 22일에 나주에서 아전들에게 보낸 협조 요구 공문에서 봉기의 목적이 대원군을 섭정으로 모시는 데 있음을 천명했다.[19]

우리의 오늘날 의거(義擧)는 위로 국가에 보답하고 아래로는 백성들을 편안케 하기 위하여 지나는 모든 읍마다 탐관은 징계하고 청렴한 관리는 상을 주어 아전들의 폐단과 백성들의 병통을 바로잡고 고쳐서 일해 나가는 폐단과 병통을 길이 없애고 나서, 전하께 아뢰어 **국태공**(國太公)을 모셔다가 나랏일을 보도록 함으로써 아첨하고 비루한 자들을 모조리 파면시켜 내쫓으려 하는 것이니, 우리의 본의는 여기에 그칠 뿐이다. 그런데 어찌해서 너희 관사(官司)는 나라의 형편과 백성들의 실정을 생각지 않고 각 읍에서 군사를 움직여 공격하는 것으로 주장을 삼고 살육하는 것으로 일을 삼는가. 이는 진실로 무슨 마음이란 말이냐? 그 하는 짓을 생각한다면 마땅히 맞싸워야 할 것이나, 무죄한 아전과 백성들이 다 함께 불타 죽는 것이 불쌍하다.

다음날인 23일 함평으로 이동한 농민군 지도부는 호남 유생 등의 명의로 홍계훈에게 보낸 건의문(「湖南儒生原情于招討使文」)에서 대원군 봉대(奉

---

18   유영익, 위의 책, 1998, pp. 18-19.

19   황현, 이민수 역, 『동학란: 동비기략초고』, 을유문화사, 1985, pp. 129-130.

戴) 의지를 다시 한번 밝혔다.[20]

　　호남 유생들은 원통함을 안고 피를 머금으며 백 번 절하고 엄한 위
엄이 밝고 귀 밝은 아래에 글을 올립니다. 엎드려 생각건대, 생(生) 등은
천지 사이에 교화(教化)에 참여한 사람으로서 어찌 감히 망령되이 불의
한 일을 일으켜 스스로 형벌에 빠지겠습니까? … 막중한 친군(親軍)은
아무 어려움 없이 포고(布告)하여 모든 읍에서 군사를 모집하여 칼날
로 쳐서 죽이고 베기를 아무 거리낌 없이 하니, 교화를 펴고 백성을 가
르치는 사람이 진실로 이와 같습니까? 생(生) 등의 오늘날 의거(義擧)는
부득이한 정경(情境)에서 나온 것으로서, 손으로 병기를 잡고 겨우 몸
을 보존하는 방법을 취했던 것이온데, 일이 이 지경에 이르렀으니, 억
조(億兆)의 창생(蒼生)이 마음을 같이하고 온 나라가 의논을 모아 위로
국태공을 모시고 부자 사이의 윤리와 군신 사이의 의리를 온전히 하여
아래로 여민(黎民, 백성)을 편안히 하고, 종묘사직을 보전하는 것이 지극
한 소원입니다. 장차 죽음을 맹세하고 변치 않을 것이오니 엎드려 비옵
건대 굽어살피시옵소서.

　　이처럼 나주와 함평에서 국태공(대원군)의 재집권을 요구한 농민군은
27일 장성으로 이동해 전라감사 김학진(金鶴鎭, 1838~1917)에게 올린 원정(原
情, 폐정개혁 요청) 14개 조의 끝에 대원군의 국정 관여를 명시해 요구했다.[21]
31일 농민군은 전주성을 점령한 후 다음날 도착한 관군과 대치했다. 농민

20　황현 저, 이민수 역, 위의 책, pp. 130-132.

21　"十四 國太公 于預國政 則民心有庶幾之望事", 정교, 앞의 책, 1957, p. 86; 유영익, 앞의 책,
　　　1998, pp. 200-201.

군의 기세에 놀란 조선 정부는 6월 3일 청군의 파병을 요청했다.[22] 7일 전봉준은 홍계훈에게 보낸 소지(訴志, 호소문)에서 다시 한번 대원군에게 나랏일을 맡기려는 자신들을 역적으로 몰지 말라고 요구했다.[23]

우리도 선왕(先王)의 유민이라 어찌 부정한 마음으로 또 임금에게 반역하려는 마음으로 천지간에 호흡할 수 있겠는가? 우리들의 이번 거사가 놀라게 하였다 할지라도 거병하여 생민(生民)을 도살하기를 누가 먼저 하였는가? 전(前) 관찰사[金文鉉]가 양민을 허다하게 살육하는 것은 생각지 아니하고 도리어 우리들의 죄라고 하니 백성을 선화(宣化, 교화를 펌)해야 할 목민관으로 양민을 많이 죽인 것이 죄가 되지 않는다는 것은 무슨 이유인가? 국태공인 대원군을 받들어 나라를 맡기자는 것은 너무나 당연한 일이거늘 어찌 우리를 불궤죄(不軌罪)로 몰아 죽이는 것인가?

농민군은 해산을 전제로 한 관군과의 협상 과정에서 홍계훈에게 27개 조의 폐정개혁안을 제시했다.[24] 그 내용과 특징을 유영익은 다음과

---

22 홍계훈은 5월 23일 올린 상소에서 청군 파병을 건의했고, 전주 함락에 경악한 정부가 6월 3일 원세개에게 정식으로 파병을 요청했다. 김기혁, 앞의 책, 2007, pp. 193-194.

23 국사편찬위원회 편, 앞의 책, 1959, p. 267; 이광린 · 신용하 편, 『사료로 본 한국문화사: 근대편』, 일지사, 1984, p. 133.

24 유영익, 앞의 책, 1998, pp. 23-26. 유영익은 다음 1차 사료들에 보이는 폐정개혁안 27개를 요구조건별로 정리 · 집성해놓았다. ①「[전봉준]판결선고서 원본」, 『한국학보』 39, 1985. ②『고종 순종실록』 중, 탐구당, 1970, p. 485. ③ 伊藤博文 編, 『祕書類纂: 朝鮮交涉資料』 中, 祕書類纂刊行會, 1936, p. 332. ④ 정교, 『대한계년사』 상, p. 86. ⑤ 김윤식, 『속음청사』, 국사편찬위원회, 1960, pp. 322-325.

같이 요약했다.[25]

첫째, 농민군은 무엇보다도 자신들의 일상생활에서 당면했던 구체적인 경제문제의 해결을 통해 그들의 생활조건을 개선하는 데 관심이 컸다. 달리 말하자면, 농민군은 자신들이 직면한 정치적 · 사회적 · 경제적 문제들의 근본적 해결을 겨냥한 구조적인 제도변혁을 기도하지 않았다. 예컨대, 그들은 조선왕조의 절대군주제라든가 양반 중심 신분제, 그리고 소수의 지주에게 유리하도록 짜인 토지 소유제 및 조세제도 등을 혁파할 의도를 갖고 있지 않았다.

둘째, 농민군은 전운사(轉運使)나 전보국 같은 근대적 시설 ─ 소위 '개화문물' ─ 의 도입에 거부반응을 보이는 한편, 정부가 국민에게 조세를 부과함에 있어 1608년부터 실시된 대동법과 1784년에 편찬된 『대전통편(大典通編)』 등 민씨 척족정권 대두 이전에 마련된 부세 기준에 따를 것을 요구하였다. 여기서도 역시 그들은 민생에 직결된 경제문제들을 해결하는 방안으로써 어떤 참신한 근대적 대책을 제시하지 않고 ─ 즉, 제도상의 근본적 혁신을 기도하지 않고 ─ 오히려 반대로 옛날의 규정을 부활 · 원용할 것을 요구하는 복고적 태도를 보여주었다.

셋째, '동학'농민군은 동학 교단의 종교적 요구사항(예컨대 교조신원)을 거의 제기하지 않았다. 그리고 또 '척왜' · '척양'의 주장이 두드러지게 나타나지 않고 있다. 이 점으로 미루어 그들은 맹목적인 배외주의자가 아니었음을 간파할 수 있다.

넷째, 농민군은 민씨 척족 치하에서 더욱 '악화'된 농민 · 상인 · 어

---

25 유영익, 위의 책, 1998, pp. 26–27.

민들의 생활조건을 개선하기 위해 민씨 척족정권이 대두하기 전 — 즉, 조선이 외부세계에 개방되기 이전 — 대원군 치하 상태로 복귀하기를 원하고 있었다.

청군 2,800명이 6월 8일과 9일에 걸쳐 아산에 상륙하자 이틀 뒤인 11일 농민군은 폐정개혁을 약속한 관군과 '전주화약(全州和約)'을 맺고 자진 해산했다.[26] 바깥세상을 보지 못한 전봉준·김개남·손화중 등 농민군 지도부는 개혁의 전범을 안에서 구할 수밖에 없었다. 그들은 안팎으로 유교적 전통 질서를 다시 세우는 보수적·복고적 구국방안에 머무르고 말았다. 그렇기에 그들은 또 하나의 외세 청국에 대해서는 어떠한 언급도 하지 않았으며, 썩은 민씨 척족정권 대신 대원군 정권을 다시 세우려 했다.

3) 제2차 동학농민군의 봉기

6월 1일 일본 내각은 서울 공사관에서 조선 정부가 청국에 원병 요청을 고려하고 있다는 보고를 받은 다음날 조선에 8천 명의 병력을 파견하기로 했다. 청일전쟁의 도화선은 그때 이미 당겨졌다. 동학농민군이 전주에 입성한 5월 31일 일본 내각은 의회에 탄핵당하는 최대 위기에 봉착하자 이를 해소하기 위해 청국과의 전쟁을 계획했다. 6월 3일 청국은 일본에 조선 파병을 통보했다. 1885년 갑신정변 사후 처리를 위해 청·일 양국이 맺

---

26 이광린, 앞의 책, 1981, pp. 298-299.

은 천진조약에는 출병 시 상호 '통고' 조항이 들어 있었기 때문이다. 조선 정부의 요청이 없었지만, 이 조항을 공동출병권으로 확대해석한 일본군 선발대가 6월 12일과 13일 제물포에 상륙했다. 11일 전주화약을 맺은 농민군이 해산했음에도 불구하고 일본은 조선의 '내정개혁'을 내걸고 청국의 동시 철병 제안을 거부했다.[27]

청국이 일본이 제안한 공동 내정개혁을 거부하자 일본 외무대신 무쓰 무네미쓰(陸奧宗光, 1844~1897)는 6월 21일 서울주재공사 오토리 게이스케(大鳥圭介, 1832~1911)에게 조선 지배층을 포섭할 것을 지령했다. 한 달 뒤인 7월 21일 일본 당국자들은 '내정개혁'을 달성하는 데 이용할 꼭두각시로 6월 초부터 비밀리에 접촉해온 대원군을 이용하기로 했다. 7월 22일 밤 용산에 주둔한 일본군은 출동명령이 떨어지기만 기다렸다. 작전 목표는 경복궁을 점령하고 국왕을 포로로 삼는 것이었다. 23일 경복궁을 점령한 일본군은 조선군의 무장을 해제한 후 친일 괴뢰 내각을 구성하고 대원군을 다시 섭정으로 내세웠다. 친청(親淸) 민씨 척족은 정권에서 밀려났으며, 국왕은 일본의 지배하에 놓였다. 일본군이 경복궁을 점령한 23일까지 일본의 손을 잡길 거부하던 대원군이 마음을 바꾼 이유는 민비와 척족에 대한 증오심, 백성을 구해야 한다는 사명감, 그리고 정권욕 등이 복합적으로 작용한 것이었다. 그러나 결정적 계기는 일본공사관 서기관 스기무라 후카시(彬村濬, 1848~1906)가 써준 영토 침략을 하지 않겠다는 약속을 믿었기 때문이다.[28] 이는 다음 인용문에 잘 나타난다.[29]

---

27 中村明, 『日淸戰爭の硏究』, 靑木書店, 1973, pp. 110-126; 박종근, 박영재 역, 『청일전쟁과 조선: 외침과 저항』, 일조각, 1989, pp. 13-47; 유영익, 『갑오경장연구』, 일조각, 1990, pp. 4-7.

28 유영익, 앞의 책, 1998, pp. 36-42.

29 彬村濬, 『明治二十七·八年在韓苦心錄』, 彬村陽太郎, 1932, pp. 53-54; 이노우에 가쿠고로 외, 한상일 역, 『서울에 남겨둔 꿈』, 건국대학교 출판부, 1993, pp. 127-128.

대원군은 안색을 바꾸며, "귀국(貴國)이 일으킨 이번 사건이 진짜로 의거(義擧)라면 귀하는 귀국의 천황을 대신하여 일이 성사된 후 조선의 땅을 한치도 요구하지 않겠다는 것을 약속할 수 있겠는가"라고 질문했다. 이에 대해 "저는 한 서기관의 신분에 불과하므로 천황을 대신해서 어떤 약속을 할 수는 없습니다. [그러나] 저는 현재 오토리(大鳥) 공사의 사신으로 왔습니다. 잘 아시는 바와 같이 오토리 공사가 일본 정부의 대표자라면 저는 오토리 공사를 대신하는 범위 안에서 약속을 할 수 있겠습니다"라고 대답했다. 대원군은 "그러면 오토리 공사를 대신해서 우리나라의 땅을 한치도 요구하지 않겠다는 약속을 해주기 바란다"고 하며 옆에 있는 사람에게 종이와 붓을 가져오도록 했다. 나는 "일본 정부의 이번 거사는 진심에서 나온 것이므로 일이 성공한 후 결코 조선의 땅을 요구하지 않겠음"이라고 쓰고, 이 글 끝부분에 나의 직위와 성명을 적어 대원군에게 건네주었다. 대원군은 [이 글을] 한 번 읽어본 다음 "그렇다면 나는 귀관의 뜻을 받아들여 나설 것이다. 다만 나는 신하의 신분이므로 왕명(王命)이 없이는 입궐할 수 없다. 궁중(宮中)에서 칙사(勅使)가 오도록 해주면 좋겠다"라고 말했다.

대원군이 자신이 범한 우(愚)를 깨닫는 데는 오랜 시간이 걸리지 않았다. 7월 27일 세워진 초정부적 권력 기구인 군국기무처(軍國機務處)가 급진적인 개혁을 추동하기 시작했다. 나아가 7월 26일 청의 수송선을 아산 앞바다에 수장시킨 일본군은 28일 성환에서 청군을 격파했으며, 8월 1일에는 청국에 정식으로 선전포고를 했다. 대원군은 일본 측이 자신과 상의 없이 청국과 전쟁을 벌이고, 친일 개화파가 자신의 의사와 반(反)하는 개혁을 추진하는 데 당황했다. 또한 대원군은 자신의 숙원인 민비폐서(閔妃廢庶) 계획을 일본 공사관원들이 반대해 좌절시킨 데 분노했다. 대원군은 임진왜란 때 명나라의 지원으로 일본을 몰아낸 선례를 참조해 평양에 집결한 2만 명의 청군에게 도움을 청했다.[30] 이는 대원군이 평양 주재 청군 지휘부에 전달하기 위해 평안감사 민병석(閔丙奭) 앞으로 보낸 밀서에 잘 나타난다.[31]

> 지금 종사(宗社, 종묘와 사직)의 안위(安危)가 일시에 위급해져서 [저희는] 날마다 천사(天師, 청군)의 동원(東援)만을 기다리고 있습니다. 요즈음 듣건대 대(大)부대가 연이어 출정하였다고 하니 이는 참으로 [조선이] 다시 소생할 때입니다. 엎드려 바라옵건대 상국(上國)은 많은 원병을 보내시어 우리의 종사와 전궁(殿宮)을 보호해주시고 또 간당(奸黨)과 일본에 붙어 매국(賣國)하는 무리를 일소하시어 하루속히 초미지급(焦眉之急, 눈썹이 타들어가는 시급한 위기)에서 벗어나게 해주시기를 피눈물로 기원하고 또 기원합니다. (몇 분의 대인(大人)이 출정하셨는지 아직 정확히 알 수 없기에 명함 3장을 대감에게 드리니 반드시 [이를] 전해주시기 바랍니다.)

또한, 대원군은 임진왜란 때 의병과 마찬가지로 북에서는 청국군이, 남에서는 의병이 협공해 한반도 중부를 장악하고 있는 일본군을 격퇴할 요량이었다.[32] 이에 대원군은 9월 초 삼남(三南, 충청도·전라도·경상도의 총칭)지방의 유수 양반 가문들과 동학 지도부에게 소모사(召募使)의 직함을 띤 밀

---

30 유영익, 앞의 책, 1998, pp. 44-55.

31 국사편찬위원회 편, 『주한일본공사관기록』5, 국사편찬위원회, 1990, p. 335.

32 이상백, 「동학당과 대원군」, 『역사학보』27·28 합집, 1962, p. 12. 대원군은 당시 청군의 승리를 확신한 것으로 보인다.

사들을 보내 봉기를 촉구했다.[33] 이는 국왕의 이름을 빌린 다음과 같은 밀지(密旨)에 잘 나타난다.[34]

삼남 소모사 이건영(李建永)을 보내어 너희들에게 밀시(密示)하노라.

너희들은 선대 왕조로부터 교화를 받은 백성으로서 선왕의 은덕을 저버리지 않고 지금까지 살아왔다. [지금] 조정(朝廷)에 있는 자들은 모두 그들에 붙어서 궁 안에서는 한 사람도 상의할 사람이 없어 [짐은] 외롭게 홀로 앉아 하늘을 우러러 통곡할 따름이다. 지금 왜구(倭寇)가 대궐을 침범하여 화(禍)가 종사(宗社)에 미쳐서 명(命)이 조석(朝夕)을 기약하지 못할 지경이다. 사태가 이에 이르렀으니 너희들이 만약 오지 않으면 박두(迫頭)하는 화환(禍患)을 어찌하겠는가. 이를 교시하노라.

그러나 대원군의 일본군 협공 계획은 생각대로 되지 않았다. 먼저 청군은 9월 15일에서 16일에 벌어진 평양전투에서 2천에 달하는 병력을 잃었고, 17일에는 황해해전에서 북양해군이 궤멸되어 제해권을 잃었으며, 11월 21일에는 여순(旅順)이 함락되는 등 대패하고 말았다. 다음으로 양반 가문들은 의병을 일으키지 않았다.[35] 동학농민군만이 대원군의 호소에 응했지만, 전봉준이 병력 동원에 나선 것은 가을걷이가 끝난 10월 중순이 되어서였다. 1차 봉기와 달리 북접도 참여해 11월 7일 호왈(號曰) 1만 6,700명이라는 대규모 병력이 논산에 집결했다. 이들 동학농민군은 11월

---

33 유영익, 앞의 책, 1998, pp. 54-57.

34 이상백, 앞의 글, 1962, p. 13에서 재인용.

35 대원군의 1차 집정(1864~1873) 때 양반의 이익을 건드린 호포제(戶布制) 실시와 서원(書院) 철폐 같은 조치들에 양반세력이 반감을 품었기 때문이었던 것으로 보인다.

말에서 12월 말 사이에 천안과 논산 인근에서 벌어진 일련의 전투에서 일본군이 주축이 된 '토벌군'에 의해 궤멸되었다. 패인은 절대적인 화력의 약세, 조직과 훈련의 미숙 등이었다.[36] 이 점은 김윤식(金允植, 1835~1922)이 11월 9일 충청감사 박제순(朴齊純, 1858~1916)에게 보낸 다음과 같은 서한에 잘 나타난다.[37]

> 대저 비도(匪徒)들이 무리를 모아서 허장성세(虛張聲勢)로 삼고 있으나 기실은 맹랑하여 어떤 일도 이루지 못할 것입니다. 훈련과 규율이 부족한 도적들은 오합지중(烏合之衆)이나 다름없으니 이들이 숫자가 많다고 하나 어찌 두렵겠습니까. 그들 중 몇 명이 양창(洋槍, 서양식 총기)을 훔쳐서 소지하고 있다고 하나 그들이 이 총을 익숙하게 사용할 줄 모릅니다. 설령 그들이 그 사용법을 안다고 하더라도 그들에게는 탄약이 없습니다. 그러므로 그들이 지닌 양창은 토총(土銃, 화승총)보다도 못합니다. 시대에 뒤진 토총이 어찌 양창을 대적할 수 있겠습니까. 고로 일본인 한 명이 비도 수천 명을 대적하며 경병(京兵) 열 명이 비도 수백 명을 대적할 수 있습니다. 이는 다름 아니라 토벌군의 무기가 좋고 비도의 무기가 좋지 못하기 때문입니다. 요컨대, 일본 병사 한 명은 비도 수천 명을 당해 낼 수 있고 일본 병사 열 명은 비도 수만 명을 당해 낼 수 있다는 얘기입니다.

청군의 도움을 기대하기 어려운 고립무원 상태에서 일본군에 맞설 수밖에 없었던 농민군은 12월 4일에서 7일 사이 공주에서 서울로 가는 길목

---

36 유영익, 앞의 책, 1998, pp. 58, 57.

37 국사편찬위원회 편, 앞의 책, 1959, pp. 90-91. 역문은 유영익, 위의 책, 1988, p. 67에서 재인용.

인 우금치(牛金峙)에서 벌어진 전투에서 패배했다. 패전 후 순창으로 몸을 숨겼던 전봉준은 12월 27일 지방 민병에 체포되어 서울로 압송됐다. 그날 농민군 진압을 위해 설치되었던 순무영(巡撫營)이 철파되었으며, 동학농민군 제2차 봉기는 실패로 끝났다. 이처럼 전봉준 등 동학 접주들이 이끈 농민군들은 대원군의 궐기 호소에 응해 약 2개월간 신명(身命)을 바쳐 싸웠다. 그러나 일본군과 조선 관군으로 구성된 '토벌군'에 맞서 승산 없는 전투를 한 농민군들은 전력(戰力)의 열세와 청군의 지원이 없었기 때문에 약 3만 명의 희생자를 내고 분패했다. 전봉준과 그를 따라 떨쳐 일어났던 농민군들은 모두 철두철미한 애국자이자 원초적 민족주의자(proto-nationalist)였다는 점은 누구도 부인할 수 없다. 특히 동학농민군의 2차 봉기는 투철한 항일 정신에 따라 궐기한 '의병(義兵)'이었다.[38]

---

38   유영익, 앞의 책, 1998, pp. 67, 72.

3
민족 · 민중주의 사관 등장 이전 역사가들은
동학농민봉기를 어떻게 보았나?

1) 동시대인의 봉기관

(1) 한국인

동학농민군은 1차 봉기 시 그 이유를 밝힌 1894년 4월 27일자 「무장 포고문」에서 자신들을 "나라를 보전하고 백성을 편안하게 하려고 일어난 의기(義旗)"로 자신들의 거사를 정당화했다.[39]

우리는 비록 초야에 버려진 백성이지만 이 땅에서 나는 곡식을 먹고

---

[39] "吾徒雖草野遺民 食君之土 服君之衣 不可坐視國家之危 而八路同心 億兆詢議 今擧義旗 以輔國安民 爲死生之誓 今日之光景 雖屬驚駭 切勿恐動 各安民業 共祝昇平日月 咸休聖化 千萬幸甚." 국사편찬위원회 편, 『동학란기록』상, 국사편찬위원회, 1959, p. 143.

또 옷을 얻어 입고 사는 터, 어찌 앉아서 나라의 멸망하는 꼴을 보고만 있겠는가. 온 나라가 마음을 같이하고 억조창생이 뜻을 모아 **의기**(義旗)를 들어 나라를 보존하고 백성을 편안케 하고자 사생(死生)을 같이하기로 맹서하고 일어섰으니, 오늘의 광경이 비록 놀라운 일이기는 하겠으나 결코 두려워하거나 흔들리지 말고 각자의 생업에 충실할지며, 함께 다가올 태평성세를 빌어 성상의 덕화를 고루 입게 된다면 천만다행이겠노라.

그리고 2차 봉기 실패 후 체포되어 일본 영사관에서 신문을 받던 전봉준은 다시 거병한 이유를 묻자 "충군 애국의 마음에 울분을 이기지 못해 일어난 의려(義旅)",[40] 즉 '의병(義兵)'으로 자부했다.[41] 전봉준과 농민군이 다시 국정운영을 맡기려 한 대원군도 이들의 봉기를 '의거(義擧)'로 보았음은 갑오 9월(양력 10월)에 공포한 「흥선대원군 효유문(曉諭文)」에서 미루어 알 수 있다.[42]

---

[40] "초야의 사민(士民)들이 충군 애국의 마음에 울분을 이기지 못해 의려(義旅)를 규합해 일인과 싸운 것이다(草野士民等忠君愛國之心 不勝慷慨 糾合義旅 與日人接戰)." 「開國五百四年二月初九日(1895년 3월 5일) 東徒罪人 全琫準 初招」, 국사편찬위원회 편, 『동학란기록』 하, 국사편찬위원회, 1959, p. 529.

[41] "전교하기를, 요즘 비도들이 더욱 소란을 피우는 것은 전에 없던 변고다. 임금의 명령을 거역하면서도 의병(義兵)이라 칭하고 있으니, 이런 짓을 한다면 무슨 짓인들 차마 하지 못하겠는가?(敎曰 近日匪徒滋擾 是無前之變 抗拒君命而稱曰義兵 是可忍也 孰不可忍也)." 『고종실록』, 고종 31년 9월 26일(1894년 10월 24일).

[42] "近因國家多難 扶病入闕 望外則四郊多疊 煙塵滿目 內顧則家國孤危 勢如綴旒 環視八路之中 所恃而爲國者 惟民而已 太半爲訛誤所染 始緣呼冤而起 漸至乘勢而動 到處滋擾 干紀犯分 使官不得施政 朝不得行令 民不得安業 爾等試思之 此果出於義擧乎 悖擧乎 今之稱東徒皆曰亂民 宜剿擊之殲滅之 吾獨不忍以亂民指目 加於汝等皆吾朝宗休養之民 吾不能順其性保其生 而使至於亂 又何忍以兵刃相擬哉." 「흥선대원군 효유문」, 규장각 소장 도서(도서번호 121415). 역문과 원문은 신복룡, 『(개정판) 동학사상과 갑오농민혁명』, 선인, 2006, pp. 219-220에서 재인용.

근자에 국가가 어려움을 당해 병든 몸을 이끌고 입궐하여 밖을 보매 사방에 병영이 둘려 있어 포연(砲煙)이 눈에 가득하고 안을 살펴보니 국가는 외롭고 위태하여 세(勢)는 마치 바람에 나부끼는 깃발의 술과 같다. 팔로(八路)를 돌아보아도 국가를 위해 믿을 만한 사람은 백성뿐이나 그나마도 태반은 거짓된 말에 물들어 당초에는 원통함을 호소하기 위해 일어나더니 점차로 승세를 타고 움직여 도처에서 소란을 일으키고 기강과 본분을 어그러뜨려 관으로 하여금 시정(施政)을 이룰 수 없게 하고 조정으로 하여금 법을 행하지 못하게 하고 백성으로 하여금 편안히 생업을 유지할 수 없게 하니 그대들은 깊이 생각해 볼지어다. 이것이 과연 **의거(義擧)**에서 나온 것인가 패거(悖擧)에서 나온 것인가? 오늘날 동도(東徒)를 가리켜 남들은 모두 말하기를 이들은 난민이니 마땅히 초격(剿擊) 섬멸하라고 하나 나만은 그대들을 난민으로 지목하여 공격하는 일을 차마 할 수 없도다. 그대들은 모두가 우리 조종(祖宗)이 정성스럽게 기른 백성임에도 불구하고 내가 능히 그 성품을 순하게 만들지 못했고 그 생명을 지켜주지 못해 난리에 이르게 했으니 어찌 차마 총칼로써 서로 견줄 수 있겠는가?

반면 갑오경장 추진세력의 눈에 비친 농민군은 나라를 존망의 위기에 처하게 만든 무지몽매한 '유민(莠民, 고약한 백성)' 그리고 '비도(匪徒, 비적 무리)'·'비류(匪類, 도적 떼)'에 지나지 않았다. 이는 다음 군국기무처 의안에 잘 나타난다.[43]

---

43 갑오경장 추진세력과 동학농민군은 구국의 동기로 대원군을 추대해 개혁을 추진하려 한 점에서 공통점을 갖고 있었기 때문에 1894년 9월 이전에는 일정한 협력관계를 유지하고 있었다. 갑오경장 추진세력이 농민군을 '비도'나 '비류'로 규정해 적대시한 것은 대원군과 일본 공사관 사이의 관계가 악화된 9월 이후였다. 유영익, 앞의 책, 1998, p. 224.

군국기무처 의안, 하나. 삼남지방 곳곳에서 **유민(莠民)**이 날로 거칠어지고 소요사태가 날로 심해져 인심이 안정되지 않으니 이를 진압해 달랠 방법이 가장 급무에 속한다(1894년 9월 3일).**44**

군국기무처 의안, 하나. 요즘 **비도(匪徒)**들이 창궐하여 경기까지 침범했는데 이런 때에 지방관이 자리를 비우는 것은 더없이 민망한 일이니, 청컨대 묘당에서 모두 재촉하여 내려 보내도록 해야 할 것입니다. … 하나. 나주·순창·홍주·안의 네 고을의 수령들은 **비류(匪類)**가 창궐하는 때에 솔선하여 떨쳐 일어나 무마하거나 토벌하기도 하였으며 법을 세워 막기도 하여 온 경내가 오염되지 않았으며 여러 열읍에서 크게 의지하였습니다(1894년 10월 7일).**45**

친일 개화파만이 아니었다. 친미 개화파로 미국식 공화제 수립을 꿈꾼 이승만(李承晚, 1875~1965)도 1904년에 쓴 『독립정신』에서 전봉준을 '괴수'라 칭하며, 봉기를 사이비 종교 동학에 빠진 배외적 우민(愚民)이 일으킨 것으로 보았다.**46**

백성들이 도탄에 빠져 민심이 흩어지자 마침내 나라가 스스로 설 수

---

44 "軍國機務處進議案: 一 三南之莠民, 在在梗化, 騷訛日甚, 人心靡定, 鎭撫之方, 最屬急務." 『고종실록』, 고종 31년 8월 4일.

45 "軍國機務處進議案: 一 近日匪徒猖獗 至犯畿甸 此時地方官之曠職 極爲可悶 請令廟堂 並催促下送 … 一 羅州淳昌洪洲安義四邑守宰 當匪類猖獗之際 或奮身招討 或設法防堵, 一境免受汙染, 列邑依以爲重." 『고종실록』, 고종 31년 9월 9일.

46 이승만, 『독립정신』, 로스앤젤레스: 대동신서관, 1910, pp. 165-166. 인용문은 우남이승만전집 발간위원회·연세대학교 이승만연구원 편, 오영섭 역주, 『(우남 이승만 전집 1) 독립정신』, 연세대학교 대학출판문화원, 2019, pp. 248-250.

없는 상황에 처하였다. 이에 일부 백성들이 무지한 생각으로 원망하여 말하기를, "외국인들이 없었을 때는 나라가 태평하고 백성들이 넉넉했는데, 외국인들이 들어온 후로는 사람들이 하나도 살 수 없게 되었다"고 하였다. 그러자 모든 백성들은 조선 외국인들과 통상을 한 후부터 살기 어렵게 된 줄로 알고 흉흉한 민심이 부지중에 날마다 끓어올랐다. … 포악함이 극한에 이른 뒤에는 반드시 변하는 법이니, 이것은 옛날이나 지금이나 피할 수 없는 이치다. 이에 동학이 일어나 "주문을 읽고 부적을 붙이면 바람이 불고 비를 오게 할 수 있다"고 하며, "대포가 장착된 서양사람들의 군함을 주문 한 마디로 마감할 수 있다고 하여 전국에서 믿지 않는 사람이 거의 없게 되었다. **동학의 괴수** 전봉준이 전라도 고부에서 깃발을 들고 일어나 4가지 명목을 세워 각처에 격문을 돌렸다. … 동학당은 머리에 흰 수건을 두르고 손에 깃발을 들었는데, 이는 다 무슨 이치에 감응한 것이라고 한다. 이들은 동에서 일어나면 서에서 뒤따르고 남에서 부르면 북에서 호응하여 사방에서 벌떼가 일어나듯 일제히 따라서 고을의 수령들을 죽이고 백성들을 노략질하여 전국이 혼란에 빠졌다.

양반 엘리트를 대표하는 역사가 황현(黃玹, 1855~1910)도 봉기가 동학을 이용한 전봉준 등의 선동에 속은 우민(愚民)들이 일으킨 반란으로 보았다. 이 점은 구례에서 직접 당시 상황을 목격한 자신의 경험을 바탕으로 전문(傳聞)을 담은 『오하기문(梧下記聞)』에 잘 나타난다.[47]

---

47 황현, 『오하기문』, 동학농민전쟁100주년기념사업추진회 편, 『동학농민혁명사료총서』 1, 사문연구소, 1996, pp. 52-54. 역문은 황현, 김종익 역, 『번역 오하기문』, 역사비평사, 2009, p. 72.

고부에서 민란이 일어나자 사람들에 의해 우두머리로 추대되었다. 그러나 미처 그의 간교한 모의가 드러나기도 전에 난민들이 흩어져 버렸으므로 봉준 또한 급히 도망쳐 숨었다. 얼마 후 수색이 심해지자 봉준은 피할 수 없을 것을 두려워하였다. 그리하여 그 일당 김기범, 손화중, 최경선 등과 화를 복으로 바꾸어 준다는 꾀로 백성들을 유혹하고 선동하여 그들을 끼고 함께 반란을 일으키고는 큰소리로 "동학이 하늘을 대신하여 세상을 다스려 나라를 보호하고 백성들을 편안케 할 것이다(保國安民). 우리는 살상과 약탈을 하지 않을 것이나, 오직 탐관오리만을 처벌할 것이다"라고 하였다. 어리석은 백성들은 이 말에 솔깃하여 우도 10여 읍이 일시에 봉기하여 열흘 정도에 수만 명이 모여들었고 동학이 난민과 어우러진 것이 이때부터였다.

따라서 그는 농민군을 '동비(東匪)'나 '동비의 난적(亂賊)'으로, 전봉준을 '창괴(倡魁, 미치광이 괴수)'로 폄하했다.[48]

고부에서 동비(東匪) 전봉준 등이 봉기하였다. 이때 박원명은 난민들에게 잔치를 베풀어 조정의 호의를 표명하고 그들의 죄를 사면하여 향리(鄕里)로 돌려보내자 난민들은 모두 해산하였다. 창괴(倡魁) 전봉준 등 수명은 어디로 갔는지도 몰랐다(『매천야록(梅泉野錄)』).[49]

---

48 황현의 동학농민봉기에 대한 인식은 다음을 참조. 김용섭, 「황현의 농민전쟁 수습책」, 『(고병익 선생 회갑 기념논총) 역사와 인간의 대응』, 한울, 1984, pp. 645-668; 김창수, 『한국근대의 민족의식 연구』, 동화출판공사, 1987, pp. 59-106.

49 "古阜東匪全琫準等起 朴源明宴亂民 諭以朝廷德意 赦罪歸農 亂民皆散 而倡魁全琫準等數人 不知去處." 黃玹, 『매천야록』, 국사편찬위원회, 1955.

[전라도관찰사] 이도재(李道宰, 1848~1909)는 전 참봉(參奉) 기우만(奇宇萬, 1846~1916)을 무안현감(務安縣監)에 임명하는 계문(啓聞)을 알리지 않았다. 우만은 고(故) 참판(參判) 기정진(奇正鎭)의 손자다. 가문의 학풍을 이어받아 문행(文行)이 세상에 알려졌다. 장성에 사는 **동비(東匪)의 난적(亂賊)**들이 서로 경계해 그의 거소에 들어가지 못했다(『오하기문』).**50**

이달 3~4일 사이에 **동비(東匪)**가 금구와 태인 땅에서 부안과 고부 등지로 후퇴하여 군이 추격해서 고부와 정읍의 경계 지역인 승두산(僧頭山), 두승산 아래에 이르렀는데, 그 산의 모양이 쟁반과 같았습니다(『동비토록(東匪討錄)』).**51**

(2) 일본인

당시 일본인의 봉기관은 자연발생적 민란으로 보는 견해와 외부세력에 의해 기획된 반란으로 보는 주장으로 나뉜다. 전자는 신문기자의 보도나 외교관의 체험담에 보이는 봉기에 대한 인식으로 부패한 지방관의 학정에 분개한 "동학도의 무리"가 주도해 자생적·자발적으로 터진 "내란"이자 "민란"으로 왕조체제를 뒤엎으려는 사회혁명적 요소는 없다는 것

---

50 "李道宰 以前參奉奇宇萬 補務安縣監 啓聞不報 宇萬故參判正鎭孫也 承襲家庭 以文行著稱 居長城 東匪之亂賊 相戒不入其所居." 황현, 『오하기문』, 동학농민전쟁100주년기념사업추진회 편, 앞의 책, 1996, p. 337.

51 "今月初三四日間 東匪自金溝泰仁地 退向扶安古阜等地 官軍爲逐捕 至古阜井邑兩界間僧頭山下 形如錚盤之狀." 황현, 『동비토록』, 동학농민전쟁100주년기념사업추진회 편, 『동학농민혁명사료총서』 6, 사문연구소, 1996, p. 12.

이다. 이는 전주화약 직후인 1894년 6월 13일과 14일자 『호치신문(報知新聞)』에 실린 인천주재 영사 오가와 모리시게(小川盛重, 1855~1914)의 체험담과 6월 26일자 『도쿄니치니치신문(東京日日新聞)』의 취재기사에 잘 나타난다.[52]

세상 사람들은 움직이기만 하면 말하기를 동학당이라고 한다. 그들이 생각하기에는 이번의 내란도 역시 작년 말 여러 차례 폭발해 온 동학당의 움직임에서부터 나온 것이라고 한다. 그러나 그것은 완전한 착각이다. 나는 인천에 있으면서 항상 한국인의 움직임을 엿보고 자세히 그 내막을 다 알고 있기 때문에 이번의 내란에 대해서도 역시 그 유례, 성질, 목적을 알고 있다. 물론 조선에서는 동학당이라는 일종의 불평 가득한 완고한 무리들이 있어 항상 조정의 근심이 되고 있으나, 전라·충청 양도에서 일어난 지금의 폭동은 그것과는 전혀 다르다. 그들은 처음에 두 가지 요소로 이루어졌다. 하나는 보통 농민이고 다른 하나는 소관천민(小官賤民)이다. 그리고 이 농민이 내란의 원동력이 된다. 그들은 평생을 감사의 전횡에 분개하고 더욱이 과외의 무거운 수탈을 감당하지 못하여 항상 중앙정부에 진정서를 올려 그 고통을 호소하고 있었다. 중앙정부에서는 그것을 살피지 않으면 안 되었으나, 헛되이 시간만 보내면서 조금도 처리하는 것이 없어, 이로써 지금에 이르게 된 것이다. … 내란이라 한다면 내란이라고 할 수도 있음에도 불구하고, 처음에는 오직 일부 농민의 불평불만에서 발생한 민란으로서 그나마도 감사를 몰아내고 감영을 함락하기까지는 아직 한 번도 전투, 격전, 또는 전쟁다운 전쟁은 볼 수 없었다. 내란의 원인은 전적으로 탐욕스럽기 짝

---

52 역문은 동학농민전쟁100주년기념사업추진위원회 편, 『동학농민전쟁연구자료집』 1, 여강출판사, 1991, pp. 122-124.

이 없는 감사 등의 전횡과 중앙정부가 조금도 그것을 처단하지 못함에 분개하여 농민 및 일부의 관리가 갑자기 폭발해 버린 데에서 말미암은 것으로 종래 여러 차례 봉기하였던 동학당의 소란과는 그 성질을 동일시하기는 어렵다. 그래도 감사를 쫓아내고 전운(轉運)총무관을 추방함에 이르러서는 각지에 흩어져 있던 동학당이 일시에 호응하여 마침내 서로 폭도에 투신하게 되었다. 여기에서 내란의 원동력이 된 농민과 관리는 갑자기 그 세력을 증가시켜 전주를 장악하게까지 되었으니, 곧 그 원소(元素)는 다시 한 요소를 첨가하여 드디어 세 요소가 된 것이다.[53]

썩은 정치를 혁신하고 탐관오리를 주살하여 왕의 곁을 깨끗이 하고, 이로써 백성을 편안히 하는 것이 동학당의 무리가 선언하는 바이다. 그러나 동학당이 선언하는 바는 실로 시폐(時弊)를 꿰뚫는 것이다. 병폐에 깊이 **빠진**(그 외교에 관한 사항은 천박한 견해로는 취급하기에 부족하다) 조선 관리는 위로는 대신을 비롯하여 아래로는 지방관과 말단 이서에 이르기까지 인민을 학대하고 수탈을 일삼아, 뜻있는 사람들의 분개하는 바가 되니, 이번의 쟁란도 실로 여기에서 근원하였다. 즉, 민란이 시작됨에 오랫동안 뜻을 얻지 못하던 불평분자들은 백성만도 아니고 관리만도 아니었다. 여기에 더하여 동학당 무리 속에 섞여 있다가 투항하여 온 사유는 전에 이미 통신한 바이다. 이 뜻을 얻지 못하고 투항한 자를 일컬어 동학도 중 이파(吏派)라고 부른다. 동학도로 불러도 실은 그 분자는 이와 같으니, 동학도라는 명칭은 최초 지방관 등이 이름 붙인 것으로, 그들은 자기의 폐정에 의해 민란이 그의 지배지 내에서 일어난 것을 말

---

53 「仁川領事 小川盛重 歸朝談」,『報知新聞』1894년 6월 13일, 14일자; 역사자료전집간행회,『역사자료전집』15, pp. 15-17.

하기가 두려워서 이러한 명칭을 붙였다. 그런데 이들의 무리 중에는 상당한 학문을 한 자도 있고 따라서 식견을 갖춘 자도 있으며 또한 속리(屬吏)로서 직접 지방의 사무를 취급하고 있던 자도 있어서, 능히 시폐를 알고 민의 고통을 알고 지방의 기밀도 알아, 그들이 선언하는 바가 시폐를 꿰뚫을 수 있었던 것이다. 그들도 국왕에게 대항하지 않고 단지 더러운 폐단을 주륙(誅戮)하는 것만을 말함으로써 모든 인민의 환영을 받았다. 따라서 인민의 다수는 동학도가 승리하여 정권을 장악할 때에는 행정기관을 개량하고 탐욕한 지방관을 내쫓고 청렴한 관리를 모실 수 있을 것이라 생각하여 암암리에 동학도의 승리를 희망하는 자가 많았다.[54]

반면 당시 조선에 주류(駐留)한 우익 낭인 계열 일본 기자나 관원들의 봉기에 대한 인식은 원세개의 사주와 대원군과 전봉준의 공모로 계획된 반란(叛亂)으로 보았다.[55] 이는 청일전쟁의 전황을 정리한 가와사키 사부로(川崎三郎, 1864~1943)의 『일청전사(日清戰史)』(1897)와 농민군의 동향을 정탐했던 기쿠치 겐조(菊池謙讓, 1870~1953)의 『조선최근외교사』(1910)에 잘 나타난다. 먼저 기자 출신으로 청일전쟁의 전황을 기록한 가와사키는 봉기 발발의 원인을 내란을 촉발해 이를 기화로 한국을 속방화하려 한 원세개의 선동에서 찾았다.[56]

54　『東京日日新聞』, 1894년 6월 26일자.

55　차미희, 「(해제) 일본인에 의한 동학농민전쟁 연구」, 동학농민전쟁100주년기념사업추진위원회 편, 앞의 책, 1991, pp. 98~99.

56　川崎三郎, 『日清戰史』, 博文館, 1897, pp. 159, 163. 역문은 동학농민전쟁100주년기념사업추진위원회 편, 위의 책, 1991, p. 125. 가와사키는 대동신문(大東新聞) 기자 출신으로 흑룡회(黒竜会, 1901) 창설에 간여한 우익 저널리스트였다.

이것[동학농민봉기]은 실로 원세개(袁世凱)가 그것을 선동한 것이다. 처음에 원세개는 이홍장(李鴻章)이 이경방(李經芳)을 조선 총독으로 삼을 생각이라는 것을 듣고, 마음속으로 좋아하지 않고 이렇게 생각하였다. "지금 만약 민란을 조선의 내지에서 도발시키고 그것을 빙자하여 출병의 명분을 얻는다면, 곧바로 이로 말미암아 정체(政體)를 일변시켜 속방(屬邦)으로 삼을 수 있을 것이다. 과연 그렇다면 여기에서 하나 더 나아가 조선 총독 자리를 얻는 것 또한 어렵지 않을 것이다. …"… 동학당이 일어나자 기세도 창광(猖狂)하게 각지 도처에서 그 함성에 호응함이 이와 같은 것은 무엇 때문인가? 조선 인민이 정부의 포학에 신음하고 지방관의 무거운 수탈에 분개하여 기대할만한 것이 조금도 없었음에도 불구하고 어떻게 하루아침에 이와 같이 될 수가 있었는가? 이것은 다른 믿는 바가 있어서 그런 것이다. 다른 믿는 바라는 것은 원세개의 사주이다. 원세개의 뜻에 따라 동학당을 봉기시킨다면 조선의 군대로는 그것을 소탕할 수 없어, 한국 정부는 놀라서 반드시 원병을 우리에게 요청할 것이다. 우리가 그 기회를 타고 군사를 내어 내란을 진정시킬 때, 한국을 좌우하여 정체(政體)를 일변시키고, 그것을 다스리는 것도 또한 용이할 것이다.

1894년 1월경 대원군을 알현한 바 있고 그해 6월부터 청일전쟁 종군 기자로 농민군의 동향을 정탐했던 기쿠치[57]도 봉기가 대원군의 지휘와 원

---

57 기쿠치에 대해서는 다음을 참조. 하지연,「한말·일제강점기 국지겸양의 문화적 식민활동과 한국관」,『동북아역사논총』21, 2008, pp. 213-220; 박맹수,「동학농민혁명기 재조일본인의 전쟁 협력 실태와 그 성격」,『한국독립운동사연구』36, 2010, pp. 122-129. 기쿠치는 봉기 당시『국민신보(國民新聞)』특파원으로 농민군을 정탐한 바를『국민신보』에 3회에 걸쳐 연재한 바 있다. 박맹수, 같은 글, p. 124.

세개의 조종(操縱)에 의해, 그리고 대원군과 민비 사이의 뿌리 깊은 정권쟁탈전으로 인해 터진 것으로 설명하고 있다. 원세개, 즉 청국이라는 외세의 조선 지배전략과 권력을 둘러싼 궁중의 갈등을 봉기 발발의 주된 원인으로 설명하는 그의 인식의 이면에는 타율성과 당파성을 들어 조선이 식민지가 되어 마땅함을 설파한 식민주의 사관의 원형(原型)이 보인다.[58]

남쪽 지방 한 모퉁이에서 일어난 동학의 무리들은 그 세력이 맹렬하여 고부, 김제, 옥구를 일거에 점령하였다. 전주성이 함락되자, 한성 정부는 경악하여 강화, 평양의 정예 병사들을 모두 불러 모아 진압하려 하였다. 그러나 가렴주구와 학정에 시달리던 남도의 백성들은 차라리 **동학 반도(叛徒)** 등에 의한 민정(民政)을 원하는 형편이어서 동학 반도들은 일을 이루기가 쉬웠다. 그런데도 왕궁의 잔몽(殘夢)은 태평의 새벽이 다가옴을 알지 못하였으며 반도의 세력이 바야흐로 중앙에까지 미치려 하자, 그제서야 당황하여 손쓸 바를 모르고 다만 경악하고 있을 따름이었다. 운현궁과 동학 본부 사이에는 비밀리에 왕복이 빈번하였다. 조선의 들녘을 사르는 불길이 치성함을 보면서 은밀히 박수를 치며 기뻐한 자는 원세개였다. 그는 왕궁의 우려와 왕비의 정부가 낭패당하는 것을 보고도 냉랭한 태도를 취하여 구원해 달라고 애원하기를 기다렸다. 과연 당시 집권하고 있던 민영준(閔泳駿)은 왕명을 받들고 원세개에게 내란 진압을 요청하였다. 그의 불손함과 간섭에도 불구하고 지금은 등으로 배를 대신할 수밖에 없는 존망의 위기였기 때문에 왕비는 모

58 菊池謙讓,『朝鮮最近外交史: 大院君傳附王妃の一生』, 日韓書房, 1910, p. 163. 역문은 다음에서 전재했다. ____,「일청전쟁과 대원군」, 동학농민전쟁100주년기념사업추진위원회 편, 앞의 책, 1991, p. 104.

든 예의를 갖추고 애걸하여 동학 무리의 진압을 위해 출병하여 줄 것을 청하는 공문을 원세개에게 보냈다. 그 내용은 "동학은 대원군의 지휘에 의하여 일어났다. 만약 반도들이 경성을 침략한다면 피비린내 나는 살육이 대원군에 의해 일어날 것이며 왕비 정부는 누구보다 먼저 쫓겨나고 말 것이다"라는 것이었다.

1894년 6월 3일 대원군의 동정을 염탐하기 위해 운현궁을 방문한 일본 영사관 순사(巡査) 와타나베 다카지로(渡邊鷹次郎)가 대원군과 나눈 대담을 보고한 보고서에서도 대원군이 농민군과 손을 잡고 있었음을 미루어 알 수 있다.[59]

1894년 6월 3일에 대원군을 면회하여 전라도 지방 민란의 상황을 들어 보았더니 대원군이 말하기를, "금번 백성들의 소요는 동학당이 아니라 백성들이 지방관의 폭정으로 인한 고통을 견딜 수 없기 때문에 봉기한 것으로서 그중에는 비범한 인물도 가담하고 있어 그 책략행위에 놀랄 만한 것도 많다. 아마도 쉽사리 진정되기가 어려울 것으로 생각한다" 운운하고, "서울에서도 반드시 봉기할 것이다. 그러나 절박한 것은 아니다. 만약 [봉기가] 일어나면 민씨 무리들은 발뼈도 남기지 못할 것이다. 나 자신은 일체 관계하지 않았지만 옛날에 군사를 통솔해 본 일도 있어 이 정도 일은 안다" 운운하였고, "만약 봉기하는 일이 발생하면 편의상 통보하겠다. 그러나 이번 일은 일본공사관에는 결코 해를 끼칠 염려가 없음을 나는 보증하는 바이다. …" 운운하였고, "과연 이곳에서 봉

59　국사편찬위원회 편, 『주한일본공사관기록』 2, 국사편찬위원회, 1987, p. 347.

기가 일어난다면 그것은 민씨의 반대당이 일으킬 것이다"라고 하였다.

(3) 서구인

동시대 조선에서 생활한 선교사 언더우드 부인(Lillias Horton Underwood, 1851~1921)의 눈에 비친 봉기는 '부청멸양(扶淸滅洋)'을 내걸고 외세를 배척한 청말의 '의화단(義和團) 운동(Boxer Rebellion, 1899~1901)'에 비견되는 시대착오적인 소요사태에 불과했다.[60]

동학당은 청일전쟁이 시작되었을 때 세상에 이름이 알려졌는데 그 이름의 글자 그대로의 뜻은 "동양의 가르침"이라는 것으로서, 그 목표는 간단히 말해 "동양을 위한 동양" 또는 "조선인을 위한 조선"을 세운다는 것이었다. 그들은 모든 서양인과 서양의 사상, 그리고 개혁과 변화를 쓰러뜨리고, 옛날의 법과 관습을 다시 세우는 것이 소망이요 목적이라고 선언하였다. … 동학당은 여러 점에서 중국의 **의화단**과 비슷하다. … 다른 많은 운동처럼 이것도 처음에는 여러 가지 악습과 낡은 제도들을 없애겠다는 훌륭하고도 애국적인 결단에서 출발했으나 점점 온 나라에 엄청난 죄악과 공포를 심어 나갔다. 방방곡곡에 있는 많은 악인들과 파렴치한들, 정처 없이 그저 세상이 뒤바뀔 일이라면 어디에나 몸을 던질 준비가 되어있는 무리들이 어떤 변화가 와도 자기들에게

---

60   Lillias H. Underwood, *Fifteen Years among the Top-Knotes or Life in Korea*, New York: American Tract Society, 1904. 역문은 릴리어스 호톤 언더우드, 김철 역, 『언더우드 부인의 조선 생활』, 뿌리깊은나무, 1984. pp. 121~122.

더 나쁠 게 없다는 걸 알고 수없이 여기에 가담했다. 동학 무리들의 많은 수효가 **산적 떼**와 다른 점은 오직 그 이름뿐이었다.

반면 1894년 2월 입국 이후 4년간 이 땅 곳곳을 누빈 이사벨라 버드 비숍(Isabella Bird Bishop, 1831~1904)은 농민봉기를 '반란자들(rebels)'이 아닌 '무장 개혁가들(armed reformers)'이 일으킨 '무장개혁운동(armed reform movement)'으로 보았다.[61]

사람들은 동학군이 부패한 관료들과 배반한 밀고자에 대항해 우발적으로 봉기한 농민들이라고 말하고 있었다. 그렇지만 왕권에의 확고한 충성을 고백하는 그들의 선언으로 판단해 볼 때, 한국의 어딘가에 애국심의 맥박이 있다면 그것은 오로지 농민들의 가슴속뿐이라는 것은 확실해 보였다. 동학군의 봉기는 과격한 충돌이나 쓸데없는 피 흘림은 없는 것처럼 보였고, 자신들의 개혁 프로그램을 수행하기 위한 시도에 자신들을 한정시키고 있었다. 정부의 실정(失政)이 더 이상 지속될 수 없고, 부패한 관리들의 참기 어려운 강탈에 대항한 평범한 농민봉기보다는 훨씬 큰 규모의 무장항쟁을 벌일 시기가 무르익었다고 생각되었기 때문에 몇몇 외국의 동정은 동학군에게 쏠렸다. … 동학군은 너무나 확고하고 이성적인 목적을 가지고 있어서 나는 그들의 지도자들을 '반란자들'이라기보다 차라리 '무장한 개혁자들'라고 부르고 싶다.

---

61 Isabella Bird Bishop, *Korea and her Neighbours*, London: John Murrray, 1897, pp. 177-180. 역문은 이사벨라 버드 비숍, 이인화 역, 『한국과 그 이웃 나라들』, 살림, 1994, pp. 209-210, 212. 원문은 다음에서 볼 수 있다. https://openlibrary.org/books/OL14016949M/Korea_and_her_neighbors

또한 당시 일본 외교가에는 대원군이 '폭동'을 기획하고 있다는 풍문이 돌고 있었다. 이는 도쿄 주재 러시아 공사 히트로보(Mikhail A. Khitrovo, 1837~1896)가 동학농민군의 1차 봉기가 터지기 두 달여 전인 1894년 2월 21일자로 서울 주재 러시아 공사 웨버(Karl I. Waeber, 1841~1910)에게 보낸 밀보(密報)에 잘 나타난다.[62]

> 나는 한 개인적 정보원(源)을 통해 아래와 같은 밀보를 받았다. 즉, 임금의 아버지[대원군]가 주모자로 나서서 중대한 **폭동**(insurrection)을 조성하고 있으며, 이 폭동은 오는 여름 아무리 늦어도 가을 이전에 폭발할 것이며, 공모자의 대리인들이 일본과 중국에서 무기를 구입하고 있으며 이미 4,000정의 소총이 구매되었는바 그중 한 가지는 일본에서 나왔다. 일부 일본인이 이 [음모]에 가담하여 일을 같이 꾸미고 있으며, 이 음모에 대해서 일본 정부는 전혀 모르고 있다는 등이다.

이상 살펴본 바와 같이 동시대인들의 농민봉기를 보는 시각은 1894년 당시 이미 화해할 수 없는 평행선을 달렸다. "의기·의려·의병"이라는 농민군의 자기규정과 "유민·비도·비류·동비"라는 친일 개화파와 보수적 양반세력들의 지탄이 팽팽히 맞섰다. 일본인의 인식도 둘로 갈렸다. 하나는 봉기 진행 상황을 취재하거나 지켜본 기자나 외교관의 인식으로 봉기가 지방관의 탐학을 견디다 못한 농민과 아전 같은 말단관리들이 자연발생적으로 일으킨 민란 또는 내란으로 보았다. 다른 하나는 우

---

62   Khitrovo to Waeber, February 21, 1894, No. 50, "Russian Documents Relating to Sino-Japanese War, 1894~1895: From Kransny Archiv, Vol. L-LI, pp. 3-63," *The Chinese Social and Political Science Review* 18:2(July 1934), p. 480. 인용문은 다음에서 전재(轉載)했다. 유영익, 앞의 책, 1998, p. 196.

익 계통 인사들의 인식으로 봉기가 원세개 같은 외세의 선동, 민비와 권력을 다툰 대원군의 정권욕, 그리고 이들과 전봉준의 유착에 의해 일어난 계획된 반란으로 보았으며, 특히 기쿠치 겐조의 봉기 인식 뒤에는 조선 식민지화를 합리하려는 식민주의 사관의 원형이 자라나고 있었다. 서구인들의 봉기관도 엇갈렸다. 히트로보 일본 주재 러시아 공사는 봉기가 대원군의 조종으로 일어난 반란이나 폭동으로 보았고, 선교사 언더우드 부인과 친미 개화파 이승만은 봉기를 의화단에 비견되는 시대착오적 사건으로 평가절하한 반면, 동아시아를 두루 여행했던 비숍은 무장개혁가들이 일으킨 무장개혁운동으로 호평했다.

그러나 동시대인들 모두에게 공통된 관점은 봉기가 기왕 조선왕조의 정치·경제·사회 체제를 전복하려 한 것이 아니라 민란이나 소요 사태 또는 체제 내의 개혁을 도모한 것으로 보았다는 것이다.

2) 일제 식민지 시대의 봉기관

(1) 한국인

1915년 6월 박은식(朴殷植, 1859~1925)은 일제에 나라를 앗긴 아픈 역사를 기록한 『한국통사(韓國痛史)』를 펴냈다. "갑오년 동학의 난(甲午東學之亂)"이라는 제목과 달리 봉기에 대한 그의 서술에는 민족이 깨어나길 바라는

열망이 녹아 있다.[63]

　　동학의 발단은 매우 미미했으나 그 결과는 매우 컸다. 조그마한 불
씨가 들판을 불태우는 데까지 미치고 떨어진 물방울이 흘러서 강과 바
다를 이루었으니, 한국의 대란과 중·일 대전이 이로 말미암아 일어났
다. … 대개 동학당에는 본래 정치사상, 혁명 성질이 포함되어 있으나
많은 것이 비천한 무뢰배나 어리석은 무리에게서 나왔기 때문에 난폭
하기가 이와 같았다. 그러나 엄격하고 잔인했던 종래의 계급 관념이 이
로 말미암아 무너졌으니 또한 개혁의 선구라고 말할 수 있다. 저들은
오합지중으로서 갑자기 거사하여 본래 전투기술도 없고 좋은 무기도
없었으나 그 부적과 주문만을 믿고 물불을 가리지 않고 달려드는 굳센
마력이 있었다. 또한 한성 정계에 비밀리에 내응하는 자가 있었으므로
빠르기가 우레도 미치지 못하는 날카로움이 있었다. 이러한 마력의 군
대를 인솔하고 밤을 새워 길을 걸어 곧바로 경성에 들어와 외국인들의
간섭이 미치지 못할 적에 개혁에 착수했다면 서구혁명의 피가 아시아
동쪽 반도에서 다시 보였을 터인데 이런 담력과 식견이 없었으니 어찌
하겠느냐.

　　식민지 조선인에게 국권을 되찾으려면 역사를 잊지 말라는 교훈을 줄
목적으로 쓰인 이 책에서 그는 봉기를 실패했지만 사회혁명의 가능성을
배태한 '대란'으로 보았다.[64] 이러한 관점은 1919년에 쓴 『한국독립운동지

63　박은식, 『한국통사』, 대동편역국(大同編譯局), 1915; 동학농민혁명100주년기념사업추진회
　　　편, 『동학농민전쟁 연구자료집』 1, 여강출판사, 1991, pp. 19, 24.

64　1917년에 나온 '미주판'에는 사회혁명에 대한 기대감이 더 드러난다. "대저 동학은 본디 정치사

혈사(韓國獨立運動之血史)』에서 좀 더 명확하게 드러난다. 그는 "갑오동학당의 대풍운"이라는 장에서 봉기를 "평민의 혁명(平民之革命)"으로 호명하면서 "그러한 개혁정치는 옛 관습을 파괴하는 데 남음이 있었고, 만일 외국의 간섭이 없었다면, 또한 그들 중에 유능한 사람이 있었다면, 그러한 파괴로 인해 새로운 조선의 독립국을 건설할 수 있었을 것"이라고 평했다.[65]

조선일보 기자였던 황의돈(黃義敦, 1890~1964)은 1922년 『개벽(開闢)』에 실은 「민중적 규호(叫號)의 제일성(第一聲)인 갑오의 혁신운동」이라는 글에서 봉기가 민중이 주도한 것이라는 박은식의 평가를 이어받으면서도 대원군과 전봉준이 밀약을 맺은 사실을 지적했다.[66]

> 갑오혁신운동의 선구요 중심인 전봉준 군의 위대한 민중적 자유와
> 사회적 평등을 위하여 대담히 규호하고 용감히 분기한 위대한 가치를
> 구가하는 자가 희소함을 통탄치 아니할 수 없도다. … 전봉준은 다시
> 심상 여객(旅客)의 모양을 가장하고 경성(京城)에 잠입하여 … 흥선대

상과 혁명 성질을 품었으나 지천한 무뢰지배가 많은 고로 행위가 이 같은 경우에 이르렀더라. 그러나 전일에 탐학하던 관리를 다 무찌르고 정돈케 하였으니 가히 혁명당의 선봉이라 부를지라. 저 동학이 오합지졸로 급히 거사한 고로 별별 기기한 군기가 없어 접전하여 살해한 폐단은 없으나 그 허탄한 부적으로 혹세무민하여 추호라도 피치 아니하였으니 그 건강한 위력으로 지사와 감히 내응이 되어 맹렬한 수단을 이용하여 한번 경성에 들어가 국가를 혁신하였으면 외국 사람도 간섭을 못 하려니와 구주 혁명 같이 혈전이 다시 동양 반도에 비추었을 것이어늘 이같은 계교가 없었으니 가히 애석하더라." 박은식, 『한국통사(미주판)』, 1917, 독립기념관 한국독립운동사연구소 편, 국학자료원, 1998, p. 86.

65 박은식, 『한국독립운동지혈사』, 유신사(維新社), 1920, pp. 6-7. 원문은 다음에서 볼 수 있다. https://gongu.copyright.or.kr/gongu/wrt/wrt/view.do?wrtSn=9083537&menuNo=200150

66 인용문 중 "하야", "하얏섯다" 등은 "하여", "하였섰다"로 바꿨다. 황의돈, 「민중적 규호의 제일성인 갑오의 혁신운동」, 『개벽』 22-23, 1922, pp. 76-77. 이 글은 「갑오의 혁신운동과 전봉준」이라는 제하에 다음 책에 익명으로 재수록되었다. 개벽사 편집국 편, 『조선지위인(朝鮮之偉人)』, 개벽사, 1922, pp. 333-334.

원군 저(邸)에 기류(羈留)하기 수년이었다. … 목적이 보통인(普通人)과 같이 구구한 사환계(仕宦界, 벼슬아치 노릇하는 길)에 있지 않은 아무리 한산(閑散)의 지위에 있을지라도 당대 권위의 중심인 대원군 저에 기류하면서도 사환에 대하여는 일언의 요구가 없었다. 그러므로 대원군은 그를 이상히 여겨 그의 연유를 물었으나 전[봉준]은 "자기의 지원(志願)이 보통인과 특수하여 동경일념(憧憬一念)이 '위국위민(爲國爲民)' 사자(四子)에 있으므로 심상 요구의 성취할 바 아니라" 하여 냉연히 대답하였었다. … 누년간 경성에 유연(留連)하여 적정(敵情)의 정찰과 내응자[대원군]의 체약(締約) 완결됨에 거금(距今, 지금부터) 30년(계사, 癸巳)[1893년] 전 춘(春)에 표연히 고향에 환귀하여 지용(智勇)의 장사(壯士)를 체결하고 각지의 동학당을 연결하여 팔면(八面)의 준비를 주도케 하며 … 마침 고부군수 조병갑(趙秉甲)의 학정에 못 이겨 봉기한 민요(民擾)가 도화선이 되어 **갑오혁명(甲吾革命)**의 대란이 폭발되니 때는 거금 29년 갑오(甲午)[1894년] 춘 [음력]이월이었다.

그는 대원군과 전봉준 사이에 맺어진 서울 진입 시 내응(內應)의 밀약을 소개하면서도 봉기를 "갑오혁명" 또는 "민중적 요구의 폭발인 갑오혁신운동"으로 명명해 그 혁신성과 민중성을 강조했다.**67**

우리 조선민족의 기록은 아무리 사천여 년의 장시간에 뻗쳤다 하더라도 나의 가장 구가하고 찬탄하는 민중적 요구의 폭발인 갑오혁신운동을 놓고서는 효천의 성진과 같이 낙락할 뿐, 때로로 혁신적 운동 없

---

67 개벽사 편집국 편, 위의 책, p. 320.

지 않았더라도 그는 다 일시적 효용의 야심적 운동뿐이었다. … 이괄 · 김통정 · 홍경래의 반란이 때때로 없지 않았더라도 그는 다 개인적 국부적 불평의 규호성뿐으로서 완전히 진실로 전 민족의 불평 · 고통 · 신음 · 참담적 생애의 반동으로 민중적 요구의 폭발은 오직 갑오혁신의 운동이 있을 뿐이다,

이러한 봉기 평가는 장도빈(張道斌, 1888~1963)에게서도 찾아볼 수 있다. 그는 봉기에 관한 최초의 단독 연구서인 『갑오동학란(甲午東學亂)과 전봉준』(1926)에서 '평등'이라는 동학의 "혁명사상"이 봉기를 추동한 정신적 힘이었으며, 전봉준과 그와 내응한 대원군이 봉기의 주체이지만 실제 봉기를 추동한 힘은 무수한 전봉준, 즉 무명의 민중에게서 나왔다고 보았다.[68]

당시 동학당이 비밀리에 결사를 완성하여 평등의 주의, 혁명의 사상으로 평민계급의 일대 단체가 되거늘 봉준이 그것을 보고 어두운 중에 환희를 금하지 못하여 그 단체가 자기의 생각과 가까움을 깨닫고 이에 동학당에 투신(投身)하여 자기의 이상을 이루기로 하였다. … 봉준이 이에 거사하기를 계획하였다. 먼저 중앙정부의 현상이 어떠한가를 조사하기 위하여 봉준이 경성에 잠입하여 대원군의 저택에 머물렀다. 그는 곧 자기 집의 원수인 귀족계급의 내용을 빠짐없이 정찰하는 동시에 당시 실세 불평한 대원군을 이용하여 자기의 내응(內應)이 되게 하기 위함이었다. 봉준이 경성에 머문 지 1년 남짓 되었을 때 귀족 정부의 부패 무능함을 통찰하고 더욱 대원군과의 체결이 성립되었다. 봉준이 대

---

68 장도빈, 『갑오동학란과 전봉준』, 덕흥서림, 1926, pp. 34-35, 54-56.

원군과 체결하여 내응이 되게 하고 이에 1893년 봄에 고향 고부에 귀향하여 **혁명란**을 일으킬 준비를 팔방으로 힘쓸 때 동학당을 선동하여 시세의 좋음을 설명하고 지용(智勇)의 장사를 체결하여 거사를 은밀히 모의하고 일반 민중에게 자유 평등의 대의를 선전하였다. … 갑오동학란은 그 원동력을 최제우에게 돌릴 것이니 최제우의 혁명주의가 동학으로 발달하여 다수 민중의 혁명화하는 중에 전봉준이 전도가 되었다. 곧 동학당이 동학란을 일으킬 때에 동학당 중에 무수한 전봉준이 있었음을 알지니 농민, 노동자 사이에 산재한 무명 영웅이 기천기백(幾千幾百)이었음을 기억할 것이다. 동학당의 위대한 점은 수십만의 신도를 가진 것보다도 정신적인 것에 있으니, 혁명사상을 포함하여 십만백만의 신도가 일치단결함은 참으로 세계에 희귀한 일이었다. 조선 말세에 국민적 운동은 오직 동학당에서 볼 수 있다.

농민봉기의 주된 동인을 민중에게서 찾은 박은식과 장도빈의 생각을 학술적인 연구 방법에 의해 집대성한 이는 김상기(金庠基, 1901~1977)다. 와세다대학 사학과를 나온 그는 1931년 8월 21일부터 10월 9일까지 36회에 걸쳐 『동아일보』에 「동학과 동학란」이라는 제하에 봉기의 원인에서 결과까지 전 과정에 대해 연재했다. 이 글에서 그는 봉기를 "시대의 추세와 민중의 동력으로 추진된 조선 최초·최고의 민중운동"으로 비정하면서도 "지도자와 주동분자의 역량과 수완에 운동의 성패가 좌우됨"을 지적함으로써 그 역사적 성격에 대한 평가를 유보한다.[69]

---

[69] 김상기, 「동학과 동학란」 23, 『동아일보』, 1931년 9월 19일자. 이 연재물은 한국일보에서 간행한 '춘추문고'로 출판되었다. 김상기, 『(춘추문고 2호) 동학과 동학난』, 한국일보사, 1975, p. 108.

그것[동학란]은 단순히 복수의 충동에서 나온 민요(民擾)도 아니거니
와 교문 본위의 운동도 물론 아닐 것이다. 거기에는 지도원리도 있고
방침과 목표도 갖추어 있는, 말하자면 조직적으로 나타난 일대 민중운
동이라고 할 것이다. 근대 조선에 있어서 각 지방의 민요와 홍경래(洪景
來)의 난과 같은 인민의 지방적 반항운동은 많이 나타났으나 동학란과
같이 민중 본위의 의식 아래서 거의 전국적으로 일어나게 된 반항운동
은 동학란 이전의 조선 역사에서는 보지 못하던 것이다. 그러므로 동학
란은 조선 민중운동의 최초, 최대의 것이라고 아니할 수 없다. … 동학
란은 새삼스러이 말할 것도 없이 시대의 추세와 민중의 동력으로 추진
된 것이다. 그러나 어느 운동이든지 그것의 진행에 있어서는 그것의 지
도자 또는 주동분자의 역량과 수완에 막대한 영향이 달려 있는 것도 사
실일 것이다.

나아가 그는 봉기 "주동분자" 전봉준과 대원군의 공모관계에 대해 기
쿠치 겐조의 책과 봉기 관련자들의 구술 증언에 의거해 협력의 개연성을
서술하면서도 그 신빙성에 대해서는 판단을 유보했다.[70]

일찍부터 시기의 도래를 기다리며 **거의(擧義)**를 목표로 나아가던 전
봉준은 한편으로 경성에 잠입하여 정부의 내정과 귀족의 상태를 살펴
보는 동시에 때로는 운현궁(雲峴宮)에 출입하여 정계로부터 정적(政敵)
민후(閔后)에게 쫓겨나 울분이 가득 차서 운현궁에 칩거하는 대원군을
이용하려고도 하였다 한다. 그러나 여기서 주의할 것은 전봉준과 대원

---

70   김상기, 위의 책, 1975, pp. 110-111.

군 사이에 갑오(甲午) 이전에 이미 내응(內應)의 밀약이 성립되었다는 설이다. 천도교인들 사이에 전하는 바에 의하면 전봉준이 당시 운현궁에 출입한 지 3년 동안이었으나 대가의 문객(門客)이 상투적으로 하는 구사(求仕, 벼슬을 구함)에 관하여서는 한마디도 한 일이 없었으므로 … 대원군도 그가 비범한 인물임을 짐작하고 두 사람 사이에 암묵리에 **의거(義擧)**의 계획이 서로 통한 바가 있게 되었다고 하였다. … 기쿠치(菊池謙讓)도 그의 책 『대원군전』에서 … 송호용 씨는 전봉준이 전주 구미리에 살던 때에 대원군의 밀사 나성산(羅星山)이라는 사람이 … 대원군과의 내응밀약이 갑오 전에 맺어졌다는 것을 주장한다. 그러나 이 밀약설에 관해서는 아직 정확한 사료가 없으므로 우선 그에 관한 재료만을 몇 가지 들어 둘 뿐이요, 속단은 아직 피하려고 한다.

김상기가 전봉준과 대원군의 밀약설에 대해 "속단"을 유보한 이유는 "민중의 동력"으로 추진된 "조선 민중운동의 최초, 최대"의 봉기가 보수의 최고봉 대원군과의 협조관계에서 이루어졌다면 그 역사적 평가가 달라질 것이기 때문이었던 것으로 보인다. 따라서 그는 박은식이나 장도빈과 달리 봉기의 "혁명성"을 부조(浮彫)하지 않는 중립적 용어인 "거의(擧義)"나 "의거(義擧)"라는 표현을 사용한 듯하다.

반면 천도교 신파의 보수적 이론가였던 이돈화(李敦化, 1884~?)는 1933년에 펴낸 『천도교창건사(天道敎創建史)』에서 봉기를 전봉준과 대원군 사이에 봉기 3년 전 "정치개혁의 밀약"에 의해 일어난 "동란(東亂)", 즉 동학란이었다고 보았다.[71]

---

71 이돈화, 『천도교창건사』, 천도교중앙종리원, 1933, pp. 57-58. 인용문은 현대 맞춤법에 맞게 수정했다. 이돈화는 천도교 신파의 지도자이자 이론가로 1932년 신구파가 다시 분화한 직후인

그[전봉준]는 갑오 기병(起兵)하기 전에 경사(京師)에 올라 대원군 문하에 출입하였더니 필경은 아무 소구(所求)가 없음에 대원군이 이상히 생각하고 전봉준에게 물으매 "세상이 다 벼슬을 구하여 나의 문하객이 되어 있거늘 그대는 3년이 지나도록 아무 소망을 말하지 아니하니 그 뜻이 어데 있느냐" 하는데 전봉준이 다만 "벼슬에 뜻이 없노라" 대답하고 돌아왔다 한다[일설에 의하면 때에 대원군이 실의하고 있음을 보고 전봉준이 대원군을 달래어 정치개혁의 계책을 서로 밀약하고 돌아와 동란(東亂)을 일으켰다 하니라]. 대개 전봉준이 3년간 경사에 머문 것은 경사의 군사적 형편과 정치적 허실을 조사한 것이니 전봉준의 차거(此擧)는 그 뜻이 이미 오래였음을 알 수 있다.

이에 대한 반론은 천도교 신파와 갈등을 빚던 혁신파 지도자 오지영(吳知泳, 1868~1950)에게서 제기되었다.[72] 그는 1940년에 동학의 창시부터 1920년대 천도교 "혁신운동"까지의 역사를 수록한 『역사소설: 동학사』를 펴냈는데,[73] 그 저술 목적은 자신이 속한 혁신파가 동학의 적통임과 당시

1933년에 완성한 책으로 분화의 책임을 오지영 등 혁신파에 돌렸다. 김정인, 「동학사의 편찬 경위」, 『한국사연구』 170, 2015, p. 50.

[72] 오지영은 봉기 기간 익산 지방 농민군 지도부 중 중견으로 활동했고, 일제 시대에는 천도교 중앙총부의 간부직에 있었으며, 1922년 천도교총연합회를 결성해 혁신파를 이끌면서 중앙총부와 결별했다. 이후 익산 지방 농민 200명을 인솔해 만주로 건너가 '절대평등론'을 바탕으로 '토지 평균 분작'을 연상케 하는 자치공동체를 만드는 등 급진주의자로서의 길을 걸었으며, 이는 일본과 중국에 걸친 공산국가 건설을 목표로 한 고려혁명당의 집단농장 설립과 관련이 있었다. 노용필, 「오지영의 인물과 저작물」, 『동아연구』 19, 1989, p. 104; 김태웅, 「1920-30년대 오지영의 활동과 『동학사』 간행」, 역사학연구소 편, 『역사연구』 2, 거름, 1993, pp. 94-97; 김정인, 위의 글, 2015, pp. 38-40.

[73] 오지영, 『역사소설: 동학사』, 영창서관, 1940. 책 제목에 붙은 "역사소설"이라는 부언(附言)으로 인해 이 책의 사료적 가치에 대해 학계는 이를 부인하는 쪽과 인정하는 쪽이 맞서고 있다. 먼저 사료로서의 신빙성에 대한 문제 제기는 노용필이 1989년에 발표한 글에서 제기했다. "일제

오지영

혁신파의 "혁신운동"의 뿌리가 봉기에 있음을 부각하는 데 있었다. 따라서
그는 봉기를 "동학란", 참여자를 "동학군", 그리고 지휘부를 "동학당"으로

하에서 모든 출판물의 간행이 엄격히 통제되던 시점이기 때문에 통제를 피하기 위한 방편이
었다고 할 수 있을는지 모르겠다. 하지만 오지영이 『동학사』를 간행하려고 할 때 그를 늘 감시
하던 형사가 그의 인간적인 면모에 감동되어 간행에 오히려 앞장섰다는 그의 녀(女) 오영화
(吳英華)와 여서(女壻) 하상령(河相領)의 담(談)에 입각하면 그랬던 것 같지만은 않다. 그러
므로 '역사소설'로 『동학사』를 출판한 것은 실제 사실에 입각해서 서술한 부분도 있지만, 자신
과 관련된 부분은 특히 자기중심적으로 서술하고 실제로 행했던 것보다는 자신이 바람직하다
고 생각한 혁신적(革新的)인 개혁방안을 가미했다는 것을 그 스스로가 나타내려고 했던 것은
아닐까 생각된다. 노용필, 위의 글, 1989, p. 94. 유영익은 오지영의 저작이 갖는 문제점을 이렇
게 요약했다. "첫째, 이 문건에는 오자가 허다하기 때문에 역사자료서의 신빙성이 크게 떨어진
다. 둘째, 이 문건은 1894년 당시에 제작·사용되었던 구호, 격문 및 원정 등의 내용과 논리적
으로 결이 맞지 않기 때문에 1894년의 농민군이 작성한 자료로 간주할 수 없다. 셋째, 이 문건
은 1926년 오지영이 집필한 『동학사: 초고본(草稿本)』에 실린 '집강소의 정강 12개조'와도 내
용이 다르기 때문에 오지영이 편의적으로 조작한 문건이라는 의심을 자아내기에 충분하다."
유영익, 앞의 글, 2007, p. 202.

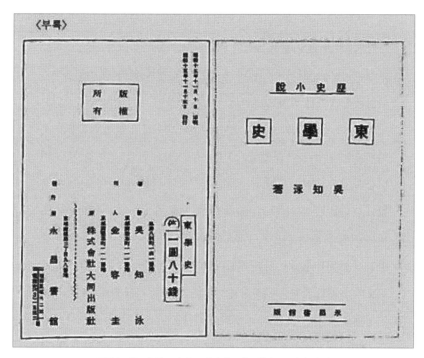

동학농민군 총참모였던 오지영이 쓴 『동학사』 표지와 뒷면

(출처: 조선일보)

명명함으로써 봉기가 동학이 주도했으며,[74] 전봉준을 "선생"이라는 존칭으로 칭하고 대원군과의 밀약설을 믿을 수 없는 풍문으로 부정함으로써 봉기의 혁신성을 드러내려 했다.[75]

> 선생은 항상 불평(不平)한 마음이 많아서 사람을 사귀어도 신사상을
> 가지고 개혁심이 있는 자를 추수(追隨)하였었다. … 세상에서 떠드는 바
> 와 같이 대원군과 관계가 있다 함도 또한 그럴듯한 이유가 있는 것이

---

74 오지영, 「목차」, 앞의 책, 1940, pp. 12-15.

75 오지영, 위의 책, 1940, pp. 169-171.

다. 무엇이냐 하면 대원군의 마음속에는 개혁의 사상이 있고 또는 억강부약(抑强扶弱)한 기운이 있으며 외국의 침략을 배척코자 하는 주의(主義)를 가졌으므로 하여 그리하는 것이다. 선생이 일찍 경성에 올라가 대원군을 찾아본 일이 있었다고 하는데 선생이 대원군을 만나 보았으나 한 말도 일찍 개구(開口)한 일이 없었다. 대원군이 선생을 종용(從容)히 청하여 말을 물어 보았다. "그대는 무슨 일로 하여 나를 찾아왔으며 나를 보았으면 어찌 말이 없는가. 시골사람이 서울 와서 세도(勢道)집을 찾아 다니는 법(法)이 다 각기(各其) 소회(所懷)가 있어 오는 바이어늘 그대는 어찌 호올로 말이 없는가. 그대의 소회가 과관(科官)인가 혹은 소송인가 아뭏거나 말을 하라"하였다. 선생 왈 "사람이 누가 소회가 없으리오마는 나의 소회는 말하기가 어렵다 하였다. 과관청(科官請)이나 소송청(訴訟請) 같은 것은 나의 소회가 아니오. 무슨 소회는 있으나 대감의 생각이 어떡하실지를 몰라 말을 못 하고 있었나이다." 대원군 왈 "무슨 소회가 있으면 있는 대로 다 말하라." 선생 왈 "나의 소회는 나라를 위하여, 인민을 위하여 한번 죽고자 하는 바"이라고 말하였다. 이로부터 선생과 대원군 사이에 무슨 밀약이 있었는 듯하다고 세평이 있었던 것이다.

선생을 비평하는 자 중에는 여러 가지로 추측하는 구구한 설화가 많이 있는 것이다. 그러나 그는 다 색안경을 쓰고 측면관(側面觀)으로 보는 것에 지나지 않는 것이라 할 수가 있는 것이다. 혹자(或者)는 말하되 "그는 그 부친(전창혁, 全彰赫)의 원사(寃死)를 복수키 위하여 나섰다"라고도 하고, 혹자는 말하되 "그는 대원군과 밀약(密約)이 있어 일어났다"고도 하고, 혹자는 말하되 "소리(小吏)의 신분으로 무슨 불평이 있어 일어났다"고도 하는 것이다. 그러나 그와 같은 추측은 정말 그의 실지(實

地) 진상(眞狀)을 철저히 알지 못하고 하는 말이라 할 수가 있는 것이다. 그 부친의 복수로 말하면 인자지정(人子之情)에 그럴듯도 하다 할지나 그의 본지(本志)는 다 알지 못하는 말이며, 대원군과 밀약으로 일어났다 함은 그의 창의문 중에 척외(斥外)의 문구가 있고 또는 그가 경성(京城)으로부터 내려오자 그 일이 생겼으므로 그를 의아(疑訝)하는 말이며, 소리(小吏)의 몸으로 무슨 불평이라 함은 그의 재도(再度) 격문 중에 "이민(吏民)은 일반 원통한 자요 굴욕을 받는 자"라는 문구로 보아 그러한 억측(臆測)적 비평을 내리는 것 같다. 만일 선생을 정평(正平)으로써 말할 것 같으면 그 본인은 국가와 백성을 위함에서 나온 자라 하겠다.

오지영은 전봉준이 피체 후 심문과정에서 갖은 악형에도 불구하고 대원군과의 관련성을 극구 인정하지 않은 것을 특기(特記)함으로써 대원군과의 공모관계를 부인했다.[76]

[법관 왈] "네 당초 거사할 때에 국태공 대원군과 서로 연결이 있었지." 전봉준 왈 "대원군은 또한 유세(有勢)한 자라 유세한 자 어찌 하향(遐鄕, 먼 시골) 백성(百姓)을 위하여 동정이 있었으리오." 법관 왈 "네 만일 연결이 없을진대 어찌하여 척양척왜(斥洋斥倭)의 표치(標幟)를 세웠나뇨." 전봉준 왈 "그것은 거국(擧國)이 다 일반(一般)이라 어찌 차(此)를 대원군 한 사람에 한(限)하여 그 뜻이 있는 바라 이르나뇨." 이때 법관은 갖은 악형(惡刑)으로 심문(審問)을 거듭하였었다. 전봉준은 사색(辭色, 말과 얼굴빛)을 조금도 변치 않고 말하여 왈 "너는 나의 적(敵)이오, 나

---

76 오지영, 위의 책, 1940, p. 165.

는 너의 적이라. 내 너희를 처없애려고 나라일을 바로잡으려다가 도리어 너의 손에 잡혔으니 너희는 나를 죽일 것뿐이오. 다른 말을 묻지 말라. 내 적의 손에 주기는 할지언정 적의 법을 받지는 아니하리라" 하고 이에 입을 다물고 말았었다.

나아가 그는 봉기의 진보성과 평등성, 사회혁명적 성격을 강조하기 위해 전주화약 후 집강소(執綱所)를 통해 행해졌다는 '폐정(弊政)개혁 건' 12개조를 실어놓았다.[77]

이때는 갑오 오월 순간(旬間, 초열흘께)이라 동학군과 관군이 서로 강화를 이룬 후, 관군은 경성으로 올라가고 동학군은 전라도 53주에 집강소를 설립하여 민간(民間) 서정(庶政)을 처리케 되었다. 매읍(每邑)에 집강(執綱) 1인을 두고 의사원(議事員) 약간인을 두었으며 대소(大小) 관리(官吏)들은 그를 방조(幇助)하여 폐정개혁에 착수케 되었으며 동 폐정개혁 건은 아래의 12조로 되었다.

일(一). 도인(道人)과 정부(政府)와 사이에는 숙혐(宿嫌)을 탕척(蕩滌)하고 서정(庶政)을 협력(協力)할 사(事)

일(一). 탐관오리(貪官汚吏)는 그 죄목(罪目)을 사득(査得)하여 일일엄징(一一嚴懲)할 사(事)

일(一). 횡포(橫暴)한 부호배(富豪輩)는 엄징(嚴懲)할 사(事)

일(一). 불량(不良)한 유림(儒林)과 양반배(兩班輩)는 징습(懲習)할

---

77 오지영, 위의 책, 1940, pp. 126-127.

사(事)

일(一). 노비문서(奴婢文書)는 소거(燒袪)할 사(事)

일(一). 칠반(七斑)[sic] 천인(賤人)의 대우(待遇)는 개선(改善)하고 백
정(白丁) 두상(頭上)에 평양립(平壤笠)[sic, 평량립(平涼笠)]은 탈
거(脫去)할 사(事)

일(一). 청춘과부(靑春寡婦)는 개가(改嫁)를 허(許)할 사(事)

일(一). 무명잡세(無名雜稅)는 일병(一幷) 물시(勿施)할 사(事)

일(一). 관리채용(官吏採用)은 지벌(地閥)을 타파(打破)하고 인재(人材)
를 등용(登用)할 사(事)

일(一). 외적(外敵)과 간통(奸通)하는 자(者)는 엄징(嚴懲)할 사(事)

일(一). 공사채(公私債)을[sic, 를] 물론(勿論)하고 기왕(己往)[sic, 이왕(已
往)]의 것은 병(幷) 물시(勿施)할 사(事)

일(一). 토지(土地)는 평균(平均)으로 분작(分作)케 할 사(事)

(2) 일본인

일제 식민지 시대 일본인 사학자들은 한국 근대사를 다룬 저작에서
'변란', '폭도', '도적', '비도', '폭동'이라는 용어를 사용해 식민주의 사학의
관점에 맞춰 한국병합의 전사(前史)로서 봉기를 서술했다.[78] 즉 봉기가 청일

---

78 信夫淸三郞, 「東學黨の亂」, 『陸奥外交: 日淸戰爭の外交史的硏究』, 叢文閣, 1935, pp. 3-36;
菊池謙讓・田內蘇山, 「東學黨の戰亂: 獄中の전봉준(全琫準, 1855-1895)」, 『近代朝鮮裏面
史』, 東亞拓植公論社, 1936, pp. 216-230; 菊池謙讓, 「東學黨の亂」, 『近代朝鮮史』下, 鷄鳴社,
1939, pp. 195-248; 田保橋 潔, 「甲午東學變亂」, 『近代日鮮關係の硏究』, 下, 朝鮮總督府中枢
院, 1940. pp. 241-267.

전쟁의 원인을 제공하고, 나아가 한국병합의 단서를 마련했다는 것이 식민주의 사학자들의 관점이었다. 먼저 동양사, 특히 '조선사'를 전문적으로 연구한 시데하라 다이라(幣原坦, 1870~1953)는[79] 1924년 펴낸『조선사화(朝鮮史話)』에서 봉기의 원인을 민비의 러시아를 끌어들여 청국을 견제하는 인아거청(引俄拒淸) 책략과 러시아 공사의 부재를 틈탄 원세개의 민씨 척족정권 제거 음모를 씨줄로, 대원군과 동학당의 제휴를 날줄로 연출된 것이었다고 보았다.[80]

이보다 먼저 대원군은 왕비 민씨와 정권을 다투었다. 민비가 좌우하던 정부는 러시아 공사 베베르의 힘에 의하여 한편으로는 대원군을 제어하고 한편으로는 청국공사 원세개의 세력을 누르고 있었다. 이에 마침 러시아 공사가 일시 귀국하게 되어 일 년 남짓 경성에 부재중이었다. 대원군은 이제 일을 성사시킬 수 있는 기회라고 생각하고 동학당을 이용하여 난을 일으켜 청국의 군사를 끌어들여 정부를 뒤집어 엎고자 하였다. 공사인 원세개도 민비의 세력을 꺾고 대원군을 옹위하여 친러파를 제거할 것을 생각했다. 이렇게 하여 두 사람의 이해가 일치하여 간담상조(肝膽相照)하였기 때문에 겉으로는 동학당 봉기에 대하여 토벌군을 일으킨다고 하여도 사실상 적은 내부에 있었던 것이다. 그리고 동학당은 미리 대원군과 연락하고 있었기 때문에 그 세력이 성하게 된 것은 조금도 이상할 것도 없다.

---

79 최혜주, 「시데하라(幣原坦)의 고문활동과 한국사 연구」, 『국사관논총』 79, 1998, pp. 37-62.

80 幣原坦, 『朝鮮史話』, 富山房, 1924, pp. 525-526. 역문은 다음에서 전재했다. 동학농민전쟁 100주년기념사업추진위원회 편, 앞의 책, 1991, p. 126.

한국사 전개의 동력을 외부의 힘에서 찾는 타율성론과 한국의 식민지로 전락한 원인 중 하나를 내부분열, 즉 당파성론에서 찾는 식민주의 사관의 한국사 인식틀에 맞춘 시데하라의 봉기관은 이미 살펴본 기쿠치 봉기 인식의 연장선상에 있다.

마르크시스트 역사가도 봉기를 식민주의 사학의 눈으로 보기는 매일반이었다. 1934년 10월 유물론연구회에 가입했던 시노부 세이자부로(信夫淸三郎, 1909~1987)는 1935년에 펴낸 『무츠(陸奧)외교: 일청전쟁의 외교사적 연구』 1장 「동학당의 난」에서 엥겔스의 독일 농민전쟁(農民戰爭) 분석틀을 동학농민봉기 해석에 도입했다.[81]

> [고부]민란은 그것이 농민 자신에게만 머무르는 한은 '승리의 기회'를 잡을 수 없다. 엥겔스는 도이치 농민전쟁을 이렇게 서술하였다. … 고부 농민의 경우, 그들이 동맹 세력으로 가지고 있었던 계층이야말로 다름 아닌 동학당이었다. 동학당의 진출은 전봉준에 의하여 이끌어졌다. 전봉준은 '이속(吏屬)' 출신으로, … 그들은 신분적으로는 상민이지만 또한 '양반과 상민과의 사이에 있는 특수한 계급'이라고 할 것이며, 생활의식에 있어서는 농민보다도 오히려 양반에 가까운 인텔리겐치아에 해당한다고 해도 좋을 것이다. … 동학당을 구성한 것은 인텔리겐치아가 아니면 양반의 몰락자였다. 동학의 창시자인 최재우가 그러하였고, 기타의 불평분자들은 모두 전라도에 모여 있었다. 그리고 이들에게 '집단화'를 부여한 것이 종교로서의 동학이었다. 그러나 이속과 양반들은

---

81 信夫淸三郎, 「東學黨の亂」, 『陸奧外交: 日淸戰爭の外交史的硏究』, 叢文閣, 1935. 역문은 다음에서 전재했다. ──, 「동학당의 난」, 동학농민전쟁100주년기념사업추진위원회 편, 앞의 책, 1991, pp. 115-123.

그들만의 힘을 가지고서는 끝내 어떠한 변화적 행동도 일으킬 수 없었다. 그렇기 때문에 국민의 최하층으로 침잠해 있는 농민이 일어나지 않으면 안 되었다. 세 번째로 엥겔스의 말을 인용해보자. "… 단지 최하층으로서 국민의 다른 모든 계통에 의해 소외된 층, 즉 농민이 일어설 때에만 비로소 시작될 수 있었다." 이리하여 고부 농민이 그들 이속, 양반의 불평분자에게 비로소 행동의 기회를 준 것이었다.

그러나 유물 사가도 식민주의 사관의 굴레를 벗어나지 못했다. 그는 봉기가 독일처럼 농민전쟁이 되지 못한 이유를 "대원군의 지휘와 원세개의 조종(操縱)"에 의해 봉기가 일어났다는 시데하라의 해석과 "프롤레타리아트의 성숙이 결한 단계에서는 부르주아적 지도력이 필요하다"는 강좌파(講座派) 유물 사가 핫토리 시소(服部之総, 1901~1956)의 학설을 빌려 설명한다.[82]

동학당 위에는 1885년 이후 실의에 빠져 있는 대원군이 있었다. 현재 권위 있는 서술[기쿠치 겐조의 『대원군전』]에 의하면, "처음 전봉준이 고부군에서 폭동을 일으키기 전에 사사로이 경성에 잠입하여 운현궁에 의거하던 고종의 생부 흥선대원군을 알현하고 상의한 적이 있다 한다…." … 동학당은 대원군과 공모함과 동시에 또한 조선주차 청국 사신 원세개와도 관계를 갖고 있었다. …동학당과 대원군 혹은 원세개와의 교섭은 조선사의 권위자인 **시데하라**(幣原担) 박사에 의해서도 확인되는 것이다. "민비가 좌우하던 정부는 … 원세개도 민비의 세력을 꺾고 대원군을 옹위하여 친러파를 제거할 것을 생각했다. 이렇게 하여 두

---

82 시노부 세이자부로, 동학농민전쟁100주년기념사업추진위원회 편, 위의 책, 1991, pp. 124-128.

사람의 이해가 일치하여 간담상조(肝膽相照)하였기 때문에 겉으로는 동학당 봉기에 대하여 토벌군을 일으킨다고 하여도 사실상 적은 내부에 있었던 것이다. 그리고 동학당은 미리 대원군과 연락하고 있었기 때문에 그 세력이 성하게 된 것은 조금도 이상할 것도 없다."

이러한 사각(四角)의 관계에서 '동학당의 난'은 움직이고 있었다. 농민 측에서는 인텔리겐치아=동학당, 그 위에 불평 귀족=대원군, 또 청국, 여기에서 사태는 일견 '전국이 두 개의 커다란 진영으로 분열'한 것같이 생각된다. 그러나 객관적으로 그것이 과연 농민이 '승리의 기회'를 손에 넣을 수 있는 방법이었는가? 아니다. 그것을 막부 말기=유신기의 일본에 대하여 논의한 핫토리(服部之總) 씨의 이론에서 들을 수 있을

흥선대원군 이하응

(출처: 위키피디아)

것이다. "…프롤레타리아트의 성숙을 결한 단계에서는 어떠한 형태로든 부르주아적 지도력이 필요하다. 이 근대적·국민적 계급이 자기의 이해를 관철시키기 위한 전략적 수단의 하나로서 농민을 향하여 뻗치던 손길이 필요하다." 그런데 동학당의 난의 경우 그들 농민에 대하여 '자기의 이해를 관철시키기 위한 전략 수단의 하나로서' 현실적으로 뻗친 '손길'은 부르주아가 아니라, 도리어 모두 그들을 배반할 존재였다. 인테리겐치아도 귀족도, 대원군도 청나라도, 그리고 농민은 그들을 위해 미소짓는 '승리의 기회'를, 최후의 순간에 이르러, 처음에는 청국에 의해, 다음에는 대원군에 의해, 그리고 인텔리겐치아에 의해, 순차적으로 빼앗겨 간 것이다.

경성제대 교수이자 조선사편수회의 촉탁으로서 "관학(官學) 아카데미즘"의 중심에 서 있던 다보하시 기요시(田保橋 潔, 1897~1945)는 실증주의를 내세웠지만,[83] 봉기를 보는 그의 눈 역시 조선 망국의 원인을 정당화할 원인을 봉기에서 찾는 데 초점이 맞춰진 식민주의 사관이었다.[84]

첫째, 그는 조선왕조의 주자학 제일주의로 인해 조선의 모든 종교는

---

[83] 다보하시의 식민주의사학에 대해서는 다음을 참조. 김종준, 「식민사학의 '한국근대사' 서술과 '한국병합' 인식」, 『역사학보』 217, 2013, pp. 245-274; 하지연, 「다보하시 기요시(田保橋 潔)의 『근대일선관계의 연구』와 한국근대사 인식」, 『숭실사학』 31, 2013, pp. 157-205.

[84] 김종준은 그의 실증사학에 숨은 식민주의 사관의 그림자를 다음과 같이 지적한다. "다보하시 등의 식민사학자는 흥선대원군, 고종, 갑오개혁, 동학농민운동 등 개별 인물과 사건에 대해 나름대로 서술하고 있는데, 궁극적으로 병합 과정의 실체를 밝히는 것으로 귀결되고 있다. … 부분적으로 세련된 실증사학의 면모를 드러내는 것이다. 그러나 부분적으로 필요에 따라서만 그렇다는 데에 문제가 있다. 병합과 식민지배를 정당화하기 위한 억지논리가 곳곳에서 드러나며, 한국인들의 대응에 대해서는 철저한 무관심 및 무시의 태도로 일관하고 있다. 다보하시 자신은 객관적·보편적 진실이라고 생각하며 이 글을 썼겠지만, 오늘날 한국학자의 시선에서 보면 불완전한 실증과 민족적 선입견에서 자유롭지 못한 글이다." 김종준, 앞의 글, 2013, pp. 260, 265.

내세가 아닌 현세에서 보상을 찾을 수밖에 없었기 때문에 봉기의 주도자들도 현세의 사적(私的) 야욕을 채우기 위해 동학을 이용해 "반란"을 도모하는 "위험분자"들로 규정함으로써 농민군 주도세력이 기존 체제를 개혁하거나 변혁하려는 이상을 가진 정치세력임을 부정한다.[85]

이씨 조선 역대의 제왕과 양반은 주자학(송학, 宋學)에 심취한 나머지 불교는 형태만을 남기고 그 생명은 빼앗아버려 조선인은 모두 과거와 미래의 인과응보를 망각하게 되었다. 그들은 어떤 종류의 선행(善行)에 대해서도 현세의 직접적인 보상을 요구했다. 때문에 조선에서 발생하는 모든 종교(관헌의 용어에 의하면 유사종교)의 교주는 신도들에게 직접적인 보상을 약속하는 것에는 예외가 없었다. 천연의 자원이 결핍된 토지에 정주한 그들은 토지에서 생기는 부를 기대하지 않았다. 오직 가난한 농민을 수탈하여 거대한 재산을 쌓는 지방관만을 동경할 뿐이었다. … 교주 자신의 국왕이나 척신이 아니었다. 신도의 채워지지 않는 욕망의 일부를 만족시키고 자기의 위신을 유지하려면 오직 직접 행동, 즉 반란에 호소하는 것 이외에는 방법이 없었다. … 최시형의 문하에 모인 무수한 무지한 교도들 모두가 현세에서 직접적이고 가장 유리한 보상을 기대하는 무리였고, 문하로서 교주를 보좌하는 자들은 동학의 집단 세력을 이용하여 직접 행동을 일으켜 야심을 채우려는 위험분자들이 차지하고 있었다.

둘째, 그는 동학교들이 전개한 교조신원 운동을 사이비 종교의 누명

---

[85] 田保橋 潔, 『近代日鮮關係の研究』 下, 朝鮮總督府中樞院, 1940, pp. 215-216.

을 벗겨 달라는 종교운동으로 보지 않고, 당파 간의 싸움에서 패한 쪽이 전개한 신원과 동일한 정치적 의미를 갖는 것으로 본다. 특히 양반 붕당(朋黨) 간의 문자, 즉 상소를 통한 쟁투가 아니라 무력을 동반한 멈추지 않을 "반란"일 것이라고 본다.[86]

최시형과 동학교도들이 취한 직접 행동의 제1보는 교조신원(敎祖伸冤)이라는 형태로 나타났다. 신원이란 당론(黨論)의 부산물로서, 당론의 희생물로 사형을 당하거나 유배 방출되어 객사한 죄인의 자손이나 문하가 선조나 스승을 위하여 상소함으로써 그 억울함을 호소하여 죄명을 씻거나 관직을 다시 받기를 청원하는 것을 말한다. … 신원은 얼핏 보면 도덕적 입장에서 행해지는 것처럼 보이나, 당론을 배경으로 한 경우에는 중대한 정치적 의의가 부가된다. 곧 신원에 의해 그 은전(恩典)이 선조, 스승에 그치지 않고 자손, 문하에까지 이르러 그들은 선조, 스승의 죄에 연좌된 죄명을 특사받고 그 관직을 다시 받는다. 이리하여 일단 조정에 다시 들어가면, 곧 그들은 선조, 스승을 유배시킨 반대당과의 투쟁을 개시하게 된다. 즉, 신원은 순환성을 가지고 있어서 당론이 있는 한 정지하지 않는 것이다. … 동학도의 교조신원은 … 실제로는 동학도의 공인과 자유로운 전도가 목적이었다. 그리고 신원의 수단도 양반이 사용하는 격쟁(擊錚) 상소와 같은 완만한 수단이 아니라, 집단 세력을 이용하여 직접 행동에 호소했다. 동학교도의 신원이 중대한 정치적 의미를 가지고 일대 반란의 위험을 배태하고 있었음은 근대조선사 연구자가 특히 주목해야 될 것이다.

---

[86] 田保橋 潔, 위의 책, 1940, pp. 216-217.

셋째, 조선왕조는 물론 통감부와 총독부의 경험에 비춰 전라도는 체제에 도전하는 위험지역이라는 편견을 역사적 사실로 확증하는 편향성을 보인다. 또한 이러한 확증편향에 입각한 역사 서술은 지역감정의 조장을 통해 분할통치(divide and rule)라는 식민정책에 부합하려 한 것이다. "한국 병합의 단서를 마련했던 갑오동학 변란"이라는 표현이 잘 말해주듯이, 그는 한국 근대사의 전개 과정에서 봉기가 어떠한 역사적 의미를 갖는지가 아니라 한국이 식민지가 되어야 마땅한 이유를 찾기 위한 "한국병합" 전사(前史)로서 서술한 것이다. 즉, 그는 봉기가 청일전쟁은 물론 식민지화에 어떠한 단서를 주었는지 봉기를 통해 밝히려 한다.[87]

1893년 4월 충청도 보은군에서의 동학 집회는 동학의 장래에 관한 모종의 중요한 시사를 해준다. … 보은에 모였던 동학교도는 전라도 출신이 가장 많았다는 것 등이다. '남도이와(南道易訛)'는 근대 조선 위정자의 한탄이다. 전라도는 반도 중 가장 천연의 은혜를 입은 지방으로 따라서 인구도 조밀하고 인지(人智)도 개발되어 있었다. 그 반면 다스리기 어려운 곳으로 움직였다 하면 집단적으로 위정자에게 반항하는 경향이 강하다. 남도가 잘못되기 쉬운 것은 이조시대뿐만 아니라 통감부, 조선총독부를 통하여 당국이 경험한 것이다. 이런 전라도에 동학교도가 가장 많은 것은 가벼이 보아 넘기기 어려운 것으로 보은 집회 다음의 동학변란이 전라도에서 발생할 위험을 경고하는 것이라 할 것이다. 이상의 사실에서는 국왕·척족이 본디 무관심할 수 없었다. 1983년 5월 6일 신임 전라도 관찰사 김문현이 사폐(辭陛)할 때, 국왕은

87　田保橋 潔, 위의 책, 1940, pp. 234-238.

동학에 대한 경계를 주의시켰고 김문현은 초토 방법을 개진하였다. …
왕의 말은 다스리기 어려운 지방에 부임한 지방관을 깨우치는 데 주력
하라는 것이었고, 김문현의 대답 역시 다르지 않았다. 불행히도 그것
은 구두선(口頭禪)에 불과했다. 국왕, 김문현이 만약 그해 5월 6일에 있
었던 회담을 잊지 않았다면, 적어도 김문현의 임기 중에 전라도에서
중요한 민란은 발생하지 않았을 것이다. 극도의 정국을 일변시키고 **한
국 병합의 단서를 마련했던 갑오동학 변란**은 이상의 회담이 행해진 반
년 만에 발생했고, 그 직접적인 원인은 바로 수령의 탐묵(貪墨)으로 귀
결되고 있었다.

넷째, 그는 전주화약의 동기를 조선왕조 발상지 보존과 청일 양군의
철병 요구를 위한 관군의 진압 포기, 그리고 동학군의 전의 상실과 관군
의 권유에 따른 "자발적 도망"에서 찾으며, 화약 이후 농민군이 "반(半)비적
화"되어 유명무실해진 것으로 "갑오 동학변란"에 대한 서술을 끝내고 있
다. 사실 전주화약은 외세 개입의 명분을 주지 않으려 한 동학군과 관군의
애국적 동기가 주된 요인이었으며, 농민군의 2차 봉기는 일본군의 침략에
맞서 일어난 의병적 성격을 띠고 있었다. 다보하시는 식민주의 사학의 관
점에서 자신의 논지에 도움이 되는 풍부한 1차 자료를 제시함으로써 자신
의 봉기에 대한 서술이 실증에 따른 객관성을 갖춘 것처럼 오도(誤導)한다.
그러나 그는 논지에 반하는 농민군의 2차 봉기나 농민군의 폐정개혁 요청
같은 역사적 사실에 대한 서술은 아예 생략해버리고 전주화약에 보이는
애국적 동기도 호도(糊塗)한다.[88]

---

88   田保橋 潔, 위의 책, 1940, pp. 267-268.

전봉준은 전주를 점령한 지 12일 만에 그 성을 버리지 않을 수 없게 되었다. 당시 동학비도는 5월 31일, 6월 3일 두 차례 출격에 의해 큰 손해를 입고 사기가 극도로 떨어져 도망자가 속출하는 상태였으므로 양호순변사의 도착을 기다려 병력을 배가하여 강력히 쳐들어간다면, 전주성을 공략하고 수괴 전봉준 이하 비도의 거의 전부를 살육 또는 생포하는, 마치 순조 신미년의 정주성 공략과 같은 양상이 되었을 것이다. 그런데 그것을 실행하지 않고 반도(叛徒)의 자발적 해산, 그보다도 자발적 도망을 극력 권유하지 않으면 안 되었던 것은 다음의 두 가지 이유 때문이었다. 첫째, 전주는 전주 이씨가 흥기한 곳으로, 막중한 곳으로 간주되고 있었다. … 순변사 · 초토사 모두 전주 보존을 첫째 목표로 하고 비도 토벌을 둘째로 두었을 혐의가 있다. 둘째, 보다 중대한 원인

1894년 두 차례에 걸쳐 전라도 일원을 뒤흔든 농민봉기를 이끈 녹두대장 전봉준

(출처: 위키미디어)

은 국제관계에 의한 것이다. … [청·일 양국 군대가 출동하자] 묘당은 크게 경악하여 동학변란 진정을 이유로 양국 군대의 철수를 청구하기로 하고, 전주 수복의 형식만이라도 공시(公示)할 필요에 맞닥뜨려 있었던 것이다. … 전라도 동학변란은 전주 함락, 전봉준의 퇴거와 함께 지하 잠복의 상태에 빠졌으나, 그간 전봉준 이외의 동학교도, 특히 교주 최시형이 어떤 행동을 취했는가 한 번 볼 필요가 있다. … [최시형이 주도한] 공주·진잠 간의 취회(取會)가 해산한 후, 동학교도들은 완전히 통제력을 잃고 각 접마다 소집단을 이루어 **반(半)비적화**하여 … 공주, 청주 이남 각 읍은 일시에 완전한 무정부 상태에 빠졌으나, 동학교도는 시시각각 압박을 당해 6월 중순 양호순변사 이원회가 공주에 도착할 즈음에는

『전봉준공초(全琫準供草)』

(출처: 서울대학교 규장각 소장)

태반이 도망 · 해산해버렸다고 생각된다.

이상 살펴본 바와 같이 일제 식민지 시대 한국인과 일본인 역사가들의 봉기에 대한 평가는 극과 극을 달렸다. 첫째, 한국인 역사가들은 미래에 올 국가를 창출할 주체를 민족, 특히 민중으로 보았다. 박은식 · 황의돈 · 장도빈 · 김상기 같은 민족주의 역사가들은 봉기의 혁신성과 민중성을 강조했다. 박은식은 봉기를 "평민의 혁명"으로 호명하며 실패했으나 사회혁명의 가능성을 배태한 "대란"으로 보았고, 황의돈은 봉기를 민중적 요구가 폭발한 "갑오혁명" 또는 "갑오혁신운동"으로 명명해 그 혁신성과 민중성을 강조했다. 장도빈도 "혁명사상"이 봉기를 추동한 정신적 힘이었지만 실제 봉기의 추동력은 무명의 민중에게서 나왔다고 보았으며, 김상기도 봉기를 "시대의 추세와 민중의 동력으로 추진된 조선 최초 · 최고의 민중운동"으로 비정했다. 그러나 이들은 그 혁신성과 민중성을 특기(特記)함에도 불구하고 실패한 봉기를 "동학란"으로 이름붙였으며, 이는 천도교 혁신파이자 고려혁명당에 속했던 급진주의자 오지영도 마찬가지였다.

둘째, 일본인 사가들의 경우, 한국의 식민지화를 정당화하는 식민주의 사관의 관점에서 청일전쟁의 원인과 식민지화의 단서를 제공한 "합일합방 전사(前史)"로서 봉기를 서술했다. 따라서 이들에게 봉기는 '폭동' · '반란' · '변란'이었고 농민군은 '폭도' · '도적' · '비도'에 불과했다. 봉기의 혁신성을 부정하는 이러한 관점은 계급투쟁(class war)을 역사의 동력으로 보는 마르크시스트 역사가 시노부 세이자부로, 그리고 시데하라 다이라, 다보하시 기요시 같은 우익 식민주의 사학자 모두에게 공통된 것이었다.

셋째, 대원군과 전봉준의 공모관계에 대해 박은식은 서술하지 않았고, 황의돈과 장기빈은 이를 역사적 사실로 기술한 반면 김상기는 양자 사이 협력의 개연성을 서술하면서도 그 신빙성에 대해서는 판단을 유보했다. 천도교 신파의 보수적 지도자 이돈화는 대원군과 전봉준 사이의 밀약이 봉기 3년 전 맺어진 것으로 기술했지만, 혁신파 오지영은 전봉준을 "선생"으로 존칭하며 대원군과의 밀약설을 믿을 수 없는 풍문으로 부정했다. 봉기의 민중성과 혁명성을 드러내려 했던 했던 박은식과 오지영은 대원군과 전봉준의 연관성을 쓰지 않거나 부정했으며, 밀약설 관련 사료의 신빙성에 의문을 가진 김상기는 "의거(義擧)"나 "거의(擧義)"라는 중립적 용어를 사용해 서술했다.

넷째, 식민주의 사가 시데하라나 유물 사가 시노부 모두 대원군의 지휘와 원세개의 조종으로 봉기가 일어났다고 보았다. 그러나 조선사편수회의 촉탁으로 '관학(官學) 아카데미즘'의 핵심 학자로 실증주의를 내세웠던 다보하시는 대원군과 전봉준 밀약 등에 관한 우익 낭인 기쿠치의 서술을 신뢰성이 떨어지는 사료로 본 듯하다. 다보하시는 조선의 자생적 근대화 가능성을 부정하기 위해 봉기 주도세력을 체제 개혁이나 변혁을 도모하는 정치세력이 아니라 사적 야욕만을 좇는 무리로 동학과 무력을 이용해 "반란"을 꾀하는 "위험분자"로 매도하며, 농민군은 "비적"에 불과하다고 깎아내린다. 또한 이들의 "반란"이 한 번 지나가는 일과성적(一過性的)인 것이 아니라 양반 붕당 간 당파 싸움 같이 지속적으로 반복되는 권력 다툼으로 보았다. 특히 그는 전라도가 역사적으로 체제 위협세력임을 역사적 사실로 견강부회해 지역감정을 조장해 조선인의 힘이 하나로 규합되지 못하게 함으로써 분할통치라는 식민정책에 부합하려 했다. 특히 그는 자신의 논지에 맞는 1차 사료만을 선별·활용하고 불리한 사실과 사료는 생략하거나 이용하지 않는 편향적 방법으로 자신의 억설(臆說)을 객관화하려 했다.

3) 해방 이후의 봉기관

봉기의 혁신성과 상충하는 대원군과 전봉준의 공모관계를 부정하고, 자신이 꿈꾸었던 "토지 평균 분작"과 "노비제도 혁파" 같은 개혁안을 덧붙인 오지영, 밀약설의 신빙성에 의문을 제기해 평가를 유보한 김상기, 그리고 아예 서술 자체를 하지 않은 다보하시의 저작은 해방 이후 한국학계에서 봉기를 "농민혁명"이나 "농민전쟁"으로 보는 학설이 자라나는 배양토 역할을 했다. 해방 이후 나온 한국사 개설서에 보이는 봉기 관련 명칭은 "동학당의 난"(이창환, 1945), "동학의 난"(최남선, 1946), "동학란"(이병도, 1948), "동학 농민란"(전석담, 1949) 등이었다.[89] 이들 개설서는 이병도의 글에 잘 보이듯이 봉기가 동학교인의 주도로 일어난 것으로 보았지만, 대원군과의 관련성에 대해서는 언급하지 않았다.[90]

이 민란은 단순한 농민폭동에 불과한 듯하나, 폭동의 두목이 전봉준이라는 뚜렷한 동학 교인이었고, 또 그 후 진전된 난(亂)에 있어서도 동학교도가 영도적인 역할을 한 것을 보면 단순한 농민만의 폭동이라고도 할 수 없는 것이다. … 동학교문은 원래 농민노예를 많이 내포(內包)하여 가지고 있고, 또 농민노예와 교도들의 (특권계급)에 대한 불평불만의 감정이 자연 공통 상합(相合)하였으므로 거기에는 또한 교도들의 선동과 자극이 있었던 것으로 보아야 하겠다.

---

89 이창환, 『조선역사』, 세창서원, 1945; 최남선, 『조선역사』, 동명사, 1946; 이병도, 『조선사대관』, 동지사, 1948; 전석담, 『조선경제사』, 박문출판사, 1949; 이선근, 진단학회 편, 『한국사: 현대편』, 을유문화사, 1963.

90 이병도의 『조선사대관』(1948)은 『국사대관』(1954), 『한국사대관』(1964)으로 서명을 바꿔 1983년까지 44판 이상 중판되었다. 인용문은 『한국사대관: 신수판』, 보문각, 1972, p. 505.

김용섭이 1958년 발표한 두 편의 글은 봉기에 대한 학계의 평가가 "동학란"에서 "농민혁명"이나 "농민전쟁"으로 바뀌는 계기가 되었다. 먼저 7월에 나온 「동학란연구론」에서는 해방 후 나온 유물 사가들인 전석담(全錫淡, 1916~?), 박경식(朴慶植, 1922~1998), 강재언(姜在彦, 1926~2017) 등의 선행연구 성과를 발판으로 앞으로의 연구에서는 봉기를 "농민전쟁"으로 보아야 한다는 결론에 도달했음을 밝혔다.[91]

해방을 맞이한 국내 학계에서 누구보다도 먼저 동학란 연구에 문제를 제기한 전석담(全錫淡) 씨는 정치 외교사적 구명(究明)과 사상적 배경 파악에 치중한 종래의 연구를 종합해가면서 이것을 사회경제적인 시각에서 전개하였다(「이조봉건사회의 총결(總結)로서의 동학농민란」, 『조선경제사』, 1949). … 갑오농민난은 어지럽고 급박한 국제정세를 배경으로 하고, 내정의 부패로 말미암아 자연발생적으로 일어난 민란이 동학의 조직과 합전(合電)되어 일어난 일대 농민전쟁이었다. 그러나 씨(氏)의 동학란 연구에 있어서의 높이 평가될 수 있는 문제의식에도 불구하고 농민전쟁의 전제로서 검토된 사회경제적인 분석은 반드시 농민전쟁이 발발할 수 있는 소인(素因)을 설명하기에 충분한 것은 아니었다. … 해방 후 일본 학계에서의 동학란 연구는 박경식(朴慶植) 씨의 「개국과 갑오농민전쟁」(1953)에 의해서 최초로 종합 분석되어갔다. … 동학이라는 민족 종교는 결국 이러한 외압의 초기적 자극과 내적 부패 가운데서 발생한 것이었고 또 외국 자본주의에 대항해가는 가운데서 보다 크고 강력하게 육성된 것이었다. 그러므로 결국 동학을 중심으로 농민층이

---

91 김용섭, 「동학란연구론: 성격문제를 중심으로」, 『역사교육』 3, 1958, pp. 85-86, 88.

결집되어 일어나는 동학란은 이러한 식민지화의 위기에 대항하는 민족적인 운동이었고 부패한 봉건세력에 대한 개혁운동이었다고 한다. 강재언(姜在彦) 씨의 연구 「조선에 있어서의 봉건제의 해체와 농민전쟁」(1954)도 동학란의 근본 원인을 이조 말엽의 봉건적 지배층의 무제한 착취와 자본주의 세력의 침투로 인한 농촌경제의 파탄에 구하고 있는 점에서는 박경식 씨의 이론과 같다. 그러면서도 강 씨의 이론을 경청할 수 있는 새로운 종합적인 성과는 동학사상과 그 운동을 본격적으로 농민전쟁의 일(一) 계기로 보고 그 내적 연관성을 파악하였다는 점일 것이다.

… 동학란 연구가 해방 전에 있어서는 대개 개별적인 입장과 방법에서 난(亂)의 부분적인 면을 추구(追究)하였으나, 해방 후에는 이러한 개별적 연구를 토대로 하여 동학란의 본질을 과학적으로 종합하고 분석하고 그 내적 관련성을 밝히게 되었다. … 나는 동학란은 본질적으로 ① 부패한 봉건적 지배층에 대한 반봉건운동이요 ② 일본 자본주의 세력의 침투와 농촌경제의 파탄에 대항하는 반식민지화 운동이요 ③ 이러한 반식민지화 운동은 동학이라는 민족종교의 계몽성과 종교성과 비지역성에 의해서 농민층이 광범하게 집결됨으로써 전개되는 농민전쟁이라는 결론에 도달한 것이다.

나아가 그는 다섯 달 뒤인 12월에 발표한 「전봉준 공초의 분석」에서 봉기의 계급투쟁으로서의 "농민전쟁"설에 가장 큰 제약 요소였던 보수의 최고봉 대원군과 전봉준과의 공모관계에 대해 전봉준이 심문 과정에서 극구 부인한 "양자 간에는 아무 관계가 없었다는 것을 그대로 인정"할 것을 못박음으로써 1960년대 이후 "농민혁명"과 "농민전쟁"으로 봉기를 평

가·명명(命名)하는 후속 연구가 속출하는 계기를 제공했다.**[92]**

　　공초의 내용체제는 전봉준의 심문(審問)에 따라서 초초(初招) 문목(問目)에서 5차 문목까지로 되어있다. … 이 모든 것이 법아문(法衙門)의 재판관과 일본 공사가 연석(連席)한 가운데서 심문된 것이다. 공초에서 특히 현저하게 눈에 띄는 것은 법관이 전봉준과 대원군과의 연관성을 밝히려고 혈안이 되고 있는 점인데, 그것은 전 5차의 문목 중에서 제3·4·5차 문목의 대부분이 이 점에 집중되고 있을 정도로 비중이 크다. 그러나 우리는 여기서 공초의 이러한 체제에 구애되고자 아니하며, 전봉준과 대원군의 관련성 여부에 관하여도 전봉준 자신이 말하고 있는 바와 같이 양자 간에는 아무 관계가 없었다는 것을 그대로 인정하여 이에 대한 검토는 생략하기로 하고, 본고가 뜻하는 바 전봉준의 기포(起包) 이론에 직접간접으로 관계되는 부분만을 살펴 가려고 한다.

92　김용섭, 「전봉준 공초의 분석: 동학란의 성격 일반(一斑)」, 『사학연구』 2, 1958, pp. 1-2.

4

민족·민중주의적 동학농민봉기
해석의 공적 기억화

　　그때 거기는 '지금, 여기'를 통해 항상 새롭게 해석된다. 해방 이후 민족과 민중이 시대의 화두가 되면서 민족의 자존을 꿈꾸거나 민중이 주인되는 세상이 오기를 갈구한 사가들은 이 농민봉기를 오욕의 늪에서 건져냈다. 1960년대 들어 민족주의 역사가들은 '동학'이라는 민족종교의 교리에 담긴 척양척왜(斥洋斥倭)의 반침략 사상과 "사람이 곧 하늘"이라는 평등주의, 그리고 후천개벽(後天開闢)의 변혁 사상 등이 이 봉기를 이끈 힘이었다고 보아 "동학농민혁명"이라는 새 이름을 붙여주었다.[93] 반면 민중주의 역사가들은 "봉건"시대에 빈발한 민란을 통해 농민들이 쌓아온 계급의식에서 그 추동력을 찾아 동학의 영향을 부정하는 "갑오농민전쟁"이라는 호

93　이 학설을 따르는 대표적 학자는 김상기, 한우근, 김용덕, 김의환, 신용하, 김창수, 신복룡, 이현희, 양병기 등이다. 이러한 입장에서 정리된 연구사는 한우근, 「동학과 '동학란'」, 대한민국학술원 편, 『(학술원) 한국학입문』, 학술원, 1983, pp. 164-177; 김창수, 「동학혁명론: 동학혁명인가, 갑오농민전쟁인가」, 『동학연구』 3, 2002, pp. 59-69 참조.

칭을 부여했다.⁹⁴ 특히 1961년 5·16군사쿠데타로 정권을 잡은 박정희에 의해 동학농민봉기에 대한 기억이 동학란에서 근대지향적 농민혁명운동으로 전복된 점은 흥미롭다.⁹⁵ 1980년대 이후 신군부에 대한 저항담론으로 민중주의 사관이 확산되면서 본격적으로 제기되기 시작한 농민전쟁론의 이면에 1940년대 후반에 나온 북한 유물 사가들의 연구 성과를 수용한 박경식과 강재언 같은 재일동포 사가들의 유물사관에 입각한 진보적 역사해석이 큰 영향을 미쳤음도 주목할 만하다.⁹⁶ "농민혁명"을 말하건 "농민전쟁(peasant war)"을 주장하건 해방 이후의 역사가들은 계급적 이해나 정치적지향을 넘어 이 봉기가 현대 한국의 민족주의, 사회주의, 대중적 민주주의가 꽃피는 데 결정적 공헌을 한 진보적 민중운동의 출발점이었다고 보는 것이 현재 학계의 통설적 견해이며, 그 근거 사료로는 오지영의 『역사소설: 동학사』에만 나오는 12개의 폐정개혁 건이다. 대표적 한국사 개설서인 『한국사신론』(1993)도 봉기의 혁신성에 대해 이 12개조를 적시(摘示)하며 다음과 같이 서술하고 있다.⁹⁷

---

94 이 학설을 지지하는 학자는 김용섭, 정창렬, 안병욱, 박경식, 강재언, 박종근, 馬淵貞利, 瀬古邦子, 橫川正夫, 조경달, 이청원, 오길보 등이다. 이 학설을 정리한 연구사적 논문은 김용섭, 「동학란 연구론」, 『역사교육』 3, 1958, pp. 80-89; 정창렬, 「갑오농민전쟁과 갑오개혁」, 한국사연구회 편, 『한국사연구입문』 2, 지식산업사, 1987, pp. 433-447; 안병욱, 「갑오농민전쟁의 성격과 연구현황」, 역사문제연구소 편, 『한국 근현대사 연구입문』, 역사비평사, 1988, pp. 35-62; 槽谷憲一, 「近代の政治史」, 朝鮮史研究會 編, 『新朝鮮史研究入門』, 龍溪書舍, 1981, pp. 326-368; 정창렬, 「동학농민전쟁인가 갑오농민전쟁인가」, 『근현대사강좌』 5, 1994, pp. 9-18; 배항섭, 「동학난에서 농민전쟁으로」, 『내일을 여는 역사』 1, 내일을 여는 역사, 2000, pp. 91-102.

95 박정희는 부친 박성빈이 동학농민봉기에 연루되었던 점을 이용하여 군사쿠데타의 정통성 확보를 위해 동학농민봉기를 "반란"에서 "근대지향적 농민혁명"으로 승격시켰다고 한다. 이현희, 「대한민국에서의 동학농민혁명 연구의 현황과 특성」, 『동학학보』 12, 2006, pp. 292-293.

96 정창렬, 앞의 논문, 1994, pp. 11-13; 오영섭, 「1940년대 후반 유물사가들의 동학농민운동 인식」, 『동학학보』 10, 2005, pp. 276-277; 김창수, 앞의 논문, 2002, p. 84.

97 이기백, 『한국사신론: 신수판』, 일조각, 1990, pp. 371, 373. 12개조 폐정개혁안의 문제점에 대해서는 다음을 참고. 오영섭, 「오지영의 〈역사소설 동학사〉의 12개조 폐정개혁안 문제」, 『시대정신』 68, 2017.

동학농민군은 전주에서 철퇴하여 각기 출신지로 돌아가고, 충청도에서 일어난 다른 동학농민군도 해산하였다. 그러나 동학농민군은 촌촌설포(村村設包), 즉 촌마다 포(包)를 설치하는 것을 구호로 그들의 조직을 각지에 침투시켰다. 더욱이 전라도 53군에는 집강소(執綱所)라는 일종의 민정기관을 설치하여 폐정개혁에 착수하였다. 집강소에는 한 사람의 집강(執綱)과 그 밑에 서기(書記) 등 몇 명의 임원이 있고, 전주에는 집강소의 총본부인 대도소(大都所)를 두어 전봉준이 이를 총지휘하게 되어 있었다. 대체로 이들 요직에는 행정에 대한 지식이 있는 잔반(殘班)이나 향리(鄕吏)들이 임명되었는데, 여기서 행해진 개혁의 요강은 다음과 같은 것이었다.

1. 동학교도와 정부와 사이에 쌓인 원한을 씻어버리고 모든 행정에 협력할 것
2. 탐관오리는 그 죄목을 조사해내어 일일이 엄징할 것
3. 횡포한 부호(富豪)의 무리는 엄징할 것
4. 불량한 유림(儒林)과 양반의 무리는 징벌할 것
5. 노비문서는 불태워버릴 것
6. 칠반천인(七班賤人)의 대우는 개선하고 백정(白丁)이 머리에 쓰는 패랭이는 벗겨버릴 것
7. 청춘과부는 개가(改嫁)를 허락할 것
8. 명분 없는 잡세(雜稅)는 모두 거두지 말 것
9. 관리의 채용은 지벌(地閥)을 타파하고 인재를 등용할 것
10. 왜(倭)와 내통하는 자는 엄징할 것
11. 공사채(公私債)를 물론하고 기왕의 것은 모두 무효로 할 것

12. 토지는 평균으로 나누어 경작하게 할 것

여기의 토지 조항 등에는 의문점도 있으나, 요컨대 정부나 양반의 동학에 대한 탄압과 농민에 대한 부당한 경제적 수취를 중지할 것, 신분상의 모든 차별 대우를 폐지할 것, 그리고 일본의 침략에 내통하는 자를 엄징하는 것 등이 주요 내용이었다. 이 같은 집강소를 통한 개혁운동은 농민들로부터 큰 환영을 받았다. 이리하여 동학의 세력은 비단 전라도뿐 아니라 삼남(三南)지방을 비롯하여 북으로 평안도·함경도에 까지 미치었다.

해방 후 이러한 한국사학계의 통설적 견해는 진보적 민중운동이나 혁명운동을 추동하는 이들에게 자신들의 주장과 행동에 당위성을 부여하는 정신적 준거이자 민중주의와 민족주의를 고취하는 신화화된 표상으로 기능했으며,[98] 이들의 변혁운동을 정신적으로 고무하는 역할을 수행해왔다. 이 점은 1990년에 열린 "동학농민전쟁 용어 및 성격토론회"에서 논의된 바를 정리한 왕현종의 글에 잘 나타난다.[99]

올해부터 본격화하기 시작한 1894년 농민전쟁의 해명은 연구자의 관심뿐만 아니라 일반대중의, 아직은 대학생층이 대부분이지만, 관심의 초점이 되고 있으며 또한 그 열기가 가열차게 고조되고 있다. 그만

---

[98] 이 점은 1978년 박정희 유신정권에 맞서 반정부시위를 주도한 한 서울대생이 작성한 "78 민중선언"에 보이는 "동학혁명과 3·1운동, 4·19의거를 통한 민족사의 흐름은 반제국, 반봉건, 반독재의 끊임없는 흐름이다"라는 구절에 잘 나타난다. 이재오, 『해방 후 한국학생운동사』, 형성사, 1984, p. 371.

[99] 왕현종, 「1894년 농민봉기, 어떻게 부를 것인가」, 『역사비평』 12, 1990, p. 364.

큼 현재 한국 사회는 변혁운동의 전망이 주목되는 가운데 근대이행론에 대한 재정립이 요구되는 상황이다. … 아무튼 이번 토론회를 계기로 하여 이 시기 연구자들과 대중에게 농민전쟁을 과연 어떤 관점에서 부를 것인가 하는 문제를 다시 생각하게 되었고, 그것은 오늘날 한국 사회의 변혁운동의 전망과 관련하여 재조명하여야 한다는 문제의식을 새기게 되었다.

이러한 역사해석은 역사 교과서에 실려 시민의 역사적 기억으로 전유되었고, 2004년 설치된 국무총리 직속 '동학농민혁명 참여자 명예회복심의위원회'의 사례에서 알 수 있듯이 국가권력에 의해 공적 기억으로 법인되기에 이르렀다.

역사 교과서란 국민국가의 국민통합에 결정적 역할을 하는 매체로서 그 수록 내용 여하에 따라 시민의 역사기억에 큰 영향을 미친다. 1997년 12월 30일 고시된 7차 교육과정에 의해 국가권력의 검인정을 통과해 2003학년도부터 교육현장에서 사용된 바 있는 6종의 고등학교 근현대사 교과서에 보이는 동학농민봉기에 대한 서술에는 "농민혁명"론자나 "농민전쟁"론자의 학설이 작용했다. 금성출판사가 펴낸 교과서만 1차 봉기, 2차 봉기 대신 제1차 농민전쟁, 제2차 농민전쟁이라는 용어를 사용하여 "전쟁"론자의 학설에 기운 서술을 하고 있지만, 다른 교과서들은 대체로 「교육과정」에 제시된 서술 지침을 따라 두 학설 사이에 균형을 이룬 서술을 하고 있다.[100] 또한 모든 교과서가 이러한 동학농민운동이 반봉건적 사회개혁운

---

100 동학농민운동 관련 서술 지침은 다음과 같았다. 교육인적자원부, 『(교육부 고시 제1997-15호: 별책 7) 사회과 교육과정』, 대한교과서주식회사, 1998, pp. 165-166.
- 개항 이후 지배층의 농민에 대한 압제와 수탈, 일본의 경제적 침탈이 심해짐에 따라 농촌 사회가 피폐되고 농민의 불만이 고조되는 가운데 동학이 널리 퍼져 갔음을 이해한다.

동이자 반침략적 민족운동임을 입증하는 사료로 "폐정개혁 12개조"를 소개한 바 있다. 이렇게 구축된 진보적 사회혁명으로 1894년 봉기를 규정하는 역사해석은 금성출판사 판 근현대사 교과서가 좌편향의 민족 · 민중주의 사관에 근거해 서술되어 있다고 공격했던 뉴라이트 측 "교과서 포럼"이 2006년 펴낸 대안 교과서의 봉기 서술에도 영향을 미칠 정도로 지배적 역사기억이 되었다.[101]

　　농민들이 집강소를 설치하고 시행하였던 정책은 잘 알 수 없지만, 『동학사』에 수록된 '폐정개혁안'이 농민군이 요구한 개혁안이었다고 여겨지고 있다. 이에 따르면, 탐관오리의 죄목을 조사하여 처벌할 것, 횡포한 부호와 양반을 징벌할 것, 노비문서를 소각하고 천인들의 대우를 개선할 것, 그리고 관리의 등용에 가문이나 출신지역에 따른 차별을 철폐할 것을 요구하였다. 또한 과부의 재혼을 허용하고, 법에 없는 잡세를 철폐하며 채무를 탕감할 것을 요구하였다. 특히 토지를 고르게 나누어 경작할 것을 요구하였다. 이 밖에 일본과 내통한 자를 처벌할 것을 요구하여 배외주의적 자세를 나타내고 있었다. 농민군들은 자애로운 왕정을 가로막는 부패한 관리가 사라지고, 신분차별이 없고 부자도 없고 국외자의 간섭도 없는 농민의 세상을 희구하였던 것이다.

- 동학 농민운동의 전개 과정을 고부민란, 1차 봉기, 집강소 설치, 2차 봉기, 공주 공방전 등으로 정리할 수 있다.
- 동학 농민군이 제시한 폐정 개혁 12개조를 분석하여 동학 농민운동이 반봉건적 사회개혁 운동, 반침략적 항일 민족운동임을 추론할 수 있다.
- 동학 농민운동이 실패한 후, 동학 농민군의 잔여 세력이 을미의병 투쟁에 가담하고, 나중에 활빈당을 결성하여 반봉건, 반침략의 민족운동을 계속하였음을 이해한다.

101　교과서 포럼 편, 『한국 근현대사 대안교과서 이렇게 고쳐 만듭니다』, 2006. 12, p. 39.

5
통설에 대한 반론

　　역사 교과서를 통해 시민의 역사기억을 독점하기에 이른 동학농민봉기에 대한 민족 · 민중주의적 해석에 대한 반론은 1990년대 중반 유영익이 제기했다. 그는 동학농민봉기를 진보적 성격의 사회혁명으로 규정하는 한국사학계의 통설적 견해가 "한국 근대사를 이른바 '구조주의적' 관점에서 지나치게 단순화하거나 혹은 마르크스류 유물사관의 역사발전론을 한국 역사에 도식적으로 무리하게 적용한 데서 비롯된 오설(誤說)"이며, 이 학설을 입증하기 위한 근거로 인용되는 "폐정개혁 12조"도 신뢰할 수 없는 사료에 지나지 않다고 비판한다.[102] 동학농민봉기를 "농민전쟁"과 "농민혁명"으로 간주하면서 지배계급에 대한 피지배계급의 투쟁이 고조 · 격화되면서 역사발전 법칙상 불가피하게 일어난 민중운동이자 계급전쟁이라고 보는 민중주의와 민족주의 역사가들의 지배적 해석을 뒷받침하는 사료적 근거인 "폐정개혁 12개조"가 1940년 출간된 오지영(吳知永)의 『역사

---

[102]　유영익, 앞의 글, 2007, p. 179.

소설: 동학사』에만 나오는 신빙성 없는 사료임을 지적한 유영익의 반론은 설득력이 크다. 유영익은 1990년 발표한 영문 논문에서 이 책은 제목에 쓰인 대로 "역사소설"이고, 이 책에 나오는 "폐정개혁 12개조"은 당대 사료에 나오지 않는 조목이 첨부된 허구라고 보아 사료로서의 가치를 부정했다.[103]

　　근래 많은 역사가들은 1894년 농민봉기의 진보적 내지 사회혁명적 성격을 입증하기 위해 이 '폐정개혁 건'을 금과옥조로 인용한다. 그러나 이 문건은 완전히 믿어서는 안 되는 자료라는 것이 저자의 소견이다. 우선 무엇보다도 『역사소설: 동학사』는 천도교계의 한 아마추어 역사 서술가가 국내에 사회주의 사상이 팽배하던 1930년대 후반에 자가선전(自家宣傳)을 겸하여 집필한 ― '역사소설'이라는 관식사가 딸린 ― 일종의 야사임을 명심할 필요가 있다. 이 책은 봉기가 발생한 지 약 40년이 지난 뒤에 다분히 저자의 부정확한 기억에 의거하여 쓰여진 것으로서 오자가 허다하며 중요한 인용문에 신뢰할 만한 1차적 전거 제시가 없거나 있어도 미흡하다. 특히 이 책에서 오지영이 제시한 12조의 '폐정개혁 건'은 1940년 이전에 발간된 다른 여러 가지 전봉준 및 '동학란' 관련 논저에서는 찾아볼 수 없다. 더욱 중요한 사실은, 이 '폐정개혁 건'은 다른 1차 사료에 나타나는 농민군의 폐정개혁요구안(원정)의 내용과 다를 뿐 아니라, 오지영이 1926년경 쓴 초고본『동

---

[103]　유영익, 앞의 책, 1998, p. 17; Young Ick Lew, "The Conservative Character of the 1894 Tonghak peasant Uprising", *the Jounal of Korean Studies* 7, Los Angeles: University of Southern Califonia, 1990; 유영익, 「전봉준 의거론: 갑오농민봉기에 대한 통설 비판」, 이기백선생 고희기념한국사학논총간행위원회 편, 『이기백선생 고희기념한국사학논총 하: 조선시대 · 근현대 편』, 일조각, 1994, pp. 1649-1650.

학사』에 실린 폐정개혁안과도 다르다. 달리 말하자면, 오지영의 12조 '폐정개혁 건'에 내포된 '반봉건적'·'평등주의적' 성격의 개혁요구조항은 1894년 당시의 어떠한 1차 사료에서도 발견되지 않고 있으며, 또 1940년 이전에 쓰여진 다른 어떠한 '동학란' 관련 논저에서도 찾아볼 수 없는 ― 그러므로 믿을 수 없는 ― 개혁안인 것이다.

반면 김태웅은 「1920-30년대 오지영의 활동과 『동학사』 간행」(1993)에서 이 책이 1차 사료가 아님을 인정하면서도 사료로서 이 책의 가치를 옹호한다.[104]

물론 오지영의 『동학사』가 사료로서 많은 문제점을 가지고 있음을 부인할 수 없다. 그러나 북접의 계통을 잇는 보수파·총부 측이 농민전쟁을 종교운동에 한정하여 의도적의 무시·왜곡시켰던 반면에 다른 한편인 남접을 비롯한 혁신 세력의 계통을 잇는 오지영과 천도교연합회는 오지영 자신의 역사적 체험과 자료수집 그리고 전적지 답사를 통해 농민전쟁을 복원하고 대평가하고 있음에 주목할 필요가 있다. 그만큼 오지영의 『동학사』는 1920·30년대 천도교연합회의 현재적 입장과 저자 자신의 독특한 역사 체험을 바탕하여 기술하였기 때문에 오히려 다른 관계자료에 비해 농민전쟁에 대한 역사적 복원에 한 발 가까이 접근할 수 있었던 것이다.

우윤은 「고종조 농민항쟁, 갑오농민전쟁에 대한 연구성과와 과

---

104 김태웅, 앞의 글, 1993, p. 115.

제」(1995)에서 대원군과 전봉준의 공모관계나 농민군이 남긴 1차 사료 등을 전거(典據)로 민족 · 민중주의 사가들의 연구에 보이는 맹점을 비판한 유영익의 학설을 폄하한다.[105]

전봉준을 체제 내적 인물로서 충효에 충실했던 유교적 지사(志士)나 충신으로 설정하고, 갑오농민전쟁도 그러한 입장에서 국난에 등장하는 유교적 의병운동 정도로 축소해석하는 유영익의 연구가 있다. 그의 연구는 지극히 사료의 자구에 집착하고 현상 그 자체에 매몰되어 유기적이고 종합적인 분석을 결여하고 있다.

오지영의 책이 갖는 사료적 가치에 대한 견강부회에 가까운 옹호(김정인, 「동학사의 편찬 경위」, 2015)와 유영익의 학설에 대한 민족 · 민중주의 사가들의 비판(이영재, 「대원군 사주에 의한 동학농민전쟁설 비판: 유영익의 대원군 사주설 비판을 중심으로」, 2016)은 최근에 이르기까지 지속되고 있다.[106]

오지영의 『동학사』에서 동학농민전쟁 서술이 차지하는 비중이 막대하므로 이를 놓고 『동학사』의 사료적 가치를 따질 수 있다. 하지만 누구든 『동학사』를 동학농민전쟁의 1차 사료로 취급하지는 않는다. 『동학사』는 일제시기 천도교 혁신파로서의 오지영의 생각과 실천이 녹아 있는 회고록임에 분명하다. 하지만 오지영이 나름의 실증성을 높이기 위해 1차 사료를 열람하고 답사를 다녔다는 점, 그리고 역사학자

---

105 우윤, 앞의 글, 1995, p. 231.

106 김정인, 앞의 글. 2015, p. 59; 이영재, 「대원군 사주에 의한 동학농민전쟁설 비판: 유영익의 대원군 사주설 비판을 중심으로」, 『한국정치학보』 50(2), 2016, p. 51.

인 황의돈이 서문을 쓰면서 역사서임을 인정했다는 점이 표지의 '역사소설'이라는 네 글자보다는 더 비중 있게 검토되어야 할 것으로 보인다(김정인).

동학농민전쟁 연구 중 '대원군 밀약설'을 다루고 있는 연구들은 논점에 따라 세 가지 입장으로 나뉜다. 첫째, 대원군이 동학농민군과 관계를 맺고, 농민군 동원을 '사주(使嗾)'하였다고 주장하는 소위 '대원군 사주설'이 그것이다. 둘째, 전봉준과 대원군 사이에 모종의 연관이 있었다는 소위 '대원군 연관설(이용설)'이 있다. 셋째, 전봉준이 당시의 정치적 상황에 맞추어 '대원군'의 정치적 명성을 활용한 것으로 보는 '대원군 원격 활용설'이 있다. 본 연구는 특히 유영익의 소위 '대원군 사주설'에 대한 비판적 사료 검토에 주안점을 두었다. 연구의 결과는 다음과 같다. 첫째, 동학농민군의 제1차 봉기 이전 대원군과 전봉준의 밀약설 주장은 강한 추정에 불과하다. 둘째, 대원군 사주에 의한 동학농민군의 제1차 봉기설에 동원된 기존 사료를 검토한 결과 '국태공 추대'는 동학농민군이 정부 관속에게 보내는 '호소문', '회유문'에만 나타나고 있는 점에 비추어볼 때 동학농민군이 필요에 따라 대원군을 이용한 것으로 보인다. 셋째, 대원군 측의 '사주' 내용이 실체적으로 확인되는 동학농민군의 재기포의 경우 대원군의 '사주'는 결과적으로 자신의 정치적 목적을 향한 일방적 '사주'였고, 동학농민군은 이 실패한 '사주'에 영향을 받지 않았다. 동학농민군 재기포의 목적은 '아국국토에 대한 침략'(경복궁 무력 점령)을 감행한 일본군에 대한 항거에서 비롯되었음을 재차 확인했다(이영재).

역사의 재해석은 과거의 기록을 토대로 한다. 사가(史家)가 발할 수 있는 상상력의 크기와 넓이는 작가(作家)와 다르다. 봉기의 진보성을 말하는 이들은 그 근거를 폐정개혁 12개조에서 찾는다. 이 점은 정진상의 「1894년 농민전쟁의 성격과 지향」(1994)에 잘 나타난다.[107]

> 서구의 경우 농민반란은 봉건체제에 타격을 가함으로써 부르주아가 주도한 시민혁명에 조역을 한 것으로 그 소임을 다했다면, 갑오농민전쟁은 봉건체제를 결정적으로 해체시킨 동력이었을 뿐 아니라, 농민군이 주체가 되어 근대를 열어젖힌 사건이라는 데 그 특수성이 있다. … 조선 후기의 농민층은 서구에서 부르주아 계급이 맡았던 혁명주체로서의 역할을 수행할 수 있었다. … 농민군은 조선 봉건사회의 기본모순인 지주제에 대한 공격을 통해 농민적 토지소유를 실현하는 방향으로 나아갔다. 농민 대중의 토지소유에 대한 요구를 수용하여 농민군 지도부는 집강소 시기에 지주제 폐지에 대한 공격을 통해 농민적 토지소유를 실현하는 방향으로 나아갔다. … 폐정개혁 요강에 들어 있는 "토지를 평균으로 분작케 할 일"은 논란의 여지가 있기는 하지만, 농민군은 봉건적 토지소유 제도인 지주 전호제를 철폐하고 농민적 토지소유를 실현하려 했다는 것으로 봐도 틀림이 없다.

그러나 "노비제도 혁파"와 "토지 평균 분작(分作)"이라는 혁신적인 개혁 요구는 이 역사소설책에만 있는 신뢰도가 떨어지는 이야기다. "대원군이 국정에 간여하는 것이 민심이 바라는 바이다." 농민군이 전라감사 김학

---

107 정진상, 「1894년 농민전쟁의 성격과 지향」, 『역사비평』 24, 1994, pp. 67-68.

진(金鶴鎭)에게 내놓은 14개조의 "원정(原情, 폐정개혁 요구서)" 말미에 나오는 요구다.[108]

물론 한 세기 전 분연히 일어섰던 농민군들은 모두 철두철미한 애국자이자 원초적 민족주의자(proto-nationalist)였다는 점은 누구도 부인할 수 없다. 그러나 한 세기 전 농민군 지휘부가 남긴 자료들을 읽노라면, "농민혁명"을 "혁명"론자나 "전쟁"론자들이 상상하는 것처럼 그때 농민군들이 근대적 민주주의나 사회주의를 지향하는 사회혁명(social revolution)이나 계급전쟁(class war)을 꿈꾸었다는 주장에 선뜻 동감하기 어렵다. 이들이 말하는 봉기의 진보성은 이데올로기가 모든 것을 지배하던 시대에 자신들이 상상하는 세상에 정당성을 주기 위해 연역적으로 만들어진 도식이 아닐까 한다. 전봉준이 남긴 기록을 비롯한 당대 문건들에서는 오히려 보수의 최고봉 대원군과의 밀약 같은 복고와 보수의 목소리만이 넘쳐흐른다. 이 봉기가 유교라는 전통 가치에 바탕한 보수적 "의거(義擧)" 또는 "무장개혁운동"이었다는 "갑오농민봉기"론이 실체적 진실에 가깝다는 느낌을 지울 수 없다.[109]

최근 탈근대 · 탈민족의 입장에서 전쟁론자의 동학농민봉기에 대한 역사해석을 비판한 박노자도 유영익의 견해를 "자료에 대한 철저한 검토에 의거한 결론"으로 보아 농민전쟁론자들의 학설을 비판한다. 그는 일본의 진보적 학자들의 19세기 일본의 농민저항과 중국의 태평천국운동 서술에 보이는 모순적 자세 — 일본의 경우에는 "농민들의 이데올로기적 한계성"을 지적하는 서술을 하는 반면, 중국의 경우 "괴뢰화된 봉건 청조와 제국주의"에 맞서 "고립무원이었지만 반제 · 반봉건 혁명을 위해서 끝까지 싸우는 인민"의 투쟁으로 묘사 — 는 일본에서는 이루어질 수 없는 서술자

---

108 정교, 앞의 책, 1957, p. 86. "十四. 國太公 干預國政 則民心有庶幾之望事."

109 유영익, 앞의 글, 2007, pp. 198-199; ――, 앞의 책, 1998, pp. 203-205.

의 현재적 욕망을 외부세계에서 구했기 때문이라고 진단한다. 그는 한국과 일본의 좌파 사학자들이 동학농민봉기를 비롯한 동아시아 근대 초기의 농민봉기를 혁명에 대한 현재적 욕망을 100년 전에 투영시키는 이면에는 모택동의 "농민적 공산혁명"을 "성공한 혁명"으로 보아 무의식적으로 동학농민군을 모택동의 농민공산군으로 등치시키려는 욕망이 개재하기 때문이며, "피지배층의 저항"이라면 무조건 "진보적"인 것이며, 사회주의로 향한 "역사발전"의 원동력이 된다고 보는 것은 농민의 역사적 성격을 비현실적으로 낭만화시키는 데서 비롯된 오류라고 일침을 놓는다.[110]

일본학계의 조경달(趙景達)도 단순히 변혁주체의 동태에 주목해 비일상적 세계인 운동이나 투쟁이라는 비일상적 세계를 탐구하기보다 민중의 일상적 세계를 역조사(逆照射)하는 연구 방법이 한국민중운동사 연구에도 적용되어야 한다고 본다.[111]

---

110 박노자, 「내가 동학을 사랑하는 방법: '하원호의 비판'에 대한 또 하나의 답」, 『당대비판』 25, 2004. pp. 76-82.

111 趙景達, 『朝鮮民衆運動の展開』, 岩波書店, 2002, p. 5.

6
관견(管見):
민족·민중주의 사관에 입각한
역사해석의 문제점

필자는 동학농민봉기를 "농민전쟁"과 "농민혁명"으로 간주하면서 지배계급에 대한 피지배계급의 투쟁이 고조·격화되면서 역사발전 법칙상 불가피하게 일어난 민중운동이나 계급전쟁이라고 보는 민중주의와 민족주의 사가들의 역사해석은 이데올로기가 모든 것을 지배하던 시대에 자신들이 꿈꾸는 세상을 정당화하기 위해 연역적으로 만들어진 도식적 역사서술의 산물이라고 본다. 민중이 주인이 되는 세상을 꿈꾸는 "민중혁명 필연론"은 공산주의의 실현을 더 이상 반드시 구현되어야 할 역사적 진보나 필연으로 보지 않는 냉전 붕괴 이후 신좌파들의 지적 흐름에 비추어 시대착오적일 수 있으며, 저항담론으로서의 민족주의도 어찌 보면 개인에게는 외세와 마찬가지로 억압기구이자 탄압의 기제로 작용할 수 있는 거대담론이라는 점에서 다원화된 시민사회를 운위하는 오늘의 시대 흐름에 역행하는 것일 수 있다. 특히 동학농민봉기에 대한 한국사학계의 민족주의·민중주의적 해석이 교과서에 실려 시민의 역사적 기억으로 전유(專有)되고, 이것이 다시 국가권력에 의해 공적 기억으로 법인(法認)되었다는 점에서 미래의 한국 시민사회 성원들의 역사기억에 미칠 부정적 영향이 크다고 본다.

모든 역사는 현재의 역사다. 역사가 과거와 현재 사이의 끊임없는 대화의 과정이라면, 오늘 우리의 지향이 썩지 않게 하는 성찰의 기억으로 역사는 쉼 없이 다시 쓰여야 한다. 오늘의 한국인은 자본가와 노동자, 도시민과 농민, 남성과 여성, 정규직과 비정규직, 시민권자와 이주노동자 등 생각과 지향과 이해를 달리하는 이들이 함께 살아가는 다원화된 시민사회를 꿈꾼다. 일본의 역사 왜곡을 둘러싸고 국제전과 내전의 포연이 가득한 이유는 침략의 과거사를 영광의 역사로 미화하는 역사 교과서가 결과할 미래상에 대해 동아시아와 일본의 시민사회가 품는 우려 때문이다. 그러나 남의 잘못을 나무라기 위해서는 내 결함도 살펴야 하는 법이다. 반면교사로서 일본 역사 교과서 왜곡을 둘러싼 일본 내의 내전을 보면서 한국의 경우도 역사 교과서를 반성적 · 비판적 입장에서 성찰해야 함을 절감한다. 왜냐하면 한국 시민사회도 타자와의 공존을 지향한다면, 지난 고난의 역사에서 배태된 저항 민족주의에서 기인하는 배타성과 우월의식을 남의 눈을 감당할 수 있는 일반적인 문제로 어떻게 환원시킬 수 있는가를 진지하게 고민해야 하는 시기가 도래했기 때문이다.

지금은 이데올로기가 모든 것을 지배하던 시대에 자신들이 상상하는 세상에 정당성을 주기 위해 연역적으로 만들어진 도식적 역사서술에서 벗어나 타자와 더불어 살기를 이야기하는 시민의 눈으로 본 역사해석이 더 없이 필요한 때라고 본다. 왜냐하면 오늘 한국의 시민사회는 한 데 뭉쳐 다니는 우중(愚衆)이 아니라 자신의 양심과 소신에 따라 행동하는 자율적이며 각성된 개별주체로서 거듭나야 하기 때문이다. 따라서 민족과 민중이라는 거대담론에 입각한 역사 쓰기를 고수하는 민족·민중주의의 입각한 동학농민봉기에 대한 해석은 수정되어야 한다고 본다.

대한제국은
국민국가인가?

1
머리말

개화기(1876~1910)의 시대적 과제는 제국주의 열강의 침략을 막고 근대 국민국가를 세우는 것이었다. 근대 국민국가의 수립을 도모한 갑신정변(1884)과 갑오경장(1894~1896)이 실패로 돌아간 뒤인 1897년 10월에 성립하여 1910년 8월까지 약 13년간 — 실질적으로는 1904년 러일전쟁이 발발하기까지 약 7년간 — 존속한 대한제국 시기는 근대 국민국가의 수립을 꿈꿀 수 있던 마지막 기회였다.

역사적으로 볼 때 국민국가는 프랑스 혁명기의 프랑스인에게는 인간해방의 장치였고, 메이지 시대의 일본인에게는 탐구하여 구현해야 할 목표였다. 그리고 서세동점기(西勢東漸期: 1840~1910)의 중국인과 조선인에게는 이루려다 실패한 목표였다. 국민국가(nation state)란 무엇인가? 한마디로 산업혁명 이후 서구제국이 만들어낸 **국가통합**(헌법, 의회, 징병에 의한 국민군), **국민통합**(호적, 박물관, 정당, 학교, 신문), **경제통합**(교통망, 토지제도, 화폐와 도량형의 통일), **문화통합**(국기, 국가, 서약, 문학, 역사서술) 등 제 장치가 작동하는 국가를 일컫는다. 국민국가는 말 그대로 정치체제가 군주제든 공화제든, 민주(民主)적이든 전제(專制)적이든 간에 국가를 담당하는 주체가 국민이어야 한다. 따라서 한 나라가 국민국가인지를 판정하는 기준은 국민 만들기(nation building)의 성공 여부와 서구의 가치기준에 따른 문명화 정도였다.[1]

서양세력이 물밀듯 동아시아로 밀려들던 서세동점 시대였던 19세기 국민국가 여부를 판정하는 주체는 세상을 쥐락펴락하던 서구 열강이었지 자국민이 아니었다. 당시 동아시아 사람들에게 주어진 시대적 과제는 제국주의 열강의 침략을 막아내고 국민국가를 수립하는 것이었다. 그때 동아시아의 중심국가 중국은 반식민지가 되었고, 일본은 국민국가로 재탄생했으며, 소중화를 자처하던 조선은 문화적으로 열등하다고 간주해온 일본에 나라를 앗기는 실패의 역사를 쓰고 말았다. 메이지(明治)유신의 주역들이 일본과 일본인을 근대 국민국가와 국민으로 거듭나게 하는 데 성공한 반면, 우리 위정자들은 그렇게 하지 못했다.

역사의 참모습은 통계 수치가 웅변한다. 국치(國恥)를 당한 1910년 전체 가구의 직업별 백분율을 보면 관리나 유생을 포함한 양반이 3%, 상공업자가 7%, 농업이 84%, 기타가 6%였다.[2] 우리는 한 세기 전 국민국가 형성 시기에 "시간의 경쟁"에서 낙오해 망국(亡國)의 아픈 역사를 쓰고 만 것을 부인할 수 없다. "은나라의 거울은 먼 데 있는 것이 아니라 바로 앞 시대인 하나라에 있다(殷鑑不遠 在夏后之世)"라는 옛말처럼 민족을 단위로 한 국민국가의 수립이 여전히 달성해야 할 미완의 과제로 남아 있는 오늘 한 세기

---

1 西川長夫,「日本型國民國家の形成 ― 比較史的觀点から」, 西川長夫・松宮秀治 編,『幕末・明治期の國民國家形成と文化變容』, 新曜社, 1995, pp. 3-42. 이 밖에도 국민국가에 대한 학설에 대해서는 牧原憲夫 編,『'私'にとっての國民國家論』, 日本經濟評論社, 2003 참조.

2 "관공리(0.5), 양반(1.9), 유생(0.6), 상업(6.2), 농업(84.1), 어업(1.2), 공업(0.8), 광업(0.0), 날품팔이(2.4), 기타(1.2), 무직(1.1)." 통계청,「합방직전 한국인 가구의 도별・직업별 분포: 1910. 5. 10 조사」,『통계로 본 개화기의 경제・사회상』, 통계청, 1994, p. 17.

전 망국의 슬픈 역사는 우리의 앞길을 비추는 거울로 다가선다. 우리에게 주어진 역사의 시간을 허송하는 어리석음을 거듭하지 않기 위해 우리는 한 세기 전 국민국가 수립에 실패한 아픈 역사를 곱씹어 되새길 필요가 있다. 국망(國亡)의 역사는 위정자들만이 아닌 국민으로 진화하지 못한 우리 모두가 져야 할 십자가이기 때문이다.

물론 우리 선조들이 수수방관만 한 것은 아니다. 한국사 교과서는 말한다. 조선 후기부터 근대지향적 실학사상과 자본주의의 싹이 움트고 있었으며, 1876년 개항 이후에도 갑신정변(1884), 갑오경장(1894~1896), 독립협회운동(1896~1898), 광무개혁(1897~1904) 같은 위로부터의 개혁운동과 동학농민봉기(1894), 을미의병(1895), 을사의병(1905) 같은 아래로부터의 반침략 운동이 일어났지만, 서구 제국주의 열강과 이를 모방한 청나라와 일본의 침략 때문에 자주적인 근대국가 수립에 실패했다고 말이다. 그러나 과연 우리에게는 책임이 없을까? 손바닥으로 해를 가릴 수는 없는 법이다. 제국주의 열강과 일본의 침략성을 부각시키는 것만으로 참담한 실패의 역사에서 자유로울 수 없다. 역사에서 교훈을 찾지 못하는 자에게 미래는 없기에 실패의 역사를 쓴 책임을 외세에 묻는 것은 어불성설이다.

이처럼 종래 식민주의 사관의 극복을 최대과제로 삼은 한국사학계는 민족을 주어로 한국 근현대사를 조명해왔다. 그러나 약육강식의 제국주의 시대, 동서 양 진영이 대립한 냉전 시대, 그리고 탈냉전의 오늘에 이르기까지 장기 지속하는 한반도의 지정학적 특징은 열강의 이해가 엇갈리는 세력 각축장이라는 점이다. 19세기에 일어난 청일전쟁과 러일전쟁으로 조선왕조는 멸망했으며, 20세기에 터진 아시아·태평양전쟁은 남북분단과 대한민국의 건국을 이끌어냈음은 부정할 수 없는 역사적 사실이다. 따라서 조선왕조의 몰락에서 대한민국의 건국에 이르는 한국 근현대사의 전체상을 제대로 그려내려면 민족 자주성의 신화와 한반도의 경계를 넘는 비교사와 국제사적 조망이 필요하다.

따라서 본고에서는 먼저 비교사 · 국제사의 시야에서 조망한 한 세기 전 실패의 역사를 살펴본 후 동시대에서 오늘에 이르는 대한제국에 대한 역사가들의 인식이 어떠했는지를 알아보려 한다. 다음으로 기존 학설에 대한 반론과 대한제국이 국민국가인지 여부에 대한 필자 나름의 관견(管見)을 제시해보려 한다.

2

비교사 · 국제사의 시야에서
조망한 한 세기 전 실패의 역사

1) 동아시아 국제질서의 판을 바꾼 서세동점

(1) 흔들리는 중국 중심 조공체제

당(唐) 제국이 등장한 7세기 초 동아시아 세계에 형성된 중국 중심 조공체제라는 독특한 국제질서는 16세기 초에 시작된 서구제국의 동방 진출에도 불구하고 19세기 초까지 여전히 작동하고 있었다. 이 국제질서는 중국을 '중화(中華)'라 하여 문명으로 높이고 주변의 다른 나라를 '이적(夷狄)'이라 하여 야만으로 천시하는 화이(華夷)사상, 그리고 자연계와 인간계에는 서열상 상하의 구분이 존재한다고 믿는 유교사상에 기초해 중국을 종주국으로 하고 주변국을 속방(屬邦)으로 하는 종속(宗屬)체제로 구현되어 있었다. 또한 이 종속체제는 중국의 절대적인 권위와 우위를 바탕으로 모든 속방이 그 권위에 승복하는 전통적 대외관리체계인 조공(朝貢)제도를 통해 유지되었다.[3] 종주국과 속방의 종속(宗屬)관계를 바탕으로 한 화이질서가 동아시아 지역에 확립된 것은 명이 들어선 이후였다. 1401년 조선 태종이 명에 의해 국왕으로 책봉됨에 따라 전형적인 종속관계가 이루어졌다. 이듬 해에는 무로마치막부(室町幕府)의 아시카가 요시미쓰(足利義滿, 1358~1408)를 명이 일본 국왕에 책봉함으로써 일본도 중국의 종속체제에 편입되었다.[4]

그러나 1405년부터 총 7차에 걸쳐 정화(鄭和, 1371~1434)가 이끄는 대(大)함대를 인도양과 아프리카 동부 연안까지 보내 이들 지역을 중국의 조공체제에 편입시킨 바 있던 명조(明朝)는 1433년 돌연 해외 원정을 중단 했다. 왜냐하면 중화사상에 입각해 세계 최고의 문명을 자부하고 자급자 족의 농업대국으로 교역의 필요성을 느끼지 못한데다가, 북방 유목민족의 침입만 받았을 뿐 해상으로부터 위협을 받아본 적이 없던 명은 해양을 통 한 대외진출의 필요성을 느끼지 못했기 때문이다.[5] 이후 명은 연안에 출몰 하는 왜구 소탕을 위한 해군력만 유지했으며, 중국만이 아니라 조선과 일 본도 왜구를 막기 위해 바닷길을 통해 왕래를 금했다. 이러한 해금(海禁)정 책은 서구제국의 동아시아 진출 기회를 제공했다.[6]

이처럼 중국 등 동아시아 제국이 바닷길을 막고 외부세계로 향한 나 라의 문호를 걸어 잠근 닫힌 세계였지만, 서양은 이와 달리 열린 세계였 다. 15세기 중엽 동로마제국의 멸망으로 '비단길(the Silk Road)'로 불리던 동 방 무역로가 막히자 서구제국은 새로운 무역로를 개척할 열망을 품었다.

---

3 김기혁, 『근대 한 · 중 · 일 관계사』, 연세대학교 출판부, 2007, pp. 1-2.

4 李則芬, 『中日關係史』, 中華書局, 1982, p. 108; 김기혁, 위의 책, 2007, pp. 65-66.

5 미야자키 마사카쓰, 이규조 역, 『정화의 남해 대원정』, 일빛, 1999, pp. 155-220.

6 김기혁, 앞의 책, 2007, pp. 13-14.

때마침 일어난 과학혁명에 따른 천문학과 항해술의 획기적인 발달에 힘입어 이러한 욕망은 현실로 다가왔다. 1498년 바스코 다 가마(Vasco Da Gama, 1460?~1524)의 인도 항로 발견 이후 서구제국은 인도와 중국으로 가는 새로운 무역로 개척에 나섰다. 동방 진출의 선두에 선 포르투갈은 1510년 인도의 고아(Goa)에, 그리고 1557년 중국 남부의 마카오(Macao)에 무역기지를 세웠으며, 스페인도 1519년 필리핀을 발견한 후 이를 식민지로 삼아 동남아시아와 중국, 일본 무역의 기지로 삼았다.[7]

1644년 명을 멸하고 대륙의 새 주인이 된 청조(清朝)의 강희제(康熙帝, 1654~1722)는 1685년 해금을 해제해 중국 상인의 해외 도항과 외국선박의 중국 기항을 허용했으며, 1757년 광주(廣州)에 한해 무역을 허용하는 일항(一港)무역을 결정했다. 청조(清朝)도 이전의 중국 왕조와 마찬가지로 중화제국이자 세계 모든 나라의 종주국을 자처했다. 따라서 서방에 허용한 광동(廣東)무역도 청조 당국의 일방적ㆍ절대적 통제하에 조공제도하의 중외(中外)무역에 적용된 원칙에 따른 것이었다. 일본 도쿠가와(德川)막부가 네덜란드 동인도회사를 조공국으로 대우하며 허용한 나가사키(長崎)무역도 항구 하나에 국한된 관허 독점무역이라는 점에서 광동무역과 그 성격이 같았다. 산업혁명 이후 제국주의 국가로 진화한 서구열강은 중국과 일본의 종속 또는 종번(宗藩) 무역에 승복할 수 없었다.[8]

반면 지리적으로 서구제국의 동방무역 항로의 종착지인 중국 남부에서 멀리 떨어져 있었으며, 자급자족적 농업사회로 폐관자수(閉關自守)하고 있던 조선은 서세동점의 높은 파고에서 빗겨나 있었다. 특히 문화적 열등

---

7 김기혁, 위의 책, 2007, pp. 11-13.

8 김기혁, 위의 책, 2007, pp. 17-18; ——, 「개항을 둘러싼 국제정치」, 『한국사시민강좌』 7, 일조각, 1990, pp. 1-2.

자로 취급해오던 청조가 대륙의 지배자로 들어선 이후 조선의 대다수 지식인은 진정한 중화문명의 계승자인 소중화(小中華)로 자처하면서 외부세계와의 교류를 가로막는 사상적 제방을 쌓음으로써 외부세계의 변화에 무지했다. 이와 같이 극히 제한된 소규모의 관허 독점무역을 허용하거나 폐쇄적 자급자족 세계를 유지하고 있던 동아시아 3국은 19세기에 접어들면서 서구제국의 도전이 거세지면서 무력에 굴복해 서구의 조약체제를 받아들이는 개항을 할 수밖에 없었다. 그 결과 동아시아 지역에서는 의례(儀禮)외교를 중시한 전통적인 중국 중심 국제질서가 무너지고 무역과 실리를 중시하는 국제조약에 입각한 서구 주도의 새로운 국제질서인 조약체제가 확립되어나가기 시작했다.

(2) 중국 조공체제를 폐기하다

① 아편전쟁과 남경조약의 체결

19세기 들어와 중국은 서구 열강의 강력한 도전에 직면했다. 그러나 중화주의에 젖어 있던 청조는 서구 열강을 자신들의 문물을 흠모해 멀리 바다 건너편에서 찾아온 서양 오랑캐쯤으로 치부했다. 하지만 동양과 서양 양대 문명의 대결이던 1840년 아편전쟁(阿片戰爭)은 문명 간의 승패를 가른 분수령이 되었다. 18세기로 접어들면서 산업화에 성공한 영국은 경제력과 군사력에서 경쟁국을 압도하며 동방무역에서 주도권을 잡았다. 특히 18세기 중엽 인도 지배를 둘러싼 경쟁에서 프랑스에 승리한 영국은 이를 동방무역의 기지로 삼아 광동무역에서 절대적 우위에 서게 되었다. 청조 당국의 굴욕적 대우와 일방적인 통제하에서도 영국의 동인도회사는 막대한 이득을 올렸지만, 그럼에도 만성적 무역 불균형으로 중국으로의 은 유출이 심화되었다. 이에 영국은 인도산 아편을 중국에 밀수출해 무역적자를 보전하려 함에 따라 중·영 간의 대립과 충돌은 피할 수 없었다.

사실 이 대결은 화이사상에 기초해 문화의 중국화 정도를 기준으로 해서 나라의 서열이 정해지는 의례외교 위주의 중국 중심 세계질서인 조공체제와, 만국평등의 원칙에 입각한 서구 중심의 세계질서인 조약체제의 충돌이었다. 또한 이 전쟁은 무역을 세계 만민의 통치자인 천자가 중국의 선진 문물에 굶주린 이민족에게 베푸는 은전으로 생각한 청조와, 국제사회의 공동 이익과 각국의 부국강병을 도모하는 데 필수적 수단이며 국제법에 따라 보장되어야 할 모든 문명국의 권리라고 주장한 영국의 대결이었다. 또한 이것은 중국 관료의 전통적인 관존민비 사상과 상업 천시 풍습 대 영국 신흥 부르주아 계급의 자유주의 사상의 대결이기도 했다. 바로 이 점에서 아편전쟁은 실로 동양과 서양 문명 사이에서 벌어진 문화적·사상적 대결이었다.[9]

중국은 이 전쟁에서 완패했으며, 그 결과 근대 국제법에 입각한 조약제도를 받아들일 수밖에 없었다. 1842년 중국은 영국과 불평등한 남경조약을 맺었고, 1844년에는 미국과 프랑스와도 각각 망하(望廈)조약과 황포(黃埔)조약을 체결했다. 이때 서구국가들은 편무적 협정관세로 관세(關稅) 자주권을 박탈했고, 영사재판권(領事裁判權)으로 사법권을 침해했으며, 최혜국 대우를 강요해 각국이 획득한 모든 특권을 전 체약국(締約國)이 함께 향유했다. 남경조약으로 중국의 쇄국주의가 무너지고, 5개 항을 영국에 개항

---

9 김기혁, 위의 글, 1990, p. 5.

했으며, 홍콩도 할양했다. 이처럼 아편전쟁에서 중국은 영국에 무릎을 꿇었다. 그럼에도 이 패전을 어쩌다 우연히 진 "병가지상사(兵家之常事)"로 생각한 중국 위정자들은 영국의 앞선 바를 따라 배우려 하지 않았다.

② 제2차 아편전쟁과 북경조약 체결

중국의 쇄국주의를 무너뜨린 영국도 5개 항 무역만으로 만족하지 않았다. 1856년 10월에 일어난 애로우 사건(1856)을 구실 삼아 영국은 주경권(駐京權) 확보와 통상권 확대를 목표로 제2차 아편전쟁(1856~1860)을 일으켰다. 그러자 가톨릭 선교권을 노린 프랑스가 합세했으며, 러시아는 영불연합군 철수를 중재하겠다는 핑계로 연해주를 요구했다. 1860년 10월 중화제국의 수도 북경은 군홧발에 처절하게 유린되었다. 자금성(紫禁城)은 불타올랐고, 만주로 피신하는 함풍제(咸豊帝, 1831~1861)를 태운 마차는 먼지를 뒤집어썼다. 공친왕(恭親王, 1833~1898)은 영 · 불 · 러의 요구를 들어줄 수밖에 없었다. 북경조약으로 양자강을 통한 내륙진출이 허용되었고, 북경에 서구열강의 공사관도 들어섰다. 서양세력의 우세를 깨달은 중국 지배층은 총리각국사무아문(總理各國事務衙門)을 세워 서구의 앞선 기술과 무기를 배우려는 양무(洋務)운동을 시발했다.[10]

양무운동을 계기로 청조는 제한적이긴 하지만 서구 근대 문물을 받아들이기 시작했다. 수천 년에 걸쳐 천하의 중심이요, 만방의 종주국을 자처해온 중국이 서세동점의 거센 물결 앞에서 서구 국민국가들이 이끄는 근대 국제사회의 일원으로 편입되는 데는 20년의 세월과 두 차례에 걸친 굴

---

10 김기혁, 앞의 책, 2007, pp. 5-50.

욕적인 군사적 패배가 필요했다.[11]

청조는 1858년에서 1860년 사이에 서방 4개국(영·미·프·러)과 체결한 조약들을 이행할 방침을 세우고 그 실행기관으로 총리각국사무아문을 세워 체약국과의 외교·통상은 물론 양무운동을 이끌게 했다. 이처럼 조공체제의 종주국 중국은 서구 열강의 무력에 굴복해 남경조약과 북경조약을 맺어 서구의 조약체제로 편입되고 말았다. 그러나 청조는 청일전쟁(1894~1895)에서 패하기 전까지 조선에 대한 종속체제를 견지함으로써 종래의 패권을 놓지 않으려 했고, 그 와중에 조선은 조공체제와 조약체제가 병존하는 이원적 국제질서하에 놓이게 되었다. 반면 서구 중심의 새로운 국제질서 환경에 능동적으로 대응한 일본은 제국주의 국가의 반열에 오를 꿈을 꾸기 시작했다.

(3) 일본, 중국·조선과 서구식 조약을 맺다

① 남경조약의 나비효과, 일본의 개항

일본은 도쿠가와막부의 3대 쇼군 도쿠가와 이에미쓰(德川家光, 1663~1712)가 1639년 쇄국령을 내린 이후 네덜란드와 중국 두 나라와의 소규모 무역을 제외하고는 외부세계를 향한 문을 닫아걸었다. 그러나 18세기에 들어와 서세동점의 파고가 거세게 밀어닥치면서 서구 열강들은 굳게 닫힌

---

[11]   Key-Hiuk Kim, *The Last Phase of East Asian World Order: Korea, Japan and the Chinese Empire, 1860~1882*, Berkeley and Los Angeles: University of California Press, 1980, pp. 328-351; 김기혁, 위의 책, 2007 pp. 11-50.

일본의 문을 두드리기 시작했다. 중국의 개방을 주도한 나라가 영국이었다면, 일본을 개방한 주역은 미국이었다. 영국이 일본을 보잘것없는 섬나라로 간주하고 주로 중국시장 개척에 주력했다면, 18세기 후반 대서양 연안국가로 출발해 1848년 멕시코로부터 캘리포니아를 가로채 태평양 연안까지 영토를 확장한 미국은 태평양 진출을 "명백한 운명(the Manifest Destiny)"으로 확신했다. 특히 아편전쟁에 패배한 청조가 영국의 패권을 견제하기 위한 방책으로 전통적인 이이제이(以夷制夷) 정책에 입각해 1844년 미국과 망하조약을 체결하여 5개 항의 무역을 허용함에 따라 미국과 중국 사이의 무역은 날로 활기를 띠게 되었다. 그러자 종래 동부에서 대서양을 건너 인도양을 거쳐 중국 광동무역에 임했던 미국은 서부에서 태평양을 건너 중국으로 직행하는 항로 개척에 나섰다. 미국은 직항로 개설의 관건인 태평양 해역에서 식품과 연료를 공급해주고, 태풍 등 해난 시 피난할 수 있는 기항지를 제공해줄 대상으로 일본을 주목했다.[12]

미국 입장에서 일본의 지리적 위치는 당시 4억 인구를 가진 중국이라는 거대한 시장에 가기 위해 반드시 개항시켜야 할 디딤돌과 같았다. 1852년 미국 정부는 페리(Matthew C. Perry, 1794~1858) 제독이 이끄는 함대를 파견했으며, "흑선(黑線)" 4척으로 구성된 이 함대는 이듬해 7월 포함외교를 전개해 무력시위로 막부를 압박했다. 아편전쟁에서 중국이 패한 이후 서구 열강의 무력을 두려워하고 있던 막부는 중국처럼 비참하게 패배할 것을 우려해 1854년 3월 미국과 '가나가와(神奈川)조약'이라 불리는 화친(和親) 조약을 맺었다. 미국이 일본 개항에 나선 주된 이유는 일본과의 통상보다 중국시장으로 가는 접근로 확보에 있었다. 이는 미국이 벽지에 위치한 시

---

12 김기혁, 위의 책, 2007, pp. 50~58.

모다(下田)와 하코다테(函館) 2개 항구를 개항해 미국 선박에 식품과 연료를 공급하고 난파선의 구호를 약속받았을 뿐 무역에 대해서는 추후 협의하기로 한 데서 미루어 알 수 있다. 이후 1854년 영국과 러시아, 그리고 이듬해 네덜란드와 화친조약을 맺음으로써 200년 동안 견지해온 일본의 쇄국정책은 무너져 내리기 시작했다.[13]

도쿠가와막부가 서양의 무력 위협에 굴복하여 서양과 통상조약을 맺자 이를 견디기 어려운 굴욕으로 받아들인 무사들은 존왕양이(尊王攘夷) 운동을 펼치기 시작했다. 양이론이 비등해 막부의 개방정책이 난관에 봉착해 있던 당시 초대 주일 미국 총영사 해리스(Townsend Harris, 1804~1878)가 부임해 통상관계 수립을 위한 교섭을 요청하자 막부는 진퇴양난의 궁지에 몰리게 되었다. 이때 제2차 아편전쟁이 일어나자 충격에 휩싸인 막부는 양이론자들을 무마할 목적으로 200여 년래의 전통을 깨뜨리고 사전에 교토에 있는 천황에게 조약 체결에 대한 승인을 받으려 했다. 그러나 황실의 거절로 권위가 실추된 막부는 1858년 6월 독단적으로 미일 수호통상조약을 조인했다. 그 결과 미국과 통상을 허용하고, 기존의 2개 항 외에 추가로 나가사키(長崎) 등 4개 항 개방, 치외법권 부여, 그리고 미국인에 대한 신앙의 자유 등을 허용했다. 나아가 막부는 8월 네덜란드·러시아·영국, 그리고 10월에는 프랑스와 차례로 미국과 맺은 조약과 비슷한 내용의 조약을 체결했다. 이렇게 220년간 이어져온 쇄국의 빗장은 완전히 열리고 도쿠가와막부도 청조와 마찬가지로 서구제국의 우월한 군사력에 무릎을 꿇고 근대적 조약체제에 편입되었다.[14]

---

13 김기혁, 앞의 글, 1990, pp. 12-13.

14 김기혁, 위의 글, 1990, pp. 13-14.

② 메이지 유신과 복고외교: 조·일 국교 조정과 청일 수교

막부가 서구 국가들에 굴복해 나라의 문호를 개방한 것을 계기로 존왕양이 운동은 반(反)막부 운동으로 전환하면서, 존왕의 이름으로 권위가 실추된 막부를 무너뜨리고 조정 중심의 새로운 정치체제를 수립하려는 움직임이 나타났다. 1867년에는 사쓰마(薩摩) 번과 조슈(長州) 번의 하급무사들이 중심이 되어 막부 타도 동맹을 결성했다. 그러자 이미 대세가 기울었다고 판단한 당시 쇼군(將軍) 도쿠가와 요시노부(德川慶喜, 1837~1913)는 이들이 막부 타도 계획을 실행에 옮기기 전에 천황의 조정에 정치권력을 돌려주겠다는 제의를 했고 이 제의가 받아들여짐으로써 마침내 대정봉환(大政奉還)과 왕정복고(王政復古)가 단행되었다.[15] 역설적으로 천황 친정을 이끈 메이지유신의 주동세력들은 모두 양이론자로 출발했으나, 반막부 투쟁 과정에서 양이론의 비현실성을 자각하고 집권 이후 종래의 입장을 완전히 뒤집어 전면적인 개방정책을 추진해나갔다. 신정권 발족 후 최초의 외교상 조치가 막부가 체결한 외국과의 조약과 협정에 대한 존중을 통보한 것이 이를 잘 말해준다. 메이지유신 이후 일본은 서구식 조약체제에 완전히 편입되었다. 그러나 청조와 마찬가지로 메이지 일본도 동아시아 국가에 대해서는 서열과 위계를 따지는 전통적인 국제질서의 잣대를 폐기하지 않았다.[16]

왕정복고를 내세운 메이지유신은 서구 근대의 도입이자 일본 고대로의 복귀이기도 했다. 따라서 유신 초 일본 정부는 고대 천황제 하의 국제질

---

15 松尾正人,「倒幕と統一國家の形成」, 田中彰 編,『明治維新: 近代日本の軌跡 1』, 吉川弘文館, 1994, pp. 114-139.

16 김기혁, 앞의 글, 1990, p. 15.

서로의 회귀, 즉 중국의 천자와 일본의 천황이 동격이 되는 "복고(復古)"외교를 펼쳐 천황의 신하였던 도쿠가와 장군과 항례(抗禮)로 교류하던 조선국왕과 천황이 대등한 관계를 가질 수 없다는 입장을 취했다. 1868년 말 메이지 정부는 조ㆍ일 양국 사이에서 외교통상 사무를 담당해온 대마도주(對馬島主)에게 천황의 서열상 우위를 분명히 하라는 훈령을 내렸다. 이에 따라 조선에 보내온 대마도주의 서한에는 조공체제하에서는 중국의 천자만이 사용할 수 있는 "황상(皇上)"과 "황조(皇祚)" 같은 일본 천황을 칭하는 용어가 들어 있었다.[17]

이러한 "복고외교"의 배후에는 백제와 신라가 천황 친정하 일본 조정에 입공했다는 억설에 입각해 고대의 천황제가 복고되었으니, 조선 국왕이 입공하는 것이 당연하다는 어불성설의 논리가 깔려 있었다. 조선 측의 서한 접수 거부로 일본 천황의 조선 국왕에 대한 서열상 우위를 점하려고 했던 시도가 무위로 돌아가자, 일본 외무성은 청조와 상호평등의 원칙에 입각한 조약을 맺어 천황과 천자가 동격임을 확인하려는 계획을 세웠다. 청조와 조약을 체결하게 되면 자동으로 천자의 책봉을 받는 조선 국왕은 천황의 하위에 서게 되므로 이를 인정하지 않으면 무력으로 응징해도 명분이 선다는 계산이었다. 중국을 몰아내고 한반도를 수중에 넣으려는 복선이 깔린 일본의 입약 요구를 접한 청조 당국자들은 일본이 서구와 결탁해 적대세력화할지도 모른다고 우려해 서구기술을 수용해 무비를 키우고 있던 일본을 서구침략에 대응하는 우군으로 만들려는 심산으로 협상에 응했다. 교섭 과정에서 일본은 천황과 천자를 조약 서문에 나란히 병기해 두 원수가 동격임을 분명히 할 것과 최혜국 대우를 요구했지만, 청조 측

17　이광린, 『한국사강좌: 근대편』, 일조각, 1981, pp. 55-56.

은 이를 거부했다. 그러나 청조는 양국 간 호혜와 평등의 원칙은 수락했으며, 그 결과 1871년 9월 청·일 수호조규가 조인되었다. 청조의 협상 대표자 이홍장(李鴻章, 1823~1901)은 이 조약의 제1조에 상호 "방토(邦土)불가침" 조항을, 그리고 제2조에 타국과의 분쟁 시 양국의 상호 원조·조정을 규정한 조항을 넣었다. 방토의 '방(邦)'은 속방을 의미한 것으로 조선에 대한 종주권을 주장한 것이며, 제2조는 일본이 중국에 적대적인 서방과 동맹관계를 맺는 것을 막기 위함이었다.[18]

청조는 서구와 조약관계를 맺었지만, 여전히 동아시아 제국과의 종속·조공관계를 유지하고 있었다. 그러한 청조가 입공하지는 않았지만 종래 속방으로 간주하던 일본과 서구식 조약을 맺었다는 것은 동아시아 국가 사이의 상호관계도 조공체제에서 벗어나 조약체제로 편입되기 시작했음을 보여주는 일대 사건이었다.[19]

(4) 일본 주도하 조선의 개항

① 일본의 대조선 외교 방침 전환: "탈아(脫亞)"외교의 전개

청·일 간에 조약 체결 교섭이 한창이던 1871년 일본 국내에서는 폐번치현(廢藩置縣)이 단행되어 중앙집권의 근대식 국가로 탈바꿈하자, 메이지 정부는 대외관계에서도 종래의 국가 간 서열을 따지는 복고외교에서 벗어나 서구식 국제질서에 맞춘 "탈아"외교를 전개하기 시작했다. 아시아

---

18 김기혁, 앞의 글, 1990, pp. 16-19.

19 김기혁, 앞의 책, 2007, p. 71.

에서 벗어나 서구세계의 일원이 되자는 이른바 탈아입구(脫亞入歐)를 지향하는 탈아외교는 서구를 향해서는 도쿠가와막부 시절 체결한 불평등조약의 개정을 추진하는 것으로, 그리고 동아시아 제국을 향해서는 서구열강이 이들 나라에 강요했던 불평등조약을 강요하는 형태로 나타났다.[20] 특히 이 탈아외교는 도쿠가와막부 말기에 서양의 진출에 대한 위기의식에서 촉발된 해외웅비론(海外雄飛論), 다시 말해 아시아 침략론에 날개를 달아주었다. 메이지 정부는 탈아외교의 일환으로 주변 동아시아 국가들에 대한 팽창주의 정책을 펼쳤으며,[21] 그 결과 정한론(征韓論), 류큐(琉球) 병합, 대만 출병이 이어졌고 조선과의 강화도조약 체결도 이 연장선상에 있었다.

② 대원군의 실각과 강화도조약 체결

1860년 북경조약으로 연해주가 러시아 손에 들어가 조선과 국경을 맞대었을 때 열강은 조선이 러시아에 장악될 경우 일어날 사태를 우려해 공로증(恐露症)에 몸을 떨었다. 중국은 울타리를 잃은 뒤 겪게 될 순망치한(脣亡齒寒)의 두려움에, 일본은 조선이 열도를 겨누는 서늘한 칼이 될지도 모른다는 공포에 휩싸였으며, 영국은 부동항을 확보한 러시아의 극동함대가 태평양으로 뻗어나올까 우려했다. 북경조약이 맺어진 1860년 10월 조선을 둘러싼 열강의 각축전은 이미 시작되었다. 일본이 근대 국민국가로의 진화를 모색하고 있던 그때 흥선(興宣)대원군 이하응(李昰應, 1821~1898) 집정(1864~1873)하의 조선왕조는 여전히 중화 문명의 마지막 수호자를 자처하

---

20 김기혁, 위의 글, 1990, p. 20.

21 박충석, 「근대일본에 있어서 국가주의의 형성」, 박영재 외, 『19세기 일본의 근대화』, 서울대학교 출판부, 1996, pp. 107-110; 旗田巍, 이기동 역, 『일본인의 한국관』, 일조각, 1983, pp. 17-21.

서구를 통해 전파된 공로증(Russophobia)

1904년에 일본에서 나온 필자 불명의 지도로 서양 만화에 자주 나오는 국제세력 관계 지도를
익살맞게 번안했다. 러시아를 문어로, 러시아의 남하정책을 문어 다리로 묘사한 데서 당시 일본의
러시아에 대한 공포증을 엿볼 수 있다.

(출처: 위키피디아)

면서 쇄국의 담을 높이 쌓고 있었다. 특히 그는 영국과 프랑스 연합군의 북
경점령사건 이후 "양이(洋夷)"들에게 굴복해 양무운동을 펴고 있던 청조 당
국을 멸시하고 이들의 권고를 무시하면서, 서구 열강과 일본 등에 대해 극
단적인 쇄국양이 정책을 펼쳤다. 깊은 잠에서 빠진 대원군 치하 쇄국 조선
은 청·일 사이의 조약 체결 소식에도 깨어날 줄 몰랐다. 일본이 청조에 대
해 칭신(稱臣)하지 않으며, 양국 사이에 교역이 진행될 것이라는 연행사의
보고에도 흥선대원군 치하의 조선은 변화를 모색하지 않았다. 따라서 그
는 1866년에는 병인양요(丙寅洋擾)와 제너럴셔먼(General Sherman)호 사건, 그

리고 1871년에는 신미양요(辛未洋擾)로 프랑스와 미국과 무력충돌을 빚었고, 메이지 일본과는 비타협적인 고자세 외교로 일관했다.[22]

1873년 말 대원군이 실각하고 고종(高宗, 1852~1919)의 친정이 시작되면서 일본에 대한 유화책이 모색되었는데, 1874년 8월 청조는 일본군 5천 명이 조선 침공을 준비 중이며, 미국과 프랑스도 공동 출병할 것이라는 정보를 알려왔다. 충격을 받은 조선 정부는 일본에 선린관계 회복을 청했지만, 일본은 "힘과 압력"에 의한 해결책을 강구했다. 일본은 1875년 미국이 자국의 문호를 개방시킬 때 사용했던 포함외교를 그대로 조선에 구사해 쇄국의 기치를 내리게 했다. 1876년 2월 6척의 군함과 800명의 군대가 에워싼 가운데 체결된 강화도조약으로 조선왕조는 동아시아 지역 국가 중 가장 늦게 서구 중심의 국제질서인 조약체제에 편입되었다.[23]

2) 조선왕조, 국민국가로의 진화에 실패하다

(1) 황준헌의 『조선책략』이 촉발한 조선의 개화 · 자강정책

1876년 일본 측의 주장으로 강화도조약 제1조로 들어간 "조선이 자주국으로 일본과 평등한 주권을 보유한다"라는 조항은 사실 중국의 종주

---

22 유영익, 「흥선대원군」, 『한국사 시민강좌』 13, 일조각, 1993, pp. 105-107; 김기혁, 앞의 책, 2007, pp. 86-93; 이광린, 앞의 책, 1981, p. 58.

23 김기혁, 위의 책, 2007, pp. 93-119.

권을 부인함으로써 조선 침략의 길을 튼 것이었다. 그러나 당시 조선 위정자들은 일본이 이미 서구 열강을 흉내 내는 아류(亞流) 제국주의로 표변한 상황에서 도덕률에 기초한 교린의 의례외교를 견지하고 있었다.[24] 이는 조약 체결 직후 일본에 간 수신사(修信使) 김기수(金綺秀, 1832~1894)가 남긴 글이 잘 말해준다.[25]

이번 일은 수신(修信)하는 데 주목적이 있었으므로 조심스럽게 공경하는 행실을 보이고 강직하게 인의(仁義)를 말해 저들이 고집스럽고 편협하게 대하더라도 우리는 관후(寬厚)하게 대하고 저들이 경박·영악하게 대하더라도 우리는 장경(莊敬)한 태도로써 응수했으며, 저들이 기기음교(奇技淫巧)를 사용하면 우리는 근신수졸(謹慎守拙)했다. 저들과 함께 육경(六經)의 일월(日月: 성인의 도)과 삼황(三皇)의 의상(衣裳: 성군[聖君]의 제도)에 돌아가는 것이 가장 좋은 계책이다. 만일 이렇게 할 수 없으면 저들의 정의(情誼)도 거절하지 말고 우리의 위신(威信)도 손상됨이 없이 우리의 성의를 개진해 서로의 장벽을 제거함으로써 우리는 저들을 순리로 대하고 저들도 우리를 거스르지 않게 하는 것이 다음의 계책이다.

변화의 바람은 중국의 권고에서 불기 시작했다. 1879년 일본이 류큐(琉球, 현재의 오키나와)왕국을 병합하고 러시아와 이리(伊犁, 지금의 중국 신장성 서

---

24 김기혁, 위의 책, 2007, pp. 93-119.

25 김기수, 『일동기유(日東記遊)』, 국사편찬위원회 편, 『수신사기록』, 국사편찬위원회, 1971, p. 111. 강재언도 "김기수나 국왕 및 위정자 모두가 당시의 수신사행을 강호기(江戶期)의 교린외교의 부활로 보았다"라고 평가했다. 강재언, 정창렬 역, 『한국의 개화사상』, 비봉출판사, 1981, p. 189.

북부 천산산맥 중부에 있는 분지)를 둘러싼 분쟁이 일어나자, 중국은 전략적으로 조선이 자국의 안보에 점하는 중요성을 절감했다. 인체에 비유하자면 중국에 있어 조선의 전략적 위치는 입술을 잃으면 이가 시린 순망치한(脣亡齒寒)의 관계를 넘어선 졸리기만 해도 목숨을 잃는 생명줄인 인후(咽喉)였다. 1860년 북경조약으로 연해주를 러시아에 할양함으로써 러시아와 조선이 국경을 접하고 1876년 강화도조약 체결 이후 일본이 조선에 진출하자, 이들의 한반도 장악을 막기 위해 조선왕조에 대해 서구열강과 입약을 권유해 세력균형을 도모하는 한편 군비 확충 등 부국강병정책의 채택도 권고했다. 그 압권은 1880년 여름 도쿄에 파견된 수신사 김홍집(金弘集, 1842~1896)에게 도쿄 주재 중국공사관 참찬관이던 황준헌(黃遵憲, 1848~1905)이 건네준 『조선책략(朝鮮策略)』이었다.[26]

일본과 세칙 협상을 위해 파견된 김홍집에게 주어진 또 하나의 임무는 일본과 러시아의 조선 침략 여부를 정탐하는 것이었다. 그러나 중국 외교관들조차 일본보다 러시아를 막을 방책을 세우는 것이 급선무라 입을 모았다. 이는 황준헌의 다음 말에 잘 나타난다.[27]

러시아의 침략은 조선으로부터 시작될 것이다. 아! 러시아가 이리 같은 진(秦)처럼 정복에 나선 지 3백여 년 유럽과 중앙아시아에 이어 조선이 그 피해를 입게 된 것이니, 오늘 조선의 급무는 러시아를 막는 계책을 세우는 것이다. 오대주(五大洲) 사람들이 다 조선이 위태롭다 하는데 조선인만 절박한 재앙을 알지 못하니, 불난 줄도 모르고 재재거리는 처마 밑 제비나 참새 꼴과 뭐가 다르겠소.

---

26   송병기, 『근대한중관계사연구』, 단국대학교 출판부, 1985, pp. 56~63.
27   황준헌, 조일문 역, 『조선책략』, 건국대학교 출판부, 1977, p. 33.

이 책은 "연작처당(燕雀處堂)"이라는 경구를 빌려 러시아의 침략을 막으려면 "중국과 친하고[親中國], 일본과 결속을 다지고[結日本], 미국과 연대하여[聯美國] 자강(自强)에 힘쓰라"고 종용했다. 조선 정부는 제안을 받아들여 1880년 말 근대화 추진기구로 통리기무아문(統理機務衙門)을 세우고 이듬해 중국과 일본에 근대문물 수용을 위한 영선사(領選使)와 조사시찰단(朝士視察團)을 보냈으며, 1882년에는 미국과 수교했다. 그러나 『조선책략』은 조선의 살길을 비추는 헌책(獻策)이 아니었다. "중국과 친하라"는 주문 뒤에는 조선 스스로 중국의 속국임을 만천하에 알리게 하려는 속셈이 숨겨져 있었다.[28] 1882년 2월 서구식 국제관례에 따른 조공 폐지와 사절의 북

1887년 출간된 『TOBAE』 1호에 실린 만평

청·일이 고기로 묘사된 조선을 낚으려고 하는 모습을 러시아가 지켜보고 있다.

(출처: 위키피디아)

---

28 송병기, 앞의 책, 1985, pp. 76-79.

경 주재 및 통상관계 수립 등을 협의하자는 조선의 요구를 묵살한 데서 알수 있듯이, 중국은 전통적인 종주국(宗主國)–속방(屬邦) 관계를 바꿀 생각이 없었다.

(2) 일본형 국민국가 도입을 모색한 조사시찰단

① 국민국가를 세운 메이지 일본

"문명개화"를 슬로건으로 내건 일본의 근대는 단순한 서구문물과 제도를 도입한 것이 아니었다. 1868년 왕정복고(王政復古)로 천황제를 부활시킨 메이지유신은 일본 고대의 복고이기도 했다. "서구 근대와 일본 고대의 유착"으로서의 일본 근대는 서구 근대가 "오해·오역"되거나 "날조된" 것으로 양자 사이에는 본질적인 차이가 있었지만, 서구 근대 국민국가들이 만들어낸 근대화 기제와 제도를 일본에 적합하게 변형하여 정착시킴으로써 1880년대 초반에 일본형 국민국가의 토대가 닦여 있었다.[29]

첫째, 서구와 대등한 위치 확보를 위해 불평등조약을 개정하려는 노력을 시동했다. 일본이 삼권분립 체제 등 국민국가 체제를 받아들인 것은 서구 문명국 대열에 끼려는 노력의 일환이었다. 또한 국민국가는 다른 국민국가와 관계 속에서 존재하는 것으로, 세계적인 국민국가 체제에서 그 위치가 설정되므로 이 같은 세계체제에 편입되기 위해서는 그 전제조건이 서구의 기준에 맞는 통치체제를 수립하는 것이었다.

---

[29] 허동현, 「조사시찰단(1881)의 일본 경험에 보이는 근대의 특성」, 『한국사상사학』 19, 2002, pp. 509-510.

둘째, 일본식으로 변형된 국가 통합장치를 만들어나갔다. 정치권력의 중앙집권화를 도모한 1868년의 왕정복고는 단순히 고대 천황제로의 복귀가 아니었다. 사실상 정치권력을 장악한 번벌(藩閥)세력이 정통성을 부여받기 위해 천황을 국가통합의 상징으로 내세운 것이었다. 따라서 메이지유신 이후 집권정부의 통치체제도 중국의 율령(律令)체제에 입각한 고대의 천황제를 복구한 것이라기보다 서구 근대 국민국가의 국가통합을 위한 통치와 지배의 장치들을 일본식으로 변형·날조해 도입하는 형태로 형성되었다. 1880년대 초반 일본은 집권적 정부가 사실상 모든 정치권력을 독점하고 있었지만, 겉모습으로는 서구의 삼권분립 형태를 갖추고 있었다. 재야에서는 집권적 정부의 권력독점에 반발해 입헌정체를 수립하고 민선에 의한 국회를 개설할 것을 요구하는 자유민권(自由民權) 운동도 활발하게 일어나고 있었다. 그뿐만 아니라 당시 일본은 사법권의 독립과 근대 형법도 채택했으며, 징병제에 의한 국민군도 확보하고 있었다.

셋째, 자본주의를 향한 경제통합 장치도 갖춰나갔다. 중앙정부의 주도 아래 회사제도 도입과 화폐제도 통합 등 경제제도 개혁과 조세제도 개정 및 질록처분(秩祿處分)으로 자본의 원시적 축적의 기틀을 마련하고, 이를 바탕으로 식산흥업(殖産興業) 정책을 추진하여 근대 자본주의 국가의 기초를 닦았다. 또한 메이지 정부는 철도와 도로를 건설하고 해운업을 진흥해 육로는 물론 해상 교통망을 뚫었으며, 우편과 전신 등 근대 통신제도도 도입했다. 특히 "문명개화"의 상징으로 정비된 가로망을 갖춘 도시의 밤을 밝히는 가로등이 켜지고 인력거와 마차가 오가는 등 문명의 이기(利器)들도 속속 등장했다. 이처럼 상품의 유통과 사람들의 왕래가 활발하게 이루어지고, 정보와 지식을 원활하게 교류할 수 있게 하는 근대의 표상으로서 공간의 문명화도 진행되고 있었다.

넷째, 일본은 국민 창출을 위한 문화통합에 매진했다. "문명개화" 정책은 서구 근대를 이식하여 전 국민을 중앙집권적으로 통치하는 체제를 만들어내고 서양의 기준에 맞춰 국민을 "문명화"하려는 것이었다. 먼저 균일한 국민을 만들기 위해 신분제를 철폐하고 사민평등을 선언했으며, 속지주의에 입각해 모든 국민을 동일한 호적제도하에 파악했다. 1872년에는 학제를 반포해 균일한 국민을 양성하는 장치로서의 학교설립을 규정했으며, 인신매매 금지 및 직업과 이주의 자유도 보장했다. 1873년에는 태양력을 채택하여 서구 열강과 동일한 시간체계를 수립했고, 1871년에는 「신문지조례」를 만들어 정치비판을 엄격히 금지함으로써 신문을 정부 정책의 홍보 또는 이데올로기 전파 수단으로 활용했다. 또 기독교 침투에 맞서 신도(神道)를 국교로 정해 종교를 통한 문화통합을 시도하는 한편, 서구 기준에서 볼 때 야만적인 남녀혼욕을 엄금하는 등 풍속을 서구식으로 개조해나갔다.

사실 비민주적 집권정부로 특징지어지는 일본형 국민국가의 국가통합을 위한 장치들은 시민계층의 성장이 미미함으로 인해 다원화된 근대 시민사회를 창출하기에는 근본적인 한계가 있었다. 자본주의가 채 성숙하기도 전인 1870년대에 류큐왕국을 병합하고 대만을 침략하며 조선에 개항을 강요하여 시장을 확대해나가는 팽창주의 정책을 펼쳤던 일본은 1880년에 들어서면서 이미 식민지 확보를 위한 제국주의 침략의 길을 닦고 있었다. 1885년 3월 16일자 『지지신보(時事新報)』에 실린 후쿠자와 유키치(福澤諭吉, 1835~1901)의 「탈아론(脫亞論)」이 웅변하듯이, 그때 일본의 위정자들은 서양은 문명이고 동양은 야만이라는 비서양에 대한 서양의 차별논리인 오리엔탈리즘이 뇌리 깊숙이 파고들어 각인되어 있었다. 이제 그들의 눈에 중국과 조선은 연대하고 협력할 상대가 아니라 일본이 "문명화"시켜야 할 침략의 대상으로 비쳤다. 이처럼 메이지 일본은 그 태내에 군국주의 일본의 원형을 가지고 있었다. 그럼에도 일본의 통치·지배 기구는 일본처럼 시민계층이 존재하지 않았던 당시 조선이나 본보기로 삼을 수 있는 유일한 대안이기도 했다.[30]

② 조사시찰단 조사 어윤중과 홍영식, 국민국가 수립을 꿈꾸다

서구에 대한 문호개방과 부국강병이 정책으로 확립되고 추진기구도 세워지자 조선 정부는 일본에 조사시찰단을 보내 정보와 참고자료를 수집하려 했다. 중견 고위관료인 조사(朝士) 12명과 유학생 등 수행원 27명, 일본인 통역 2명을 포함한 12명의 통역관 및 하인 13명으로 구성된 총원 64명의 조사시찰단은 1881년 4월 초부터 4개월가량 메이지 일본이 갖춰 놓은 국민국가의 기제와 장치를 살피며 조선 개혁을 위한 방안을 모색했다. 이를 통해 조사 중 어윤중(魚允中, 1848~1896)과 홍영식(洪英植, 1855~1884) 같은 이는 문명개화 정책의 성과를 목격한 뒤 일본 같은 근대 국민국가의 수립을 꿈꾸게 되었다. 이들은 일본을 모델로 집권적 정부를 도입하고 과거제 폐지와 관리의 상공업 종사 허용을 통해 관료제를 정비하려 했다. 또한 사법체계와 군제의 근대화는 물론 교통·통신망의 확충, 상공업 진흥, 재정의 중앙집권화, 그리고 재벌 육성과 외자 도입도 모색했다. 아울러 신분제 타파와 교육의 진흥을 통한 국민 형성과 유학생 파견을 통한 선진문물 수용도 모색했다. 이와 같은 혁신적 국민국가 수립구상은 김옥균(金玉均, 1851~1894)과 박영효(朴泳孝, 1861~1939) 같은 갑신정변 주도세력의 이상과 맥

---

30 박영재 외, 『19세기 일본의 근대화』, 서울대학교 출판부, 1996, pp. 107-128; 오카 요시타케, 장인성 역, 『근대일본정치사』, 소화, 1996, pp. 18-31.

을 같이한다. 그러나 박정양(朴定陽, 1841~1905) 등 나머지 조사들은 전통적 체제나 유교 가치는 유지하면서 근대 기술과 무기체계만 선별적으로 수용하려는 점진적 개혁을 구상했다. 이러한 동도서기적(東道西器的) 개혁안은 기술의 우월성만을 인정하고 그 토대인 서구 근대사상의 중요성을 인식하지 못했다는 점에서 시대착오적이자 근대 국민국가를 창출할 수 없는 한계를 지닌 미봉책에 불과했다.[31]

당시 일본을 모델로 한 국민국가 수립을 꿈꾼 조사들이 수적으로 열세였다는 것은 조선왕조가 근대 국민국가로 진화하는 데 실패한 이유 중 하나다. 그러나 더욱 근본적인 이유는 일본이 1871년 서구에 보낸 이와쿠라 사절단과 조사시찰단을 비교해볼 때 극명하게 드러난다. 1871년 11월 요코하마의 부둣가에는 구미제국을 순방하기 위해 출항하는 이와쿠라 사절단을 배웅하는 행사가 열렸다. 그때 태정대신 산죠 사네토미(三條實美, 1837~1891)가 낭독한 송별사에는 이 사절단의 성격과 목표가 잘 드러난다.[32]

외국과의 교제는 국가의 안정과 위기에 관련되며 사절의 능력 여부는 국가의 영욕에 관계된다. 지금은 대정유신(大政維新), 해외 각국과 어깨를 나란히 할 때이니 그 사명을 만리 떨어진 곳에서 완수해야 한다. 내외정치, 앞날의 대업이 성공하고 못 하고가 실로 이 출발에 달려 있고 그대들의 대임에 달려 있지 않은가? 대사는 천부의 훌륭한 자질을 지닌 중흥의 공적이 있는 원로이다. 함께 가는 여러 경(卿)들은 모두 국가의 주석이며 함께하는 관원들도 한때의 인물들이다. 모두 이 훌륭한 뜻을 한마음으로 받들어 협력하여 그 직분을 다해야 한다. 나는 그대들

31 허동현, 앞의 글, 2002, pp. 522-524.

32 田中彰, 『岩倉使節團《米歐回覽實記》』, 同時代ライブラリ 174, 岩波書店, 1994, p. 44.

의 뜻이 실현될 날이 멀지 않았음을 안다. 가라! 바다에서 증기선을 옮겨 타고 육지에서 기차를 갈아타며, 만리 각지를 돌아 그 이름을 사방에 떨치고 무사히 귀국하기를 빈다.

사절단을 이끈 전권대사 이와쿠라 도모미(岩倉具視, 1825~1883)와 부사 오쿠보 도시미치(大久保利通, 1830~1878) 등은 메이지유신의 주역이자 귀국 후 정권의 헤게모니를 장악한 실세들이었다. 이들은 정부 각 부서의 중견 실무관리 41명과 유학생 43명 등 100여 명을 이끌고 장도에 올라 1872년 9월까지 1년 10개월 동안 미국·영국·프랑스·네덜란드·독일·러시아·이탈리아·스위스 등 구미 선진 국가들의 문물과 제도를 둘러보았다. 이 사절단이 거둔 성과는 사절단을 따라갔던 역사가 구메 구니타케(久米邦武, 1839~1931)에 의해 총 5권의 『미구회람실기(米歐回覽實記)』(1876)라는 책으로 활자화되어 국민 모두 공유할 수 있는 지식과 정보가 되었다. 그가 "이 사절이 거둔 모든 성과를 국민의 일반적 이익과 개발을 위해 편집·간행"한다고 책머리에 썼듯이, 천황이 아니라 바로 국민을 대표한다고 생각한 이와쿠라 사절단은 자신들의 경험을 국민과 함께 나누었다. 10년 뒤 일본을 따라 배우려 했던 조사시찰단은 그들이 거둔 성과를 담은 80여 권의 보고서를 국왕에게 올렸다. 그러나 붓글씨에 능한 아전들이 두 달에 걸쳐 한 글자 한 글자 정성을 기울여 손으로 쓴 비단 표지를 입힌 이 책들은 국왕이나 일부 위정자들의 정책결정용 참고자료에 지나지 않았다. 한 세기 전 동아시아에서 일어난 근대를 향한 "시간의 경쟁"에서 우리가 뒤처진 이유가 어디에 있었는지 자명하다.[33]

33　田中彰·高田誠二 編, 『《米歐回覽實記》の學制的研究』, 北海島大學圖書刊行會, 1994, pp. 46-194; 하가 토오루, 손순옥 역, 『명치유신과 일본인』, 예하, 1989, pp. 125-140.

(3) 역사 시계를 되돌린 임오군란과 청국의 간섭 심화

① 조선 독립의 수호자를 자처한 청국

1879년 이후 조선의 전략적 중요성을 절감한 청조의 실력자 이홍장은 러시아와 일본을 막기 위해 서구에 대한 문호개방과 부국강병을 권유하는 등 조선 독립의 수호자를 자처했다. 조선을 둘러싼 열강의 세력균형을 유지하고 러시아나 일본의 진출을 견제한다는 것이 기본적인 중국의 조선 정책이었다. 특히 1880년 말 제2차 수신사 김홍집이 받아온 황준헌의 『조선책략』은 조정을 뒤흔들었다. 위정자들은 "집에 불이 난지도 모르고 재재거리는 처마 밑 제비나 참새 꼴"이 되지 않으려면 세력균형과 자강을 도모하라는 그의 조언을 받아들였다. "중국 이외에 가장 가까운 나라는 일본뿐이다. 일본이 러시아에 땅을 잃으면 조선 8도를 보전할 수 없으며, 조선에 변고가 일어나면 일본도 마찬가지니 두 나라는 서로 의지해야 하는 보차상의(輔車相依)의 형세다." 그는 군사력을 키우기 위해 중국과 협조함은 물론 일본의 경험을 따라 배우라고 권했다. 이러한 중국의 노력은 조선왕조 위정자들의 생각을 변화시켜 1880년에 들어서면서 조선 정부는 개화정책을 펼쳐나갔으며, 1882년에는 미국을 비롯한 서방 3국과 수호조약을 체결하기에 이르렀다.[34]

나아가 조선 정부는 1882년 2월 어윤중을 문의관(問議官)으로 임명하여 서구식 국제관례에 따라 청조와의 관계를 재정립하기 위해 조공 폐지와 사절의 북경 주재 및 통상관계 수립 등을 협의하고자 했다. 그러나 양국

---

[34] 송병기, 앞의 책, 1985, pp. 23-32; 권석봉, 『청말대조선정책사연구』, 일조각, 1986, pp. 157-158, 185.

의 관계를 호혜평등에 입각하여 재정립하려는 조선의 시도는 조선에 대한 영향력이 상실되는 것을 우려한 중국의 거부로 무산되었다.[35] 따라서 조선 근대화의 앞길은 험난할 수밖에 없었다. 무엇보다 개방과 자강을 통한 국가 생존전략이 실현되기 위해서는 두 가지 장애가 극복되어야 했다. 그 하나는 개방과 자강이 필요함을 설득해나감으로써 이에 반발하는 위정척사파(衛正斥邪派)를 저지하고 심정적으로 위정척사파에 동조하는 일반 백성의 보수적 정서를 무마하는 것이었다. 다른 하나는 서양 세력을 비롯하여 중국과 일본의 침략에 대응해나가야 했던 점이다. 그러나 조선 정부는 백성에게 개방과 자강의 필요성을 설득해내기보다는 청조의 권위에 의존하여 보수세력의 반발을 제어하는 쪽을 택함으로써 국론을 통일하는 데 실패했다. 그뿐만 아니라 중국의 침략위협을 간과하고 청조와의 전통적인 종속 관계를 방패제 삼아 서구 열강과 일본의 침략을 막으려 함으로써 대외적으로도 나라의 독립을 확보하는 데 실패하는 우를 범했다.[36]

② 임오군란 역사의 시곗바늘을 되돌리다

1881년 5월 모화관 앞마당에는 진귀한 구경거리가 펼쳐졌다. 초록빛 군복에 긴 총을 맨 낯선 모습의 군인 100여 명이 일본 교관 호리모토(掘本禮造, ?~1882)의 구령에 맞춰 신식 군사훈련을 받는 모습이었다. "개혁의 첫걸음이 우리 육군사관의 손에 의하여 개시된 것도 수년 동안 권유의 결과이다." 일본 공사가 본국에 보고한 바와 같이 어찌 보면 별기군은 1876년 이

35 구선희, 「조선중국상민수륙무역장정과 조 · 청관계의 변질」, 『한국사』 38, 국사편찬위원회, 1999, pp. 322-330.

36 허동현, 『근대한일관계사연구』, 국학자료원, 2000, p. 263.

래 조선에 대해 "개화와 독립의 옹호자"라는 가면을 쓰고 접근한 침략자 일본이 거둔 개가였다. "군사 중 장건한 자들에게 일본의 무예를 배우게 해 왜별기(倭別技)라 부르니 그 이름부터가 해괴합니다. 무가(武家) 자제와 유생 소년들이 윗도리를 벗어젖힌 채 열을 지어 서서 오랑캐 상놈들에게 머리 숙여 경례하게 해 수치심을 품게 하니, 이는 절대로 해서는 안 되는 일이다." 구식군대에 대한 차별대우로 임오군란이 터지기 두 달 전 좌의 정 송근수가 올린 상소처럼 그때 이 땅의 사람들은 군제개혁의 필요성을 깨닫지 못했다.

조미수호통상조약이 조인된 지 두 달 후인 1882년 7월 조선 정부의 대외개방과 근대화정책 추진에 대한 반발, 특히 별기군에 대한 구식군인의 차별대우가 불러온 임오군란은 중국이 침략자임이 여실히 드러난 계기였다.[37] 근대사상 최초의 군사쿠데타인 임오군란의 도화선에 불이 당겨진 날은 7월 19일이었다. 13개월이나 밀린 녹미 중 겨우 한 달 치가 무위영(武衛營) 소속 군인들에게 주어진 그날, 모래가 반은 섞인 쌀을 손에 쥔 병사들은 분노에 치를 떨었다. 대표 몇 명이 책임 당국자 민겸호(閔謙鎬, 1838~1882)의 집을 찾아 억울함을 호소하려 했지만, 이들에게 돌아온 것은 가혹한 징벌이었다. 병졸들은 흥선대원군에게 마지막 희망을 걸었다. 23일 재집권을 읍소하는 이들에게 대원군은 민씨 척족의 수뇌를 제거하고, 일본 공사관을 공격해 일본인을 몰아내며, 범궐하여 민비(閔妃, 1851~1895)를 없앨 것을 비밀히 지령했다. 24일 창덕궁에는 피바람이 몰아쳤다. 구식군인들은 왕십리와 이태원 지역의 빈민들과 합세해 돈화문을 넘어 궁궐로 밀려 들

---

37 권석봉, 『청말대조선정책사연구』, 일조각, 1986, pp. 157-158, 185; 구선희, 「조선중국상민수륙무역장정과 조·청관계의 변질」, 『한국사: 개화와 수구의 갈등』 38, 국사편찬위원회, 1999, pp. 322-330.

어갔다. 폭도로 변한 군민들의 눈을 피해 민비는 장호원에 있는 민응식(閔
應植, 1844~1903) 집으로 몸을 숨겼다. 그러나 선혜청당상 민겸호, 경기감사
김보현(金輔鉉, 1826~1882), 그리고 별기군 훈련담당 일본인 교관 등이 그들의
칼날에 목숨을 앗겼다. 분노한 군민의 공격을 막아내기 어려워지자 하나
부사 공사는 공사관에 불을 지른 후 본국으로 도피했다. 다음날 구식군인
들의 폭동을 무마하기 위해 고종이 섭정을 수락하자 대원군은 9년 만에 다
시 권좌에 올랐다. 재집권한 대원군은 통리기무아문을 폐지하고 5군영을
부활시키는 등 그간의 근대화 정책을 원점으로 돌리는 보수정책으로 회귀
했다.[38]

　　수구(守舊)의 물결이 온 나라에 넘실대면서 역사의 수레바퀴가 거꾸로
돌기 시작하자 이를 빌미로 일본이 세력을 확장할 것을 우려한 중국은 병
자호란(1636) 이후 처음으로 3천 명의 병력을 파견해 조선의 내정에 직접
간섭하기 시작했다. 이후 공사관 소실을 구실 삼아 300여 명의 일본군이
진주하고 조선에서 중국과 일본이 팽팽히 맞서는 국면이 전개되면서 중국
이 바라던 열강 사이 힘의 균형은 이루어질 수 없게 되었다.[39] 왜냐하면 당
시 열강 중 영국이나 프랑스 같은 선발 제국주의 국가들은 시장이 협소한
조선에 대해 큰 관심이 없었고, 후발 제국주의 국가인 러시아와 미국은 그
다지 절실하지 않은 전략적 · 경제적 동기만 갖고 있었던 데 비해 제국주
의라고 할 수도 없던 중 · 일 양국은 조선에 매우 절실한 이해가 걸려 있었
기 때문이다.[40]

38　조성윤, 「임오군란과 청국세력의 침투」, 『한국사』 38, 국사편찬위원회, 1999, pp. 278-298.

39　Young Ick Lew, "Dynamics of the Korean Enlightenment Movement, 1879-1889: A Survey with
　　　Emphasis on the Korean Leaders," 中央研究院近代史研究所 編, 『清季自强運動硏討會論文集』
　　　上, 臺北: 中央研究院近代史研究所, 1987, pp. 599-603.

40　허동현, 「조선책략의 허와 실: 미국 끌어들여 청 · 일 견제한 생존전략」, 허동현 · 박노자, 『우리

대한제국 고종황제

(출처: 위키피디아)

　일본도 군란을 빌미로 수호조규 속약과 제물포조약을 강요해 강화도 조약에서 얻지 못한 경제적 이익을 확보하고 공사관 호위 병력의 주둔권을 얻어내는 등 실리를 챙겼지만, 최대 수혜자는 중국이었다. 1882년 10월에 맺어진 조중상민수륙무역장정(朝中商民水陸貿易章程) 서문에는 조선이 중국의 속국임이 명시되고, 중국 상인은 무역에 있어 일본 상인보다 더 큰 특권을 누릴 수 있게 되었다. 중국이 속방의 내치와 외교에 간섭하지 않는 더

역사 최전선』, 푸른역사, 2003, p. 232.

이상 종래의 종주국이 아니라 서구를 흉내 내 힘으로 조선을 지배하려 한 부차적 제국주의(secondary imperialism) 국가로 탈바꿈해 일본의 팽창주의에 전면적으로 맞서는 적극 간섭정책을 취함으로써 조선은 청·일 양국 세력의 각축장이 되고 말았다.[41]

(4) '삼일천하'로 끝난 갑신정변

① 근대화 방법론을 둘러싼 개화파와 수구파의 갈등 심화

임오군란 이후 중국의 간섭과 백성의 서양문화에 대한 반발에 직면한 조선 정부는 중국의 양무운동과 맥을 같이하는 동도서기론에 입각한 자강 정책을 추진하려 했다. 이는 1882년 8월 5일에 나온 다음과 같은 고종의 교서에 잘 나타난다.[42]

> 논의하는 자들은 또 서양과 수교를 하면 장차 사교(邪敎)에 전염된다고 말하니 이것은 진실로 사문(斯文, 유교 문화)을 위하고 세상의 교화를 위하여 깊이 생각한 것이다. 그러나 수호는 수호대로 행하고 금교(禁敎)는 금교대로 할 수 있으며, 조약을 맺어 통상을 하는 것은 다만 만국공법에 의거할 뿐이다. 처음부터 내지(內地)에 사교를 전하는 것을 허락하지 않는다면 그대 백성들은 본래 공자·맹자의 가르침에 익숙하고 오

---

41 김기혁, 앞의 책, 2007, pp. 173-174.

42 『고종실록』, 고종 19년 8월 5일조. 역문은 권오영, 「동도서기론의 구조와 그 전개」, 『한국사 시민강좌』 7, 1990, p. 96.

래도록 예의의 풍속에 젖어 있으니 어찌 하루아침에 바른 것을 버리고 사악한 것을 좇을 것인가. … 저들의 종교는 사특하니 마땅히 음탕한 소리나 치장한 여자를 멀리하듯이 해야 하지만, 저들의 기술은 이로우니 진실로 이용후생할 수 있다면 농업·양잠·의약·병기·배·수레의 제도는 무엇을 꺼려서 피하겠는가. 그 교는 배척하되 그 기는 본받는 것이 진실로 병행하여 거스르지 않는 것이다. 하물며 강약의 형세가 이미 현격한 차가 벌어졌는데, 만일 저들의 기를 본받지 않는다면 어떻게 저들의 모욕을 막고 저들의 엿보는 것을 막을 수 있겠는가.

1882년 12월 양반의 상공업 종사와 평민의 학교 취학을 허용하는 국왕의 조칙이 내려졌으며, 1883년 들어 최초의 근대 학교인 원산학사를 필두로 영어 교육을 위한 동문학(同文學)이 세워졌다. 그해 10월에는 최초의 신문인 『한성순보(漢城旬報)』가 열흘 간격으로 간행되면서 문명개화의 전도사 역할을 담당했다. 아울러 고종은 중국의 압제를 견제하기 위해 외교적으로 조선의 독립을 인정한 일본과 미국에 수신사(修信使)와 보빙사(報聘使)를 파견해 유대를 강화하는 한편, 중국의 공로증(恐露症, Russophobia)을 역이용해 러시아와의 수교도 모색했다.

② '삼일천하'로 끝난 갑신정변

임오군란 이후 위정척사파 같은 시대착오적인 보수세력은 더 이상 역사의 전면에 등장하지 못했다. 그러나 중국의 간섭이 강화되면서 근대화 방법론을 둘러싸고 수구파와 개화파의 갈등이 심화되었다. 청조를 등에 업고 다시 정권을 잡은 민영익(閔泳翊)을 필두로 한 척족세력은 점점 더 중국과 결탁해 정권 유지와 자신들의 이익 보호에 골몰하는 보수세력으로 전락한 반면, 중국의 간섭은 바로 주권국가의 주권 침해라고 생각한 급진 개화파는 한시바삐 보수의 척족세력을 축출하고 국민국가를 수립해야 한다고 보았다. 특히 1870년대 박규수(朴珪壽, 1807~1877) 문하에서 성장한 박영효·김옥균·홍영식·서광범(徐光範, 1859~1897) 등 개화파 관료들은 임오군란 진압 이후 일본과 미국을 시찰하고 돌아와 중국의 압제에서 벗어날 길을 모색하기 시작했다. 이들은 1884년 8월 청불전쟁이 일어나 중국군의 절반이 베트남으로 급파되기에 이르자, 이를 중국세력을 몰아내고 명실상부한 독립 국가를 이룩할 수 있는 절호의 기회로 여겼다. 그러나 독자적인 무력기반이 없던 이들은 베트남에서 청불전쟁을 벌이느라 여력이 없는 중국이 한반도에서 또 다른 전쟁을 벌이지 않을 것이라는 가정하에 미국이나 일본의 힘에 기대 중국을 몰아내려 했다.[43]

김옥균 등 개화파는 먼저 미국의 도움을 청했지만, 조선에 대해 불간섭 또는 중립주의 입장을 취하고 있던 미국은 이를 거절했다. 그러나 청불전쟁을 기화로 조선에 자국의 영향력을 확대하려 한 일본은 개화파의 거사를 도왔다. 1884년 12월 4일 우정국 개국 축하연 자리에서 유혈 쿠데타를 일으킨 개화파는 일본을 모델로 한 국민국가의 수립을 꾀했다. 김옥균의 "정강 14조"와 홍영식의 "국정이혁안(國政釐革案)"에 담긴 이들의 개혁구상은 다음 다섯으로 요약된다. 첫째, 중국에 대한 조공관계를 청산하고 두 나라 사이의 외교와 통상을 만국공법에 입각해 행함으로써 조선의 완전한 독립을 달성한다. 둘째, 일본의 내각(內閣)제도를 본떠 중앙집권적 통치기구를 세운다. 셋째, 과거제 폐지와 문벌의 혁파를 통해 사민평등의 원칙에

---

43 이광린, 『개화당연구』, 일조각, 1975, pp. 140-149.

따라 능력본위로 인재를 등용한다. 넷째, 국가 재정은 호조(戶曹)에서 통일적으로 관할하고, 지조법(地租法)을 개정하여 정부의 수입을 늘린다. 다섯째, 교통수단의 발달과 국민 교육의 진흥, 군비(軍備)의 확충을 도모하기 위해 국내외에서 공채(公債)를 모집한다.[44]

그러나 일본을 등에 업고 중국을 몰아내려고 한 개화파의 야심 찬 개혁구상은 실천에 옮겨지지 못하고 원세개의 무력 앞에 '삼일천하'로 산산조각 나고 말았다.[45] 정변이 실패하면서 급진개화파의 지향과는 정반대로 조선에서 근대 국민국가 수립 가능성은 치명적인 타격을 입었다. 이 무모한 정변으로 근대화에 대한 고종의 의욕이 좌절되어버렸는가 하면, 갓 싹을 틔우기 시작했던 개화사상(開化思想)은 백성으로부터 불신을 받게 되었다. 그뿐만 아니라 청조의 내정간섭을 막고 조선을 완전한 자주독립 국가로 만들고자 했던 계획과 완전히 다르게 청조의 지배를 더욱 강화시키는 결과를 가져왔다.[46] 갑신정변을 계기로 중국은 조선에서 어떤 형태의 반중 움직임도 뿌리 뽑기 위해 조선의 근대화 노력을 철저하게 차단했다.

(5) 물거품이 되고 만 국민국가 수립의 꿈 갑오경장

① 중국 압제하 헛되이 흘러보낸 "태평 10년(1885~1894)"

갑신정변이 물거품으로 돌아간 직후 고종이 부동항(不凍港)을 미끼로

---

44   이광린, 『개화당연구: 증보판』, 일조각, 1994, p. 26.

45   이광린, 위의 책, 1994, pp. 150-152, 171-181.

46   최영호, 「갑신정변론」, 『한국사 시민강좌』 7, 1990, pp. 61-75.

러시아를 유인해 중국을 견제하는 비밀외교를 펼치면서 한반도를 둘러싼 국제정치는 급박하게 돌아갔다. 영국은 1885년 4월 거문도를 점령해 러시아 극동함대의 태평양 진출을 막으려 했고, 중국과 일본도 두 달 뒤 러시아의 남하를 막기 위해 손을 잡았다. 그 결과 조선을 둘러싼 열강이 세력 균형을 이뤄 이렇다 할 충돌이 없었기에 이른바 '태평 10년(1885~1894)'은 근대화를 추진할 좋은 기회였다. 그러나 조선에 대한 영향력을 잃지 않으려한 중국은 그해 11월 26세 새파란 나이의 원세개(袁世凱, 1859~1916)를 주차조선총리교섭통상사의(駐箚朝鮮總理交涉通商事宜)로 임명해 조선의 내외정치를 감시하게 하는 '감국(監國)' 역할을 맡겼다. 그는 조선 국왕에 버금가는 지위를 누리면서 철저한 우민화 정책과 개화파 탄압정책을 실시하여 조선을 실질적으로 중국의 보호국으로 만들어 조선이 러시아나 일본의 손아귀에 떨어지는 것을 막으려 했다.[47]

윤치호(尹致昊, 1865~1945)가 훗날 청일전쟁 직후 "나는 조선에 대한 중국의 극악무도함을 너무도 증오하므로 다른 나라(일본)의 지배는 비교적 견딜 만하다"라고 일기에 적었을 정도로 원세개의 횡포는 극심했다. 'Resident General(통감)'이라는 그의 영문 직함이 웅변하듯, 그가 좌지우지한 10년(1885~1894) 동안 조선은 중국의 반(半)식민지나 다름없었다. 그러나 당시 중국을 침략자로 본 것은 원세개를 "돈원(豚猿, 돼지와 원숭이)"이라고 부른 윤치호 같은 개화파나 왕권을 제약받은 고종과 근왕 세력뿐이었다. 중국에 기대어 정권을 유지한 민씨 척족뿐 아니라 동학농민군이나 임오군란 때 천진으로 끌려가 유폐되었던 대원군조차 중국을 보호자로 보는 어리석음을 범했다. 고종도 1886년 원세개가 "정권을 가질 능력이 없는 혼군(昏

---

47 Young Ick Lew, "Yüan Shih-k'ai's Residency and the Korean Enlightenment Movement (1885-1894)," *The Journal of Korean Studies*, v, 1984, pp. 65-86.

君)"으로 몰아붙일 만큼 국왕다운 리더십을 발휘하지 못했다. 그가 믿고 의지한 민비와 척족세력은 시대적 과제인 근대화보다는 사리사욕만을 채우며 국내외의 개화세력을 누르는 데 정신을 쏟았다. 척족 정권의 가렴주구는 1894년 동학농민봉기를 불러일으켰고, 청일전쟁(1894~1895)은 이들의 권력 기반을 붕괴시켰다.[48]

이처럼 조선에서 일체의 반청 움직임을 근절시키기 위해 조선의 근대화 노력을 철저하게 차단하려 한 원세개의 압제와 민씨 척족정권의 전횡하에 시달리던 농민들의 불만은 동학농민봉기로 터져 나왔다. 전통시대 최대 규모의 민중봉기인 동학농민봉기, 일본이 동양의 패자(覇者)로 등장하는 결정적 계기가 된 청일전쟁, 그리고 일본식 근대를 본격적으로 조선 땅에 들여오려 한 갑오경장, 이 세 사건 모두 1894년에 일어났다. 그래서 1894년은 한국을 넘어 동아시아 근대사의 획기적 전환점이다.

② 청일전쟁의 발발과 일본의 조선 보호국화 기도

1894년 7월 22일 밤 용산에 주둔한 일본군은 출동명령이 떨어지기만 기다렸다. 작전 목표는 경복궁을 점령하고 국왕을 포로로 삼는 것이었다. 세간에 알려진 바와 달리 이 사건은 "한일 양국 병사의 우연한 충돌"이 야기한 것이 아니라 주도면밀하게 준비된 사전계획에 따른 것이었다. 청일전쟁의 도화선을 당긴 경복궁 점령은 일본이 파병을 결정한 5월 31일에 이미 예정되어 있었다. 동학농민군에 의해 전주가 함락되던 1894년 5월 31일 일본 내각은 의회에 의해 탄핵당하는 최대 위기에 봉착했다. 일본은

48　Young Ick Lew, 앞의 글, 1987, pp. 65-86.

내부의 위기를 밖에서 전쟁을 일으켜 해소하려 했다. 1885년 갑신정변 사후 처리를 위해 청일 양국이 맺은 천진조약에는 조선에 출병 시 상호 '통고'해준다는 조항이 들어 있었다. 일본은 이 조항을 자의적으로 확대해석해 청군 3천 명이 아산만에 도착한 다음날인 6월 2일 7천 명의 병력을 제물포에 상륙시켰다.

7월 23일 오전 0시 30분 밤을 새우며 대기하던 일본군 제5사단 혼성여단장 오시마 요시마사(大島義昌, 1850~1926)에게 "계획대로 실행하라"는 오토리 게이스케(大鳥圭介, 1833~1911) 공사의 전보가 도착했다. 오전 4시 20분 건춘문에서 시작된 교전은 10시간 이상 왕궁 이곳저곳에서 계속되었다. 『일청전사(日淸戰史) 초안』은 그때 조선군의 발포가 "오후 2시에 이르러서도 그치지 않아 국왕이 사자(使者)를 보내 조선군의 사격을 저지시키자 비로소 총성이 완전히 끊어졌다"라고 격렬했던 조선군의 저항을 기록하고 있다. 조선군의 무장이 완전히 해제된 그날, 일본은 친일 괴뢰 내각을 구성하고 대원군을 다시 섭정으로 내세웠다. 친청 민씨 척족은 정권에서 밀려났으며, 국왕은 일본의 지배하에 놓였다. 25일 일본군은 성환에서 청군을 격파하고, 26일 청의 수송선을 아산 앞바다에 수장시켰다. 일본이 동양의 패자로 등장하는 계기가 된 청일전쟁은 이렇게 시작되었다.

"청병을 조선의 국경 밖으로 철퇴시켜 조선국의 독립 자주를 공고히 한다." 전쟁이 한창이던 8월 26일 조인된 "대일본 대조선 양국맹약" 1조는 이 전쟁이 "조선의 독립"을 위한 것이라고 강변한다. 그러나 이 전쟁은 우리의 독립을 훼손한 명백한 제국주의 침략전쟁이었다. 일본군은 9월에 벌어진 평양전투에서 2천에 달하는 청의 북양육군을 사살했고, 황해해전에서 북양해군을 궤멸시켜 제해권을 장악했으며, 10월에는 전장을 만주와 요동으로 확대해 여순(旅順)과 대련(大連)을 점령하는 등 대승을 거두었다.[49] 이에 중화제국 청조는 신흥세력 일본에 무릎을 꿇지 않을 수 없었다. 1895년 4월 체결된 시모노세키(下關)조약으로 일본은 서구열강과 어깨를 겨루게 되었으며, 제국으로 도약할 수 있는 큰 이권을 챙겼다. 우선 조선의 "독립"을 승인시킴으로써 청조의 간섭을 배제하게 되었고, 요동반도와 대만 등의 할양으로 중국 침략의 거점을 확보했다. 또한 일본에서 청조의 영사재판권을 철회시키고, 일본이 중국에서 서구열강과 동등한 특권을 누리게 되었다. 또한 당시 청조 재정규모의 3배이자 일본 1년 예산의 4배가 넘는 약 2억 3천만 냥(3억 4,500만 엔)에 달하는 배상금을 받았다. 일본은 이를 기반으로 1897년 서구와 마찬가지로 금본위제를 채택함으로써 서구와 안정적으로 교역할 수 있는 기반을 닦았다. 또한 일본은 1896년 7,300만 엔이던 군사비를 1903년에는 1억 5천만 엔으로 증액해 총예산의 40%를 차지할 정도로 군비 증강에 매진했으며, 중공업 투자 확충을 통해 새로운 패권 경쟁국인 러시아와의 일전을 겨룰 수 있는 군비 생산력을 갖추어나갔다. 또한 그 과정에서 천황제 절대주의 체제가 공고해지고 미쓰이(三井)·미쓰비시(三菱) 등 재벌의 성장을 바탕으로 1900년대 초에는 초기 독점자본주의체제를 형성하면서 일본은 제국주의국가로 등장하게 되었다.[50]

1894년 조선에서 터진 동학농민봉기가 도화선이 되어 일어난 청일전쟁은 1871년 청일수호조규 체결 이래 4반세기 동안 중국과 일본 두 나라 사이에 벌어진 쟁패전 최후의 군사적 대결이었다. 이 전쟁으로 신흥제국 일본은 이 지역의 패자로 등장했으며, 동아시아의 전통적인 중국 중심 국

49 中塚明,『日淸戰爭の硏究』, 靑木書店, 1973, pp. 110-126; 이광린, 앞의 책, 1981, pp. 297-307, 355.

50 藤村道生,『日淸戰爭: 東アジア近代史の轉換點』, 岩波書店, 1973, pp. 170-171; 藤井松一,「日露戰爭」,『岩波講座 日本歷史』 18, 岩波書店, 1972, pp. 123-136; 강동진,『일본근대사』, 한길사, 1985, pp. 134, 148; 앤드루 고든, 김우영 역,『현대일본의 역사』, 이산, 2005, p. 229.

제질서는 종지부를 찍었다.[51]

③ 일본에 기댄 위로부터의 개혁 갑오경장의 좌절

"금번 아병(我兵)이 입한(入韓)함으로써 한정(韓廷)이 크게 경동(驚動)한 것을 호기회로 평생 개혁을 희망해온 인사들이 활발히 운동을 개시하여 그 기운이 점점 무르익어가고 있다. 그들은 민씨들을 몰아내고 대원군을 총리로 추대하여 정사를 근본적으로 개혁할 계획이라 한다." 1894년 6월 24일 주한일본공사의 보고에 잘 나타나듯, 동학농민군의 봉기를 기화로 이 땅에 일본군이 진주하자 감국(監國) 원세개와 민씨 척족정권의 압제하에 숨죽이고 있던 친일 개화파 관료들은 가슴 깊이 묻어두었던 개혁의 청사진을 펼쳐 들고 일본식 근대를 본격적으로 조선에 들여오려 한 갑오경장을 시동했다.

갑오경장은 일본과 러시아가 조선에 대한 지배권을 놓고 각축하는 동안 친일내각이 1896년까지 3차에 걸쳐 시행한 한국 역사상 가장 과격한 일본 지향적 개혁이다. 갑오경장은 청일전쟁과 삼국간섭, 그리고 명성황후 시해사건을 배경으로 주도세력이 교체되며 3차에 걸쳐 추진되었다. 1차 개혁은 일본군이 경복궁을 점령한 4일 뒤인 7월 27일 일본군의 무력을 뒤에 업은 김홍집·어윤중·유길준 등이 대원군을 형식상의 집권자로 내세워 추진했다. 이들 "갑오파"는 청조와 민씨 척족정권에 반감을 품고 있던 그룹이었다. 청일전쟁 승패의 분수령이던 1894년 9월 평양전투 이전까지 일본은 조선인의 반항을 우려해 군국기무처(軍國機務處)의 개혁운동에

---

51 유영익, 『갑오경장연구』, 일조각, 1990, p. 22; 김기혁, 앞의 책, 2007, p. 158.

적극 간섭하기보다 각종 이권을 얻어내는 쪽을 택했다. 초정부적 입법기관이었던 이 기구는 12월 17일까지 우리 역사상 가장 과격한 위로부터의 개혁운동인 제1차 갑오경장을 추동했다. 7월 30일 군국기무처 1차 회의 때 의결한 아래와 같은 10개 조 의안(議案)이 이를 잘 말해준다.[52]

1. 국내외 공·사문서에 개국기년(開國紀年)을 쓴다.

2. 청국과의 조약을 개정하고 각국에 특명전권공사를 다시 파견한다.

3. 양반과 상인의 차별을 없애 귀천에 관계 없이 인재를 등용한다.

4. 문·무관의 높고 낮은 구별을 폐지한다.

5. 죄인 외에 친족에게 연좌(緣坐) 형률을 시행하지 않는다.

6. 처와 첩 모두에게 아들이 없을 경우에만 양자를 들이게 한다.

7. 조혼을 엄금한다.

8. 과부의 재가는 귀천을 막론하고 자신의 의사대로 하게 한다.

9. 공·사노비에 관한 법을 일체 폐지하고 사람을 사고파는 일을 금지한다.

10. 평민이라도 나라에 이롭고 백성에게 편리한 의견을 군국기무처에 글로 제기하면 회의에서 논의한다.

이와 같이 1차 개혁은 중국에 대한 조공 중단, 과거제 폐지, 노비제도 타파, 조혼 금지, 과부 재가 허용, 연좌제 철폐, 관제와 관료제의 일본화 등 혁신적인 개혁과 함께 일본인 고문관과 군사교관 초빙, 일본 화폐의 국내 통용, 일본식 화폐제도 도입, 방곡령 발포 금지 등 일본 제국주의의 침략을

---

52 『고종순종실록』 중, 탐구당, 1970, p. 497.

눈감아주는 이율배반적 상황이 연출되었다.[53]

평양전투에서 이긴 일본은 한국을 보호국으로 만들려는 생각을 품게 되었다. 러시아와 미국의 반대를 무마하기 위해 그해 10월 26일 조선공사로 파견된 원로급 정치가 이노우에 가오루(井上馨, 1836~1915)는 10년 전 갑신정변 실패 후 일본에 망명 중이던 박영효와 서광범 같은 '갑신파'를 불러들였다. 그러나 박영효는 이노우에의 기대와 달리 꼭두각시에 머물지 않았다. 독자적 권력기반을 만들려 한 그는 친미 성향의 정동파와 힘을 합쳐 일본화를 넘어선 서구 지향의 개혁을 추진했으며, 일본의 제국주의적 이권 요구를 거부하는 반일 노선을 걸었다. 박영효가 주도한 제2차 개혁의 지향점은 '홍범(洪範) 14조'에서 분명하게 드러난다. 홍범 14조는 조선의 대내외적 독립, 왕실과 정부의 분리, 재정 및 조세제도의 근대화, 능력 본위 관료 임용 등을 천명했다. 또 2차 개혁은 근대적 상비군의 조직, 경찰 제도 확립, 내각 중심 입헌군주제 정부 수립을 꾀하는 노력이 이어졌다. 그러나 1895년 4월 삼국간섭 이후 일본의 위세가 위축되고 러시아의 영향력이 날로 커지자, 러시아 공사의 후원을 받아 다시 권력을 잡은 민비는 친일파 세력을 몰아내고 왕실의 권위를 회복하려 했다. 반일 노선을 걷던 박영효는 친일세력으로 몰려 다시 망명의 길을 떠나는 역설의 정치를 연출했다.[54]

이후 진행된 3차 개혁의 전반을 주도한 것은 정동파로, 근왕세력인 궁정파가 이들에게 합세했다. 이들이 친러·친미 노선을 취하면서 배일 정책을 펴나가자 일본 세력은 퇴조하고 유길준(俞吉濬, 1856~1914) 같은 친일 성향의 갑오파도 거세될 위기에 처했다. 이에 대한 반발로 1895년 10월 명성황후 시해라는 만행이 저질러졌고, 갑오파와 일본이 다시 득세해 이

---

53 유영익, 앞의 책, 1990, pp. 220-222.

54 유영익, 위의 책, 1990, pp. 81-84; ___, 『동학농민봉기와 갑오경장』, 일조각, 1998, pp. 97-107.

듬해 2월에 일어난 아관파천까지 정국을 주도했다. 정동파가 개국기원절을 만들고 한글신문 발행을 추진하는 등 조선의 자주성을 회복하려 한 반면, 명성황후 시해 사건 후 재집권한 갑오파는 단발령을 내리고 일본에서 500만 원의 차관을 들여오려 하는 등 다시 한번 일본 지향의 개혁을 펼쳤다. 그러나 이들은 독자적인 군사적 · 경제적 기반이 없고, 동학농민군 같은 민중의 지지도 받지 못했기에 일본이라는 외세에 기생할 수밖에 없는 태생적 한계를 갖고 있었다. 따라서 이들은 삼국간섭과 아관파천으로 일본 세력이 퇴조하자 거세될 수밖에 없었으며, 이들이 꿈꾼 일본 지향의 근대화 운동도 물거품이 되고 말았다.[55]

한마디로 갑오경장 추진세력은 일본을 모델로 내각 중심의 중앙집권적 입헌군주제 정부를 세우려 했으며, 과거와 신분차별 폐지를 통해 새로운 근대 국민을 만들어내려 했다. 그러나 이들은 일본군의 엄호 아래 일본인 고문관의 지도를 받아 개혁을 추진했고, 이에 필요한 자금을 빌리는 대가로 각종 이권도 넘겨주었다. 심지어 일본군의 동학농민군 "토벌" 작전을 적극적으로 도움으로써 골육상잔(骨肉相殘)도 서슴지 않았다. 이들은 바람 앞의 등불처럼 흔들리는 나라를 살리겠다는 애국적 동기로 개혁에 임했음은 분명하나, 우리보다 일본의 국익에 봉사한 이율배반적인 부용(附庸) 세력이었던 것도 부정할 수 없는 사실이다. 한 세기 전 갑오경장을 다시 돌아보는 까닭은 그때부터 오늘까지 이 땅의 집권세력이 추진한 근대화 노력에 배어 있는 "외세 의존성"이라는 공통의 한계를 배태케 한 태아적 원형(embryonic prototype)을 이들에게서 찾을 수 있기 때문일 터이다.

---

[55] 이광린, 앞의 책, 1981, pp. 366-378; 유영익, 앞의 책, 1990, p. 220.

(6) 러·일의 쟁패와 대한제국의 몰락

① 한반도를 둘러싼 러·일의 쟁패

일본은 청일전쟁에서 승리한 후 조선을 보호국으로 만들려고 했지만, 러시아가 주도한 삼국간섭에 굴복함으로써 조선 지배의 야망이 꺾이자 이를 만회할 방법으로 1895년 10월 야만적인 명성황후 시해 사건을 일으켰다. 이후 날로 증대되는 일본의 간섭과 횡포를 피해 국왕 고종이 아관파천(俄館播遷)한 이후 러시아 세력의 한반도 침투가 본격화되었다. 아관파천 기간(1895. 2. 11~1897. 2. 20) 동안 러시아 세력의 침투를 막고 지국의 이익을 지키려는 일본의 노력이 계속되었는데, 그 대표적 사례로 1896년 5월과 6월에 각각 맺어진 '웨베르(Waeber)-고무라(小村) 각서'와 '로바노프(Lobanov)-야마가타(山縣) 의정서'를 들 수 있다. 전자는 아관파천 이후 우세해진 러시아와 세력균형을 이루기 위한 일본의 노력을 반영하는 것이지만, 의도와는 달리 일본은 이렇다 할 이득을 얻지 못하고 도리어 러시아의 조선 침투를 승인한 결과를 초래했다. 후자는 그 주요 내용이 39도선을 중심으로 한반도를 러시아와 일본 두 나라가 분할해 군사적 완충지대를 설치하여 충돌을 미연에 예방하자는 제안, 즉 한반도 분할통치를 제기한 것이었다.

이러한 분할 통치안은 러시아의 거부로 실현되지 않았지만, 일본과 전쟁을 치를 준비가 되어 있지 않던 러시아는 일본에 일정한 양보를 할 수밖에 없었다. 이때 일본은 러시아가 한반도에서 일본보다 군사적·재정적으로 우위를 차지하는 것을 저지할 수 있었다. 이후 1897년 12월 여순과 대련을 조차하게 되자 러시아는 한반도보다 만주로 진출 방향을 전환하는 만주 중시 정책을 택하고 1898년부터 일본과의 전쟁을 피하기 위해 '여순

지향향(Port Arthur-orientation) 정책'을 펼쳐 한반도에 대한 영향력 확대를 사실상 포기한 바 있었다. 이후 1898년 4월 러시아는 일본과 '니시(西德二郎)-로젠(Rosen) 협정'을 맺어 일본이 러시아의 만주 진출을 눈감는 대신 조선에서 일본의 상업적 · 공업적 우위를 인정하는 타협을 하게 된다. 이때 두 나라는 조선의 "완전한 독립"을 말했지만, 이는 진정한 독립이 아닌 러시아와 일본 어느 한쪽의 조선에 대한 완전한 패권이 실현되지 않는 힘의 균형 상태임을 의미한 것에 지나지 않는다.[56]

② 실패로 끝난 독립협회의 입헌군주제 수립 노력

청일전쟁에 승리한 일본은 조선을 보호국으로 삼으려 했지만, 러시아가 삼국간섭(1895. 4)과 아관파천(1896. 2)으로 판세를 뒤엎어버렸다. 친일 개화파는 몰락하고 친러 · 친미의 정동파 내각이 들어섰고, 일본인 고문관은 러시아인들로 교체되었으며, 러시아어 학교와 한로은행이 세워졌다. 나봇의 포도원이 되어버린 이 땅은 열강의 "즐거운 이권 사냥터(happy hunting ground for concessionaries)"로 전락하고 말았다.

그때 조선인에게 부여된 시대적 과제는 외세의 침략을 막고 국민국가를 세우는 것이었다. 이러한 역사적 소명을 자임하고 나선 이들이 1896년 7월에 창립된 독립협회 세력이었다. 그들은 모든 인간이 신분과 남녀 구별 없이 동등하다는 민권사상, 황제까지도 법에 따라야 한다는 법치주의, 그리고 국가의 자주와 독립을 꿈꾸는 주권수호 사상을 품고 있었다. 이들의

---

56 A. 말로제모프, 석화정 역, 『러시아의 동아시아 정책』, 지식산업사, 2002, pp. 141-166; 최문형, 『한국을 둘러싼 제국주의 열강의 각축』, 지식산업사, 2001, pp. 208-216, 223-263; 송금영, 『러시아의 동북아 진출과 한반도 정책(1860-1905)』, 국학자료원, 2004, pp. 279-288.

활동으로 1897년 2월 고종도 러시아공사관 생활을 접고 경운궁(慶運宮)으로 돌아왔으며, 그해 8월에는 조선이 더 이상 중국의 속국이 아닌 황제의 나라 대한제국임을 만천하에 선포하기에 이르렀다. 그러나 이들이 황제의 신민(臣民)으로 살려 하지 않았음은 이듬해 3월부터 11월까지 종로 네거리 등 서울 도심에서 간헐적으로 펼쳐진 만민공동회(萬民共同會)가 웅변한다. 외세에 기대어 명맥을 이으려는 왕조의 유약함은 역사 무대 전면에 새로이 등장한 독립협회 세력에게는 참을 수 없는 모욕이었다. 이들의 투쟁으로 러시아 고문관들이 물러나고 한로은행도 문을 닫았다. 그때 이들이 왕은 군림하되 통치하지 않길 바랐다. 1898년 7월 7일 황태자가 희사한 천 원을 자금으로 발족한 보부상 단체인 황국협회(皇國協會)는 그해 12월 이들을 동원해 독립협회의 관민공동회를 무력으로 진압했다. 입헌군주제 수립을 소망했던 이들의 꿈은 한낱 물거품이 되어버리고 말았다.[57]

(7) 미 · 일 · 러 삼국의 만주 쟁탈전이 5년 늦춘 대한제국의 멸망

① 일본을 동아시아 지역의 패자로 떠오르게 한 러일전쟁

청일전쟁과 삼국간섭 이후 약체가 드러난 청조를 상대로 영토 분할과 이권 쟁탈을 위한 서구열강 사이에 각축전이 전개되었다. 중국에서 이미 지배적 위치를 다진 영국에 대해 러시아의 도전이 두드러졌다. 특히 "부청멸양(扶淸滅洋)"을 내걸고 외세를 배척한 의화단사건을 틈타 러시아가 만주

---

57   신용하, 『독립협회연구』, 일조각, 1976, pp. 440-462.

에서의 자국 이권 보호를 명분으로 18만의 대병력을 동원해 점령하는 사태가 벌어지자, 초조해진 영국은 일본과 손잡고 러시아의 침투를 견제하려 했다. 1902년 1월 제1차 영일동맹이 맺어지고, 철병 압력에 직면한 러시아는 청조와 1903년 10월까지 전 병력을 철군할 것을 명기한 만주 환부(還附)조약을 맺었다. 그러나 러시아가 약속을 이행하지 않자, 러·일 간의 충돌은 불가피해졌다.[58]

1904년 5월에 발발한 러일전쟁에서 일본육군 13만은 만주 주둔 러시아군 22만과 대격전을 벌여 요양과 봉천을 점령하고, 1905년 1월에는 7개월간의 악전고투 끝에 전략적 요충인 여순을 함락시켰다. 수세에 밀린 러시아는 발틱함대를 동원했지만, 5월 27일 대한해협에서 일본 연합함대의 공격을 받아 궤멸되어버림으로써 전세를 역전시키지 못했다. 서구열강의 침략에 시달리던 중국의 손문과 인도의 네루를 비롯한 약소 민족지도자들은 당대 최강의 육군전력을 보유한 러시아가 작은 섬나라에 무릎을 꿇었다는 역설에 열광했다. 인종주의의 입장에서 세상을 본 우리 지성들도 예외는 아니었다. 청일전쟁 이후 이 땅의 대다수 지식인은 인종주의적 관점에서 황인종 모두를 동포로 보는 인종주의적 '아시아 연대론'에 기울어져 있었다. 1907년 헤이그에서 순국한 이준(李儁, 1859~1907) 열사도 러일전쟁 개전 초기에는 일본 부상병 치료를 위한 적십자를 만들려다가 옥고를 치렀을 정도였다. 그러나 일본의 승리가 가시화되고 망국의 어두운 그림자가 드리우자, 그들은 인종주의에 입각한 동양주의가 파놓은 함정을 알아챘다. 윤치호는 6월 2일자 일기에서 이율배반의 묘한 감정을 토로했다. "황인종으로서 한국 — 더 정확히 말해서 나 — 은 일본의 영광스런 승리

---

58 최문형,『국제관계로 본 러일전쟁과 일본의 한국병합』, 지식산업사, 2004, pp. 99-158.

를 자랑스럽게 여긴다. 일본은 황인종의 명예를 옹호했다. 그러나 한국인으로서 나는 일본의 잇따른 승리에 대하여 좋아할 특별한 이유가 없다. 모든 승리는 한국 독립의 관(棺)에 가한 못질이다."

9월 5일 미국의 루스벨트(Theodore Roosevelt, 1858~1919) 대통령의 주선으로 포츠머드에서 강화조약이 맺어졌다. 러일전쟁 중에 맺어진 가쓰라·태프트 밀약(密約)과 제2차 영일동맹, 그리고 러·일 강화조약으로 일본은 영국과 미국, 그리고 러시아 모두에게서 한국 지배를 인정받았다. 영국과 미국은 자기들과 이해를 같이하는 해양세력 일본이 한국을 집어삼키는 것을 반대하지 않았다. 1905년 11월 외교권을 강제로 앗아간 을사늑약이 체결되었다. 대한제국의 정수리를 겨눈 '다모클레스의 칼(Sword of Damocles)'을 붙

러일전쟁 당시 조선의 상황을 풍자한 1904년 프랑스 그림엽서

(출처: 위키미디어)

잡아 맸던 한 올의 실은 끊어지고 말았다. 윤치호가 내다본 대로 재앙은 현실이 되었다. 러시아와 일본 사이의 힘의 균형 위에서 위태로운 줄타기를 하며 연명하던 대한제국은 일본의 보호국으로 전락하고 말았다.

② 왜 일제가 조선을 식민지로 만드는 데 5년이 걸렸을까?

1905년 을사늑약이 체결된 후 일제가 1910년 한국병합을 공식화하는 데 왜 5년이나 걸렸을까? 헤이그 밀사(密使)로 대표되는 외교를 통한 고종의 국권회복 노력이나 의병들이 전개한 구국투쟁 때문이라는 것이 국내 학계의 통설이다. 그러나 이는 인과(因果)관계에 부합하는 역사서술은 아니다. 러일전쟁에서 패한 러시아가 일본의 한국 지배를 막을 힘이 없었다거나, 가쓰라 · 태프트 밀약을 맺은 미국이 일본의 한국 지배를 용인했다는 우리의 통념도 사실이 아니다. 진짜 이유는 만주 지배권을 놓고 벌어진 일본과 미 · 러 사이의 갈등을 해소하는 데 시간이 걸렸기 때문이다.

러일전쟁 이후 러시아 대한(對韓)정책의 기본방향은 대가 없이 한국병합을 승인하지 않는다는 것이었다. 러시아 황제 니콜라이 2세가 1906년 7월 만국평화회의에 한국을 초청한 것도 만주의 경제적 대동맥인 동청(東淸)철도 남만(南滿)지선을 일본이 장악하자 이를 견제하기 위한 포석이었다. 그러나 이듬해 6월 29일 만국평화회의 의장이었던 넬리도프(Aleksandr Nelidov, 1838~1910) 러시아 대표는 대한제국 대표의 회의장 입장을 거부했다. 그사이에 러시아와 일본이 만주에서 양측이 관할하는 철도를 연결하기로 합의함으로써 적대관계가 해소되었기 때문이다. 빼앗긴 외교권을 되찾기 위해 파견했던 헤이그 밀사가 부메랑이 되어 고종을 직격(直擊)했다. 7월 19일 일제의 강박에 못 이긴 고종은 황제의 자리를 순종(純宗, 1874~1926)에게 넘겼고, 며칠 뒤 정미 7조약으로 행정권과 사법권이 강탈되고 군대마저 해산되었다. 일본은 7월 30일 러일협약으로 러시아의 반대를 잠재웠지만, 넘어야 할 산은 하나 더 있었다.

만주에 대한 문호개방과 기회균등을 약속한 1905년의 밀약을 공수표로 만들어버린 러시아와 일본의 만주 분할은 미국의 배일(排日) 감정을 불러일으켰다. 1909년 미국이 "만주 제 철도 중립화 안"을 내걸고 만주 진출에 박차를 가하자, 러시아는 1910년 7월 제2차 러일협약을 맺어 일본의 한국병합을 허용하는 대가로 북만주에서 기득권을 지키는 쪽을 택했다. 러·일 두 나라의 야합을 영국·프랑스가 용인하자 전쟁을 감행할 만큼 이해관계가 크지 않았던 미국은 만주 진출의 꿈을 접었다. 그리고 한 달 뒤 대한제국은 세계지도 위에서 사라지고 말았다.

요컨대 러일전쟁 이후 만주에서 벌어진 미·일·러 삼국의 각축전에서 러시아와 일본은 기득권을 지키려 했고, 미국은 이를 뚫고 들어가려 했다. 그때 러시아는 두 번 일본의 손을 들어주었다. 1차 러일협약(1907년 7월 30일)은 우리의 내정 관할권과 군대를 앗아갔으며, 2차 러일협약(1910년 7월 4일)은 일본의 한국 병탄을 기정사실화했다. 1908년 3월 23일 장인환 의사에게 사살된 스티븐스의 미국행은 들끓고 있던 미국 조야의 배일(排日) 정서를 달래려 함이었고, 1909년 이토 히로부미의 하얼빈 방문도 러시아가 미국과 손잡는 것을 차단하기 위해서였다. 각축전의 최종 승자는 국제정세를 효율적으로 이용한 일본이었다. 안중근 의사 같은 선열들의 핏빛 투쟁에도 불구하고 그때 우리는 국망(國亡)을 피하지 못했다. 뼈아픈 역사를 되풀이하지 않으려면 부인할 수 없는 사실들을 기억해야 한다. 당시 우리는 국제정세에 무지했고 나라를 지킬 최소한의 힘조차 갖지 못했다는 것, 그 누구도 우리 편이 아니었다는 것을 말이다. 예나 지금이나 국익을 우선하는 국제정치판에 영원한 적(敵)도 없고 우방도 없는 법이다. 실패의 역사에서 우리가 져야 할 책임의 몫부터 찾는 것이 순리다.

19세기 말 서세동점기, 20세기 중반 냉전체제 형성기, 그리고 북한의 거듭된 핵실험으로 동아시아 정세가 요동치는 오늘의 포스트 탈냉전 시대에 이르기까지 장기 지속하는 한반도의 지정학적 특징은 주변국의 이해가 엇갈리는 세력 각축장이라는 점이다. 속내를 감추고 다시 한번 동아시아의 패자를 꿈꾸는 일본은 지금 자주를 말하지 않는다. 동북공정이 상징하듯 중국도 "순망치한(脣亡齒寒)"의 악몽을 다시 꾸지 않으려 한다. 한 세기 전 이해를 놓고 열강들이 편을 가르던 시절, 우리는 남의 힘에 기대어 살아남으려다가 나라를 앗기고 말았다. 외세에 기대어 명맥을 유지하려 했던 조선왕조는 역사의 뒤안길로 사라졌다. 제국과 이해와 행동을 같이하는 친제국은 종속을 잉태한다. 그러나 타협이 곧 종속이 되며, 저항은 자주라는 소박한 등식에서는 놓여나야 하지 않을까?

3
대한제국에 대한 역사가들의 인식

1) 동시대인의 대한제국 인식

최초의 일본과 미국 유학생이자 위로부터의 근대화 운동을 추동했던 개화파 인사 윤치호(尹致昊, 1864~1945)는 1898년 8월 서재필이 추방된 후 독립협회 제2대 회장을 맡아 만민공동회를 주도하고, 헌의(獻議) 6조를 결의하는 등 그가 꿈꾸어온 모든 인간이 신분과 남녀 구별 없이 동등하다는 민권사상, 황제까지도 법에 따라야 한다는 법치주의, 그리고 국가의 자주와 독립을 꿈꾸는 주권수호 사상을 실현하기 위해 노력했다. 그러나 그의 꿈은 채 뿌리를 내리기도 전에 친러 · 친일의 수구세력과 대한제국 황제에 의해 무산되고 말았다.[59] 그는 중추원(中樞院) 발족이 무산된 1898년 11월 5일자 일기에 다음과 같이 분노와 실망의 마음을 담았다.[60]

---

[59] 유영렬, 「개화지식인 윤치호의 러시아 인식」, 『한국민족운동사연구』 41, 2004, pp. 112-113, 123.

[60] 『윤치호일기』, 1896년 11월 5일자, 국사편찬위원회 편, 『윤치호일기』 5, 탐구당, 1971, p. 178.

오늘의 관보는 독립협회의 혁파와 헌의 6조에 서명한 대신들을 파면시킨 칙령을 공포했다. 이것이 국왕이라니! 어떠한 거짓말을 잘하는 배신적 겁쟁이라도 이 대한(大韓)의 황제보다 더 비열한 짓을 하지 못할 것이다. 정부는 친일노예 유기환(兪箕煥)과 친러악당 조병식(趙秉式)의 수중에 있다. 러시아인들과 일본인들이 틀림없이 모종의 이권을 위하여 이 사건에 개입하여 그들이 노예들을 지원하고 있다. 저주받은 일본놈들! 나는 그들이 대한의 마지막 희망인 독립협회를 분쇄하는 데 러시아인들을 돕는 이유를 알게 되기를 진심으로 희망한다.

러일전쟁에서 일본의 승리가 명확해진 1905년 6월 20일자 일기, 즉 그는 자기 생각을 가감 없이 기록한 내면의 기록에 "1896년부터 1904년 사이 대한제국의 위정자 모두를 역사상 최악의 반역자"로 못박았다.[61] 개화파 인사만이 아니었다. 을사늑약 직후 주영공사관의 3등 참서관(參書官) 이한응(李漢應, 1874~1905)과 민씨 척족정권의 핵심 인사인 민영환(閔泳煥, 1861~1905)이 순국 직전 남긴 유서("訣告我大韓帝國二千萬同胞")는 이들이 대한제국을 어떻게 보았는지를 미루어 짐작하게 해준다.

오호라 나라의 주권이 없어지고, 사람의 평들을 잃으니 모든 교섭에 치욕이 망극할 따름이다. 진실로 피를 가진 사람이라면 어찌 참고 견디리오. 나라가 장차 무너지고, 온 민족이 남의 노예가 되리라. 구차스럽

역문은 유영렬, 앞의 논문, 2004, p. 113.

61 "The greatest criminals and traitors Korea has ever produced in its history are those who ruled or misruled the country between 1896 and 1904." 『윤치호일기』 1905년 6월 20일자, 국사편찬위원회 편, 『윤치호일기』 6, 1905년 6월 20일자, 탐구당, 1971, p. 119.

게 산다는 것은 욕됨만 더할 따름이다. 이 어찌 죽는 것보다 낫겠는가?

죽을 뜻을 매듭지으니 다시 할 말이 없노라(이한응).**62**

　　이천만 동포에게 드림

　　오호라, 나라와 민족의 치욕이 이 지경에까지 이르렀구나. 생존경쟁

이 심한 이 세상에서 우리 민족이 장차 어찌 될 것인가. 무릇 살기를 원

하는 사람은 반드시 죽고 죽기를 기약하는 사람은 살아나갈 수 있으니,

이는 여러분들이 잘 알 것이다. 나 영환은 한 번 죽음으로써 황은(皇恩)

을 갚고 우리 2천만 동포 형제들에게 사(謝)하려 한다. 영환은 이제 죽

어도 혼은 죽지 아니하여 구천에서 여러분을 돕고자 한다. 바라건대 우

리 동포 형제여, 천만 배나 분려(奮勵)를 더하여 지기를 굳게 갖고 학문

에 힘쓰며, 마음을 합하고 힘을 아울러 우리의 자유 독립을 회복할지어

다. 그러면 나는 지하에서 기꺼이 웃으련다. 오호라, 조금도 실망하지

말지어다.

　　우리 대한제국 2천만 동포에게 마지막으로 고하노라(민영환).**63**

　　양반 지식인, 특히 유학자(儒學者)들의 대한제국에 대한 평가도 냉정했

다. 조선왕조가 종언을 고하던 무렵 뜻있는 선비들은 두 가지 길을 택했다.

하나는 "나라가 망하면 [유교의] 도 또한 망한다(國亡而道亦亡)"라는 생각에서

의병을 일으켜 일본에 저항하거나 자결하여 지조를 지키는 것이고, 다른

하나는 "나라가 망해도 도는 망하지 않는다(國亡而道不亡)"라는 생각에서 숨

62　역문은 송재용, 『구한말 최초의 순국열사 이한응』, 제이엔씨, 2007, p. 26.

63　역문은 일성이준열사기념사업회, 『이준 열사, 그 멀고 외로운 여정』, 한비미디어, 2010, pp. 62-
　　63.

어 살며 공자와 맹자의 가르침을 지키는 것이었다. 전자의 입장을 택한 황현(黃玹, 1855~1910)이 국망의 비보를 접하고 자결하며 남긴 유서를 읽어보면 그 속마음을 짐작할 수 있다.[64]

나는 죽어야 할 의리는 없지만 다만 국가가 선비를 기른 지 5백 년이 되어 나라가 망하는 날 한 사람도 난국에 죽지 않는다면 오히려 애통하지 않겠는가. 나는 위로 황천(皇天)이 내려준 아름다움을 저버리지 않고 아래로 평소에 독서한 바를 저버리지 않기 위해 길이 잠들고자 하니 진실로 통쾌한 줄 알겠다.

망국이 자신이 속한 민씨 척족정권의 책임임을 자인(自認)하며 순국한 민영환이나 유교적 질서의 종언(終焉)을 슬퍼하며 자결한 황현 두 사람 다 대한제국에 대한 자부나 자긍은 없었다.

다음으로 타자의 눈에 비친 대한제국은 어떠했는지를 살펴보자. 먼저 러일전쟁이 한창이던 1905년 1월 테오도어 루스벨트(Theodore Roosevelt) 미국 대통령은 "우리는 스스로를 지키기 위해 (침략자에게) 일격도 가하지 못하는 한국인을 위해 일본을 상대로 중재에 나설 수는 없다"라고 잘라 말하며,[65] 조미수호통상조약에 명시된 거중조정(居中調整, good offices)의 의무를 저버렸다. 사회진화론이 지배하던 약육강식의 세상에서 도태된 대한제국을 돕는 우방(友邦)은 없었다. 1907년 7월 14일 네덜란드 헤이그에서 열린 제2회 만국평화회의도 약자를 돕는 회의가 아니었다. 세계를 분할하려는 열강의 분쟁 방지가 주목적이었다. 회의에 참석한 대표들은 인류가 아닌 국가의

---

64 黃玹, 『梅泉集』, 本傳, 1911.

65 Roosevelt to Hay, January 28, 1905, Collection Theodore Roosevelt Papers.

이익에 복무했다. 을사늑약은 국제적으로 논의될 소지가 없었으며, 한국이 주권을 앗긴 것은 너무도 당연했다. 생존경쟁에서 패한 약자들의 운명은 논의의 대상조차 아니었다.[66] "결국 조선은 지정학적 위치에 의해, 전쟁의 희생물이 될 운명이었다. 그리고 지난 전쟁에 대한 판정이 변경되지 않는 한, 조선의 완벽한 일본화는 시간문제일 뿐이다." 7월 20일자 『뉴욕타임스』의 기사는 당시 분위기를 잘 전해준다.[67]

심지어 국제평화운동을 전개하던 민간 운동가들의 머릿속을 지배하는 논리도 적자생존의 사회진화론이었다. 『만국평화회의보』 편집장이던 언론인 윌리엄 스테드(William T. Stead, 1849~1912)도 예외는 아니었다. 이는 헤이그에 파견된 황제의 특사 중 한 명인 이위종(李瑋鍾, 1887~?)을 국제 서클에 소개하면서 한 다음의 말에 잘 보인다.[68]

이것은 아주 오래된 이야기입니다. 우리는 종종 다른 사람에게 말하고는 했지요. 이야기의 요지는 항상 같습니다. 만약 당신이 무기를 갖지 않았다면, 잡혀 먹힐 것이다. 만약 당신이 약하다면, 당신에게는 친구가 없을 것이다. 왜냐하면 무기가 없는 나라는 늑대 무리 속의 양과 같기 때문이다. 만약 당신이 멸망하고 싶지 않다면, 무장하라! 무장하라! 무장하라!

그러나 스테드는 무력 저항을 권한 것이 아니었다. 그의 본마음은 교

---

66 꾼 드 페스터, 「1907년 헤이그 특사의 성공과 좌절」, 『한국사학보』 30, 2008, pp. 334-349.

67 The Daily Telegraph in *The New York Times*, "Has No Friends in Europe", 20 July 1907. 역문은 꾼 드 페스터, 위의 글, 2008, p. 344.

68 *CCP*, "L'appel des dlgus coreans", 9 July 1907. 역문은 꾼 드 페스터, 위의 글, 2008, p. 337.

육 · 체제 · 산업이 발전해 강해질 때까지 일본의 지배를 받아들이고 "충성"하라는 것이었다. 그에게 대한제국의 멸망은 당연한 "게임의 법칙"의 귀결이었다.[69]

> 나는 당신들이 평화주의자가 되길 바랍니다. 당신들은 결국 한계를 명백히 알고 모두 일본에 충성해야 합니다. 교육, 체제, 산업의 발전으로 더욱 강해질 때까지 일본에 충성해야 합니다. … 한국인 여러분, 여러분은 세계가 인정하는 게임의 법칙에 복종해야 합니다. 여러분은 게임을 할 수 있는 기회가 있습니다만, 지금은 일본의 차례가 되었습니다. 이 사실은 받아들여야 합니다. 그리고 지금 이 순간 명백하고 피할 수 없는 사실은, 당신들은 일본의 지배하에 놓였다는 말입니다.

대한제국의 몰락을 보는 세계의 눈은 냉혹했다. 한국에 오래 머문 서양인의 진단도 마찬가지였다. 갑신정변이 일어나던 1884년부터 을사늑약으로 외교권이 박탈된 1905년까지 22년간 조선의 영욕을 지켜본 미국인 알렌(Horace N. Allen, 1858~1932)은 대한제국이 우물 안 개구리로 자족하면서 서양의 발전한 문물을 수용하는 데 게을렀기 때문에 일본에 나라를 빼앗겼다고 보면서 대한제국에 대한 기대를 접으라는 쓴소리를 던진다.[70]

> 불쌍한 조선 사람들이여! 그대들은 너무도 오랫동안 무사안일의 세월을 보냈다. 아마도 조선의 땅이 남의 나라에 의해 망한 것이 아니라

---

69 *De Nieuwe Courant*, "Vredesconferentie, Rondom de RidderZaal", 4 September 1907. 역문은 꾼 드 페스터, 위의 글, 2008, p. 340.

70 역문은 알렌, 신복룡 역, 『조선 견문기』, 집문당, 1999, p. 58.

지진과 화산에 의해 폐허가 되었더라면 조선은 벌써 곤한 잠 속에서 깨어났을지도 모른다. 그러나 조선 사람들이 잠자고 꿈꾸며 세상사에 개의치 않는 동안에 조선의 오랜 적인 일본인은 지금 당신들이 보고 있는 낯선 서양 사람들의 기술을 배우기에 분주했다. … 기술을 배운 후에 일본인들은 지난날 자기들에게 문명을 전해준 스승의 나라를 정복했으며, 원기왕성해진 지난날의 제자가 당신의 국토를 넘보는 차제에, 한때는 저들의 선생이었으나 지금은 늙어빠진 퇴역이 된 현 왕조에게 여러분은 무엇을 더 이상 기대할 수 있겠는가? 이제 잠을 자고 있을 때가 아니다.

매켄지(Frederick Arthur Mckenzie, 1869~1931)와 같이 일본의 침략에 저항하는 한국인을 긍정적인 시선으로 옹호한 이들도 있었다. 이는 1908년 런던과 뉴욕에서 출간된 『대한제국의 비극(The Tragedy of Korea)』에 수록된 의병에 대한 기록에 잘 나타난다.[71]

일본인들의 목적은 가능한 한 의병의 활동이 알려지지 않기를 바랐던 것이며, 동시에 의병을 양민에 대해서 노략질하는 비도로 보이도록 하는 것이었다. 그들은 전 세계에 이러한 여론을 조성하는 데 성공했다. 그러나 활동은 사실상 더욱더욱 커져갔다. 한국인들은 무기를 구할 수가 없어 맨주먹으로 싸웠다. 약 2년 후인 1908년 7월, 한 일본인 고관은 서울에서 열린 특별법정에서 베셀(Bethell) 씨 심문에 증언하면서, 당시 약 2만 명의 일본 병력이 소우를 진압하는 데 동원되고 있으며,

---

[71] 매켄지, 이광린 역, 『한국의 독립운동(Korea's Fight for Freedom)』, 일조각, 1969, p. 121.

전국의 약 반이 무장봉기가 일어난 상태였다고 말한 바 있었다. 한국인들은 1915년까지 전투를 계속하였으며, 이해에 이르러 비로소 반란이 완전히 진압되었다는 일본의 공식 발표가 있었다. 산악 주민들, 평지의 젊은이들, 범 사냥꾼들, 그리고 늙은 군인들이 겪어야만 했던 고초를 다른 사람은 어렴풋이나마 상상하기 힘들 것이다. 한국인에 대해서 기왕에 "비겁하다"느니, "냉담하다"고 던졌던 조롱은 가시기 시작했다.

캐나다인으로 영국 런던에서 발행되던 『데일리메일(*Daily mail*)』 기자였던 매켄지가 남긴 기록은 일제에 저항하는 대한제국의 의병들을 감싸는 시선을 보였지만,[72] 대다수 서구인은 냉소적이었다. "한국이라는 자그마한 보트가 가라앉지 않으려면 반드시 일본이 견인해야 한다." 미국인 데넷(Tylor Dennett, 1883~1949)의 독설은 그때 서양인 열 중 아홉 이상이 품고 있던 대한제국에 대한 일반적인 인식이었다.[73]

2) 1970년대 이전 역사가들의 대한제국 인식

일제의 식민정책을 정당화하기 위해 생각해낸 왜곡된 식민주의 사관으로 한국사를 본 일제 식민주의 역사가들은 한국 민족이 독립국가로서의 권리를 누릴 자격이 없다는 것을 증명하려 했으며, 그 논리의 귀결은 대한

---

72 최기영, 「매켄지: 한국인의 독립의지를 세계에 알린 서양인」, 『한국사 시민강좌』 34, 일조각, 2004, pp. 106-115.

73 강성현, 『21세기 한반도와 주변 4강대국』, 가람기획, 2005, p. 206.

제국의 멸망이었다.[74] 해방 이후에도 식민주의 사관의 잔영은 지속되었다. 민족을 주어로 세계사의 보편적 흐름에 맞춘 한국사 서술을 도모한 손진태(孫晋泰, 1900~?)도 예외가 아니었다. 이 점은 그가 조선 시대를 "민족의식 침체기"로 규정해[75] 유교의 문약성과 당파 싸움을 아래와 같이 통박(痛駁)한 데서 잘 드러난다.[76]

> 유신(儒臣) 지배의 폐해는 그 도에 지나치는 형식주의와 세습적인 오랫동안의 당파 싸움과 사대사상으로 나타났다. … 그들의 당파싸움은 15세기 끝으로부터 일어나 20세기 처음에 이르렀다. 모함 · 중상 · 시기 · 살육 등으로 정권싸움에 몰두하고 자자손손이 당파를 계승하여 서로 원수가 되어 교제를 끊고 혼인을 피하고 풍속까지 달리하였다. 국가나 민족을 위한 정정당당한 싸움이 아니요, 아비 · 할아비의 복수를 위한 이기적 · 가족적인 것이었다. … 이조(李朝)의 유학이 민족적으로 끼친 공헌은 극히 미약하고 민족을 문약화(文弱化) · 나태화 · 비겁화하고 당파의 싸움 버릇을 남겼을 따름이다.

나아가 그가 "민족이 한 계급만이 아닌 두 계급으로 형성"되었다고 보아 망국의 근본 원인을 "계급착취와 계급투쟁에 따른 민족의 내부분열"에

---

[74] "일제 침략 시기의 일본인의 한국사 연구의 목적을 지적한다면, 그것은 요컨대 한반도의 식민지 통치를 위한 학문적 기반을 확립하려는 것이었으며, 한반도에 대한 그들의 침략을 학문적으로 합리화하려는 것이었다." 김용섭, 「일제 관학자들의 한국사관」, 『역사의 오솔길을 가면서: 해방세대 학자의 역사연구 역사강의』, 지식산업사, 2011, p. 480.

[75] 그는 한국사를 "민족형성배태기-민족형성시초기-민족통일추진기-민족결정기-민족의식왕성기-민족의식침체기-민족운동전개기"의 7단계로 나누었다. 손진태, 『국사대요』, 을유문화사, 1949, pp. 11-14.

[76] 손진태, 위의 책, 1949, p. 39.

서 찾은 것도[77] 식민주의 사관 당파성론의 영향에서 벗어나지 못했기 때문으로 볼 수도 있다.[78] 그에게 "암약(暗弱)한 인물"인 고종이 다스리던 대한제국은 "하등 실력도 없는" 허울뿐인 나라에 지나지 않았다.[79]

이러한 대한제국에 대한 부정적 인식은 1970년대 초반까지 이어졌다. 이는 이병도의 『한국사대관: 신수판』(1972)에 실린 다음과 같은 글에 잘 나타난다.[80]

한국이 한국 된 소이(所以)는 이 늑강(勒强)적인 굴욕적인 협약[을사늑약]에서 상실하고 말았지만, 이 협약이야말로 민중은 알지도 못한 가운데 어리석기 짝이 없는 무책임한 몇몇 대신들과의 사이에 허무하게도 체결되었던 것이다. 이때 만일 조정의 군신(君臣)만으로도 일심단결하여 시종 한결같이 강경한 태도로 나갔던들 제아무리 낭탐(狼貪)한 이등배(伊藤輩)일지라도 어찌하지 못하고 물러갔을 것이다. … 대개 이때 황제와 소위 대신이란 사람들은 민중을 두려워하기를 일본인 이상으로 여기었고 국가의 안위(安危)보다는 자기네의 그것을 먼저 고려하여 고식적인 미봉주의(彌縫主義)에서 결국 국가의 대사(大事)를 그르치었던 것이다.

---

77 "민족은 한 계급만으로 형성된 것이 아니요, 두 계급으로써 형성된 까닭이다." 손진태, 『한국민족사개론』, 을유문화사, 1948, p. 5. "계급투쟁은 민족의 내부분열을 초래할 것이며, 민족의 내쟁(內爭)은 필연적으로 민족의 약화에 따르는 외(外)민족으로부터의 수모를 초래할 것이다." 손진태, 같은 책, 1948, p. 2. "이조의 망한 원인도 근본은 계급착취와 계급투쟁에 있었다. 계급투쟁은 민족의 내부 분열을 초래하므로 이것은 어떤 경우에 있어서도 비민족적 죄악이다." 손진태, 앞의 책, 1949, pp. 39-40.

78 그에게 보이는 식민주의 사관의 영향에 대해서는 다음을 참조. 이기백, 『한국사학의 방향』, 일조각, 1978, pp. 117-118; 정두희, 『하나의 역사, 두 개의 역사학』, 소나무, 2002, pp. 58-67, 73.

79 손진태, 앞의 책, 1949, p. 234.

80 이병도, 『한국사대관: 신수판』, 보문각, 1972, p. 529.

3) 1970년대에서 현재에 이르는 역사가들의 대한제국 인식

종래 학계에서는 1970년대 말 신용하(愼鏞廈, 1937~)와 김용섭(金容燮, 1931~2020) 사이에 촉발된 "광무개혁(光武改革, 1897~1904)" 논쟁 이래 2004년 『교수신문』 지면을 통해 전개된 이태진(李泰鎭, 1943~)과 김재호(金載昊, 1964~) 등의 논쟁에 이르기까지[81] 국민국가 수립의 과업을 수행할 주체가 누구였는지를 놓고 논란을 빚은 바 있다. 대한제국의 역사적 성격에 대한 대표적 학설은 다음과 같다.[82]

첫째, 신용하의 견해로 대한제국기의 근대적 개혁의 주체는 민권 신장을 꿈꾼 독립협회 세력으로 보아 "광무개혁"의 실재를 부정하는 것이다.[83] 대표적인 한국사 개설서의 저자인 이기백(李基白, 1924~2004)도 "소위 광무개혁이란 우리나라 근대사 발전의 주류가 될 수 없는 허울뿐인 과장"이라고 본다.[84]

독립협회의 활동은 대체로 다음의 세 가지 목표를 위하여 전개되었

---

81 이태진과 김재호 외 11인의 연구자가 참여한 이 논쟁의 성과는 다음을 참조하라. 이태진 · 김재호 외, 교수신문 편, 『고종황제 역사 청문회』, 푸른역사, 2005.

82 1970년대 후반에 신용하와 김용섭이 중심이 되어 벌인 "광무개혁 논쟁" 이래의 연구사는 다음을 참조했다. 신용하, 「대한제국과 독립협회」, 한국사연구회 편, 『(제2판) 한국사연구입문』, 지식산업사, 1987; 이영학, 「광무양전사업 연구의 동향과 과제」, 『역사와 현실』 6, 1991; "광무개혁" 연구반, 「"광무개혁" 연구의 현황과 과제」, 『역사와 현실』 8, 1992; 이배용, 「회고와 전망: 한국사학계(1990-1992): 최근세」, 『역사학보』 140, 1993; 이민원, 「대한제국의 성립과 "광무개혁", 독립협회에 대한 연구 성과와 과제」, 『한국사론』 25, 국사편찬위원회, 1995.

83 신용하, 『독립협회 연구』, 일조각, 1976; ———, 「김용섭 저 『한국근대농업사연구』 서평」, 『한국사연구』, 13, 1976; ———, 「19세기 한국의 근대국가 형성문제와 '입헌공화국 수립운동'」, 『한국의 근대국가 형성과 민족문제』, 문학과 지성사, 1986.

84 이기백, 『한국사 신론: 한글판』, 일조각, 1999, pp. 325-326.

다. 첫째는 밖으로부터의 침략에 대하여 자주독립을 옹호하는 것이다. … 둘째로는 일반 국민을 정치에 참여할 수 있게 하기 위하여 민권의 신장을 주장하였다. … 셋째로는 국가의 자강을 이룩하는 것이었다. … 이러한 독립협회의 활동 방향은 한국 근대화의 기본적인 과제들을 해결하려는 것으로서 역사적으로 높이 평가되어야 할 것이다. 최근 독립협회의 운동을 낮추어 평가하고, 이에 대하여 정부에 의한 소위 광무개혁을 높이 평가하려는 주장이 대두되고 있다. 그러나 소위 광무개혁이란 것은 과장이며, 그것이 우리나라 근대사 발전의 주류가 될 수는 없다.

둘째, 김용섭 · 강만길(姜萬吉, 1933~) · 송병기(宋炳基, 1933~2018) 등의 견해로 "광무정권"의 토지조사사업인 지계(地契) · 양전(量田)사업과 상공업 진흥을 자주적 근대개혁으로 보아 이를 "광무개혁"으로 높이 평가한 반면, 독립협회는 그 외세 의존성을 들어 역사적 의의를 평가절하하는 것이다.[85] 최덕수(崔德壽, 1952~) · 주진오(朱鎭五, 1957~) · 김도형(金度亨, 1953~) 등의 연구도 독립협회의 한계를 지적하고 "광무개혁"을 지지한다는 점에서 그 궤를 같이한다.[86] 특히 김용섭과 주진오는 "개화기의 바른 개혁 방향인 농민

---

[85] 김용섭, 「광무년간의 양전사업에 관한 일연구」, 『아세아연구』 31, 1968; ──, 『한국근대농업사연구』, 일조각, 1975; ──, 「신용하 저, 『독립협회 연구』 서평」, 『한국사연구』 12, 1976; 강만길, 「대한제국 시기의 상공업문제」, 『아세아연구』 16(2), 1973; ──, 「대한제국의 성격」, 『창작과 비평』 49, 1978; 송병기, 「광무개혁연구: 그 성격을 중심으로」, 『사학지』 10, 1976.

[86] 최덕수, 「독립협회의 정체론 및 외교론 연구」, 『민족문화연구』 13, 1978; 주진오, 「독립협회의 경제체제 개혁구상과 그 성격」, 박현채 · 정창렬 편, 『한국민족주의론』 3, 창작과 비평사, 1985; ──, 「독립협회의 대외인식의 구조와 전개」, 『학림』 8, 1986; ──, 「독립협회의 사회사상과 사회진화론」, 『손보기박사 정년기념논총』, 지식산업사, 1988; 김도형, 『대한제국기의 정치사상연구』, 지식산업사, 1994; ──, 「대한제국 초기 문명개화론의 발전」, 연세대학교 국학연구원 편, 『서구문화의 수용과 근대개혁』, 태학사, 2004.

적 입장의 개혁운동"이 외세와 연합한 개화파에 의해 좌절된 뒤 지주적 근대화를 도모한 "광무개혁"이 추진된 것으로 보면서, "광무정권"의 지계·양전사업을 "토지개혁 없는 부르주아 혁명"으로 보거나, 대한제국 체제를 빈번한 민중의 저항을 막기 위해 일본의 무력에 의존할 수밖에 없던 "의사(疑似) 절대왕정"이었던 것으로 평가한다.[87] 이러한 견해를 담은 대표적 개설서인 『한국사강의』(한국역사연구회, 1989)는 "대한제국의 개혁"을 다음과 같이 평한다.[88]

> 대한제국의 개혁은 지주층과 그 대변자인 조선왕조와 관료집단이 주체가 되어 농민적 이념을 거부하고 지주자본을 근대적인 산업자본으로 전환시키고자 의도한 작업이었다. 그것은 개항 이후 일련의 변혁 과정 속에서 지배층들이 국체를 지키기 위한 마지막 몸부림이었다. 그러나 이들은 자본부족을 농민수탈에 의존하여 농민항쟁을 야기했을 뿐 아니라, 지주적 개혁을 목표로 하였음에도 불구하고 군사경제력에 무력함을 드러내어 제국주의 열강의 이권침탈과 침략강화에 속수무책이었다. 결국 이들이 의도한 개혁은 조선을 식민지화하기 위하여 기회를 노리던 일본제국주의에게 스스로 허점을 노출시켜 침략의 발판을 마련하여 준 결과를 초래하였다.

셋째, 이태진의 견해로 근대화의 주체는 18세기 영조(英祖, 재위 1724~

---

87 김용섭, 앞의 글, 1968; ──, 「근대화과정에서의 농업개혁의 두 방향」, 『한국자본주의 성격논쟁』, 대왕사, 1988; 주진오, 「한국근대 부르주아지의 형성과정과 위로부터의 개혁의 역사적 성격」, 『한국자본주의론: 주종환박사화갑기념논총』, 한울, 1990.

88 한국역사연구회 편, 『한국사강의』, 한울아카데미, 1989, p. 252.

1776)와 정조(正祖, 재위 1776~1800) 이래의 "민국정치(民國政治)"이념을 바탕으로 동도서기적(東道西器的) 개화를 추구한 "개명(開明) 전제(專制)" 군주인 국왕 고종(高宗, 재위 1863~1907)이고, 그가 주도한 "광무개혁"만이 진정한 자주적 근대화인 것으로 본다.[89] 나아가 그는 갑신정변·갑오경장·독립협회 운동을 주도한 개화파 일체를 친일세력으로 규정하고 이들의 근대화운동도 친일세력에 의한 쿠데타 기도로 평가절하하면서, 광무개혁(1897~1904) 정권이 친러·수구의 무능한 정부가 아니라 황제권 강화, 토지조사사업을 통한 재정 안정화, 식산흥업을 통한 상공업 진흥을 도모함으로써 주체적 근대 국민국가를 수립을 꾀한 것으로 본다. 이태진은 『교수신문』 지면을 통해 벌인 논쟁에서 고종을 자주적 근대 계몽군주이자 대한제국을 근대 국민국가로 비정한 바 있다.[90] 이러한 학설을 대표하는 개설서로는 한영우(韓永愚, 1938~)의 『다시 찾는 우리역사』(1997)를 꼽을 수 있다.[91]

> 요컨대 광무개혁은 정치제도 면에서는 전제군주제를 강화한 것이지만, 강력한 황제권을 바탕으로 짧은 기간 안에 국방, 산업, 교육 그리고 기술 면에서 놀랄 만한 정도로 근대화의 성과를 거두었다. 만약, 일본의 침략과 방해가 없었다면 대한제국은 빠른 속도로 근대산업국가로

---

89 이태진, 『고종시대사』, 태학사, 2000. 서영희(徐榮姬, 1964~)도 이태진과 같은 맥락에서 대한제국의 역사적 성격을 논한다, "광무개혁은 정치제도 면에서는 전제군주제를 강화한 것이지만, 강력한 황제권을 바탕으로 짧은 기간 안에 국방, 산업, 교육, 그리고 기술 면에서 놀랄 만한 정도로 근대화의 성과를 거두었다. 만약 일본의 침략과 방해가 없었다면 대한제국은 빠른 속도로 근대산업국가로 진입할 수 있었을 것이다." 서영희, 『대한제국정치사연구』, 서울대학교 출판부, 2003, p. 357.

90 『교수신문』 2004년 8월 26일자, 2004년 9월 10일자, 2004년 10월 10일자, 2004년 10월 29일자. 이태진·김재호 외, 앞의 책, pp. 26-32, 43-47, 63-70, 105-114, 143-154, 188-198.

91 한영우, 『다시 찾는 우리역사』, 경세원, 1997, p. 457.

진입할 수 있었을 것이다.

넷째, 식민지근대화론의 입장에서 "광무개혁"의 근대성을 부정하는 이영훈(李榮薰, 1951~)과 김재호 같은 경제성장 사가의 견해를 찾아볼 수 있다. 이영훈은 광무양전이 국가의 수조지 파악에 초점이 두어져 있었을 뿐 사적 토지소유 체제의 확립은 하나의 "의제(擬制)"에 불과했다고 보아 그 근대성을 부정했으며,[92] 김재호도 대한제국의 재정제도는 황실재정에 의한 정부재정의 지배라는 양상을 노정한 것으로 국가재정과 왕실재정을 분리 운영하려던 갑오경장 재정개혁의 전도된 형태에 지나지 않는 것으로 보고 있다.[93] 김재호는 2004년 『교수신문』 지면을 통해 이태진이 말하는 "민국" 이념으로는 근대국가 건설이 불가능하고, 대한제국은 근대적 경제성장에 필요한 각종 제도를 수립하는 데 실패했다고 보았으며, 이영훈도 고종은 개명군주가 아니라 도학군주에 지나지 않았다고 반박했다.[94] 이러한 학설을 대변하는 교과서포럼이 펴낸 『대안교과서 한국근·현대사』(2008)는 대한제국의 역사적 성격을 다음과 같이 서술한다.[95]

대한제국은 1899년 반포된 국체에서 전제국가임을 스스로 밝히고 있듯이 국민의 정치참여를 철저히 부정하였다. 의회제도는 고사하고

---

92 이영훈, 「광무양전의 역사적 성격: 충남 연기군 광무양안에 관한 사례분석」, 안병직 외, 『근대조선의 경제구조』, 비봉출판사, 1989.

93 김재호, 「대한제국기 황실의 재정지배: 내장원 "외획"을 중심으로」, 『경제사학』, 2000.

94 『교수신문』 2004년 7월 14일자, 2004년 8월 30일자, 2004년 9월 29일자, 2004년 10월 17일자, 2004년 10월 21일자, 2004년 11월 5일자; 이태진·김재호 외, 앞의 책, 2005, pp. 18-25, 34-42, 54-58, 78-86, 95-102, 116-123, 165-175, 211-217.

95 교과서포럼, 『대안교과서 한국 근·현대사』, 2008, 기파랑, p. 63.

황제의 통치에 대해 백성이 옳고 그름을 논하는 것 자체를 금지하였다. 당시 일본은 1899년 제국헌법과「황실전범(皇室典範)」을 공포하여 입헌군주제하에서 의회를 통한 국민의 정치참여를 제도화하는 한편, 정부와 황실의 경계를 명확히 하였다. 아울러 근대적인 민법을 제정하여 국민을 근대적 인격권과 재산권의 주체로 인정하였다. 하지만 대한제국은 그러한 법을 만들지 않았다. 요컨대 국가체제의 기본 원리와 제도에서 대한제국은 근대국가의 형식적 요건을 갖추지 못하였다.

이와 같은 대한제국의 "광무개혁'을 둘러싼 논쟁을 살펴볼 때, 필자가 품은 의문은 다음과 같다. 첫째, 개화기의 정치세력들이 근대화를 추진함에 있어 김옥균(金玉均, 1851~1894)과 홍영식(洪英植, 1856~1884) 같은 "급진"개화파는 일본을, 김윤식(金允植, 1835~1922)과 김홍집(金弘集, 1842~1896) 같은 "온건"개화파는 중국을, 서재필(徐載弼, 1864~1951)과 이승만(李承晩, 1875~1965) 같은 친미 개화파는 미국을 근대화의 모델로 삼았을 뿐 아니라 그 힘을 빌리려 했던 것은 주지의 사실이다. 반면 고종이나 그 주변 세력은 갑신정변 실패 이후 원세개(袁世凱, 1859~1916)의 압제를 견제하기 위해 인아거청책(引俄拒淸策, 러시아를 끌어들여 중국을 견제하는 외교정책)을 썼고, 갑오 · 을미개혁 시기에 위축되어 있던 왕권을 회복하기 위한 방법으로 아관파천(俄館播遷, 1896년 2월 11일부터 1897년 2월 20일까지 고종과 왕세자가 일본의 압제를 피해 러시아공사관으로 거처를 옮긴 것)을 단행한 이후 1904년 러일전쟁이 일어나기 전까지 일본 견제에 러시아를 이용하려 했던 것으로 알려져왔다. 왜 그들은 러시아 세력에 의지하려고만 하고 러시아를 모델로 하는 개혁을 시도하지 않았을까?

둘째, 일본이 자국의 제도를 모델로 한 갑오경장을 방조(傍助)하고, 원세개가 중국의 영향에서 벗어나려는 제반 근대적 개혁을 막은 것과 마찬가지로, 러시아도 그 영향력이 증대한 1895년 삼국간섭 이후의 시기에 자국을 모델로 한 조선의 개혁을 유도하려 하지 않았을까 하는 생각이다. 즉, 대한제국 시기 조선이 따를 수 있었던 근대화 노선은 양무운동(洋務運動, 1861~1894)이나 메이지유신(明治維新, 1868) 방식 외에 러시아식 근대화 모색도 가능한 것이었다고 본다.

셋째, 만약 대한제국이 추진한 황제권 강화가 전통적인 중국의 천자나 일본의 천황제 외에 러시아의 차르체제도 참용한 것이었다면, 이를 '절대왕정에 머무른 것으로 보아야 하는가?' 아니면 '한국형 국민국가의 수립으로 보아야 하는가?' 하는 점이다. 필자는 이와 같은 의문에 답함으로써 대한제국의 역사적 성격을 밝혀보려 한다.

4
반론과 관견(管見):
대한제국의 역사적 성격 어떻게 보아야 하나

1) 왜 다시 황제인가?

1919년 일제에 의해 독살되었다는 풍문이 떠도는 고종황제(재위, 1864~1907), 1793년 단두대의 이슬로 사라진 프랑스의 루이 16세(Louis XVI, 재위 1774~11793) 그리고 1918년 총살당한 러시아의 니콜라이 2세(Nicholas II, 재위 1894~1917)는 모두 "비운의 제왕"들이다. 이들의 죽음으로 제왕의 시대는 가고 프랑스에서는 부르주아 계급이, 러시아에서는 노농(勞農) 계급이 주인이 되는 새로운 세상이 펼쳐졌다. 한 세기 전 이 땅의 사람들은 국민국가의 시대를 맞아 국민으로 진화하지 못하고 일본 제국의 식민지 국민이자 천황의 신민(臣民)으로 전락하고 말았다. 그러나 고종이 눈을 감은 지 두 달 뒤에 터진 3·1운동 이후 이 땅의 사람들도 시민혁명과 볼셰비키혁명을 꿈꾸기 시작했다. 왕의 존재는 기억의 저편 망각의 늪에 빠졌다.

제2차 세계대전은 강한 자가 약한 자의 고기를 씹는 약육강식(弱肉强

食)의 제국주의 시대 대신 자유민주주의와 공산주의가 두 개의 이데올로기를 놓고 편을 가르는 냉전(cold war) 시대를 열었다. 그 시절 우리 땅덩이는 남북으로 나뉘고 사람들도 국민과 인민으로 갈라서서 총구를 마주 겨누었다. 선과 악의 도덕적 잣대로 편을 가르던 이분법의 냉전 시대가 끝나자 세상은 힘이 곧 정의인 야수들의 놀이터가 되었다. 돌아온 제국의 시대에 국가주의와 민족주의의 돌개바람이 다시 몰아치자, 지구마을 사람들은 민족과 국가의 이익을 지키는 상징적 영웅으로 제왕들에게 향수를 느끼기 시작했다. 프랑스와 러시아 사람들도 다투어 용도 폐기되었던 마지막 제왕의 명예를 회복시켰다.

처형 200주년을 맞은 1993년 프랑스 전역은 루이 16세 추모 열기로 뜨겁게 달구어졌다. 역사가들은 혁명을 정당화하기 위해 무능하고 우둔한 인물로 일그러뜨린 왕의 본모습을 복원해야 한다고 목청을 높였다. 총살 80년 만인 1998년 니콜라이 2세도 "피의 니콜라이"라는 오명을 벗고 "20세기 초 개혁을 이끈 왕"으로 추앙을 받으며 왕가의 묘역에 안장되었다. 심지어 냉전이 사라지자 일본의 우익들까지 침략전쟁에 책임이 있는 천황 띄우기에 나섰다. 이들이 만든 역사 교과서는 침략의 과거사에 책임이 있는 히로히토 천황을 항상 "국민과 함께한 애국자"로 떠받든다. 우리도 예외는 아니다. 고종황제 높이기와 대한제국 시기의 산업화에 대해 긍정적으로 평가하는 학설이 1990년대에 대두되기 시작했다.[96]

---

96 "대한제국과 황제의 화려한 탄생은 주류 중심의 개혁을 예찬하는 사회적 분위기와 유관하다" 라는 지적도 귀 기울일 만하다. 김윤희, 「제국민(帝國民), 대한제국, 대한제국 황제」, 『내일을 여는 역사』 17, 서해문집, 2004, p. 187. "1990년대는 주류중심의 개혁이 진행되는 시기였다. 군사정권과의 합작을 통해 창출된 문민정부는 '역사바로세우기' 캠페인을 통해 한계가 분명한 정권이라는 점을 감추려 했다. … 문민정부는 세계적인 호경기를 등에 업고 주류 중심의 개혁성과를 부풀리기에 바빴다. 역사적으로 유교인 전통 이념을 배경으로 안정적이고 점진적인 개혁이 한국적인 개혁 모델로 주목받았던 때였다. … 전통의 부활은 변화를 요구하는 사람들의

콩코드 광장의 루이16세 추모 인파

　　프랑스와 러시아 사람들이 마지막 제왕을 기리는 이유는 꿈꾸는 세상
을 속히 이루겠다는 광기에 휩싸여 왕을 죽였지만, 그들을 기다린 것은 로
베스피에르(Maximilien François Marie Isidore de Robespierre, 1758~1794)와 스탈린(Joseph
Stalin, 1879~1953)의 공포정치였지 장밋빛 낙원이 아니었다는 쓰디쓴 교훈을
잊지 않기 위함은 아닐까? 그렇다면 이들의 제왕 띄우기는 과거의 잘못을
되풀이하지 않겠다는 반성의 의식인 셈이다. 반면 일본의 천황 높이기에
는 침략의 과거사를 영광의 역사로 분을 발라 꾸미려는 불순함이 배어나
온다. 성찰과 반성이 빠진 역사기억 꾸미기는 과거의 잘못을 되풀이할 뿐
이다.

　　2004년 『교수신문』을 통해 전개된 대한제국 논쟁이 말해주듯 십자포
화가 작렬한 대한제국의 역사적 성격 규정은 학계의 화두였다. 이태진 ·
김재호 교수를 주축으로 11명의 역사학자가 고종황제를 어떻게 기억할 것

발목을 잡고, 주류층의 개혁이 역사적으로 얼마나 위대했는가를 보여주었다."

인지를 놓고 『교수신문』의 지면을 빌려 6개월 동안 한 치의 양보 없는 역사 청문회를 벌였다. 고종이 근대화를 이끈 유능한 개명군주인지, 아니면 무능하고 부패한 망국의 군주에 지나지 않는지, 대한제국 시대에 자주적 산업화가 실체인지 허상인지가 논쟁의 핵심이었다.

이 논쟁을 기획한 강성민은 "대한제국은 시기적으로 볼 때 '자생적 근대화론'이 기댈 수 있는 마지막 보루"라고 규정했다. 이와 같이 이태진과 김재호 사이의 논쟁은 내재적 발전론에 입각한 한국사학계와 식민지근대화론에 입각한 경제성장사학계 간의 논쟁으로 비치고 있다. 그러나 이태진의 견해가 한국사학계를 대표하는 통설은 아니다.[97] 이 점은 논쟁에 참여했던 주진오의 다음과 같은 지적에 잘 나타난다.[98]

> 사실 역사학계에서 이 교수의 학문적 열정과 문제 제기는 높이 평가하지만, 그의 주장이 널리 받아들여지고 있다고 할 수는 없다. 내재적 발전론을 수용했다고 생각하는 학자들의 경우에 더욱더 동의하지 않고 있다. … 그의 주장이 "내재적 발전론자들을 중심으로 환대를 받았다"라고 한 것과 "대한제국이 자생적 근대화론이 기댈 수 있는 마지막

---

97 "광무개혁"연구반, 앞의 글, 1992, p. 342, 주) 1 참조. "'광무개혁'이라는 용어는 따옴표를 한 데서도 알 수 있듯이 아직 학계에서 시민권을 획득하지 못하고 있다. 이 글에서 쓰는 '광무개혁'이라는 용어도 평가가 완결되지 않은 상태에서의 임시적인 것이다. 따라서 그 용어를 썼다고 해서 우리가 '광무개혁'의 실체를 인정하고 그것을 긍정적으로 평가하는 것은 아니라는 점을 밝혀둔다." 『내일을 여는 역사』 17(2004, 서해문집)에 "대한제국 다시보기"라는 제하에 특집으로 실린 네 편의 글도 고종황제와 대한제국을 부각시키는 관점이 갖는 문제점을 지적하고 있다. 김윤희, 위의 글, 2004, pp. 176-189; 도면회, 「대한국국제와 황제중심의 정치체제」, 2004, pp. 190-203; 현광호, 「대한제국은 어떻게 중립화를 실현하려 했나」, 2004, pp. 204-217; 이윤상, 「대한제국 재정 운영의 파행성과 경제 정책의 문제점」, 2004, pp. 218-232.

98 주진오, 「개명군주냐, 민국이념은 레토릭이다」, 이태진·김재호 외, 앞의 책, 2005, pp. 124-125.

보루"라고 한 것은 오해라고 할 수 있다. 이 논쟁은 이태진 교수와 식민

지근대화론자 간의 논쟁일 뿐이다.

식민주의 역사학 넘어서기를 꿈꾼 1970년대 "광무개혁" 긍정론과 1990년대 고종황제와 대한제국 높이기에 보이는 차이는 전자가 근대화의 주체를 민중으로 보고 대한제국이 식민지로 전락한 책임을 전제군주 고종에게 묻는 데 반해,[99] 후자는 군주를 근대화의 주체로 보고 식민지화의 책임을 일제 침략에 돌리는 것이다.[100]

모든 역사는 현재의 역사다. 역사가 과거와 현재 사이의 끊임없는 대화의 과정이라면, 오늘 우리의 지향이 썩지 않게 하는 성찰의 기억으로 역

---

[99] 이는 "광무개혁논쟁"에 대한 김윤희의 평가에 잘 요약되어있다. 김윤희, 앞의 글, 2004, p. 182. "팽팽히 맞섰던 이 논쟁에서도 서로 동의했던 부분이 있었다. 대한제국의 정치권력이 황제와 소수의 측근세력에 귀속되어 있었고, 민권의 신장을 억압했던 전제군주국가였다는 점이었다. 그리고 이 한계는 대한제국이 식민지로 전락했던 국내적 원인의 하나로 꼽혔다. 즉 을사조약과 합방조약의 최종 결정권이 다수의 제국민(帝國民)에게 주어지지 않았다는 사실, 그래서 황제 또는 황제의 권한을 위임받은 소수의 관료가 동의하면 그만인 허약한 주권을 갖게 한 정치구조였다는 점이었다." 또한 이는 한국사학계의 주류적 견해이기도 하며, 이는 도면회의 다음과 같은 평가에 잘 나타난다. "전제군주정의 대안으로 입헌군주정이 논의되고 전국적으로 개혁을 요구하는 인민들의 저항이 일진회로 결집되고 있었음에도 황제는 1907년 헤이그밀사사건으로 일제에 의해 강제퇴위당할 때까지 결코 자신의 권력을 양보하려 하지 않았다. … 식민지화의 책임은 전제군주정을 선언하고 국가를 사유화한 고종이 국가권력을 조금도 양보하지 않다가 최종적인 위기국면에 가서 몇몇 의정부 대신들의 책임으로 떠넘긴 데 있다고도 할 수 있다." 도면회, 앞의 글, 2004, p. 203.

[100] 이태진, 앞의 책, 2000, p. 91. "광무개혁의 기본입장은 1880년대의 군주중심의 동도서기론적 개화정책을 재현시킨 것이다. 독립협회 의회개설운동의 대일의존성과 그 실패, 그리고 이와 대조를 이루는 광무개혁의 성공은 곧 이 시대의 개화, 근대화의 진정한 길이 무엇이었던가를 바로 말해주고 있다. 대한제국은 무능, 무력해서 망한 것이 아니라 광무개혁이 뜻밖의 성과를 올리자 이를 경계한 일본이 러일전쟁이라는 비상수단을 동원해 국권을 강제로 탈점함으로 말미암은 것이었다." ――, 「식민사관의 덫을 경계해야 한다」, 이태진·김재호 외, 앞의 책, 2005, p. 32. "대한제국 근대화 사업은 일제침략으로 미완에 그쳤지만 우리의 자학자조를 걷어내기에 충분할 것이다. 대한제국은 무능으로 망한 것이 아니라 근대화 사업의 빠른 성과에 대한 일본의 조기 박멸책에 희생되었던 것이다."

사는 쉼 없이 다시 쓰여야 한다. 그때 거기 제왕의 시대를 산 이들의 삶을 어떻게 기억하는가는 오늘 여기를 사는 이들이 바라는 내일이 어떠한지를 알려주는 시금석이다. 시민사회와 산업화를 이룬 오늘 그 "발전"의 뿌리를 놓고 한국사학계의 내재적 발전론과 경제성장사학계의 식민지근대화론이 평행선을 달린다. 외세를 배격한 민족의 자주를 강조하는 대한제국 높이기는 과거사에 대한 성찰일까? 근대화 실패와 망국의 책임을 일본에 떠넘기기라는 과오 감추기와 개발독재의 산업화 미화라는 느낌을 감출 수 없다.[101] 그렇다고 대한제국 때리기가 정당한가? 개화기의 근대화 노력을 외면하며 오늘 우리가 이룬 경제성장의 뿌리를 식민지 시대에서 찾는 식민지근대화론의 이면에는 오늘 우리 눈앞에 넘실거리는 신자유주의의 거센 물결을 미화하려는 숨은 의도가 있다는 생각을 지울 수 없다.[102]

---

[101] 김윤희, 앞의 글, 2004, pp. 184-185. "경제적으로 긍정적이었지만, 정치적으로는 독재권력이었다는 평가는 어디에서 많이 들어봄직한 이야기다. 독재 권력을 유지하기 위해 인권을 유린했지만 굶주림과 배고픔에서 벗어나 개인소득 1만 달러 시대를 여는 데 빛나는 공로를 세운 1970년대 개발독재정권에 대한 양면적인 평가 속에는 분명 대한제국을 평가할 때 들이대었던 닮은꼴의 얼굴이 있다. 권력과 독점이 저지른 폭력성이 이민족의 폭력성에 의해 정당화될 수 있다는 생각 속에는 분명 강력한 민족 국가상과 부에 대한 동경이 들어 있다."

[102] 이에 관해서는 다음을 참조. "식민지근대화론은 민족주의 비판 이상의 것을 내포하고 있다. 최근 들어 안 교수는 한 · 미 · 일 우호 관계 강화를 자주 언급하고, 현 낙성대연구소장인 이영훈 서울대 교수는 시장경쟁원리 확대를 강조하고 있다. 관련 연구자들이 현 정부에 대한 비판의 목소리를 높이면서, 전경련 부설 연구소 등과 공동 심포지엄을 열고 이른바 '뉴라이트' 등의 명단에 오르내리는 것도 비슷한 맥락이다. '경제성장사학에는 복지 · 분배 · 환경 · 평화 · 연대 등을 탐색하려는 흔적은 보이지 않는다. 그 자리에 자유시장경제에 대한 선망이 자리 잡고 있다. 경제성장사학의 귀착점은 신자유주의다'(정연태 가톨릭대 교수)라는 지적은 식민지근대화론의 앞길에 놓인 가장 강력한 비판이다." 「식민지근대화론 주도 '낙성대사단'」, 『한겨레』, 2005년 3월 25일자. "요즘 식민지근대화론자들이 일제에 '보은'하려는 모습을 스스럼없이 내비치는 이유가 무엇일까? 여러 가지 요인이 있지만 그중 하나는 일제 때의 경제 · 사회가 많은 면에서 오늘날 신자유주의를 예시했기 때문인 것 같다. … 노동자 · 소작농들의 고용 불안, 사회 양극화의 양상과 기득권층의 부 독점의 심화는 그때나 지금이나 마찬가지다. 식민지의 야만적 착취를 '개발'로 부르는 식민지근대화론자들은 신자유주의적 야만을 당연하고도 긍정적으로 보는 근거를 만들고 있는 것이다." 박노자, 「식민지 개발론이 고개든 이유」, 『한겨레』,

필자도 "민족과 반민족", "침략과 저항", "종속"과 "자주" 같은 이항(二項) 대립의 도식적 역사서술에서 벗어나 대한제국 시기를 보는 시야를 넓혀야 한다는 것에 견해를 같이한다. 그러나 경제성장만을 근대화의 지표로 삼아 근대화의 주체가 일제라도 무관하다는 식민지근대화론을 펼치는 이들의 주장에 동의할 수 없다. 왜냐하면 이는 식민지화의 필연성을 주장한 식민주의 역사가들과 식민지 시혜론을 펼치는 오늘 일본 우익들의 논리를 뒷받침하는 데 이용될 수도 있다고 보기 때문이다. 물론 민족주의는 한 세기 전 여성에 대한 억압기제로 기능했으며, 지금도 우리 안의 타자에 대한 차별의 기제로 작용하고 있는 게 사실이다. 민족주의란 장기적으로 인류 공영의 이상이 실현된다면 폐기되어야 하지만, 다시 돌아온 신자유주의의 세상에서 상대적 약자가 민족주의라는 최후의 갑옷을 먼저 벗을 수는 없다는 생각이다. 민족주의는 폐기되어야 할 당위이지만, 이는 강자가 먼저 폐기할 때 그 선(善)순환의 고리를 이을 수 있는 것이다. 민족주의를 폐기할 수 없는 현 단계에서 민족주의 사이의 전압을 낮춰 충돌을 막는 — 더불어 사는 세상을 지향하는 — 열린 민족주의를 차선으로 꼽을 수 있다. 이 글에서는 "민족"과 "자주"를 오용하는 국수적 성격의 대한제국과 고종황제 띄우기에 보이는 맹점을 지적해보고자 한다.

2005년 5월 9일자. 특히 식민지근대화론을 주도한 "낙성대사단" 출신 경제사학자의 식민지근대화론 비판은 귀 기울일 만하다. 허수열, 『개발없는 개발』, 은행나무, 2005.

2) 고종의 눈에 비친 러시아: 침략자인가, 독립의 옹호자인가?

1860년 러시아는 영불연합군이 북경을 점령한 것을 묵인하는 대가로 연해주를 할양받았다. 이로써 러시아가 조선과 국경을 접하게 되자 청국과 일본 두 나라는 한국이 러시아의 영향권 하에 놓이게 될 경우 자국의 안보에 심대한 위협이 된다고 생각해 러시아의 한국 침투를 경계하기 시작했다. 이후 청·일 두 나라 사람들은 기회 있을 때마다 자신들의 혐로(嫌露)·공로(恐露) 의식을 한국인에게 전파하기 위해 부심했다. 그러나 청·일 양국이 주입한 공로증(恐露症, Russophobia)은 역으로 이 두 나라가 조선에 대한 실질적 위협세력이나 참략자로 다가왔을 때 이들의 침략을 막아 조선의 독립 또는 전제왕권을 지켜줄 독립의 옹호자로 러시아를 보게 하는 쪽으로도 기능했다. 실제로 고종과 민씨 척족세력은 청·일 두 나라가 의도적으로 주입한 러시아 위협론에 눈멀지 않았으며, 자체 수집 정보를 바탕으로 조선을 둘러싼 열강 간의 세력균형을 이루는 데 러시아를 동원할 가능성을 계속 타진해왔다.[103]

사실 1880년대 이전 러시아는 중앙아시아와 발칸반도 경략(經略)에 몰두했으며, 새로 개척한 극동지역 쪽으로의 육로 교통망도 갖추어지지 않았기 때문에 조선에 대한 영향력 확대를 적극적으로 기도하지 않았다. 러시아가 조선에서 영향력을 행사하기 시작한 것은 1884년 갑신정변이 실패로 끝난 뒤 중국의 적극적 간섭이 가해진 이후부터이며, 조선을 둘러싼 각축전에 능동적으로 개입해 괄목할 역할을 수행한 것은 1895년 삼국

---

103 허동현, 「1880년대 한국인들의 러시아 인식 양태」, 『한국민족운동사연구』 32, 2002, pp. 30-38. 개화·일제 시대의 러시아 인식에 관해서는 허동현, 「개화·일제기 한국인의 러시아 인식에 보이는 고정관념」, 『한국민족운동사연구』 42, 2005, pp. 29-74 참조.

간섭으로 일본을 굴복시킨 다음부터의 일이었다. 고종과 민씨 척족세력은 임오군란(1882) 이후 청국을 견제하기 위해 아라사(俄羅斯, 러시아)를 끌어들이는 방안, 즉 인아책(引俄策)을 구상한 바 있으며, 실제로 갑신정변(1884) 실패 이후 청국의 간섭이 심해지자 조러밀약 체결을 시도한 바 있었다.[104]

　그러면 당시 러시아를 끌어들여 청국을 견제하는 외교 책략을 구사했던 이들은 누구였을까? 고종의 측근이던 민영익(閔泳翊, 1860~1914)과 한규직(韓圭稷, ?~1884)이 바로 그들이다. 민영익은 1883년 보빙사(報聘使, 미국 공사의 조선 주재에 대한 답례로 미국에 파견된 사절)로 미국과 유럽을 다녀온 후 고종에 복명하는 자리에서 "유럽에서는 특히 러시아가 강대하며 유럽 여러 나라는 모두 러시아를 두려워한다. 그리고 조만간 러시아가 아시아로 침략의 손을 뻗쳐 조선에도 그 영향이 미칠 것이니 우리나라 입국(立國)의 근본정책은 일본이나 청국만 상대할 것이 아니라 한 걸음 더 나아가 러시아의 보호를 받도록 하는 것이 상책이다"라고 헌책한 바 있었다.[105] 민씨 척족정권의 중요 인물 중 하나이자 경흥부사(慶興府使)를 역임한 한규직도 "일본은 청국과 러시아를 의식하여 감히 조선을 병탄하지 못하지만 늘 침략하고자 하는 뜻을 가지고 있다. 청국은 다른 나라가 조선을 점령해도 힘이 부족하여 조선을 보호하지 못할 것이지만, 조·일 간의 조약에 문제가 있으면 국권(國權)에 간섭하려고 할 것이다. 러시아는 세계 최강국으로 세계가 두려워하지만 조선을 도울 수 있다"라고 러시아 세력을 끌어들여 활용할 것을 제안했다.[106]

104　임계순, 「한로밀약과 그 후의 한로관계(1884-1894)」, 『한로관계100년사』, 한국사연구협의회, 1984, pp. 83-84, 87.

105　김도태, 『서재필 박사 자서전』, 수선사, 1948, p. 12.

106　중앙연구원근대사연구소, 『淸季中日韓關係史料』 4, 도서번호 999, 태동문화사, 1980, p. 1833.

조선의 독립 유지를 위한 균세책으로서 러시아를 끌어들이는 인아책은 1895년 5월 삼국간섭 이후 명성황후(明成皇后, 1851~1895)와 친미 · 친러 성향의 정동파 개화관료들에 의해 다시 한번 시도되었다. 당시의 상황을 기록한 일본인의 기록에 의하면, "그들의 목적은 각국과 골고루 교제하여 각국 공동의 보조에 의해서 어느 한 나라의 강제를 피하려는 데" 있었다.[107] 청일전쟁에 승리한 일본이 한국을 보호국으로 만들려고 하자,[108] 민비와 정동파는 삼국간섭(1895. 4. 23)으로 위상이 높아진 러시아를 끌어들여 이를 저지한 바 있었다. 이에 대한 반동으로 일어난 명성황후 시해사건(1895. 10. 8) 이후 고종을 러시아공사관으로 빼돌리려 한 춘생문(春生門) 사건(1895. 11. 28)과 아관파천(1896. 2. 11~1897. 2. 20)도 크게 보아 인아책의 소산이었다. 이와 같이 러시아 위협론을 맹종하지 않고 청 · 일 양국의 침략을 견제하는 데 러시아를 활용하려 한 고종 같은 인아론자에게 러시아는 조선을 둘러싼 열강 간의 세력균형을 이루는 데 필요한 독립의 옹호자로 비쳤다.

3) 대한제국은 "민국이념"에 기반을 둔 자주적 제국이었나?

이태진에 의하면 개화기에 근대화를 추동한 세력은 전통적인 민국정치 이념에 기반을 둔 동도서기론의 입장에서 황제권의 강화를 추진한 군

---

[107] 일본 외무성 편, 『일본외교문서』 28: 1, 문서번호 299(일본국제연합협회, 1936~), 1895년 6월 16일, 杉村→西園寺, p. 442.

[108] 유영익, 「청일전쟁중 일본의 조선보호국화 기도와 갑오 · 을미경장」, 『갑오경장연구』, 일조각, 1990, pp. 81-84.

주[109]와 "완전한 서구화, 즉 서도서기론(西道西器論) 입헌군주제를 지향"하는 대일 의존성을 띤 개화파 둘이며,[110] "진정한 근대화의 길"은 "광무개혁의 성공"이 웅변하듯 황제가 이끈 것이었다고 한다.[111] 의문이 꼬리를 문다. 과연 군주 중심의 동도서기론적 대응이 민국이념이라는 "자기 역사와 전통적 기반"을 둔 것이었을까? 왜 서양의 입헌군주제나 입헌공화제에 소상한 지식을 갖고 있었다던 고종은 러시아의 차르체제에 대해서는 아무것도 알지 못했을까?[112] 민국이념을 계승했다는 고종황제가 남긴 사진에서 황제는 어째서 차르 복장을 하고 헬멧(피켈하우베)을 쓰고 있는 것일까?

---

[109] 이태진, 앞의 책, 2000, pp. 88-89. "당시 군주가 고수하고자 한 것은 단순한 유교정치 이념이 아니라 18세기 이래 탕평군주들이 시대 변화에 조응하여 갱신한 왕정관인 민국정치 이념이었다. 영조·정조가 수립한 이 정치이념은 종래의 민본사상에서 한 걸음 더 나아가 군민일체의 인식 아래 신분적 불평등을 배제하는 세계를 구현하려는 것으로 그 자체에 근대적 지향성을 뚜렷이 보이고 있었다. 고종은 이 정치이념의 유산을 실현시키려면 개화를 위한 내외적 과제의 실현 기반도 저절로 확보될 것으로 믿었던 것이다. 이를 버리고 서양의 입헌군주제나 입헌공화제를 도입하면 정치의 주체가 흐트러져 혼란만 초래될 것으로 인식하였다."

[110] 이태진, 위의 책, 2000, pp. 89-90. "완전한 서양화, 즉 서도서기론 입장에서 입헌군주제를 지향하려는 대응도 있었다. 갑신정변을 주도한 친일 개화파가 선두주자였다. … 조선의 친일 개화파는 조선이 문명화의 길에 들어서기 위해서는 입헌군주제로 전환하고 宮中과 府中도 분리되어야 한다는 주장을 굽히지 않았다. 이 주장에 따르면 조선의 정치현실은 곧 군주권이 약화됨으로써 국가적 구심을 잃어 일본의 침략주의자들이 바라는 바로 그 상황이 초래될 것이 불 보듯 했다. 그들이 일본의 실제의 정치현실을 직시하지 않고 이상론만 고집한 것은 지나친 이상주의자였기 때문이었든지, 아니면 일본의 침략주의의 마수에 잡혀 있었기 때문이라고 판단하지 않을 수 없다."

[111] 이태진, 위의 책, 2000, pp. 90-91. "군주 중심의 동도서기론적 대응은 자연히 자기 역사와 전통적 기반을 버리지 않는 입장이었던 반면 친일 개화파의 문명론적 대응은 과거로부터의 완전한 일탈을 대전제로 삼고 있었다. … 비록 미완성에 그치기는 했으나 짧은 기간에 괄목할 성과가 나타난 것은 황제전제주의에 대한 폭넓은 공감대가 있었기 때문이었다. 광무개혁의 기본 입장은 1890년대의 군주중심의 동도서기론적 개화정책을 재현시킨 것이다. 독립협회 의회개설운동의 대일의존성과 그 실패, 그리고 이와 대조를 이루는 광무개혁의 성공은 곧 이 시대의 개화, 근대화의 진정한 길이 무엇이었던가를 바로 말해주고 있다."

[112] 이태진, 위의 책, 2000, p. 76. "그[고종]는 서양의 입헌군주제나 입헌공화제에 대해서는 소상한 지식을 가지고 있었지만 섣불리 이를 모방하기보다 선왕들이 추구한 민국정치 이념을 계승해 실현하는 것이 훨씬 더 내실 있는 왕정이 되리라고 믿었던 것이다."

프로이센이 만든 투구 피켈하우베(Pickelhaube)를 쓴 고종과 순종

(출처: 위키미디어)

왜 이태진은 일본 천황보다 훨씬 더 넓고 컸던 대한제국의 전제권이 동시대 일본과 패권을 겨룬 러시아의 차르의 그것과 비교하지 않았을까? 혹 러시아가 러일전쟁에 패하고 러시아혁명으로 무너질 후진(後進) 근대였다는 점이 역으로 작용해 대한제국의 전제권 강화에 끼친 러시아의 영향을 간과한 것은 아닐까 하는 생각을 지울 수 없다. 나아가 갑신정변 실패 이후 청국의 간섭을 막기 위해 고종이 펼친 인아책과 명성황후 시해사건 이후 일본의 압력을 피하기 위한 아관파천이 상징하듯 러시아에 대한 고종의 의존과 일본에 맞서 한국에서 자국의 이해를 지키려 했던 제국주의 열강 중 하나인 러시아의 침략성에 대한 설명은 왜 없을까 하는 의문도 고개를 든다.

1905년 니콜라이 2세(오른쪽)와 독일의 빌헬름 2세(왼쪽)

니콜라이는 피켈하우베를 쓰고 독일군 제복을 입고 있다.

(출처: 위키미디어)

아마도 그 이유는 이태진의 학설이 독자성의 신화에 매몰된 데 있는 것으로 보인다.[113] 과연 고종과 대한제국은 자주적이었을까? 대한제국 성

---

[113] 이태진은 고종의 황제권 강화를 고유전통인 민국이념의 계승으로 보기에 대한제국과 메이지 일본의 정체에 보이는 차별성을 다음과 같이 강조한다. 이태진, 위의 책, 2000, p. 81. "고종황제의 황제권 강화의 목적은 일본 메이지유신의 경험과 상통하는 면이 있었지만 그 수단 확보의 결과는 전혀 달랐다. 일본의 경우 번벌세력의 추밀원을 매개로 천황제와 내각제도가 '일체화'되는 틀 아래 내각이 정사 집행의 주체가 되었던 반면, 한국의 의정부와 6조의 대신들은 의정의 주체가 되면서도 행정권은 이미 주어진 것에 한정하고 새로운 자수자강(自修自强)의 시책은 궁내부의 신설 관서들이 전적으로 담당하는 형태를 취했다. 한국 측이 신·구제도의 이원성을 면치 못한 것은 관료집단 및 관료제도의 미혁신성과 무관하지 않지만 군주권의 범위와 절대성은 일본에 비해 훨씬 더 넓고 컸던 것으로 간주된다. 이러한 차이는 한국의 중앙집권 관료제의 오랜 전통과 경험에서 오는 것이었다."

립 전후의 한반도를 둘러싼 국제정치 관계를 살펴보자. 고종은 아관파천 기간 동안인 1896년 5월 말에 거행된 니콜라이 2세의 대관식에 민영환을 조선 대표로 파견하여 러시아를 끌어들여 일본의 침투를 막으려 했다. 민영환(閔泳煥, 1861~1905)은 웨베르(Karl Ivanovich Weber, 1841~1910) 공사의 주선으로 러시아 요원들의 보호를 받으며 모스크바로 가 차르를 알현했으며, 이 자리에서 "조선을 러시아의 보호령으로 삼을 것을 요구해 약속받았다"고 한다. 그러나 이 약속은 지켜지지 않았다.[114] 민영환은 이후 6월 5일과 7일에 외무대신 로바노프(Alexei B. Lobanov, 1824~1896)와 재무대신 비테(Sergei Yulievich Vitte, 1849~1915)를 만나 러시아 군대의 조선 국왕 보호, 러시아 군사고문관 파견, 궁내부(宮內府)·탁지부(度支部)·광산·철도 고문관 파견, 한·러 간 육상 전신선 가설, 대일차관 변제용 차관제공 등을 요청했다.[115]

그러나 러시아는 군사와 재정고문관 파견만 받아들였을 뿐 러시아 군대의 국왕 보호 요구 등은 거절했다. 민영환의 노력은 러시아의 조선 장악을 막기 위해 일본이 파견한 일본 정계의 원로 야마가타 아리토모(山縣有朋, 1838~1922)의 방해로 반감되고 말았다. 러시아는 야마가타가 제의한 39도 선을 경계로 한 한국 분할통치를 거부했지만, "한국의 보전과 독립의 원칙"을 확인한 야마가타·로바노프 의정서(1896. 6. 9)에 잘 나타나듯이, 자국의 힘이 일본을 압도할 때까지 일본과 한국에서 힘의 균형을 유지하는 쪽을 택했다. 이처럼 러시아는 드러내놓고 조선에서 군사적·재정적으로 명

---

114 A. 말로제모프, 석화정 역, 『러시아의 동아시아정책』, 지식산업사, 2002, p. 136.

115 『윤치호일기』 4, 1896년 6월 5일, 탐구당, 1971, p. 201. "1. Guard for the protection of the King until the Corean army be drilled into a reliable force. 2. Military Instructors. 3. Advisors: One for the Royal Household to be near the King; one for the Ministry; one for mines, railroads, etc. 4. Telegraphic connections between Russia and Corea on terms beneficial to both — An expert in telegraphic matters. 5. A loan of 3 million Yen to cancel the Japanese debt."

백한 우위를 차지하려 하지 않았지만, 군사와 재정 고문관을 보내 한국에서 일본의 힘을 은밀하게 누르려 한 것도 사실이다.[116] 일본과 의정서를 체결한 후 한 달 만에 러시아는 러시아 군사교관 파견에 대한 교섭을 시작했으며, 8월에 조선주재 초대 러시아 육군무관 스트렐비스키(Strel'bitskii) 대령이 입국하고 10월에는 민영환 일행과 함께 푸쨔타(Putiata) 대령과 장교 3명, 하사관 10명이 한국에 들어와 궁성호위대를 비롯한 군대 재조직화 작업에 착수했다.[117]

1897년 2월 20일 고종은 아관파천을 끝내고 러시아공사관을 나와 환궁했으며, 러시아 군사요원들도 덕수궁 옆으로 이동했다. 1897년 8월에는 13명의 장교가 추가로 한국에 들어왔으며, 10월에는 알렉세에프(Alekseev)가 입국해 재정고문 및 총세무사 자리를 차지했다.[118] 이 무렵의 정세 변화에 대해 미국 공사 알렌(Horace N. Allen, 1858~1932)이 "한국문제는 다 끝났다"라고 말할 정도로 러시아의 위세는 높았다.[119] 1897년 10월 11일에 공포된 대한제국의 성립은 러시아 세력의 진출에 힘입은 것이었다.[120]

---

116 최문형, 『한국을 둘러싼 제국주의 열강의 각축』, 지식산업사, 2001, pp. 208-216.

117 서인한, 『대한제국의 군사제도』, 혜안, 2000. pp. 92-95, 161; 현광호, 『대한제국의 외교정책』, 신서원, 2002, pp. 29, 131, 227-232, 235, 291.

118 최문형, 앞의 책, 2001, pp. 217, 222; 석화정 역, 앞의 책, 2002, pp. 137, 140.

119 F. H. 해링튼, 이광린 역, 『개화기의 한미관계: 알렌 박사의 활동을 중심으로』, 일조각, 1973, p. 316.

120 석화정 역, 앞의 책, 2002, pp. 159-160. "1897년 9월 7일, 조선 주재 러시아 공사는 유순한 웨베르에서 젊고 공격적인 제국주의자이면서, 알렌이 '무분별한 풋내기', '거만하고 거친 사람'이라고 평했던 스페이르로 교체되었다. 스페이르는 마음속에 거대한 계획을 갖고 있었다. 그는 목재·광산·철도회사 등의 계획을 진전시켰고, 군대 장악, 세관행정, 그리고 부산 앞 절영도에 러시아 해군기지 건설 등을 목표로 하였다. 9월에 스페이르는 조선 국왕을 설득하여 모든 미국인 고문관들을 해임하고 오직 러시아인 고문관을 채용하게 하였다. 남아 있던 유일한 미국인 고문관은, 알렌의 말에 따르면, '친러적 인물로서 알코올 중독자인데도 조선은 그를 법률전문가로 채용하였다.' 내각의 변화가 뒤따랐으며, 새 각료들이 친러파에서 선발되었다. 이 같은

그러나 비테에 의해 추진되던 한국 진출 정책은 암초에 부딪쳤다. 만주 침투를 주장하는 외무대신 무라비요프(Mikhail Nikolayevich Muravyov, 1845~1900)와 육군대신 반노프스키(Pyotr Vannovsky, 1822~1904)가 득세하면서, 러시아의 동방정책이 만주 진출로 전환되고 1897년 12월 18일 여순과 대련을 조차하게 되자 한국에 대한 러시아의 관심이 줄어들게 되었다. 이후 러시아와 일본은 니시(西德二郎)-로젠(Rosen) 협정(1898. 4. 25)을 맺어 일본이 러시아의 만주 진출을 눈감는 대신 러시아는 조선에서 일본의 상업적·공업적 우위를 인정하는 타협을 하게 된다.[121] 이때 두 나라는 조선의 "완전한 독립"을 말했지만, 이는 진정한 독립이 아닌 러시아와 일본 어느 한쪽의 조선에 대한 완전한 패권이 실현되지 않는 힘의 균형 상태임을 의미한 것에 지나지 않는다.[122]

1897년 10월 11일에 공포된 대한제국의 성립은 러시아의 정책이 만주 진출로 바뀌기 전, 비테의 조선 적극 진출정책을 배경으로 한 것이지 명백히 자력에 의한 것은 아니다. 러시아 세력의 퇴조와 더불어 일본의 압력이 더욱 강해지던 1902년 평양에 서경(西京)을 건설하는 사업이 착수된 이유도 황제국가로서의 면모 과시보다는 러시아에 기대어 명맥을 유지하려

'우호적인 태도'의 대가로 국왕은 1897년 10월 칭제(稱帝)를 인정할 것임을 러시아로부터 약속받았다."

121 최문형, 앞의 책, 2001, pp. 223-263; 석화정 역, 위의 책, 2002, pp. 141-166.

122 최문형, 위의 책, 2001, p. 289. "열강이 제기했던 '한국의 독립'은 문자 그대로 우리를 독립시켜야 한다는 진정한 의미의 그것은 아니었다. 자국의 경쟁 상대가 그 세력이 크거나 커져갈 때 한국이 독립국임을 내세움으로써 그 상대를 제약하기 위한 일종의 견제수단이었다고 볼 수밖에 없는 것이다. 한반도에서 상대의 힘이 크게 강해져서 더 이상 자국의 독자적인 견제력 행사가 불가능해진 상황에서는 '한국독립론'이 아니라 '한국중립론'이 제기되었음을 알 수 있다. 의화단의 난 이후 러시아는 만주를 무력으로 점령하고 나서 '한국중립안'을 제기한 데 반해, 한반도에서 우세하던 일본은 '만주의 중립'을 내세웠던 것이다."

는 측면이 더 컸다.[123]

4) 개혁 모델로서의 러시아

종래 근대 국민국가의 수립을 본격적으로 도모하기 시작한 개화기에 개혁 모델로 러시아를 주목한 연구로는 박노자의 글이 있을 뿐이다. 『독립신문』에 보이는 러시아 인식을 분석한 박노자는 서재필(徐載弼, Philip Jaisohn, 1863~1951) 같은 친미 개화파가 주변부 지역의 친서구적 개혁가(Occidentalist)들과 마찬가지로 제정 러시아의 문명화 수준을 현실 이상으로 과대평가해 러시아를 구미 선진제국과 동일시함으로써 러시아의 '후진적 근대'를 한국 개혁에 유용한 본보기로 생각했다고 보았다.[124] 사실 서재필이 『독립신문』의 사설 등을 통해 러시아의 군대조직이나 민회 등의 장점을 소개한 바 있듯이, 서구중심주의자들이 군대조직이나 민회 등 러시아의 "제한된 근대성"을 구미제국의 그것보다 더 "손쉬운 모델"로 보았다고 볼 수 있다.

---

123 이윤상, 「대한제국기 국가와 국왕의 위상 제고사업」, 『진단학보』 95, 2003, p. 90. "서경 건설에는 황제국가로서의 면모 과시라는 측면과 함께 러시아와의 관계도 고려된 것이 아니었나 생각된다. … 1900년 7월 러시아가 조선에서 러·일 양국의 세력범위를 확정하자는 제안을 하자 앞서 1896년에 북위 39도선으로 조선을 분할하는 방안을 제기했던 일본 정부도 이를 받아들이려 했으나 東亞同文會 등의 강력한 반대로 방침을 확정하지 못해 유야무야된 적이 있었다. 만약 이러한 제안이 성사되었다면 한국은 북부와 남부로 분할되어 각각 러시아와 일본의 보호령과 같은 처지가 되었을 것이고, 혹시라도 있을지 모를 그런 경우에 대비하기 위해서는 북부지방에도 궁궐이 필요했을 것이다. 따라서 서경 건설에 대한 고종의 관심과 지원은 상당하였다."

124 박노자(V. Tikhonov), 「The Experience of Importing and Translating a Semantic System: 'Civilization', 'West', and 'Russia' in the English and Korean Editions of The Independent」, 『한국민족운동사연구』 32, 2002, pp. 57-102.

그러나 필자는 서구중심주의자들이 러시아의 후진성을 제대로 파악하지 못하고 러시아를 선진 서구제국과 동일시했기 때문에 절대군주 체제 하의 러시아를 본받고 따를 만한 모델로 보았다고 생각하지 않는다. 왜냐하면 이들은 정체의 민주화와 기독교의 사회화 정도를 잣대로 서구문명의 주변부인 러시아의 국세를 폄하하고 있었기 때문이다. 이승만은 1904년 집필한 『독립정신』에서 "아라사[는] … 자초로 풍기가 열리지 못하여 지금껏 야만스러운 풍속이 많이 덜리지 않았으나 이전 역사책을 보면 더욱 괴악한 사적이 많은지라. 1672년에 대피득(Peter the Great, 재위 1682~1725)이라 하는 인군이 나서 정사를 그 매씨에게 맡기고 미복(微服)으로 각국을 유람할 새 남의 문명 진보함을 보고 자기 나라의 열리지 못함과 곤궁 잔약함을 탄식하여 크게 변혁함을 맹서"함으로써 서구국가의 일원이 되었다고 보았다. 그렇지만 그가 보기에 러시아는 "태고시대에 인심이 양순하고 풍속이 순후할 때에 무위이치(無爲而治)하던 '전제정치'를 아직도 펴고 있는" 중국과 마찬가지로 후진국에 지나지 않았다.[125] 나아가 이승만은 미국·일본·러시아의 수준을 기독교 사회화의 정도에 따라 평가한 "입국위교화위본(立國以敎化爲本, 교화로써 나라를 세울 것)"이라는 1900년대 초에 쓴 것으로 보이는 논설에서 다음과 같이 러시아의 후진성을 통박(痛駁)한 바 있다.[126]

[기독교의] 교화가 융성한 나라에서는 백성이 정권을 장악하기 때문에 반란·침어(侵漁)·기만·시기 등의 폐단이 없다. 지금의 미국이 그러한 예이다. 정법을 교화보다 우선시하는 나라에서는 임금과 백성이

---

125 이승만, 『독립정신』, 정동출판사, 1993, pp. 75-76, 135.

126 이승만, 『옥중잡기』; 유영익, 「이승만의 〈옥중잡기〉 백미」, 유영익 편, 『이승만연구』, 연세대학교 출판부, 2000, p. 37에서 재인용.

모두 정치를 하는 셈이다. 그래서 무릇 각국의 양법(良法)과 미규(美規)를 찬란하게 두루 갖추고는 있지만 이따금 뇌물과 청탁이 성행하여 투표할 때에 돈을 주고 사람을 사는 등의 갖가지 더러운 일이 일어난다. 오늘날의 일본이 그러한 예이다. 심지어 전연 교화에 힘쓰지 않는 나라도 있으니, 비록 천하를 웅시(雄視)하고 해외에 국위를 떨치고는 있지만 정변이 자주 일어나 국보(國步)에 어려움이 많다. 오늘날의 러시아가 그러한 예이다. 이것이 어찌 정법은 교화를 근본으로 삼아야 한다는 것을 쉽게 깨닫게 하는 분명한 증거가 아니겠는가?

이처럼 서구중심주의자들이 러시아에 대해 내린 평가는 그들이 이상시한 미국에 대해 보인 찬탄에 비추어볼 때 지극히 냉혹하다. 즉 이들에게 미국은 이상적 모델로, 일본과 러시아는 반면교사로 이해되었던 것이다. 물론 이들 서구중심주의자가 미국식 민주공화제를 이상시했지만, 당시 한국의 현실에 이를 바로 도입할 수는 없다고 보아 입헌군주제의 수립을 도모한 바 있었다. 서재필은 1896년 독립협회의 의회설립 운동을 이끌며 입헌군주제 정부의 수립을 도모했으며,[127] 이승만도 1904년 집필한 『독립정신』에서 민주공화제가 "세상에서 가장 선미(善美)한 제도"이기는 하지만 한국 실정에 당장 도입하는 것은 "지극히 위험한 생각"이라고 보아 우선 입헌군주제를 세워야 한다고 주장한 바 있었다.[128] 그러나 이들이 생각한 입헌군주제는 제정 러시아의 전제군주제는 아니었고 일본식 모델을 참용한

---

[127] 신용하, 「서재필의 독립협회 운동과 사상」, 서재필기념회 편, 『서재필과 그 시대』, 서재필기념회, 2003, pp. 149-151.

[128] 이승만, 앞의 책, 1993, pp. 110-112.

것일 가능성이 크다.[129]

러시아의 전제군주제를 따라 배워야 할 이상적 모델로 본 쪽은 고종이었다. 필자는 대한제국이 추진한 황제권 강화는 민국이념을 계승한 것이라거나 중국의 천자나 일본의 천황제를 본떴다기보다 러시아의 차르체제를 참용했다고 생각한다.[130] 1899년 8월 17일 공포된 대한국국제(大韓國國制)에 의하면, 황제는 육해군 통수권, 입법권, 행정권, 관리임명권, 조약체결권, 사신임면권 등 모든 권한을 독점한 전제군주였다. 이태진은 대한제국이 18세기 이래의 민국정치(民國政治) 이념을 계승해 일본의 천황대권을 규정한 명치헌법과 제국의회에 비견되는 대한국국제와 중추원을 기반으로 수립된 근대 국민국가라고 본다.[131]

그러나 청일전쟁 이후 일본의 보호국으로 전락할 위기에서 러시아에 기대어 등장한 황제국 대한제국의 모델이 제정 러시아였음은 자명하지 않을까? 왜냐하면 고종 집권 시 러시아의 차르였던 알렉산드르 2세(Aleksandr II, 재위 1855~1881), 알렉산드르 3세(Aleksandr III, 재위 1881~1894), 니콜라이 2세(Nicholas II, 1894~1917)의 치세를 보면 일본의 천황제보다는 러시아의 차르체제가 대한제국의 황제체제와 유사한 것으로 보인다. 즉, 알렉산드르 2세의 경우 집권 초인 1860년대에 농노제 폐지령 발포, 지방의회인 젬스트

---

129 애국계몽운동에서 대한자강회를 이끈 윤효정도 구미열강의 부강은 입헌제의 채용에 의한 것이고, 일본도 이 정체를 채용해서 "번영흥륭(繁榮興隆)"하고 있고 러일전쟁에서 일본의 승리야말로 입헌국의 전제국에 대한 승리로 보았다. 月脚達彦, 「愛國啓蒙運動の文明觀·日本觀」, 『朝鮮史研究會論文集』 26, 1989, p. 67.

130 김기봉은 "광무개혁"을 명치유신을 모방한 것으로 본다. 김기봉, 「내재적 발전론과 식민지근대화론을 넘어서」, 이태진·김재호 외, 앞의 책, 2005, p. 76. "문제는 고종의 자주적 '근대' 개혁이라는 것이 처음부터 끝까지 일본의 명치유신을 모방하고자 했다는 점이다. … 고종의 근대개혁의 목표가 일본 근대화를 복제하는 것이었다면 내재적 발전론 또한 무슨 의미가 있는가?"

131 이태진, 앞의 책, 2000, pp. 74-81.

제정 러시아를 모방한 대한제국의 국장(國章)

(출처: 위키피디아)

제정러시아의 국장

(출처: 위키피디아)

보(Zemstvo) 창설, 배심원제도 등 유럽식 사법제도 도입 같은 개혁 정책을 펴나갔지만, 1866년 암살음모사건 이후 비밀경찰이 사회 구석구석을 감시하는 보수적 반동체제로 돌아가면서 과거의 개혁을 수포화했다. 이후 즉위한 알렉산드르 3세와 니콜라이 2세도 개혁보다는 정교교회와 경찰을 동원하는 반동적 전제정치를 강화했다고 한다.[132]

따라서 고종이 영조·정조 이래의 민국이념을 계승한 계몽전제군주였다고 보기보다는 동시대 차르의 제정을 모방했다고 보는 것이 합리적이지 않을까 하는 생각이 든다. 또한 일본의 경우 천황대권을 규정한 이상한 형태의 헌법이지만 헌법과 의회가 있었으며 정당 활동도 가능했다는 점과 독립협회의 탄압, 정당이나 의사정당인 "학회" 등의 금지, 그리고 전제왕권적 요소가 다분한 "대한국국제"를 볼 때 러시아의 "후진적 근대화"를 참고한 듯한 부분은 분명히 있다고 본다. 이태진이 항일정보기관으로 본 "익문사(益聞社)"도 러시아의 비밀경찰 제도를 참용한 것일 수 있다는 생각이다.

특히 독립협회와 관련해 주한 러시아 공사 스페에르(Speyer)가 "고종의 충신인 척하면서 실제로 여지없이 미국화되어버린 서재필의 산물인 독립협회는 반러 활동을 전개하는 일본과 영국 공사관의 괴뢰"라고 보고한 것을 보면,[133] 독립협회의 의회 설립 기도를 무산시킨 이면에는 러시아 측의 암묵적 지지도 있었을 것으로 보인다. 좀 더 구체적인 분석이 있어야겠지만, 러시아의 차르체제가 광무개혁의 모델로 작용한 것으로 볼 수 있다.

---

132 M. 카르포비치, 이인호 역, 『제정러시아(1801-1917): 탐구신서 118』, 탐구당, 1992, pp. 7-82; 니콜라이 V. 랴자노프스키, 김현택 역, 『러시아의 역사(1801-1976)』, 까치, 1982, pp. 9-128; 차하순, 『새로쓴 서양사 총론』 2, 탐구당, 2000, pp. 825-827, 938-939.

133 Pak Chonghyo(박종효), *Rossiya i Koreya, 1895-1898*(러시아와 한국: 1895-1898), 모스크바, 1993, p. 104.

5) 그들이 꿈꾼 것은 국민국가였는가?

비서구 지역에서의 국민국가는 다음과 같은 특징을 갖는다.[134] 첫째, 국민국가는 그 정치체제가 군주제든 공화제든, 민주적이든 전제적이든 간에 국가를 담당하는 주체가 국민이어야 한다. 또 그 국가가 국민국가인지는 자국민이 아니라 국제적으로 다른 나라들에 의해 판정되며, 서구의 가치기준에 따른 문명화 — 서구화 — 정도가 그 기준이 된다. 둘째, 국민국가는 국가통합을 위해 의회·정부·군대·경찰 등 지배 억압기구로부터 가족·학교·언론매체·종교 등 이념적 장치까지 여러 가지 장치가 필요하며, 국민통합을 위한 강력한 이데올로기가 반드시 있어야 한다. 셋째, 국민국가는 혼자 존재하는 것이 아니라 다른 국민국가와의 관계 속에서 존재한다. 따라서 국민국가는 세계적인 국민국가 체제에서 그 위치가 설정되며, 각각의 독자성을 표방하면서도 서로 모방하면서 유사성을 띠는 경향이 있다. 요컨대 "상상의 공동체"로서 국민국가는 민족, 즉 국민을 통합하는 전제로서 경제통합(교통망, 토지제도, 화폐와 도량형의 통일), 국가통합(헌법, 의회, 징병에 의한 국민군), 국민통합(호적, 박물관, 정당, 학교, 신문), 문화통합(국기, 국가, 서약, 문학, 역사서술) 등이 이루어져야 한다는 것이다. 다시 말해 비서구 지역에서의 국민국가란 그 정체의 민주성 여하에 상관없이 소위 "상상의 공동체"로서 국민을 단위로 한 국가일 뿐이다.

후진근대로서 일본의 천황제와 러시아의 차르체제를 국민국가로 볼 수 있을까? 메이지(明治) 시대 이래 일본은 "문명개화(文明開化)"를 기치로 프랑스 혁명 이래 서구 국가들이 만들어낸 근대화 기제들을 이입해 일본

---

134 西川長夫, 앞의 글, 1995, pp. 3-42.

에 적합하게 변형하여 정착시켰다. 문명개화로 상징되는 일본의 근대는 단순한 서구문물과 제도의 도입만이 아니라 천황제를 부활시킨 메이지유신의 불가피한 산물로서 일본 고대의 복고이기도 했다. 여기서 "서구 근대와 일본 고대의 유착"이라는 일본 근대의 특수성이 나온다. 이들에 의해 만들어진 "서구의 역상(逆像)"으로서의 일본 근대는 서구 근대가 "오해·오역"되거나 "날조된" 것으로 양자 사이에는 본질적인 차이가 있었다. 그러나 당시 일본이 헌법과 의회, 그리고 삼권분립의 정치체제를 갖추고 있었던 점을 고려하면 일본형 국민국가는 존재하고 있었다고 본다.[135]

제정러시아의 사회·정치적 성격을 규정할 때, 서구 중심적 시야에서는 피터 대제(Peter the Great, 표트르 1세) 이후 러시아에 도입된 서구적 요소를 가식(加飾)으로 보아 제정러시아를 "본질적 성격에서의 가산 국가"로 보는 견해도 있지만,[136] 제정러시아 정치체제의 경직성 ― 1905년 이전까지의 정당 활동 금지 등 ― 에도 불구하고 인텔리겐치아(intelligentsia) 같은 지식인과 노동 계급을 중심으로 한 초기 형태의 시민사회가 이미 형성되어 1905년 입헌군주제 도입 이후 서구형 국민국가에 상당히 근접했다고 보는 견해도 있다. 대한제국이 등장한 1890년대는 국민국가로의 이행기로 보는 것이 합리적 해석으로 보인다.[137]

독립협회 세력이 실현 가능한 모델로 본 것은 일본의 입헌정체였으며, 고종과 그 측근세력의 "잠재모델"은 러시아의 차르체제였다. 그렇다면 이 둘의 지향은 국민국가의 필요충분조건에 부합할까? '국민국가 만들기'

---

135 西川長夫, 위의 글, 1995, pp. 3-42.

136 Richard Pipes, *Russia under the Old Regime*, NY, 1974.

137 Anthony Molho and Gordon Wood (ed.), *Imagined Histories: American Historians Interpret the Past*, Princeton, 1998, pp. 415-434.

라는 이상적인 잣대로 독립협회 운동과 "광무개혁"의 공과를 저울로 재어보자. 국민국가란 그 정치체제가 군주제든 공화제든, 민주적이든 전제적이든 간에 국가를 담당하는 주체가 국민이어야 한다. 이렇게 볼 때 백성을 국민으로 만들기보다 신민(臣民)으로 잠자게 하려 한 대한제국은 진정한 의미의 국민국가로 보기 어렵지 않을까? 또 하나 그 국가가 국민국가인지는 자국민이 아니라 국제적으로 다른 나라들에 의해 판정된다. 미국과 영국 두 나라가 일본과 맺은 가쓰라·태프트 밀약(1905. 7)과 영일동맹(1905. 8)은 "광무개혁"을 호평하는 이들이 그리는 자화상에 정면으로 배치된다. 고종이 거처한 경운궁이 러시아·미국·영국 대사관 옆이었다는 사실도 대한제국의 자주성을 의심하게 한다.

인민이 참정권을 가져야 한다는 집합개념으로 민권(people's right)을 얻어내려 한 독립협회 운동은 갑신정변과 갑오경장의 이상을 계승한 것이자 한국 현대 민주주의 사상의 배경이 된다는 점에서 긍정적으로 평가될 수 있다. 하지만 개개인의 개별적(individual) 권리로서 인권(프랑스어로 droit civil)을 중시하는 오늘 시민사회의 눈으로 볼 때 해방 후 권위주의 시대의 뿌리를 보는 것 같아 씁쓸하다. 또 독립협회가 의도한 러시아 몰아내기를 통한 주권 수호운동도 만주에 대한 지배권 확보에 부심한 러시아의 정책 변경이 가져다준 부산물이라는 측면이 크다는 것, 또한 이들이 일본과 미국의 침략에는 눈을 감았다는 점도 묵과하기 어려운 흠이다.

1905년 7월 29일 도쿄에서 미국의 육군 장관 태프트와 일본 총리 가쓰라는 비밀협약을 맺었다. "미국은 일본이 한국에 보호권을 확립하는 것이 러일전쟁의 논리적 귀결이고, 극동 평화에 공헌할 것으로 인정한다." 그때 미국은 한국을 일본의 손아귀에 넘기는 대신 필리핀 지배를 약속받았다.

20년이 지나서야 세상에 알려진 '가쓰라 · 태프트 밀약'은 우리 위정자들이 금과옥조로 믿었던 조미수호통상조약 제1조를 정면으로 부정한다. "다른 나라가 공정치 못하게 모욕을 주는 일이 생기면 반드시 서로 돕는다." 거중조정(good offices)의 의무는 외교적 꾸밈말에 지나지 않았다. 러일전쟁이 터진 이후 시어도어 루스벨트 대통령은 이미 일본의 한국 지배를 당연시했다. "한국은 자치할 능력이 없으므로 일본이 한국을 지배해 한국인에게 불가능했던 법과 질서를 유지하고 능률적으로 통치한다면 모든 사람을 위해 더 좋을 것이라고 확신한다."

1905년 1월 뤼순(旅順)이 함락되자 열강은 일본의 승리를 점쳤다. 6월 열강은 미국에 러 · 일 두 나라의 강화를 조율해주길 요청했다. 8월 9일 미국 포츠머스에서 러 · 일은 협상 테이블에 앉았다. 12일 영국은 제2차 영 · 일 동맹을 맺어 일본의 손을 들어줬다. "일본은 한국에서 정치 · 군사 · 경제적으로 탁월한 이익을 갖고 있으므로 영국은 일본이 지도 · 감리 및 보호 조치를 한국에서 집행하는 권리를 승인한다." 9월 5일 맺어진 포츠머스조약에서 패전국 러시아는 일본의 한국 지배를 묵인했다. 9일 프랑스가 '루비에-버티 협의'를 통해 한국 문제에 대한 영국의 조처를 받아들였다. 27일 빌헬름 2세도 독일이 극동에서 미국과 보조를 같이하기로 루스벨트와 합의했다. 일본의 한국 지배에 대해 국제적 합의가 끝나가던 9월 19일, 루스벨트의 딸 앨리스(Alice Lee Roosevelt Longworth, 1884~1980)가 이 땅에 왔다.

대한제국 황제는 물에 빠진 이가 지푸라기를 잡는 심정으로 '미국 공주'를 극진히 환대했다. 일본의 만행을 알리려 명성황후를 모신 홍릉에서 환영만찬을 열었지만, 그녀는 능을 지키는 돌짐승에 마음을 뺏겼을 뿐이다. 석마(石馬)에 올라탄 그녀의 모습(사진)은 도와줄 이 아무도 없던 대한제국의 아픈 현실을 상징하는 소극(笑劇)이다. 남의 힘에 기대 생존하려 했던 한 세기 전의 슬픈 역사는 다시 돌아온 제국의 시대를 사는 우리의 가슴에 비수로 꽂힌다.

포츠머스조약이 체결된 직후인 1905년 9월 19일 대한제국을 방문한 시어도어 루스벨트 미국 대통령의 딸 앨리스가 명성황후의 무덤인 홍릉에서 석마에 올라탄 모습.

(출처: Cornell University Library)

고등학교
한국사 교과서에 보이는
현대사 서술의 문제점은
무엇인가?

1
머리말

'2015년 개정 교육과정'에 의해 2017년 3월 발간된 국정『고등학교 한국사』

박근혜 대통령 탄핵으로 인해 교육현장에서 사용되지 못하고 폐기되었다.

(출처: 오마이뉴스)

우리 시민사회는 역사기억을 둘러싼 내전(civil war)이 진행 중이다. 이 전쟁의 포화는 2002년 '7차 교육과정'에 따른『고등학교 한국 근 · 현대사』교과서 검정과정에서 편향성 문제가 불거지면서 촉발되었고,[1] 2009년 '개정 교육과정'에 따라 2014년부터 사용되기 시작한『고등학교 한국사』교과서 8종이 검정을 통과한 2013년 8월 이후 가열되었다.[2] 특히 금성 · 두산동아 · 미래엔 · 비상교육 · 천재교육의 5종 교과서 필자들이 편향적 서술을 수정하라는 교육부의 수정권고를 거부했으며,[3] 검정을 통과한 교학사 교과서는 전교조 등의 압력으로 일선학교에서 한 곳도 채택되지 못했다.[4] '민족통일'과 '민중이 주인 되는 세상'을 꿈꾸는 한국사학계와 전교조에 의한 역사기억 독점은 '2015년 개정 교육과정'에서 한국사 교과서를 국정화하는 역풍을 불러왔다. 그러나 2017년 3월 발간된 국정『고등학교 한국사』는 박근혜 대통령 탄핵으로 인해 폐기되었으며, 2013년 검정본 교과서가 다시 사용되었다. 문재인 정부가 만든 '2018년 개정 교육과정'에

---

1 교육인적자원부가 저작권을 가진 1종교과서인 국정『국사』교과서와 달리『고등학교 한국 근 · 현대사』검정교과서는 교육인적자원부 장관의 검정을 받는 2종교과서였으며, 총 6종의 교과서가 검정을 통과해 2003학년도부터 교육현장에서 사용되었다. 이 '한국 근 · 현대사' 교과는 필수가 아닌 선택 교과였다. 교육인적자원부,『(교육부 고시 제1997 - 15호)고등학교 교육과정 해설』4: 사회, 대한교과서주식회사, 2001, pp. 85, 170.

2 『고등학교 한국사』는 편향성 논란에 휘말려 발간 3개월 만인 2011년 8월 교육과정이 개정되기에 이르렀다. 개정된 교육과정에 의해 종래 80%였던 근 · 현대사 서술 비중이 50%로 축소됨에 따라 현대사 서술 비율도 30%에서 10로 줄어들게 되었으며, 논란을 빚은 '민주주의'라는 용어도 '자유민주주의'로 수정되었다. 허동현,「2009년 교육과정에 따른 고등학교 한국사 교과서 서술의 문제점」,『한국현대사연구』1(2), 2013, p. 88.

3 정경희 · 강규형,「2013검정 고등학교 한국사 교과서의 서술 분석: 교육부의 수정 과정을 중심으로」,『사회과교육』54(1), 2015, pp. 109-110.

4 교학사 한국사 교과서에 대한 비판에 관해서는 다음을 참조. 강화정,「교학사 한국사 교과서의 현대사 서술과 민주주의 교육」,『역사교육연구』20, 2014, pp. 131-170.

따라 2019년 11월 9종의 『고등학교 한국사』 교과서가 검정을 통과했다.[5] 2015년과 2018년 교육과정에 따른 국정과 검인정 교과서에 보이는 차이점을 현대사 부분을 중심으로 살펴보면 다음과 같다.

첫째, 전자가 근·현대사의 서술 비중이 50%인 데 비해, 후자는 70% 이상으로 근·현대사의 비중을 대폭 늘렸다.[6] 특히 현대사의 경우 국정교과서는 총 295쪽 중 49쪽인 데 비해 검정 교과서는 총 310여 쪽 중 80여 쪽으로 서술량을 늘렸다.[7]

둘째, 현대사를 서술하는 대주제명이 "대한민국의 발전과 현대 세계의 변화"에서 "대한민국의 발전"으로 수정되었다. 전자가 일국사(一國史)가 아닌 국제사 시야의 서술을 규정한 반면, 후자는 2009년 교육과정에 보이는 민족사 관점으로 회귀(回歸)했다. 이 차이점은 2015년과 2018년 교육과정에서 제시한 '성취기준'에 잘 나타난다.

8·15 광복부터 현재까지를 다룬다. 제2차 세계대전 이후 미국과 소련을 중심으로 세계 질서가 재편되고 냉전이 시작되는 속에서 대한

---

5 문재인 정부는 2022년 1월 12일 역사교육을 포함한 국가교육 과정의 기준과 내용을 10년 단위로 수립하는 역할을 맡을 「국가교육위원회 설치 및 운영에 관한 법률 시행령」 제정안을 입법예고한 바 있다. 이는 586 운동권의 역사 기억을 '국가교육위원회'라는 독립기구를 통해 전유(專有)하려 한 것이었다.

6 교과의 내용체계가 7개의 대주제 — "우리 역사의 형성과 고조선의 성립", "고대국가의 발전", "고려의 성립과 발전", "조선의 성립과 발전", "국제 질서의 변동과 근대 국가 수립 운동", "일제 강점과 민족 운동의 전개", "대한민국의 발전과 현대 세계의 변화" — 에서 4개의 대주제 — "전근대 한국사의 이해, 근대 국민 국가 수립 운동, 일제 식민지 지배와 민족 운동의 전개, 대한민국의 발전" — 로 축소되었다. 교육부, 「고등학교 교육과정」, 『교육부 고시 제2015-74호(별책 4)』, 2015, p. 165; 교육부, 「고등학교 교육과정」, 『교육부 고시 제2018-162호(별책 7)』, 2018, p. 144.

7 국사편찬위원회 편, 『고등학교 한국사』, 교육부, 2017. 미래엔 교과서의 경우 총 309쪽 중 81쪽이다. 한철호 외, 『고등학교 한국사』, 미래엔, 2020, pp. 228-309.

민국이 수립되는 과정, 북한 정권의 전면적 남침으로 발발한 6 · 25전쟁의 전개 과정, 그리고 전쟁으로 인한 피해를 살펴본다. 전후 권위주의 체제에 저항하며 자유민주주의적 기본 가치를 실현하고자 했던 민주화 운동의 결과로 이룩된 민주주의의 발전 과정과 눈부신 고도 경제 성장의 과정 및 그로 인한 사회 · 문화의 변화상을 살펴본다. 또한 1980년대 후반 사회주의 체제의 붕괴와 탈냉전, 세계화의 흐름 속에서 대한민국의 국제적 위상이 높아졌음을 확인하고, 동북아시아의 역사 갈등과 과거사 문제 등에 대해 올바른 해결 방안을 모색한다.[8]

1945년 8 · 15 광복부터 현재까지를 다룬다. 미 · 소 냉전 체제가 한반도에 끼친 영향을 살펴보고 8 · 15 광복 이후 정치적 상황의 변화와 통일 국가 수립을 위한 노력을 파악한다. 대한민국 정부의 수립 과정, 남침으로 시작된 6 · 25전쟁의 전개 과정과 피해 상황, 전후 남북 분단이 고착화되는 과정을 살펴본다. 4 · 19 혁명의 과정과 의의를 이해하고 5 · 16 군사정변 이후 독재 체제를 유지하려는 정권에 맞서 국민의 힘으로 민주주의를 이룩하는 과정을 탐구한다. 경제 성장의 과정, 성과, 문제점 등을 파악하고, 경제 성장이 가져온 사회와 문화의 변화를 탐구

---

8 교육부, 앞의 책, 2015, p. 174. 세부적 성취기준은 다음과 같다.
　　[10한사07-01] 8 · 15 광복 이후 전개된 대한민국의 수립 과정을 파악하고, 6 · 25전쟁의 발발 배경 및 전개 과정과 전후 복구 노력을 살펴본다.
　　[10한사07-02] 4 · 19 혁명으로부터 오늘날까지 이룩한 자유민주주의의 발전 과정을 이해한다.
　　[10한사07-03] 경제 성장의 성과 및 과제를 이해하고, 그 과정에서 나타난 사회 · 문화의 변화 내용을 설명한다.
　　[10한사07-04] 북한 사회의 변화와 오늘날의 실상을 살펴보고, 평화 통일을 위해 남북한 사이에서 전개된 화해와 협력의 노력을 탐구한다.
　　[10한사07-05] 동북아시아의 역사 갈등, 과거사 문제 등을 탐구하여 올바른 해결 방안을 모색하고, 일본의 독도 영유권 주장을 논리적으로 반박한다.

한다. 북한 사회의 변화를 파악하고 남과 북이 대립과 갈등 속에서도 화해와 협력을 위해 노력하는 과정 및 평화 통일의 중요성을 인식한다.

이런 상이한 성격의 '성취기준'은 국정교과서 현대사 부분 집필자가 경제사와 외교사 등 사회과학 연구자들로 구성된 데 반해 검인정의 경우 9종 모두 한국사 전공 교수나 교사라는 점에서 국정과 검인정의 장점이 뒤바뀌고, 국가가 아닌 한국사학계가 역사기억을 독점하는 역설(逆說)을 낳는다.

셋째, '성취기준'에 보이는 또 하나의 특징은 역사관의 충돌이다. '대한민국 수립'과 '대한민국 정부 수립'이라는 대조적 서술이 잘 말해주듯이 국정 교과서는 대한민국이라는 국민국가의 역사를 서술하는 데 반해 검인정의 경우 미래에 올 통일 민족국가의 역사를 쓰고자 한다는 점이다. 전자가 한국 현대사를 산업화와 민주화에 모두 성공해 식민지에서 선진국의 반열에 오른 '자긍의 역사'를 강조하는 데 반해 후자는 통일된 민족국가의 미완성 및 친일파 숙청의 미비와 독재 체제의 폐해에 방점을 찍는 '성찰의 역사'를 부각한다. 또한 '자유민주주의'와 '민주주의' 같은 상충하는 역사 용어는 이들이 지향하는 역사발전, 즉 문명의 전범(典範)도 대척점에 있음을 알려준다. 전자는 미국식 자유민주주의를, 후자는 중국식 신(新)민주주의를 이상시하며, 이를 이끌 주체도 전자는 국민과 지도자(이승만·박정희)를, 후자는 국민과 인민이 하나 되는 민족과 민중 및 이들을 이끄는 민주화세력을 지목한다. 따라서 전자는 자긍 과잉의 국가주의 또는 영웅주의 사관에, 후자는 '민중혁명 필연론'이 내재한 성찰 과잉의 민족·민중주의 사관과 통일지상주의 사관에 함몰되어 있다는 비판을 받을 소지가 크다.

2020년부터 일선학교에서 사용되기 시작한 검인정 고등학교 한국사

교과서의 한국 현대사 서술에 보이는 문제점은 크게 두 가지로 요약된다. 하나는 1991년 소련 붕괴 이후 구소련 기밀문서 등 새로운 자료들이 공개됨에 따라 학설로서의 존립 기반을 잃은 수정주의(修正主義, revisionism) 사관의 잔영이 여전히 짙게 배어있다는 점이다.[9] 다른 하나는 민족을 단위로 한 민족국가의 완성을 지고의 가치로 하는 통일지상주의 사관에 입각해 대한민국의 건국의 역사적 의의를 평가절하하고 있다는 점이다.[10]

따라서 이 글에서는 소련 붕괴 이후 발굴된 새로운 자료 및 냉전사와 대한민국 건국사에 대한 최신의 연구 성과에 의거해 9종 교과서 관련 서술에 보이는 수정주의 사관의 잔영과 통일지상주의 사관의 문제점을 살펴봄으로써 더 나은 한국 현대사 교과서를 위한 대안 모색에 나름의 생각을 보태보려 한다.

---

9 유영익에 의하면 수정주의 사관에 입각한 한국 현대사 서술의 특징은 미국의 제국주의적 패권정책 비판에 대비되는 소련의 대외정책 옹호, 그리고 북한과 남한의 지도자와 정부에 대한 긍부(肯否)가 대조되는 평가로 요약된다. 즉 냉전 시대 미국의 정통주의 학파에 반기를 든 '위스콘신 학파'의 수정주의 역사가들은 미국이 자본주의 체제의 경제적 필요성 때문에 제1·2차 세계대전 등에 참전한 것으로 보아 미국의 외교정책을 제국주의적 패권주의로 비판하는 반면 소련의 대외정책은 약소민족의 독립을 돕는 반제국주의적 정책이었던 것으로 옹호했으며, 남한의 지도자와 정부의 정통성에 대해서는 시종 비판적으로 논급하는 반면 북한의 지도자 및 정부에 대해서는 호의적인 평가로 일관했다. 유영익, 「수정주의와 한국현대사 연구」 유영익 편, 『수정주의와 한국현대사』, 연세대학교출판부, 1998, pp. 5-9. 최장집은 수정주의 사관의 특징을 "미국의 제국주의적 측면과 남한의 반동성, 그리고 이들의 결합에 의한 음모적 전쟁유도, 따라서 북한에 대한 상대적인 또는 독점적인 민족정통성의 부여와 전쟁성격의 민족해방전쟁으로의 규정 등"으로 요약했다. 최장집, 『한국 민주주의의 조건과 전망』, 나남출판, 1996, p. 106.

10 7차 교육과정에 의한 검인정 『한국근·현대사교과서』에 대한 비판은 아직 유효하다. 이명희·강규형, 「한국근·현대사교과서의 문제점과 개선방향」, 『사회과 교육』 48(1), 2009, pp. 93-109.

'2018년 개정 교육과정'에 따라 2019년 11월 검정을 통과한 9종의 『고등학교 한국사』 교과서

(출처: 사단법인 한국교과서쇼핑몰)

2
수정주의 사관에 입각한
한국 현대사 서술의 문제점

1) 제1차 세계대전 전후 미국과 소련의 대외정책에
대한 서술에 보이는 편파성

9종 교과서는 제1차 세계대전(1914~1918) 전후 미국과 소련의 대외정책에 대한 긍부(肯否)를 대조적으로 서술하고 있다. 미국에 대해서는 제1차 세계대전을 계기로 일본과 함께 강대국으로 떠오른 제국주의 열강의 일원으로 그 침략성을 부각한 반면, 소련의 경우 차르의 전제정치와 미국 등 제국주의 열강의 지원을 받는 반혁명 세력을 물리친 '사회주의혁명'의 본산으로 약소민족의 해방을 지원하는 반(反)제국주의 국가로 서술했다. 이 점은 미래엔 교과서에서 찾아볼 수 있다.[11]

---

11 한철호 외, 앞의 책, 미래엔, 2020, pp. 156-157.

일제가 한국을 강점한 1910년대에 세계사를 크게 뒤흔들어놓은 제 1차 세계대전이 일어났다. 이 전쟁은 제국주의 열강의 식민지 쟁탈전에서 비롯되었다. … 사라에보 사건이 터지자 유럽 열강은 이해관계에 따라 편이 나뉘어 총력전을 벌였다. 팽팽하던 전쟁은 미국이 참전하면서 영국, 프랑스가 주축이 된 연합국의 승리로 막을 내렸다. 제1차 세계대전은 탱크가 등장하고 독가스가 사용되는 등 이전의 전쟁과 다른 양상으로 전개되었다. 그 결과 엄청난 인명 피해와 시설 파괴가 발생하면서 평화를 갈망하는 목소리가 높아졌다. 국제질서도 변화하였다. 독일 등 패전국이 식민지를 잃고 경쟁에서 밀려난 반면, 미국과 일본은 경제 호황을 누리며 강대국으로 떠올랐다. 미국은 국제 사회에서 영향력이 커졌고, 일본은 독일의 중국 내 이권을 차지하는 등 세력을 넓혔다. 한편 전후 문제를 처리하기 위해 열린 파리강화회의는 미국 대통령 윌슨이 제시한 14개조 평화 원칙을 토대로 논의가 진행되었다. 그 원칙 가운데 민족자결주의는 식민지 약소민족 해방운동에 큰 영향을 주었다. 제1차 세계대전이 막바지에 이르렀을 때 러시아에서 혁명이 일어나 차르의 전제정치가 무너졌다(1917). 레닌이 이끄는 혁명정부는 토지의 사유폐지, 주요 시설의 국유화 등 사회주의 개혁을 추진하였다. 나아가 일본, 미국 등 제국주의 열강의 지원을 받던 반혁명 세력을 물리치고 소비에트 사회주의 공화국 연방(소련)을 수립하였다(1902). 소련의 등장으로 제국주의 열강이 주도하던 국제질서에 변화가 일어났다. 레닌은 '민족자결의 원칙'을 내세우며 제국주의의 수탈에 신음하는 식민지 약소민족의 민족 해방운동을 지원할 것을 약속하였다. 반제국주의를 내세운 사회주의 사상은 열강의 침략과 지배에 시달리던 아시아 지역의 지식인과 청년들에게 많은 영향을 주었다.

특히 레닌(V. I. Lenin, 1870~1924)의 '민족자결의 원칙'은 제국주의 열강의 지배하에 있던 식민지 해방의 지원을 약속한 반(反)제국주의로 호평했지만, 미국의 윌슨(Woodrow Wilson, 1856~1924) 대통령이 주창한 민족자결주의는 패전국의 식민지에만 적용되어 약소민족의 독립열망을 기만한 것으로 서술하고 있다. 이는 양자의 차이점을 부연하는 다음 지문에 잘 나타난다.[12]

> 민족자결의 원칙: 사회주의자들은 보상 없는 무조건적이고 즉각적인 식민지의 해방(민족자결권의 인정)을 요구해야 할 뿐만 아니라 … 그들을 억압하는 제국주의 세력에 대한 저항을 지원해야 한다.
>
> – 레닌, 「사회주의혁명과 민족자결권 테제」

> 민족자결주의: 각 민족은 자신의 정치적 운명을 스스로 결정할 권리가 있으며, 이 권리는 다른 민족의 간섭을 받지 않는다는 내용이다. 하지만 이 원칙은 승전국의 식민지에는 적용되지 않았다.

미래엔 교과서는 레닌을 신격화하고,[13] 그가 내건 '민족자결의 원칙'과 코민테른의 '사회주의혁명과 민족자결권 테제'에 대해서도 액면 그대로 받아들이는 편향적 서술을 하고 있다. 이러한 소련 시절의 교조적 해석을 답습한 교과서 서술은 레닌의 독단으로 일어난 10월 혁명을 쿠데타로 보아 여기서 스탈린 시대 소련 사회의 전체주의적 성격의 기원을 찾는 냉

---

12 한철호 외, 위의 책, 미래엔, 2020, pp. 156-157.

13 미래엔 교과서는 "러시아 혁명, 최초의 사회주의 국가가 등장하다"라는 절에서 레닌을 영웅화하는 삽화와 함께 다음과 같은 설명문을 싣고 있다. "러시아의 사회주의 혁명을 풍자한 그림. 레닌이 붉은 빗자루로 왕과 귀족, 자본가를 지구 밖으로 쓸어버리고 있다." 한철호 외, 위의 책, 2020, p. 157.

전 시대 서방 자유주의 학자들의 해석만이 아니라,[14] 냉전 해체 이후 볼셰비키를 혁명적 민중이 아니라 지식인을 대표하는 세력이자 1917년의 약속을 깬 배신자로 보는 신좌파 수정주의자들의 해석과도 배치되는 시대착오적 서술이다.[15]

또한 러시아 혁명의 의의를 사회주의 시대의 개막으로만 한정하는 것도 균형 잡힌 서술은 아니다. 왜냐하면 러시아 혁명이 세계사의 전환점이었다는 점에는 진영의 좌우를 넘어 많은 사람들이 동의하지만, 어떤 의미의 전환점이었는가에 대한 해석은 사회주의 시대의 개막으로 보는 시각에서 민주주의로 위장한 전체주의적 독재의 기원으로 보는 해석에 이르기까지 다양하기 때문이다.[16] 또한 실존 사회주의 체제가 붕괴된 이후 러시아 혁명에 관한 20여 년간의 연구동향을 보면, 러시아 혁명 때부터 스탈린 체제의 폭력성과 더 나아가 소련 체제를 붕괴로 이끈 최초의 맹아가 이미 내재해 있었다고 보는 시각이 주류를 점하고 있기 때문이기도 하다.[17]

---

14 볼셰비키가 이룩한 것은 혁명이 아니라 1905년 이전의 독재체제로의 회귀로 보아 쿠데타로 규정한 파이프스의 연구가 대표적이다. Pipes, *Russia under the Bolshevik Regime, 1919-1924*, New York: A. A. Knopf, 1994.

15 자유주의와 수정주의 입장의 혁명 해석의 요체를 요약한 연구로는 다음을 참조. 이인호, 「역사에서의 혁명: 러시아 혁명과 역사 해석의 문제」, 『서양사론』 33, 1989, pp. 215-222; 이인호, 「러시아 혁명사 연구의 사학사적 배경」, 이인호 편, 『러시아 혁명사론』, 까치, 1992, pp. 5-36; 한정숙, 「볼셰비키 혁명사가 크게 수정되고 있다」, 『역사비평』 12, 1991년 봄, pp. 86-89; 김민제, 『러시아혁명의 환상과 현실』, 역민사, 1998, pp. 28-63.

16 이인호, 위의 논문, 1989, p. 229.

17 박원용, 「소비에트 체제 해체 이후 러시아 혁명 해석의 주요 경향: 정치세력 및 노동계급과의 관계, 신문화사적 관점을 중심으로」, 『동북아문화연구』 29, 2011, p. 673. 1994년 러시아에서의 볼셰비키 혁명에 대한 역사적 평가가 정변으로 바뀌었음을 보도한 『조선일보』 1994년 11월 13일자에 실린 "러지: 러시아 혁명사 재평가/10월 혁명 볼셰비키정변"이라는 기사도 이를 방증한다. "러시아의 주간 '논평과 사실' 지는 혁명 77주년을 맞아 혁명과 레닌, 스탈린 등 당시 주역들에 대한 과거와 현대의 평가를 비교하여 세인의 관심을 끌었다. "역사는 다시 쓰여지는가"라는 제목의 이 기사에서 공산주의 시대의 평가는 1955년 출판된 백과사전을 인용했으

무엇보다 제1차 세계대전이 끝난 1918년 파리강화회의에서 패전국 식민지에 대해 민족자결주의가 천명되면서 조선인도 독립에 대한 희망을 품었다. 윌슨의 민족자결주의에 고무된 우파 민족주의세력은 1919년 3·1운동 이후 공화주의에 입각한 국민국가를 이루려는 희망을 품은 반면 식민지 약소민족의 해방을 내걸고 '프롤레타리아 혁명'을 촉발하려 했던 레닌의 전략에 고무된 좌파 공산주의 진영은 인민민주주의 국가를 세우려 했다. 이처럼 일제 식민지 시대 한국인은 미국과 소비에트 러시아를 각각 미래에 올 국가의 전범으로 삼는 민족주의 우파세력[18]과 공산주의 좌파세력으로 양분되었으며,[19] 1945년 일제의 패망 이후 미·소 양군의 한반도 분할 점령 하에 남북한에는 각기 다른 체제의 국가가 들어섰다. 이런 역사

며, 현재의 평가는 대체로 민주화의 입장을 담았다. 다음은 그 요지다. "10월 혁명: 과거=공산당의 지도하에 러시아의 노동계급이 농민과 함께 달성한 위대한 혁명. 위대한 10월 혁명은 인류 역사상 최초로 착취자들의 지배를 타도하고 프롤레타리아 독재를 이룩했으며 새로운 형태의 국가체제이자 민주주의의 최고 형태인 소비에트 사회주의 체제를 창조했다. 현재=레닌을 우두머리로 하는 볼셰비키들이 국가권력을 탈취하고 가혹한 독재체제를 세울 목적으로 저지른 정변. 이 정변은 당시 러시아의 적대국이었던 독일로부터 엄청난 재정적인 후원을 받았다. 뒤이어 발생한 내전으로 1천 3백만 명의 러시아인이 사망했다. 10월정변의 최종적인 결과로써 러시아에는 전체주의적인 1당 독재체제가 확립됐다."

18 민족주의 세력에게 미국이 문명의 전범이었음은 이승만과 서재필이 주도한 1919년 4월 15일에 필라델피아에서 열린 "한국인 총대표회의"에서 채택된 「종지(宗旨, Cardinal Principles)」에서 "우리는 할 수 있는 데까지 미국의 정체를 모방한 민주공화정부를 세우기로 제의하여 교육을 일치케 할지라"는 대목에 보이는 건국의 밑그림에 잘 나타난다. 유영익, 「3·1운동 후 서재필의 신대한(新大韓) 건국구상」, 김용덕 등 편, 『서재필과 그 시대』, 서재필기념회, 2003, p. 371.

19 공산주의 세력에게 조국, 즉 따라 배워야 할 문명의 표상은 만국 "프롤레타리아트의 조국 쎄쎄쎄르(소련)"였으며, 이는 남로당 당수 박헌영이 1945년 8월 20일 조선공산당 재건준비위원회 명의로 발한 「8월 테제」 말미에 들어 있는 "만국 프롤레타리아트의 조국 쎄쎄쎄르(소련) 만세! 세계혁명운동의 수령 스탈린 동무 만세!"가 잘 말해준다. 박헌영, 1945. 8. 20, ЦАМО фонд 32, опись 11306, дело 605, p. 467; 이정박헌영전집편집위원회, 박헌영, 「현정세와 우리의 임무」, 『이정 박헌영전집』 2: 미군정기 저작 편, 역사비평사, 2004, p. 56; 『이정 박헌영전집』 5: 미군정기 자료 편 ①, 역사비평사, 2004, p. 69.

적 사실에 비춰볼 때, 미국 대외정책의 제국주의적 속성을 부각시키는 데 반해 소련의 그것을 약소민족의 해방을 돕는 반제국주의적인 것으로 도드라지게 하는 교과서 서술은 좌편향이라는 비판을 면하기 어렵다.

2) 제2차 세계대전 전후 적색(赤色) 전체주의에 대한 비판의 결여

"전체주의 국가의 등장과 제2차 세계대전"이라는 제하의 미래엔 교과서 서술은 대공황을 계기로 터진 제2차 세계대전 시기 전쟁을 일으킨 후발 자본주의 국가인 이탈리아 · 독일 · 일본의 백색(白色) 전체주의에 대해 비판하는 서술은 구체적이며, 이들이 범한 반인도주의적 학살도 적시(摘示)한다.[20]

> 경제면에서 향상된 공업 생산력을 대중의 구매력이 뒷받침하지 못하는 생산과 소비의 불균형이 심화되었다. 이는 결국 대공황이라는 세계 자본주의 경제의 큰 위기로 이어졌다. 넓은 식민지를 차지한 영국, 프랑스는 자국과 식민지를 연결하는 배타적 경제 블록을 형성하고, 그 안에서 보호 무역을 강화함으로써 위기를 극복하고자 하였다. … 반면 국내 시장이 좁고 식민지가 적은 독일, 이탈리아, 일본에서는 경제난으로 인한 사회 혼란 속에서 개인보다 집단을 우선시하는 전체주의가 대

---

[20] 한철호 외, 앞의 책, 미래엔, 2020, pp. 208-209. 백색 전체주의 학살에 대해서는 모든 교과서가 특기하고 있다. 일례로 노대환 외, 『고등학교 한국사』, 동아출판, 2020, p. 189.

두하였다. 이들 전체주의 국가는 군수 산업을 적극 육성한 후 침략전쟁을 일으켜 해외 시장을 확보하려고 하였다. 이로 말미암아 제2차 세계대전이 발발하였다. … 전체주의 세력은 인간을 전쟁의 도구로 내몰았고, 독일의 유태인 학살, 일본의 난징 대학살 등과 같은 반인도주의적 만행을 서슴지 않았다.

그러나 소련에 대해서는 백색 전체주의에 맞서 싸운 연합국의 일원으로 서술할 뿐 제2차 세계대전 시기와 냉전 시대에 범한 스탈린(Joseph Stalin, 1878~1953)과 모택동(毛澤東, 1893~1976) 치하의 학살은 언급조차 하지 않는다.[21]

인간의 존엄성을 짓밟는 전체주의 침략에 맞서 민주주의를 옹호하는 미국과 영국, 사회주의 국가인 소련, 일본의 침략에 시달리던 중국 등 수많은 나라와 민족이 연합군을 결성하여 전쟁을 승리로 이끌었다. … 제2차 세계대전에서 미국, 영국, 소련, 중국 등 연합군은 침략전쟁을 벌인 독일, 이탈리아, 일본 등 전체주의 세력에 승리를 거두었다. 연합국은 서로 협력하면서 국제연합을 창설하는 등 세계 평화를 위해 노력하였다.

이와 같이 백색 전체주의 비판에 경도되어 소련 등 적색 전체주의에 면죄부를 주는 서술은 냉전 시대 좌파성향 서구지성들의 스탈린 지배 하 소련에 대한 호의적 평가를 답습한 것으로 냉전 붕괴 이후 새롭게 발굴된

---

21 한철호 외, 위의 책, 미래엔, 2020, pp. 209, 232.

사료와 연구 성과에 반(反)하는 서술이다.[22] 1991년 소련이 붕괴된 후 폴란드의 엘리트집단 2만여 명을 사살한 1940년 카틴(Katyn)숲 학살이 히틀러가 아닌 스탈린의 지시에 의한 것이었음을 입증하는 구소련의 기밀문서 등이 공개되면서 제2차 세계대전 시기에 소련이 범한 전쟁범죄 등 적색 전체주의 국가들이 범한 대량학살의 역사가 알려지기 시작했다.[23] 이후 서구 좌파 지식인들조차 종래의 입장을 바꾸어 적색 전체주의 시대의 악행을 비판하기 시작했음은 1997년 프랑스 좌파 지식인들이 펴낸 『공산주의흑서』,[24] 특히 1988년 브루스 커밍스와 함께 6·25전쟁에 관한 수정주의 사

---

22 사실 냉전 시대 서구 지성들은 독일에 맞선 전쟁에서 막대한 희생을 치른 소련에 대한 부채의 식과 공산진영의 실상에 대한 정보의 부재로 인해 적색 전체주의에 대한 비판에 눈감았다. 그러나 1973년부터 1976년에 걸쳐 수백만 명을 죽인 소련의 강제수용소의 참상을 고발한 솔제니친의 『수용소군도(Arkhipelag Gulag, 收容所群島)』 3권이 출간되고, 1980년 캄보디아 뉴욕타임스 특파원 시드니 쉔버그에 의해 1975년부터 1979년까지 5년간 전인구의 4분의 1인 200만 명을 몰살한 크메르루주 대학살(킬링필드)이 세상에 알려지면서 적색 전체주의에 대한 서구 지성계의 생각이 변하기 시작했다. 특히 1979년 2월 중국의 침략으로 시작된 중국-베트남전쟁과 같은 해 12월 소련의 아프가니스탄 침공은 미국의 제국주의적 패권정책을 비판하면서 소련 등 공산권의 대외정책을 옹호해왔던 수정주의학파의 논리에 타격을 주었다. 서구 지성들의 스탈린과 히틀러에 대한 선오도(選惡度)가 뒤바뀌는 과정과 이유는 다음을 참조. 김명섭, 「한국 현대사 인식의 새로운 '진보'를 위한 성찰: 세계사적 맥락화와 '반반공'주의의 극복」, 한국현대사학회 창립학술회의 발제문(2011. 5. 20), pp. 17-19.

23 1990년 소련은 종래 히틀러의 소행이라고 주장해온 폴란드의 엘리트집단 2만여 명을 사살한 1940년 카틴(Katyn)숲 학살이 히틀러가 아닌 소련 비밀경찰의 소행이었음을 인정했으며, 소련 붕괴 후인 1992년 이 학살이 스탈린의 명령에 의한 것이었음을 입증하는 관련문서를 공개했다. 2010년에는 러시아 의회가 스탈린을 비난하는 결의안을 채택했으며, 2012년에는 유럽인권재판소가 이 학살을 군사범죄로 판결했다. 냉전사의 대표적 연구자인 개디스는 스탈린에게 카틴학살 책임이 있다는 공식 인정은 "소련의 마지막 정부가 스탈린이 반세기 전에 형성했던 세력권의 비합법성뿐만 아니라 소련 정부 자체의 비합법성까지 인정하는 방식 중의 하나로 드러났다"고 평했다. John Lewis Gaddis, We Now Know: Rethinking Cold War History, New York: Oxford University Press, 1997; 존 루이스 개디스, 박건영 역, 『새로 쓰는 냉전의 역사』, 사회평론, 2002, pp. 47-48.

24 Stéphane Courtois, Nicolas Werth, Jean-Louis Panné, Andrzej Paczkowski, Karel Bartosek, Jean-Louis Margolin, Le Livre noir du communisme: crimes, terreur, répression, Paris: Robert Laffont, 1997. 김명섭에 의하면, 이 책을 반박하는 『식민주의흑서』라는 책이 나왔지만, 공산주의가 초

관에 입각한 책을 썼던 할리데이가 2005년 장융(Jung Chang)과 함께 펴낸 '평화기에 7천만 명의 자국민을 죽인 모택동의 책임을 추궁한 연구'가 잘 말해준다.[25]

이처럼 인류 역사상 최대의 학살자를 히틀러가 아닌 모택동으로 보는 할리데이의 연구처럼 서구 좌파 지성계의 경우 적색과 백색 전체주의에 대한 호오(好惡)가 역전된 상황에 비춰볼 때, 미국의 패권적 대외정책을 비판하는 목적론적 수정주의 사관에 경도되어 새로 발굴된 적색 전체주의의 악행이 세계 학계에서 객관적 사실로 입증되었음에도 이에 대한 비판에 눈감는 교과서의 편향적 서술은 균형을 잃은 것임을 부정할 수 없다.

3) 제2차 세계대전 이후 미소 양국의 중국과 일본 정책 관련 서술에 보이는 편파성

종래 냉전의 기원에 대해서는 그 원인을 소련의 대서방 팽창정책에서 찾는 정통주의 연구와 1947년 미국의 공세적 마셜 플랜과 이에 대한 소련의 수세적 대응에서 찾는 수정주의 학설이 대립해왔다. 그러나 1990년대

래한 대량몰살의 역사 자체를 부정하지 못했다 한다. 김명섭, 앞의 글, 2011, p. 18.

25   Jon Halliday and Bruce Cumings, *Korea: The Unknown War*, Pantheon, 1988; Jung Chang and Jon Halliday, *Mao: The Unknown Story*, New York: Alfred A. Knopf, 2005. 이 두 책은 출간한 지 한 해 뒤 번역본이 나왔다. 브루스 커밍스 · 존 할리데이, 차성수 · 양동주 역, 『한국전쟁의 전개과정』, 태암, 1989; 장융 · 존 할리데이, 황의방 · 이상근 외 역, 『알려지지 않은 이야기들 마오』 상 · 하, 까치, 2006. 김명섭은 우리 학계가 이 두 책의 공동저자 할리데이가 동일인임을 잘 알지 못하고 있음을 지적한다. 김명섭, 위의 글, 2011, p. 19.

초 구소련의 문서고가 열리면서 붐을 이룬 냉전사 연구의 결과 스탈린의 팽창 욕구와 소비에트 이데올로기가 냉전 발발과 전개에 핵심적 요인이었다는 신정통주의 학설이 학계의 통설로 굳어졌으며,[26] 냉전 발발의 책임이 미국과 소련 모두에 있다는 1980년 이래의 수정주의 사가들의 양자 책임론은 설득력을 잃었다.[27] 그럼에도 9종 교과서는 냉전 체제 형성에 대한 서술은 이미 수명이 다한 수정주의적 시각에 입각해 서술하고 있다. 이 점은 미래엔과 씨마스 교과서에 잘 나타난다.

전쟁으로 큰 피해를 입은 유럽이 쇠퇴하고, 전쟁 승리에 결정적 역할을 한 미국과 소련이 양대 강국으로 등장하면서 국제 사회의 주도권을 둘러싼 갈등이 일어났다. 소련은 전쟁 중 무력으로 점령한 지역과 그 주변 국가에 공산주의 정권이 들어서도록 지원하였다. 미국 대통령

---

[26] 노경덕에 의하면 신정통주의 학설은 다음과 같이 요약된다. "신정통주의자들이 냉전 기원을 설명하기 위해 특히 주목했던 것은 1947년 여름 이전의 소련 정치와 외교 그리고 이에 대한 스탈린 개인의 역할에 관련된 자료들이었다. 1947년 여름이 이들에게 중요했던 이유는 과거 수정주의자들의 핵심 주장을 반박하기 위해서였다. 수정주의자들은 1947년 여름에 발표된 미국의 마셜 플랜이 냉전 발발의 기원이었고 그 직후 스탈린의 강경 입장 선회는 이 계획에 대한 수동적 대응이었다고 주장했다. 하지만 신정통주의자들에 의하면 마셜 플랜이 발표되기 전에 이미 스탈린의 소련은 서방에 대한 적대적 감정을 드러내고 있었고, 마르크스-레닌주의 이데올로기를 외교 독트린으로 공고화했으며, 세계 공산화 계획을 내부적으로 실행에 옮기고 있었다. 1945년 종전 직후 목도되었던 이란, 터키, 그리고 그리스 위기는 이데올로기에 기초한 스탈린 팽창 정책의 결과였으며, 이 도발로 인해 이미 냉전은 시작되었다. 스탈린이 존재하는 한 독일의 분단은 필연이었고, 동유럽의 전면 소비에트화 계획도 마셜 플랜 이전에 이미 존재했다. 중국공산당도 사실상 스탈린의 지령 하에서 일관되게 반미 노선을 택하고 있었다는 것이다." 노경덕, 「냉전사와 소련 연구」, 『역사비평』 101, 2012, p. 320.

[27] 대표적 연구자인 개디스는 "냉전의 책임이라는 오래된 질문에 대해 새롭게 말할 수 있는 것은 무엇이 있는가? 누가 실질적으로 그것을 시작했는가? 그것을 막을 수 있었는가? 여기서 '새로운' 냉전사는 우리에게 오래된 답을 하나 되새겨주고 있다. 소련을 스탈린이 통치하고 있는 한 냉전은 피할 수 없었다. … 서방이 어떻게 하든 냉전이 시작되었을 것이라는 점은 명백해 보인다. 그러면 누구에게 책임이 있었는가? 내가 생각하기로 그 답은 일반적으로는 권위주의 체제이며 구체적으로는 스탈린이다"라고 확언했다. 존 루이스 개디스, 앞의 책, 2002, pp. 491, 494.

트루먼은 공산주의의 팽창을 막기 위해 자유민주주의 국가를 지원하겠다는 정책을 발표하였다(트루먼 독트린, 1947. 3). 미국은 서유럽의 부흥을 위한 경제 원조에 적극적으로 나섰고, 소련과 협조 아래 국제 문제를 처리하던 방침을 바꾸어 소련 공산주의의 팽창을 저지하는 봉쇄정책을 폈다. 이를 계기로 미국 중심의 자본주의 진영과 소련 중심의 공산주의 진영이 이념과 체제의 우위를 다투는 냉전 체제가 형성되었다. 유럽의 냉전은 직접적인 군사 충돌로 이어지지는 않았지만, 미국과 소련 간의 치열한 군비 경쟁을 부추겼다. 트루먼 독트린 발표 이후 미국의 국방 예산은 대폭 증가하였고, 소련도 핵무기를 개발하기에 이르렀다. 냉전이 세계적으로 확산되면서 아시아에서는 전쟁이 일어나기도 하였다.[28]

제2차 세계대전 후 미국을 중심으로 하는 자본주의 진영과 소련을 중심으로 하는 사회주의 진영 간의 대립이 나타났다. 전후 폴란드, 루마니아, 헝가리, 체코 등의 동유럽 국가에서 소련의 지원으로 공산 정권이 잇달아 수립되고, 그리스와 터키에까지 사회주의 세력이 확대되었다. 미국 대통령 트루먼은 그리스와 터키에 대한 원조를 실시하고, 사회주의의 확대를 막기 위해 유럽의 경제 부흥과 자립을 지원하는 정책을 발표하였다(마셜 계획, 1947). 소련은 이에 맞서 코민포름(공산당 정보국)을 발족하여 동유럽 사회주의 국가들과 결속을 강화하고, 공산권 경제상호원조회의(COMECON)를 결성하였다(1949). 이로써 유럽은 자본주의 진영과 사회주의 진영 사이에 긴장과 대립이 이어지는 냉전시대

---

28 한철호 외, 앞의 책, 미래엔, 2020, pp. 232-233.

에 돌입하였다.[29]

　이처럼 스탈린 치하 소련의 팽창정책이 미국의 봉쇄정책에 대한 수동적 대응이었던 것으로 보아 유럽에서의 냉전의 발발과 전개에 미국도 책임이 있다는 양자책임론에 입각해 냉전체제 형성과정을 설명하는 교과서 서술은 균형을 잃었다고 할 수 있다.

　더 큰 문제는 한국의 분단에 결정적인 영향을 미친 동아시아 지역에서의 냉전 전개에 대한 교과서들의 서술이 미국의 패권주의를 강조하며 소련과 중국의 침략성에는 눈감고 있다는 점이다. 특히 대한민국 건국 이전 미국의 적극적 공세에 소련이 수동적으로 대응했으며, 내전 시기 중국공산당이 마치 소련의 통제를 받지 않았던 독자적 세력이었던 것으로 보는 교과서 서술은 명백한 사실 왜곡이다.

　먼저 1945년부터 1948년 사이 중국에서 벌어진 국공내전에 대한 서술에 보이는 오류를 살펴보면 다음과 같다. 내전이 공산당의 선공으로 시작된 것을 제대로 기술하지 않고 공산당의 승리를 민중의 지지에서 찾는다. 또한 내전에서 국민당군에 대한 미국의 지원에는 방점을 찍어 언급한 반면 내전 발발과 전개에 미친 소련의 영향에 대해서는 기술하지 않음으로써 중국공산당의 자주성을 강조한다. 1912년에 세워진 국민당의 중화민국의 존재는 언급하지 않는 반면 공산당의 중화인민공화국의 수립은 특기하며, 내전 승리의 원인도 '토지 개혁' 등으로 인한 민중의 지지에서 찾는 점에서 교과서 집필자들이 이상시하는 문명의 전범은 미국식 자유민주주의가 아닌 중국식 신(新)민주주의라고 볼 수 있다. 이 점은 동아출판과

29　신주백 외, 『고등학교 한국사』, 씨마스, 2020, p. 240.

금성출판사 교과서에서 확인된다.

> 냉전은 유럽뿐 아니라 아시아에서도 진행되었다. 일본이 항복한 이후 중국에서는 국민당과 공산당 사이에 제2차 국·공 내전이 발생하였다. 처음에는 미국의 지원을 받은 국민당이 월등한 군사력으로 공산당을 밀어붙였다. 그러나 민중의 지지를 받은 공산당이 국·공 내전에서 승기를 잡아 1949년에 중화인민공화국 수립을 선포하였다. 이후 공산당이 중국 대륙을 장악하였고, 국민당은 타이완으로 옮겨 갔다.[30]

> 중국에서는 국민당과 공산당 간의 국·공 내전이 일어났다(1946). 미국의 후원을 받은 국민당은 월등한 군사력을 보유하였다. 그러나 국민당 정부는 토지 개혁 등으로 민중의 지지를 얻은 공산당에 쫓겨 타이완으로 밀려났다. 공산당은 중국 전역을 장악하고 중화 인민 공화국을 수립하였다(1949).[31]

나아가 미국이 1948년 11월 일본을 반공보루로 만들기 위해 침략전쟁의 주범들에게 면죄부를 준 '역(逆)코스(reverse course)'라 불리는 점령정책을 전환한 이유를 중국의 공산화에 대응한 것으로만 설명함으로써 그 직접 원인인 소련의 팽창정책에 대해서는 서술하지 않았다. 또한 6·25전쟁에 대한 스탈린의 지원도 언급하지 않는다. 이는 씨마스 교과서에 잘 나타난다.[32]

---

30 노대환 외, 『고등학교 한국사』, 동아출판, 2020, p. 215.
31 최준채 외, 『고등학교 한국사』, 금성출판사, 2020, p. 240.
32 신주백 외, 앞의 책, 씨마스, 2020, p. 247.

유럽의 냉전은 식민지 문제가 해결되지 않은 동아시아 지역으로 확대되었다. … 한반도에는 남과 북에 이념을 달리하는 독자적인 정부가 각각 수립되었다. … 한반도의 분단과 중국의 공산화는 동아시아 지역에서 자본주의 진영과 사회주의 진영을 뚜렷이 분리하였다. 미국은 일본에서 군국주의를 청산하기 위해 추진하고 있던 민주화 조치를 후퇴시켰다. 대신 일본을 사회주의 세력에 대항할 방어 기지로 만들기 시작하였다. … 1950년 한반도에서 북한이 6 · 25전쟁을 일으켰다. … 미국은 일본을 동아시아의 반공 기지로 만들기 위해 국제 사회에 복귀시킬 필요가 있었다. 1951년 일본과 연합국이 샌프란시스코 강화 조약을 체결하도록 주도하여 일본의 주권을 회복시켰다.

이러한 교과서 서술은 냉전 붕괴 후 새로 발굴된 자료를 활용한 최근 동아시아 지역 냉전사 연구 성과에 반(反)한다.[33] 국공내전의 발발과 전개에 관한 새로운 연구 성과를 요약하면 다음과 같다.

1945년 8월 9일 일본에 대한 선전포고와 함께 소련군이 만주로 진군한 이틀 뒤인 8월 11일 중국공산군도 만주를 차지하기 위해 진격했다. 그러나 8월 14일 대련(大連)과 여순(旅順) 두 항구 사용권을 받는 대가로 국민당정부를 유일한 합법정부로 인정하는 중 · 소 조약을 체결한 스탈린은 병력과 장비 면에서 열세였던 중국공산군이 국민당군을 능가할 능력이 없다는 판단 하에 8월 20일과 22일 두 번에 걸쳐 모택동에게 국민당군과의 전투를 금하고 국민당정부와 협조해 연립정부를 세우라는 지령을 내렸고,

---

33 일례로 다음과 같은 자료를 들 수 있다. 丁雪松, 倪振, 齐光, 「東北解放戰爭時期 東北局 駐朝鮮辦事處回憶」, 中共中央黨資料征集委員會 編, 『遼沈決戰(上)』, 人民出版社, 1988, pp. 624–633. 이 자료의 번역본은 이정식, 허동현 편, 『21세기에 다시 보는 해방후사』, 경희대학교 출판문화원, 2012, pp. 245–257에 실려 있다.

이에 따라 모택동은 국민당 정부의 임시수도인 중경(重慶)에 가서 장개석과 회담을 가졌다. 그러나 1945년 9월 12일부터 10월 2일까지 런던에서 열린 외상(外相)회의에서 일본 통치 참여와 지중해 진출을 위한 아프리카 대륙 북단에 위치한 트리폴리타니아(Tripolitania) 할양 요구가 미국과 영국에 의해 묵살되자, 소련의 만주에 대한 정책은 종래의 협조관계 유지에서 대결관계로 180도 바뀌었다. 영국이 자국의 이익에 반하는 소련의 지중해 통항권 확보를 찬성할 리 만무였으며, 원폭이 투하된 뒤인 8월 9일에야 대일 선전포고를 하고 만주로 진주한 소련은 일본 항복에 공헌한 바 없기 때문에 독일에서와 같이 분할점령을 요구할 권리가 없다는 것이 미국의 입장이었다. 런던외상회의에서 소련의 요구가 좌절되자 스탈린은 만주에 대한 미국의 영향력 확대를 우려해 회의 직후인 10월 8일 30만 중국공산군에게 만주 점령을 지령했으며, 이듬해 1946년 3월 소련군은 만주철수 선언과 함께 일본 관동군에게서 노획한 무기와 점령지를 중국공산당군에 넘겨주었다. 4월에 개시된 전투에서 공산군이 승리를 거두었지만, 5월 공산군은 미군의 지원을 받아 훈련된 국민당군대에 패주해 소련군 점령 하 북한으로 후퇴했다. 당시 미국의 중국 특사 마셜 장군은 휴전을 종용함으로써 국민당군이 승리할 수 있었던 기회를 박탈했지만, 스탈린은 국민당군대가 넘어갈 수 없었던 소련군 점령하의 북한을 중국공산군의 후방기지로 제공해 국공내전에서 공산당이 승리할 수 있는 토대를 제공했다.[34]

한마디로 일본 패망 이후 터진 국공내전은 국민당군의 선공으로 시작된 것이 아니라 스탈린의 지령을 받은 중국공산당군의 선제공격으로 일

---

34 Chen Jian, "China in 1945: From Anti-Japanese War to Revolution," Gerhard Krebs and Christian Oberlander, eds., *1945 in Europe and Asia*, Munich and Tokyo, 1997, pp. 213-234, 224; 吳忠根, 「朝鮮分斷の國際的起源」, 『國際政治』 92, 1989, pp. 99-102; 이정식, 허동현 편, 위의 책, 2012, pp. 35-50, 61-65, 76-91.

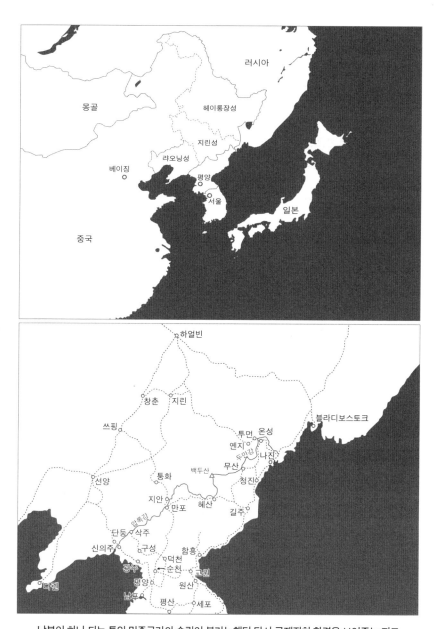

남북이 하나 되는 통일 민족국가의 수립이 불가능했던 당시 국제정치 환경을 보여주는 지도

1945년 9월 20일 스탈린이 북한에 단독정부 수립 지령을 내리고 이듬해 5월 북한지역을 후방기지로 팔로군에게 제공해 북한이 중국내전의 연장지역이 됨으로써 남북의 분단은 이미 결정되고 말았다.

어났으며, 그 이유는 런던외상회의에서 일본 통치 참여와 트리폴리타니아 할양에 대한 요구가 좌절된 후 스탈린이 만주에서 소련의 국익을 일방적으로 도모하는 공세적 정책을 추진했기 때문이라는 것이다. 이러한 새로운 해석은 제2차 세계대전 이후 동아시아 지역에서 미국이 패권주의적 정책을 먼저 펼쳤고, 이에 소련이 수동적으로 대응했다거나 내전 시기 중국공산당이 소련의 통제를 받지 않은 독자 세력이었다는 교과서의 서술이 역사적 사실을 왜곡한 것임을 잘 말해준다.

4) 광복 전후 미국과 소련의 한반도 정책 관련 서술에 보이는 편향성

수정주의 역사가들은 분단 고착화의 책임은 남한을 반공보루를 만들기 위해 분단을 주도한 미국에 있다고 보지만, 이는 미국의 제국주의적 침략성을 부각하기 위한 목적론 연구에 지나지 않는다. 1945년 8월 14일 미국은 일본군 무장해제를 빌미로 소련에 38도선 분할 점령을 제안했고, 다음날 스탈린은 이를 수락했다. 그렇기 때문에 미국이 분단을 주도했다는 것이 통설이다. 그러나 이는 사실이 아니다. 당시 소련의 동북아 정책을 구명(究明)해 아시아에서 냉전의 기원을 밝힌 연구들에 의하면 38도선이 획정된 배경과 과정은 다음과 같다.

1945년 6월 소련 점령 하 폴란드에서 미국과 영국의 반대를 꺾고 공산정권이 수립되기에 이르자 미국은 일단 소련이 점령한 지역에서는 소련을 제거하기 어렵다는 점을 깨달았다. 이에 미국은 얄타협정에서 스탈린이 참전 가능 시점으로 말한 8월 15일 이전에 전쟁을 끝내 소련의 팽창을 막으려는 목적으로 8월 6일 히로시마에 원자폭탄을 투하했다. 그러나 소련은 보고만 있지 않았다. 두 번째 원폭이 나가사키에 떨어지기 하루 전인 8월 8일 대일 선전포고와 함께 소련군은 두만강을 건너 한반도로 진군했다. 스탈린은 마음만 먹으면 한반도 전역을 장악할 수 있었다. 그럼에도 그가 궁여지책에 불과한 미국의 제안을 받아들인 이유는 그 대가로 극동함대가 태평양으로 자유롭게 진출할 수 있는 소야(宗谷, La Perouse)해협을 확보할 수 있는 홋카이도 북부에 대한 통치권을 얻기 위해서였다.[35] 당시 미군이 1천 km 남쪽 오키나와에 머물고 있었으므로 소련이 마음만 먹었으면 한반도 전역을 손쉽게 점령할 수 있었음에도 미국의 제안을 수용했다는 점을 고려하면 이러한 해석은 설득력을 갖는다.

또한 런던외상회의는 한국 문제가 언급되지 않았기 때문에 종래 한국학 연구자들이 그 중요성을 간과했지만, 앞에서 밝힌 바와 같이 이 회담 결렬 이후 미국과 소련의 관계가 급격히 악화됨으로써 한반도의 장래에 큰 영향을 미친 사건이었다. 이정식에 의하면 당시 스탈린은 일본 통치 참여와 지중해 진출이 좌절되자 회의가 열리던 중인 1945년 9월 20일 소련군 점령 하 북한에 "민주주의 정권을 수립하라"는 지령을 내리고, 1946년에서 1948년까지 중국공산당의 후방기지로 북한을 제공함으로써 동북아 지역에서 미국과의 협조관계를 중단하고 대결관계로 전환했다. 즉, 남북 분단은 일본 통치 참여와 지중해 진출 기도가 좌절되자 자국의 안보에 직접 관련된 만주 장악을 위해 북한이 절대적으로 필요했던 스탈린이 주도

---

[35] Robert M. Slusser, "Soviet Far Eastern Policy, 1945~1950: Stalin's Goals in Korea" in Nagai and Iriye (eds), *The Origins of the Cold War in Asia*, New York: Columbia University Press, 1977, pp. 137, 147~202; 이정식, 『대한민국의 기원』, 일조각, 2006, pp. 99~105.

한 것이었다. 반면 소련과 달리 한반도를 중국대륙에 부수된 지역으로 본 미국의 전략가들은 국공내전의 향배가 갈리기 전까지 한반도만을 대상으로 한 전략을 세우지 않았다. 따라서 미국의 한반도정책은 1945년 8월부터 1947년 초까지는 중국 국공내전의 추이를 보아가며 소련과 교섭을 계속하며 현상을 유지하려 한 '관망(Wait-and-See)'정책이 주된 기조였으며, 1947년 4월 국공내전에서 공산당의 승리가 확실해지자 그해 9월 국무부는 소련의 동시철병 제의를 받아들여 미군 철수와 한국 문제의 유엔 이관을 결정했는데, 이는 미국이 체면을 손상하지 않으면서 한국 문제에서 발을 빼겠다는 신호였다는 것이다.[36]

1945년 9월 20일 스탈린이 북한에 단독정부 수립 지령을 내림으로써 남북의 분단은 이미 결정되고 말았다. 그러나 9종 교과서 중 소련이 미국의 38도선 분할 제의를 받아들인 이면에 일본 분할을 위한 노림수가 있었음을 서술한 교과서는 없으며, 미국의 공세에 소련이 수세적으로 방어한 것으로 묘사한다. 또한 9종 교과서는 모두 스탈린이 북한에 정부 수립 지령을 내리게 된 결정적 계기가 된 런던외상회의에 대한 언급 없이 미·영·중·소 4개국 신탁통치를 결정한 1945년 12월 모스크바 3국 외상회의와 그 결정을 이행하기 위한 미소공동위원회의 파행에 대해서만 서술함으로써 남북분단에 대한 소련의 책임을 희석시키고 있다.[37] 그 결과 교과서들은 분단의 책임이 미국과 소련 양국 모두에게 있으며, 특히 소련의 점령정책이 간접통치였던 것에 비해 미군정이 직접통치를 행했음을 부각함

---

36 이정식, 위의 책, 2006, pp. 108-109, 155-173, 438-441, 456-457.

37 9종 교과서 모두가 카이로회담, 포츠담선언, 그리고 얄타회담 등 일본 패망 이전 한국의 독립 문제를 다룬 회담과 모스크바 3국 외상회의와 미소공동위원회에 대해서만 서술하고 있을 뿐 한반도 문제가 직접적으로 언급되지 않은 런던외상회의에 대해서는 다루고 있지 않다.

으로써 소련은 수세적이었고 미국은 공세적으로 패권을 추구한 것으로 묘사하는 편향된 서술을 하고 있다. 미국과 소련에 대한 긍부가 엇갈리는 서술은 미소 양국의 점령정책에 대한 설명에서 도드라진다. 이 점은 지학사와 비상 교과서에 잘 나타난다.

미국과 소련은 일본군 무장 해제와 치안 유지를 위한 군사적 편의에서 38도선을 기준으로 각각 남과 북에 진주하였다. 우리 민족의 의지와 관계없이 국토가 미소 양군의 점령지역으로 분단된 것이다. 애초에 일시적 점령지역 구분선이었던 38도선은 미소의 진주가 장기화함에 따라 국토 분단선으로 고착화되었다. 이에 따라 우리 민족의 정치적·경제적 통일성이 훼손되었고, 결국 남북분단이 초래되었다. 38도선을 경계로 한반도를 분할 점령한 미군과 소련군은 각각의 점령지역에 군정 기관을 설치하고 실질적인 통치권을 행사하였다. 미군정은 자유 민주주의 제도를 도입하였고, 소련군은 북한에 인민 민주주의 제도를 이식하였다. 미군정은 남한 유일의 합법 정부를 자처하며 조선 총독부 관리와 경찰을 활용하였고, 한국 민주당 등 우익 인사들을 요직에 등용하였다. 소련군 사령부는 인민 위원회에 행정권을 위임하여 간접 통치하면서 사회주의 세력이 정권을 잡을 수 있도록 지원하였다. 소련군 사령부는 스탈린의 지령에 따라 북한만의 독자적인 정권 기관인 북조선 임시 인민 위원회를 수립하였다.[38]

1945년 8월 15일, 일본 국왕이 연합국에 무조건 항복하겠다고 선언

---

38 송호정 외, 『고등학교 한국사』, 지학사, 2020, pp. 231-232.

하면서 우리 민족은 광복을 맞이하였다. 광복은 연합군의 승리로 얻은 것이기도 하지만 우리 민족의 끈질긴 독립운동의 결과이기도 하였다. 그러나 일본의 갑작스러운 항복으로 국내 진공 작전 등과 같은 독립운동 세력의 노력이 무산되면서 자주적 정부 수립도 어려워졌다. 얄타 회담 이후 대일전에 참가한 소련군은 1945년 8월 11일 한반도에 진주하였다. 이후 일본군의 무장을 해제하며 한반도 북부 지역을 점령해 나갔다. 미국은 소련의 한반도 단독 점령을 막기 위해 38도선을 기준으로 한 분할 점령을 소련에 제안하였다. 이 제안에 따라 38도선 이북 지역은 소련군이, 이남 지역은 미군이 관리하게 되었다. 미국은 군정청을 설치하고 남한 지역을 직접 통치하였다. 미군정은 조선 인민공화국, 대한민국 임시정부 등을 인정하지 않았으며 조선 총독부에서 일하였던 관료와 경찰을 기용하는 등 기존의 행정체제를 활용하였다. 한편 소련은 각지에 세워진 인민 위원회에 행정권을 이양하여 간접 통치하는 방식을 취하였고, 사회주의 세력이 정권을 장악하도록 지원하였다.[39]

---

39 도면회 외, 『고등학교 한국사』, 비상, 2020, p. 235.

3

통일지상주의 사관에 입각한
한국 현대사 인식의 문제점

1) 독립운동 방법론 평가에 보이는 편파성

9종 교과서들에 보이는 독립운동 방법론 서술에 보이는 첫 번째 문제점은 공산주의의 실현을 목적으로 하는 계급 해방운동을 민족운동의 한 갈래로 보게 한다는 점이다.

1918년 제1차 세계대전 전후 식민지 문제 처리에 미국과 소련은 모두 민족자결주의 원칙을 내세웠지만, 식민지 약소민족의 해방을 지원함으로써 세계 공산주의혁명을 촉진하려 한 레닌과 국제연맹 하의 위임통치를 통한 자유무역체제의 구축을 꾀한 윌슨의 해법은 달랐다. 당시 민족주의자들은 미국이 주도하는 파리강화회의(1919)와 워싱턴군축회의(1921. 11~1922. 2)에서 외교활동을 통해 독립을 얻으려 했지만 미국은 이를 묵살했다. 반면 1919년 8월 9일 제2인터내셔널 참가 24개국이 만장일치로 한국의 독립보장을 결의했고, 소련은 1920년 상해 임시정부에 200만 루블의

독립운동 자금 지원을 약속했다. 나아가 1922년 1월 제1차 극동인민대표
자대회는 워싱턴군축회의에서 서구 열강이 한국의 독립 요구에 대해 외면
한 것을 맹렬히 공격하면서 한국의 독립운동을 프롤레타리아 혁명, 즉 계
급해방으로 발전시킬 것을 촉구했다. 이 회의에 참가한 56명의 한국 대표
는 코민테른을 그들의 구원자로 환영했으며, 많은 이들이 공산주의자가
될 것을 공언하거나 연대를 모색하기도 했다.[40]

그러나 박헌영(朴憲永, 1900~1956) 등 공산주의자들에게 조국은 만국 "프
롤레타리아트의 조국 쎄쎄쎄르(소련)"였으며, 그들과 연대를 모색한 이들
은 "세계 혁명의 승리를 위한 투쟁을 위해 이용"할 대상일 뿐이었다.[41] 반
면 국내에서 실력양성운동을 펼친 이광수(李光秀, 1892~1950)와 윤치호(尹
致昊, 1865~1945),[42] 미국에서 외교독립활동을 전개한 이승만(李承晚, 1875~

---

40   N. Gorden Levin, Jr., *Woodrow Wilson and World Politics: America's Response to War and Revolution*,
London: Oxford University Press, 1968, pp. 13-32; 이호재, 「이차대전 중 한국인의 대외인식과
주장: 신한민보의 내용을 중심으로」, 『아세아연구』 68, 1982, pp. 3-4, 25-26; 서대숙, 현대사연
구회 역, 『한국공산주의운동사 연구』, 화다, 1985, pp. 37, 45-50; 반병률, 『성재 이동휘 일대기』,
범우사, 1998, pp. 243, 346-349.

41   이 점은 공산주의자 박진순이 "혁명가들 중에는 오직 민족해방을 위해 우리 국제주의자들
[코민테른]과 연대한 자들이 있지만, 우리는 이들의 혁명적 열정을 세계자본주의에 맞서서
전 세계 혁명의 승리를 위한 투쟁을 위해 이용해야 한다"고 한 말이 잘 말해준다. Dae-Sook
Suh, *Documents of Korean Communism, 1918-1948*, Princeton: Princeton University Press, 1970,
pp. 55-56; 김명섭, 앞의 글, 2011, p. 13에서 재인용.

42   이광수의 「민족개조론」(1922)은 "좌우익 이데올로기가 일종의 대립 의식을 형성하기 시작하
는 바로 그 초입단계에 하나의 쐐기 같은 역할"을 한 것으로, 민족주의자들의 국민국가 건설론
이었다. 김윤식, 『이광수와 그의 시대』 3, 한길사, 1986, p. 728; 허동현, 「국민국가 만들기 프로
젝트로서의 〈민족개조론〉」, 박노자 · 허동현, 『길들이기와 편가르기를 넘어』, 푸른역사, 2009,
pp. 71-76. 또한 윤치호는 "사회주의를 배격하고 박멸하는 것이 조선인의 행복의 길"이라고
생각했다. 김상태, 「일제하 윤치호의 내면세계 연구」, 『역사학보』 165, 2000, p. 136. 윤치호는
1934년 3월 23일자 일기에 "조선인들은 일본의 통치와 러시아 볼셰비즘 사이에서 선택을 해
야만 하는데, 나 같으면 후자보다 전자를 고르겠습니다"고 할 정도로 공산주의를 혐오했다. 김
상태 편역, 『윤치호일기: 1916-1943』, 역사비평사, 2001, p. 123. 그의 일기에는 공산주의에 대
한 혐오가 곳곳에 보인다. 김상태 편역, 같은 책, 2001, pp. 198, 204, 211, 241-242, 259, 269,

1965),[43] 중국에서 무장독립운동을 펼친 김구(金九, 1876~1949) · 이범석(李範奭, 1900~1972) · 지청천(池靑天, 1888~1957) 등 민족주의자, 이회영(李會榮, 1867~1932)과 김종진(金宗鎭, 1901~1931) 등 아나키스트, 그리고 조소앙(趙素昻, 1887~1958)과 장건상(張建相, 1882~1974) 같은 사회주의자들은 공산주의에 반대했으며, 이들은 독립운동 방법은 달랐지만 모두 공산주의에 반대하는 "사상으로서의 반공" 노선을 견지하는 독립운동을 펼쳤다.[44]

그러나 9종 교과서들은 "1920년 레닌의 코민테른 가입 21개조가 발표된 이후 공산주의와 사회주의가 역사적으로 확연히 구별되었던 점"을 무시하고,[45] 공산주의와 사회주의를 구별하지 않고 모두 사회주의로 서술

298-299, 485, 628-629 참조.

[43] 이승만은 볼셰비키정변 직후부터 "원래 자유롭게 되기를 원하는 인간의 본성을 거역해 가며 국민을 지배하려는 사상체계"라며 공산주의에 반대했으며, 1941년 뉴욕에서 출간한 『일본내막기(Japan Inside Out)』에서 세계를 민주주의 대 전체주의의 대결 구도로 보고 나치즘과 파시즘과 더불어 공산주의를 민주주의를 위협하는 전체주의에 포함시킴으로써 소련을 "현대의 문명한 야만인들"이 움직이는 파괴적이며 침략적인 국가로 규정한 바 있었다. 유영익, 『이승만의 삶과 꿈』, 중앙일보사, 1996, pp. 221-222; Syngman Rhee, *Japan Inside Out: The Challenge of Today*, 2nd Ed. New York: Fleming H. Revell Co., 1941, pp. 178-179, 188-190.

[44] 김명섭은 "사상으로서의 반공" 노선을 걸은 이들을 다음과 같이 범주화한다. "임시정부 국무총리 이동휘의 코민테른노선에 반대하고, '공산주의를 반대하는 아버지들을 대신 죽여주는 살부회(殺父會)'를 비판했던 김구, 그리고 1923년 하와이에서 「공산당 당부당(當不當)」이라는 글을 발표했던 이승만, 청산리전투로 대표되는 항일무장투쟁을 벌이다가 동료 홍범도와 달리 러시아 공산주의와 협조하기를 거부하고 만주에 남았던 김좌진과 함께 활동했던 이범석, 그리고 일본 육사 출신으로서 일찍부터 항일무장투쟁에 투신했던 지청천 등이 대표적인 반제 반공지도자들이었다. 이들을 반제 반공우파라고 범주화할 수 있다면, 반제 반공좌파라고 불릴 수 있는 지도자들로서는 제1인터내셔널 당시부터 공산주의와 대립하면서 아나키즘을 수용했던 이회영, 김종진, 유림 등의 지도자들, 1917년 이전부터 사회주의에 관심을 가지고 제2인터내셔널에 참가했고 영국을 방문하여 영국노동당과도 교류했던 조소앙, 김구 및 김규식 등과 함께 평양에서 개최된 남북협상회의에 참석해서 '우리 민족은 공산주의와 함께 갈 수 없다'는 요지의 발언을 했다가 억류당했던 근로인민당 지도자 장건상 등이 있었다." 김명섭, 앞의 글, 2011, p. 6.

[45] 공산주의를 사회주의로 표기함으로써 공산주의 운동사가 사라진 이유에 대해서는 김명섭, 위의 글, 2011, pp. 8-13 참조.

함으로써 공산주의에 반대한 반공 좌파인 사회주의자들의 독립운동과 공산주의자들의 계급 해방운동을 혼동하게 하는 우(愚)를 범했다.

즉 1919년 제창된 윌슨과 레닌의 민족자결주의를 서술하면서 그 차이점을 밝히지 않거나,[46] 1920년대 공산주의자들의 계급혁명 투쟁을 사회주의 운동의 일환이자 민족운동의 한 갈래로 보아 이들이 민족주의자 등 다른 세력과 연합전선을 펼친 이유가 공산혁명 도모에 이용하려는 데 있었음을 명확히 서술하지 않고 있다. 이 점은 민족 유일당 운동의 학습목표를 "사회주의가 민족운동의 한 흐름을 형성하는 과정과 민족 유일당 운동의 전개과정을 이해한다"고 적시한 지학사 교과서의 서술에서 여실히 드러난다.[47]

> 1920년대 이념과 사상을 넘어 민족이 협동하여 함께 싸우고자 하는 민족 유일당 운동이 활발하게 전개되었다. … 3·1운동 이후 새로운 독립운동의 방법을 모색하던 청년, 학생과 지식인층 사이에 사회주의가 급속하게 확산하였다. 러시아에서 결성된 코민테른을 중심으로 제국주의를 비판하는 목소리가 커지자, 반제국주의 사상으로서 사회주의가 알려지기 시작하였다. 사회주의자들은 각종 사상단체를 조직하여 활동하였으며, 청년·노동·농민·여성 운동 등을 지원하였

---

[46] "식민지 국가들은 민족자결주의가 제창되자 이를 독립의 기회 삼아 민족 운동을 활발하게 전개하였다. 그러나 민족자결의 원칙은 사실상 패전국의 식민지에만 적용되었고, 승전국인 미국이나 일본의 식민지는 그 대상에서 제외되었다. … 여러 나라에 러시아 혁명 소식이 전해진 가운데 레닌도 민족자결의 원칙을 선언하여 식민지 해방 운동을 지원하겠다고 약속하였다. 이에 식민 지배를 받고 있던 아시아 국가의 지식인들에게 사회주의사상이 확산하였다. 민족자결주의의 제창과 러시아 혁명으로 식민지 국가에서는 반제국주의 운동이 활발해졌다. 우리나라에서는 3·1운동이 일어나 대한민국 임시 정부가 수립되고, 항일 민족운동이 전개되었다." 송호정 외, 앞의 책, 지학사, 2020, p. 160.

[47] 송호정 외, 위의 책, 지학사, 2020, p. 187.

다. 1925년 4월에는 국내에서 비밀리에 조선 공산당을 조직하였다. 사회주의자들은 농민과 노동자의 단결을 위해 조합을 결성하였고, 사유 재산제도에 바탕을 둔 자본주의와 제국주의를 비판하였다. 이에 일제는 치안 유지법을 제정하여 사회주의 운동을 대대적으로 탄압하였다. 그러자 일부 사회주의 세력은 일제의 탄압을 극복하고 항일 투쟁의 역량을 키우고자 민족주의 세력과 연합하려는 움직임을 보였다. … 조선 공산당은 국민의 직접·비밀·보통·평등 선거를 통한 민주 공화국 건설을 목표로 하였으며, 노동 조건 협상으로 노동자와 소작농의 처우를 개선할 수 있소록 노동·농민 조합 결성을 꾀했다. 그러자 일제는 사유 재산 제도의 부정 등을 구실로 치안 유지법을 적용하여 이를 탄압하였다.

교과서들은 외세에 기대지 않는 자주적 독립, 무장투쟁만이 정당한 독립운동 방법론으로 본다. 이는 좌우를 막론하고 외교를 통한 독립운동과 실력양성 운동에 대한 낮은 평가와 무장투쟁에 대한 호평에서 찾아볼 수 있다. 이 점은 미래엔 교과서의 서술에 잘 나타난다.[48]

외교 노력의 결과 쑨원을 수반으로 한 중국 정부의 승인을 받고, 소련의 레닌으로부터 독립운동 자금을 지원받기도 하였다. 그러나 제1차 세계대전의 승전국인 미국, 영국 등이 주도하는 국제사회에서는 한국의 독립 여론을 환기하는 데 머물렀다. … 3·1운동 이후 일제와 전쟁을 벌여 독립을 쟁취하자는 분위기가 높아지는 가운데 만주, 연해주 일

---

48 한철호 외, 앞의 책, 미래엔, 2020, pp. 174, 178-179, 181, 185.

대의 독립운동 기지를 중심으로 수많은 독립군이 조직되었다. 독립군
은 수시로 두만강, 압록강을 건너와 일본 군경을 습격하여 전과를 올
렸다. … 봉오동 전투와 청산리 대첩의 승리는 독립 전쟁론에 따라 만
주, 연해주 등지에 독립운동 기지를 건설하고 독립군을 양성한 한국인
의 굳은 의지와 노력으로 이루어 낸 성과였다. … 한편 일제가 만주를
침략하자 이에 맞서 수많은 항일 유격대가 조직되었는데, 이때 한인 동
포들이 선도적 역할을 하였다. 중국 공산당은 항일 유격대를 한데 모아
동북 인민 혁명군을 편성하였고, 이는 동북 항일 연군으로 발전하였다.
이를 중심으로 한·중 두 민족이 연대하여 항일 유격 투쟁을 활발히 전
개하였다. … 일제와 타협하여 한국인의 정치적 권리를 얻으려는 움직
임은 1930년대 초까지 이어졌다. 하지만 아무런 성과도 얻지 못한 채
민족주의 세력의 분열만을 초래했고, 일제의 민족 분열 정책에 이용만
당하였다.

미래세대의 진정한 정체성은 자국의 역사에 대한 자긍과 성찰이 균형
을 이룰 때 배양된다. 그러나 교과서들의 독립운동 서술은 균형을 잃었다.
광복이 우리가 전개한 무장투쟁의 결과 얻은 것이 아니라 연합국의 승리에
의한 것임이 역사적 사실(fact)임에도 교과서 집필자들은 그들이 이상시한
무장투쟁에 의한 '자주적' 독립을 등가치적(等價置的)으로, 아니 그 이상으로
해석하고 싶어 한다. 이 점은 다음과 같은 교과서 서술에 잘 나타난다.

1945년 8월 15일 일제의 항복과 함께 한국은 광복을 맞이하였다. 광
복은 지난 수십 년간 애국선열들이 피땀 흘려 독립운동을 전개한 결과
였다. 연합국은 이러한 노력을 인정하여 이미 카이로 선언과 포츠담 선

언에서 한국의 독립을 약속하였다. 그렇지만 광복은 연합국이 제2차 세계대전에서 승리함으로써 얻은 결과이기도 하였기 때문에 향후 한국의 진로는 미국, 소련 등 연합국의 결정에 영향을 받았다.[49]

1945년 8월 15일, 우리 민족은 일제의 식민통치에서 해방되어 광복을 맞이하였다. 광복은 일본 군국주의에 대한 연합군 승리의 결과였지만, 우리 민족이 일제에 항거하여 국내외에서 꾸준히 전개해 온 독립운동의 결실이기도 하였다.[50]

1945년 8월 15일, 일본 국왕이 연합국에 무조건 항복하겠다고 선언하면서 우리 민족은 광복을 맞이하였다. 광복은 연합군의 승리로 얻은 것이기도 하지만 우리 민족의 끈질긴 독립운동의 결과이기도 하였다.[51]

교과서 집필자들은 무장투쟁만을 정당하고 유효한 독립운동 방법론으로 본다. 그렇기 때문에 외교독립활동을 펼친 이승만에 대한 교과서들의 평가는 부정적이다. 이승만이 3·1운동 이후 국내외에 세워진 노령(露領) 임시정부 '국무 및 외무총장(國務及外務總長)', 상해 임시정부 '국무총리'와 '임시대통령', 한성(漢城)정부 '집정관총재'로 임명된 바 있던 대표적 독립운동가였음은 역사적 사실이다.[52] 최근 연구들에 의하면 이승만이 국내외에 세워진 임시정부를 대표하는 직위에 오를 수 있었던 이유는 대한제

---

49 한철호 외, 앞의 책, 미래엔, 2020, p. 234.

50 송호정 외, 앞의 책, 지학사, 2020, p. 231.

51 도면회 외, 앞의 책, 비상, 2020, p. 235.

52 유영익, 앞의 책, 1996, p. 142.

국 시기와 3 · 1운동 이전에 전개한 국권회복 운동을 통해 얻은 신망, 민족주의자들의 윌슨의 민족자결주의에 대한 기대감, 그리고 경쟁자를 압도하는 평판에 힘입은 것이었다.[53]

그러나 교과서들은 이승만이 1919년 미국 윌슨 대통령에게 보낸 "위임 통치 청원서", 이승만이 보낸 독립요구서를 거부한 워싱턴회의와 소련의 지원을 약속 받은 극동 인민대표회의의 성과 비교, 그리고 대통령 탄핵 등을 부각함으로써 이승만의 지도력과 외교 독립활동을 폄하한다. 이 점은 비상과 해냄에듀 교과서의 서술에 잘 나타난다.

> 1919년 9월 상하이에서 이승만을 임시 대통령, 이동휘를 국무총리로 하는 대한민국 임시정부가 수립되었다. 임시정부에는 민족주의 계열뿐만 아니라 한인 사회당 등 사회주의 계열도 일부 참여하였고, 실력 양성론, 외교 독립론 등 서로 다른 이념과 노선의 독립운동 세력이 함께 참여하고 있었다. … 초기의 임시정부는 국제사회로부터 임시정부를 승인받고 독립에 대한 지원을 이끌어 내기 위해 외교 활동에 주

---

[53] 1910년 이전 이승만의 활동에 관해서는 다음을 참조. Chong-Sik, Lee, *Syngman Rhee, The Prison Years of a Young Radical*, Yonsei University Press, 2001; 유영익, 『젊은 날의 이승만: 한성감옥생활(1899-1904)과 옥중잡기 연구』, 연세대학교출판부, 2002; 이정식, 권기붕 역, 『이승만의 청년시절』, 동아일보사, 2002; 이정식, 『이승만의 구한말 개혁운동: 급진주의에서 기독교 입국론으로』, 배재대학교출판부, 2005.
고정휴는 이승만이 임정 대통령으로 선출된 이유를 다음과 같이 요약한다. "첫째, 배재학당에서의 신학문 수업, 독립협회와 만민공동회에서의 활약, 『매일신문』과 『제국신문』에서 펼친 언론활동, 고종 폐위음모사건으로 인한 옥고, 옥중 기독교 개종과 전도, 도미(渡美)와 청원외교 활동, 프린스턴대학에서의 박사학위 취득 등으로 30대 중반에 이미 '신화'적 인물이 되어 있었다. 둘째, 제1차 대전 이후 한국 민족주의자들이 품은 윌슨의 민족자결주의에 대한 기대감에 기인한다. 셋째, 이승만은 지역적(기호 출신), 종교적(기독교), 그리고 이념과 노선(친미외교 노선)의 측면에서 이동휘나 안창호 등의 경쟁자보다 유리한 위치를 점하고 있었다." 고정휴, 「대한민국 임시정부 임시대통령으로서의 이승만」, 유영익 편, 『이승만 대통령 재평가』, 연세대학교출판부, 2006, pp. 1-2.

력하였다. 이를 위해 파리강화회의에 파견된 김규식을 전권대사로 임명하여 독립 청원서를 제출하고 미국에는 구미위원부를 설치하여 이승만을 중심으로 한국의 독립문제를 국제여론화하는 데 힘썼다. 그리고 1921년에는 워싱턴회의에 독립요구서를 제출하였으나 받아들여지지 않았다. 1922년에는 이동휘, 김규식 등이 모스크바에서 열린 극동 인민대표회의에 참석하여 소련으로부터 독립운동 지원을 약속받았다. … 1920년대 초 일제의 탄압으로 연통제와 교통국 조직이 제 기능을 할 수 없었다. 이후 임시 정부는 국내에서 독립 자금을 모으기 어렵게 되고, 외교활동도 강대국의 외면으로 큰 성과를 얻지 못하였다. 또한 이 무렵에는 이승만 계열의 외교 독립론, 이동휘 계열의 무장 투쟁론, 안창호의 실력 양성론 등 독립운동의 노선을 둘러싼 논쟁이 벌어졌으며, 사회주의와 민족주의 계열 간의 갈등도 나타났다. 이러한 가운데 신채호, 박용만 등의 무장 투쟁론자들은 이승만이 미국 대통령 윌슨에게 위임 통치 청원서를 제출한 사실을 문제 삼아 임시정부의 개편을 요구하였다. 이어 여러 민족운동가는 독립운동의 새로운 방향을 모색하기 위해 국민대표회의를 개최하였다(1923). 그러나 국민대표회의는 임시정부를 해체하고 새로운 정부를 수립하자는 창조파와 임시정부의 조직만 바꾸자는 개조파의 대립으로 별다른 성과를 거두지 못하고 마무리되었다. 국민대표회의가 결렬된 이후 많은 민족 운동가가 임시정부를 떠나면서 임시정부는 조직을 유지하기 어려울 정도로 세력이 크게 약해졌다. 그러던 중 1925년 임시의정원에서는 이승만을 탄핵하고 박은식을 대통령에 추대하였다.[54]

---

54 도면회 외, 앞의 책, 2020, pp. 177-178. 이 책에는 이승만의 위임 통치 청원서(1919)가 아래와 같은 지문으로 제시되어 있다. "미국 대통령 각하 … 다음과 같이 공식 청원서를 제출합니다.

「임시 의정원의 대한민국 임시 대통령 이승만 탄핵 심판서」

정무를 통람하는 국가 총책임자로서 정부의 행정과 재무를 방해하고 임시 헌법에 의하여 의정원의 선거를 받아 취임한 대통령이 자기 지위에 불리한 결의라 하여 의정원의 결의를 부인하고 심지어 한성 조직(한성정부)의 계통 운운함과 같은 것은 대한민국 임시 헌법을 근원적으로 부인하는 행위라. 이와 같이 국정을 방해하고 국헌을 부인하는 자를 하루라도 국가 원수의 직에 둠은 대업의 진행을 기대하기 불능하고 국법의 신성을 보존하기 어려울 뿐 아니라 순국 제현이 눈을 감지 못할 바요 살아 있는 충용(忠勇)의 소망이 아니다.

－『독립신문』, 1925. 3. 23

해설 : 이승만은 1919년 9월 임시정부의 초대 대통령으로 추대되었으나 상하이에서 자신의 직책을 수행하기보다는 미국에서 독자적인 활동을 하여 임시정부 인사들과 갈등을 일으켰다. 이승만은 자신에 대한 탄핵안이 제출되자, 이에 반발하여 미국에서 모은 독립자금을 대한민국 임시정부에 보내지 못하게 지시하였다. 또한 임시의정원의 탄핵 결의를 부인하고 이미 통합하여 사라진 한성 정부의 정통성을 계속 주장하였다. 이러한 까닭으로 결국 대통령직에서 탄핵을 당하였다.[55]

이러한 이승만 폄하는 무장독립투쟁을 펼친 김구와 김원봉은 물론 김

… 우리는 2천만의 이름으로 각하께 청원합니다. 각하도 평화회의에서 우리의 자유를 강력하게 주장하여 참석한 열강들과 함께 먼저 한국을 일본의 학정으로부터 벗어나게 하여 주십시오. 장래 완전한 독립을 보증하고 당분간은 한국을 국제연맹 통치 밑에 두게 할 것을 바랍니다." 도면회 외, 같은 책, 2020, p. 178.

55 박중현 외, 『고등학교 한국사』, 해냄에듀, 2020, p. 176.

규식과 조소앙 등 다른 독립운동가 등의 활동에 대한 서술과 비교할 때 균형을 잃은 것이다. 무장투쟁의 경우 민족주의 진영과 공산주의의 계열의 운동을 불문하고 — 실천에 옮겨지지 않은 계획뿐이었던 경우에도 — 상당한 지면을 할애해 긍정 평가한다. 예컨대 미래엔 교과서의 경우, 종교계의 독립운동 중 대종교의 무장투쟁, 민족주의 진영의 조선혁명군 · 한국독립군 · 한인애국단 · 의열단 · 광복군, 공산주의 진영의 동북항일연군 · 민족혁명당 · 조선의용대 · 조선독립동맹 · 조선의용군의 무장투쟁을 높이 평가하되 연합전선 참여 여부를 기준으로 차등을 두었다. 또한 미주지역 한인국방경비대(맹호군)나 광복 직전 조선건국동맹이 제기한 무장봉기론 같이 실천에 옮겨지지 않은 무장투쟁 준비도 호평했다.[56]

마찬가지로 교과서들은 국내에서 일제가 허용하는 범위 내에서 민족주의자들이 펼친 1920년대 이후 펼쳐진 물산장려운동 등 실력양성운동의 경우 성과를 내지 못하고 실패한 운동으로 비판적으로 평가절하하는 반면, 공산주의의 영향 하에 전개된 적색(赤色) 농민 · 노동운동과 광주학생운동 등 청년운동에 대해서는 두세 배에 달하는 지면에 그 경과는 물론 영향과 역사적 의의도 높이 평가하고 있다.[57]

이와 같이 교과서 모두 공산주의 영향 하에 일어난 사회운동과 무장독립운동의 목표가 민족독립인지 계급해방인지에 대해서는 모호하게 묘사하고, 좌우를 막론하고 무장투쟁만을 정당한 독립운동 방법으로 자리매김함으로써 이들이 이루고자 한 독립 이후의 국가체제가 "토지 개혁, 주요

---

56 한철호 외, 앞의 책, 미래엔, pp. 167, 178-183, 218-223.

57 송호정 외, 앞의 책, 지학사, pp. 184-191, 196-199; 이익주 외, 『고등학교 한국사』, 리베르, 2020, pp. 182-189, 194-197; 최병택 외, 『고등학교 한국사』, 천재교육, 2020, pp. 192-197, 210-212.

산업의 국유화, 친일파 청산 등으로 요약되는 사회주의체제"였던 것으로 서술한다. 이러한 점은 해냄에듀 교과서의 다음 글에 잘 드러난다.[58]

조소앙은 삼민주의를 내세운 중국 국민당과 중국 공산당의 활동을 가까이서 지켜보면서 삼균주의를 창시하였다. 삼균주의는 개인 · 민족 · 국가 간의 균등을 실현하고자 한 사상이다. 개인 간의 균등은 보통 선거제 · 국유제 · 의무교육제를 통해 이룰 수 있다고 보았다. 민족 간의 균등은 민족자결을 통해 약소민족이 피압박에 빠지지 않아야 한다고 하였다. 국가 간의 균등은 침략 행위를 금지함으로써 실현된다고 주장하였다. 이러한 삼균주의는 대한민국 임시정부의 건국강령에 공식적으로 반영되었다.

독립운동가들이 만들고자 했던 나라의 모습은 각 단체의 강령에서 확인할 수 있다. 대한민국 임시정부와 함께 옌안의 조선 독립동맹도 강령을 발표하여 새 나라의 설계도를 제시하였다. 두 단체의 강령에서는 민주 공화국 건설, 토지개혁 등의 공통점을 확인할 수 있다. 또한 연해주, 미국에서도 광복을 위한 준비가 이루어지고 있었다. 국내에서도 새로운 국가를 만들기 위한 움직임이 시작되었다. 일제의 가혹한 탄압 속에서도 사람들은 비밀결사를 만들어 저항하였다. 그 중심에는 민족주의세력과 사회주의세력을 연결할 수 있는 여운형이 존재하였다. 1944년 8월 여운형이 중심이 되어 조선건국동맹이 만들어졌다. 건국동맹은 전국에 지부를 두었고 농민, 부인, 청년, 철도 노동자 등으로 세력을 확장하였다. 일제의 패망을 확신한 여운형은 독립선언서를 준비

---

58 박중현 외, 앞의 책, 해냄에듀, 2020, p. 222.

하고, 무장 세력도 조직하면서 해외 독립운동 세력과의 연계를 시도하였다.

이와 같은 교과서 서술은 일제강점기 한국은 이미 '사회혁명(social revolution)', 즉 계급혁명의 여건이 성숙되어 있었기 때문에 외세 개입이 없었으며, 건준과 인민위원회에 의한 사회혁명이 성공했을 것인데 남한을 점령한 미국과 친일지주 세력인 한민당이 이를 압살했다는 수정주의 역사가 브루스 커밍스의 학설에 영향을 받은 것으로 보인다.[59]

2) 북한과 남한의 지도자와 정부에 대한 긍부(肯否)가 대조되는 평가

앞에서 살펴보았듯이, 1945년 9월 20일 스탈린이 북한에 단독정부 수립 지령을 내리고 이듬해 5월 북한지역을 후방기지로 팔로군에게 제공해 북한이 중국내전의 연장지역이 됨으로써 남북의 분단은 이미 결정되고 말았다. 1945년 9월 런던외상회의 이후 소련은 남북의 통일을 원치 않았기 때문에 모스크바 3국 외상회의나 이에 따른 미소공동위원회도 겉치레에 불과했다.[60] 남북분단의 주된 원인은 민족 내부 분열 때문도, 자치능력이 없어서도 아니었다. 미소 양국 모두 자국에 적대적인 국가가 한반도에 들어서는 것을 원치 않았으므로 현실적으로 남북이 하나 되는 통일 민족

---

59 유영익, 앞의 글, 1998, p. 5.

60 이정식, 앞의 책, 2006, pp. 202-209.

국가의 수립이 불가능했던 것이 당시 국제정치 환경이었다.

그러나 교과서 집필자들은 이미 그 타당성을 상실한 낡은 해외 사조인 수정주의 사관을 견지해 소련의 패권주의적 대외정책을 옹호함으로써 적색 전체주의 국가로서 소련의 침략성과 그 지령에 의해 민족독립이 아닌 계급혁명을 추구한 공산주의자들이 전개한 무장투쟁에 대한 비판에 눈감으며, 미국의 개입이 없었으면 한국이 사회혁명이 성공했을 것으로 간주한다. 또한 교과서 집필자들은 무장투쟁에 의한 자주적 통일 민족국가 건설이라는 이상적 당위를 좇음으로써 남북분단이 민족 내부의 역량으로 극복할 수 없었던 역사적 현실이었음을 인정하지 않는다. 그 결과 교과서들은 광복 직후인 1945년 9월 6일 선포된 '인민공화국 내각명단'에 대통령으로 발표되었으며, 1946년 7월과 1948년 6월 실시된 여론조사에서 초대 대통령 감으로 김구를 압도하는 지지를 얻은 바 있던[61] 이승만의 대한민국 건국을 위한 정치 활동을 통일정부 수립에 반하는 남한만의 단독정부, 즉 단정 수립 활동으로 폄하하는 반면, 통일 민족국가 수립을 위한 남북협상에 나섰던 김규식 · 김구와 '항일유격대'에서 무장투쟁을 했다는 김일성의 북한정부 수립 활동과 프로파겐더에 지나지 않는 '개혁 작업'에 대해서는 호의적으로 서술한다. 이 점은 지학사와 미래엔 교과서에 잘 나타난다.

제1차 미소공동위원회가 결렬되자, 남한의 일부 우익세력은 단독정부 수립 운동을 전개하였다. 이승만은 통일 정부 수립이 어렵다면 남한만이라도 임시정부를 수립해야 한다고 주장하였다. … 좌우 합작 위원회의 활동이 진행되는 상황에서 1947년 5월 제2차 미소공동위원회가

---

61   이정식, 위의 책, 2006, pp. 225-228.

재개되었다. 그러나 제2차 미소공동위원회 역시 반탁운동 단체의 협의 대상 포함 문제를 놓고 미소 양측의 이견을 좁히지 못하면서 아무런 결론도 내리지 못하였다. 이후 미국은 한국 정부 수립문제를 미국, 영국, 소련, 중국 4개국 회의에서 협의할 것을 요구하였지만, 소련은 이를 완강히 거부하였다. 결국 미국은 한국 문제를 유엔으로 이관하였다. … 소련은 유엔한국 임시위원단이 38도선 이북으로 들어오는 것을 거부하였다. 유엔 감시 아래 남북한 총선거가 불가능해지자 유엔 소총회는 선거가 가능한 지역 남한만의 선거를 결의하였다. … 이승만과 한국민주당은 남한만의 단독 선거에 따른 정부의 수립을 환영하였다. … 김규식은 여운형이 암살된 이후 중도파 세력을 규합하여 민족 자주연맹을 결성하고 통일정부 수립 운동을 계속하였다. 김구도 단독 정부 수립에 반대하여 통일정부 수립 노선으로 전환하였다. 김구와 김규식은 통일정부 수립을 위한 남북 협상을 추진하였다.[62]

소련의 후원을 받는 김일성을 위원장으로 하는 북조선 임시 인민 위원회가 조직되면서 공산주의 정권 수립 작업이 진행되었다(1946. 2). 북조선 임시 인민위원회는 각종 개혁 작업에 착수하였다. 먼저 '토지는 밭갈이 하는 농민에게'라는 구호 아래 무상 몰수 · 무상 분배의 사회주의적 방식으로 토지개혁을 실시하였다. 분배된 토지의 매매 · 소작 · 저당은 금지되었지만, 이는 임시 인민위원회가 농민층의 지지를 받는 계기가 되었다. 8시간제를 규정한 노동법과 남녀평등법을 제정하고, 주요 산업을 국유화하여 사회주의 경제의 기반을 다졌다. … 북한 정권

---

62   송호정 외, 앞의 책, 지학사, 2020, pp. 235-237.

수립에 주도적 역할을 한 세력은 대중적 지지와 소련의 강력한 후원을 받은 김일성과 항일 유격대 세력이다. 이들은 6 · 25전쟁과 이후의 권력 투쟁을 거치면서 나머지 세력을 제거하고, 1960년대애는 김일성 유일 독재체제를 형성하였다.[63]

통일지상주의 사관에 입각해 남북한 정부 수립과정을 서술하는 교과서들은 통일 민족국가 수립이 불가능했던 당시의 국제정치 환경, 즉 미국의 정책변화나 김구의 남북협상을 북한정권의 정통성 확보를 위해 이용한 소련 통일전선 전술에 대해서는 언급조차 하지 않음으로써 이승만의 집권을 남한을 반공보루로 만들려 한 미국의 전략에 힘입은 것으로 본다.

그러나 최신 연구에 의하면, 미국은 중국 국민당이 내전에서 공산당에게 패색이 짙어진 1947년 4월 종래의 '관망(Wait-and-See)'정책을 폐기하고 한국이 전략적 가치가 없다는 판단을 내렸으며, 9월에는 소련의 동시철병 제의를 받아들여 미군 철수와 한국문제의 유엔 이관을 결정했는데 이는 미국이 단정 수립의 짐을 유엔에 떠넘긴 것이었다. 당시 미국 수뇌부는 남한이 공산화되어도 할 수 없다는 입장이었다.[64] 이렇게 보면 한국문제를 유엔에 상정해 남한에 단독정부를 수립하게 한 것은 미국의 전략적 결론 때문이었다고 볼 수도 있다. 그러나 제1차 미소공동위원회가 결렬된 후 한 달이 지난 1946년 6월 3일 세계 공론에 호소를 통한 통일정부 수립을 주장한 정읍선언이나 1946년 12월 미국 방문 시 유엔에 의한 한국문제 해결을 처음으로 제의한 이승만의 단정 수립 전략은 미국이 유엔을 통한 남한 단정 수립을 결정한 1947년 9월보다 앞선다. 이렇게 볼 때 이승만은 미국

---

63 한철호 외, 앞의 책, 미래엔, 2020, p. 244.

64 이정식, 앞의 책, 2006, pp. 155-173, 456-457.

의 정책 변화를 궁극적으로 이끌어낸 대한민국 건국의 주도자였다.[65]

반면 1945년 말 유고슬라비아에서의 우익탄압, 이듬해 6월 폴란드 공산당의 국민투표 결과 조작, 그리고 1947년 8월 20%밖에 득표하지 못한 공산당이 소련군의 비호 하에 정권을 강탈한 헝가리 사태를 고려해볼 때, 당시 남북협상은 북한의 통일전선 전술에 이용될 것이 명약관화했다.[66] 남북협상이 열리기도 전에 이미 결의문은 '채택'되어 있었다. 4월 23일에 나온 결의문은 "연석회의 개최와 관련해서 김일성에게 조언을 제공할 데 대하여"라는 4월 12일자 스탈린의 지령을 토씨까지 그대로 베꼈다. 4월 28일과 29일에 열린 김구 · 김규식 · 김일성 · 김두봉 "4김 회담"과 30일에 나온 "남북조선 제 정당 및 사회단체 공동성명서"도 구속력 없는 휴지조각과 다름없었다. 그의 구상이 성공하려면 김일성과 김두봉에게 자주적 결정권이 있어야 했지만, 당시 북한은 소련 군정 치하였고 공산진영의 황제였던 스탈린의 지령은 불가침의 성헌(成憲)이었다. 그러나 교과서들은 통일지상주의 사관에 입각해 김구와 김규식의 남북협상을 이용해 북한정권의 정당성을 확보하려 한 소련의 정치공작을 서술하지 않음으로써 대한민국 건국의 역사적 의미를 축소하는 과오를 범한다.[67]

이처럼 민족을 단위로 하는 국민국가의 건설을 지고(至高)의 가치로

---

65 이정식, 위의 책, 2006, pp. 445-459; 허동현, 「대한민국의 건국외교와 유엔(UN)」, 『숭실사학』 30, 2013, pp. 258-259.

66 김학준, 「분단구조의 고착화」, 『해방의 정치사적 인식』, 대왕사, 1990, p. 232; 서동만, 『북조선 사회주의체제 성립사』, 선인, 2005, p. 209; 이정식, 위의 책, 2006, pp. 110-111, 341, 372-376, 393-394. 이정식에 의하면 소련이 헌법 초안을 발표하고도 그 시행을 남한의 선거 이후로 미룬 것은 북한정권의 정통성 확보를 위한 것이었으며, 정권 수립 이전의 군대 창설도 북한이 단정 수립의 수순을 밟아온 것으로 보았다.

67 Andrei Lankov, "Soviet Politburo Decisions and the Emergence of the North Korean State, 1946-1948," *Korea Observer*, Vol. 36, No. 3(Autumn 2005), pp. 385-406; 이정식, 위의 책, 2006, pp. 407-426.

삼는 통일지상주의 사관에 입각한 교과서들은 통일 이전에 건국된 대한민국을 미완의 국민국가로 보아 '정부 수립'이라는 표현을 사용하며, 국민국가로서의 대한민국의 역사를 서술하는 것이 아니라 앞으로 올 통일 민족국가 건설 과정의 역사로서 북한사를 대한민국의 역사와 동등한 수준으로 다룬다. 또한 민족통일을 교과서 서술의 최우선 가치로 둠으로써 대한민국의 권위주의 체제와 북한의 전체주의 체제의 커다란 차이점을 무시하고 통일 지상주의에 입각해 북한체제의 모순에 대한 서술을 외면한다.

4
무엇이 문제인가?

　이 글에서 필자는 9종 교과서의 현대사 서술 내용을 냉전 붕괴 이후 새롭게 발굴된 사료를 활용한 냉전사와 대한민국 건국사에 대한 최신 연구 성과에 비추어 살펴봄으로써 교과서 서술에 보이는 수정주의 사관의 잔영과 통일지상주의 사관의 문제점을 아래와 같이 구명할 수 있었다.

　첫째, 제1차 세계대전 전후 미국과 소련의 대외정책에 대한 서술에 보이는 편파성을 살펴본 결과 냉전 시대 소련의 교조적 '볼셰비키혁명' 해석을 답습한 교과서 서술은 이를 쿠데타로 보아 스탈린 시대 소련 사회의 전체주의적 성격의 기원을 이 쿠데타에서 찾는 냉전 시대 서방 자유주의 학자들의 해석만이 아니라 냉전 해체 이후 볼셰비키를 혁명적 민중이 아니라 지식인을 대표하는 세력이자 1917년의 약속을 깬 배신자로 보는 신좌파 수정주의자들의 해석과도 배치되는 시대착오적 서술임을 지적했다.

　둘째, 백색 전체주의에 대한 비판에 경도되어 소련 등 적색 전체주의에 면죄부를 주는 교과서 서술은 냉전 붕괴 이후 새롭게 발굴된 사료와 연구 성과에 역행하는 서술임을 밝혔다. 특히 적색과 백색 전체주의에 대한 서구 좌파 지성들의 호오(好惡)가 역전된 상황에 비춰볼 때 적색 전체주의에 대한 비판에 눈감는 교과서의 편향적 서술은 균형을 잃은 것임을 밝혔다.

셋째, 교과서들은 스탈린의 팽창 욕구와 소비에트 이데올로기가 냉전 발발과 전개에 핵심적 요인으로 보는 새로운 연구들에 의해 냉전 발발 책임이 미·소 모두에 있다는 수정주의자들의 양자 책임론이 설득력을 잃었음에도 이에 입각해 스탈린 치하 소련의 팽창정책이 서방의 압박에 의한 수동적 대응이었던 것으로 옹호하는 균형 잃은 서술을 하고 있음을 지적했다. 또한 남북분단에 결정적 영향을 미친 동아시아 지역에서의 냉전 전개에 대한 교과서 서술에서도 미국의 패권주의에 방점을 찍음으로써 소련과 중국의 침략성에 눈감고 있는 점과 특히 대한민국 건국 이전 미국의 적극적 공세에 소련이 수동적으로 대응했으며, 내전 시기 중국공산당이 마치 소련의 통제를 받지 않았던 독자 세력이었던 것으로 보는 것은 명백한 사실 왜곡임도 밝혔다.

넷째, 일본 패망 이후 터진 국공내전은 국민당군의 선공으로 시작된 것이 아니라 스탈린의 지령을 받은 중국공산당군의 선제공격으로 일어났으며, 그 이유는 1945년 9월 12일부터 10월 2일까지 런던에서 열린 외상(外相)회의에서 소련의 일본 통치 참여와 트리폴리타니아 할양에 대한 요구가 좌절된 후 스탈린이 만주에서 소련의 국익을 일방적으로 도모하는 공세적 정책을 추진했기 때문임을 지적했다. 따라서 제2차 세계대전 이후 동아시아 지역에서 미국이 패권주의적 정책을 먼저 펼쳤고 이에 소련이 수동적으로 대응했다거나 내전 시기 중국공산당이 소련의 통제를 받지 않은 독자 세력이었다는 교과서의 서술이 역사적 사실을 왜곡한 것임을 밝혔다.

다섯째, 런던외상회의에서 일본 통치 참여와 지중해 진출이 좌절되자 스탈린이 1945년 9월 20일 북한에 정권수립 지령을 내리고, 1946년에는 중국공산당의 후방기지로 북한을 제공해 남북분단을 기정사실화하는 등 미국에 맞서는 대결정책을 펼쳤지만, 한반도의 전략적 가치를 평가절하한 미국은 1947년 초까지는 소련과 교섭을 계속하며 현상을 유지하려 한 '관망(Wait-and-See)'정책을 유지했음을 지적했다. 그러나 교과서들은 런던외상회의 이후 소련의 정책변화를 서술하지 않고 미국의 공세에 소련이 수세적으로 방어한 것으로 묘사함으로써 남북분단에 대한 소련의 책임을 희석시키는 편파적 서술을 하고 있음을 밝혔다. 이상과 같이 그 타당성을 상실한 낡은 해외 사조인 수정주의 사관을 견지해 소련의 패권주의적 대외정책을 옹호하는 수정주의 사관의 잔영이 남아 있는 교과서 서술의 문제점과 함께 통일지상주의 사관에 입각한 교과서 서술의 문제점도 지적했다.

먼저 교과서들이 1920년 레닌의 코민테른 가입 21개조가 발표된 이후 공산주의와 사회주의가 역사적으로 확연히 구별되었던 점을 무시하고 공산주의와 사회주의를 구별하지 않고 모두 사회주의로 서술함으로써 공산주의에 반대한 반공 좌파인 사회주의자들의 독립운동과 공산주의자들의 계급혁명운동을 혼동하게 하는 우(愚)를 범했으며, 이는 적색 전체주의 국가 소련의 지령에 따라 민족독립이 아닌 계급해방을 도모한 일제 시대 무장투쟁과 북한의 문제점에 대한 서술을 외면하게 만드는 원인으로 작용했음을 지적했다.

다음으로 교과서들이 외세에 기대지 않는 자주적 독립, 즉 무장투쟁만을 정당한 독립운동 방법론으로 보아 광복이 우리가 전개한 무장투쟁의 결과 얻은 것이 아니라 연합국의 승리에 의한 것임이 역사적 현실임에도 교과서 집필자들은 그들이 이상시한 무장투쟁에 의한 자주적 독립을 등가치적(等價置的)으로, 아니 그 이상으로 해석하고 있음을 지적했다. 그 결과 교과서들은 외교독립활동을 펼친 이승만에 대해 평가절하하고 있음을 밝혔으며, 이는 무장독립운동을 펼친 이들은 불문하고 활동과 사상을 집중 조명한 것과 비교할 때 균형을 잃은 서술임을 지적했다. 또한 교과서들이 공산주의 영향 하에 일어난 사회운동과 무장 독립투쟁의 목표가 민족독립인지 계급해방인지에 대해서는 모호하게 묘사하고, 좌우를 막론하고 무장투쟁만을 정당한 독립운동 방법으로 자리매김해 이들이 이루고자 한 독립이후의 국가체제가 "토지 개혁, 주요 산업의 국유화, 친일파 청산 등으로 요약되는 사회주의체제"였던 것으로 서술함으로써 외교독립활동을 전개한 이승만의 미국식 공화주의와 시장경제에 입각한 국가건설 구상에 대해 논급조차 하지 않는 편파적 서술을 하고 있음을 지적했다.

끝으로 교과서들은 무장투쟁에 의한 자주적 통일 민족국가 건설이라는 이상적 당위를 좇음으로써 남북분단이 민족 내부의 역량으로 극복할 수 없었던 역사적 현실이었음을 인정하지 않는 통일지상주의 사관에 입각해 김구와 김규식의 남북협상을 이용해 북한정권의 정당성을 확보하려 한 소련의 정치공작을 서술하지 않음으로써 대한민국 건국의 역사적 의미를 축소하는 어리석음을 범했음도 지적했다.

5
현대사 교과서 어떻게 써야 하나

한국사 교과서는 국민국가의 국민통합에 결정적 역할을 한다. 국민의식의 흐름에 큰 영향을 미치기에 인간의 존엄과 인권의 존중을 강조하고 타자와 더불어 살기를 전파하는 교과서와 국가와 민족(민중)을 앞세워 개인의 권리를 경시하는 교과서가 결과할 미래상은 판연히 다를 것이다. 글로벌 시대를 사는 오늘 우리는 젊은이들을 오대양 육대주를 누비는 유목민이자, 태어난 강물을 기억해 회귀 · 산란하는 연어와 같은 인재로 길러야 한다. 세계 모든 나라들이 자국사(自國史) 교육을 중시하는 이유는 미래세대에게 세계를 무대로 활동하되 모천(母川)으로 돌아와 산란하는 연어와 같이 자신이 나고 자란 시민사회에 기여하는 삶을 살길 바라기 때문일터다. 연어의 회귀에 비견되는 미래세대의 진정한 정체성은 태어나고 자란 국민국가의 역사에 대한 자긍과 성찰에서 배양된다.

식민지 지배와 동족상잔의 아픔과 폐허를 딛고 다시 일어서려 할 때, 침략자 일본보다 긴 반만년의 역사나 우수한 문화를 내세우는 금송아지 자랑이나 내재적 발전론은 최소한의 자존심을 세우기 위해 필요했다. 그러나 비교사적 시야를 결여한 내재적 발전론에 입각해 국망(國亡)의 이유를 일본의 침략 탓으로 돌리거나, 일제에 맞선 독립운동이 나라를 되찾게 해준 주된 동력이었다고 실패의 역사에 분칠하는 것으로 뼛속 깊이 우러나오는 진정한 자긍심은 길러지지 않는다. 나라를 빼앗긴 이유는 서세동점이 해일처럼 밀려오는 열린 세상이 도래했을 때 문호를 닫아 걸어 동아시아에 몰아닥친 국민국가를 세우기 위한 시간의 경쟁에서 뒤처진 데서 찾아야 한다. 또한 상해 임시정부가 국제사회의 승인을 얻지 못해 정부요인들이 개인 자격으로 귀국할 수밖에 없었던 것이 웅변하듯, 광복과 건국은 미국 등 국제사회의 도움에 의한 것임을 부정할 수 없다.

실패의 원인과 성공의 요인을 제대로 밝히지 않는 모호한 역사서술은 학습자에게 어떠한 교훈과 지혜도 주지 못한다. 따라서 고등학교 한국사 교과서는 비교사의 시야에서 우리가 주체적으로 근대를 이끌어내지 못하고 독립을 일구어내지 못한 이유를 성찰하는 동시에 광복 이후 오늘의 성공을 이끌어낸 요인을 인과관계에 맞게 서술해야 한다. 나아가 교과서는 통일된 국민국가의 완성이라는 미완의 근대과제와 함께 환경을 지키는 녹색성장, 타자와 더불어 살아가는 양성평등사회와 다문화사회의 구현이라는 근대 이후 과제도 살필 수 있는 깨어 있는 주체로 미래세대를 키울 수 있도록 쓰여야 한다.

"은나라의 거울은 먼 데 있는 것이 아니라 바로 앞 시대인 하나라에 있다(殷鑑不遠 在夏后之世)"라는 옛 중국의 경구(警句)처럼 먼 조상이 아니라 바로 할아버지와 아버지 시대의 역사가 우리의 진로를 비추는 등대다. 세계사상 유례가 없는 다원화된 시민사회를 이루고 경제적 번영도 일군 오늘의 시점에서 보면, 우리 미래세대의 정체성과 자긍심은 바로 앞 세대가 실패와 좌절을 딛고 일어나는 과정에서 어떤 성취와 과오를 일구고 범했는지를 알려주는 데서 길러진다. 지난 역사가 남긴 빛과 어둠에 대한 자긍과 성찰이 균형을 이루고 미래에 대한 전망이 함께하는 역사교육이 행해질 때 우리 젊은이들은 글로벌한 세상을 뚫고 나갈 진정한 정체성과 지혜를 얻을 것이다. 따라서 대한민국이 이룬 기적 같은 성취에 대한 자긍과 그 과정에서 빚어진 과오에 대한 성찰이 균형 있게 서술된 교과서 만들기는 더없이 중요하다.

근현대 문명전환의
주체를 둘러싼 논쟁을
어떻게 볼 것인가?

1
머리말

　역사는 미래가 태동하는 해석의 학문이다. 꿈꾸는 내일이 같지 않은 역사가들은 역사 발전의 종착점, 즉 문명(文明)의 전범(典範)과 이를 이끌 주체를 다르게 본다. 산의 진면목(眞面目)은 멀리 떨어져서 볼 때 제대로 보인다. 역사 전개의 분수령(分水嶺)도 마찬가지다.

　문명전환의 관점에서 우리 역사의 큰 흐름을 살펴본 주목할 만한 선행연구는 외인(外因)과 내인(內因)에 각각 방점을 찍은 고병익(高柄翊, 1924~2004)과 김용섭(金容燮, 1931~2020)의 학설을 꼽을 수 있다. 전자는 통일신라 8세기 중엽 경덕왕(景德王) 때 중국문화의 수용, 조선왕조 성립 후 유교문화의 침투, 그리고 개항 이후 서구문명의 도입을 세 개의 "문화사(文化史) 상의 단층(斷層)"으로 규정해 전통과의 단절을 강조한 데서 알 수 있듯이 문명전환의 외생적 요인에 주목한다.[1] 반면 후자는 후기 고조선(기자조선)과 조

1　"유럽에서는 근대에서 현대로 넘어오는 과정에서 자기 자체의 문화전통 속에서 내재적인 발전으로 변화를 가져왔기 때문에 산업혁명과 국민국가 형성 및 해외팽창을 이룩하면서도 문화전통의 단층을 이루지 않았다. … 동아시아는 오랜 전통은 무겁게 지고 왔음에도 불구하고 근대의 커다란 변화는 과거 전통과의 사이에 상당한 단층을 가져오게 했으며, 그중에서도 한국의

선왕조 말에 중국문명과 서구문명을 수용한 것을 두 차례의 문명전환으로 보지만,[2] 단절보다는 연속의 관점에서 내재적 요인에 주목함으로써[3] 고유 문명의 독자성과 자주성을 강조한다.[4]

예를 들면 고병익은 언문일치 운동으로 문체(文體)가 문어체에서 구어체로 급변한 데서 초래된 "인식(認識)의 단층"이 동아시아 삼국 중에서도 한국이 가장 깊고도 넓다는 점에 주목한다.[5] 반면 김용섭은 조선 시대에 한

경우는 다른 이웃 나라보다도 더 큰 단절을 겪게 하였다. … 문화사적 단층은 더 거슬러 올라가서 다시 몇 번 크게 겪었다고 생각된다. 그것은 조선왕조가 들어선 후 유교이념과 그에 입각한 제도와 예절 등이 조선조의 사회와 생활을 거의 배타적·독점적으로 지배하게 되었음을 말한다. 이 유교적 문화전통이 유례없이 깊고 넓게 생활의 모든 면에 침투하고 또 그것이 경직화됨에 이르러 종래의 문화전통은 비단 불교뿐 아니라 다른 비(非)유교적인 것도 모두 배격됨에 이르렀다. 결국 조선왕조의 성립은 문화사상에서 그 이전 시대와 갈라놓는 커다란 단층을 이루었던 것이다. 그리고 거슬러 올라가면 통일신라의 8세기 중엽이 또 하나의 큰 단층을 이루지 않았나 생각된다. 경덕왕(景德王) 때 당(唐)나라 제도를 전면적으로 도입하여 고유한 지명과 관직명 등을 모두 중국식으로 고치고 아마도 성씨인명(姓氏人名)까지도 중국식으로 바꾸었을 것으로 짐작되는데 이것은 우리 문화의 방향을 중국 쪽으로 기울게 한 커다란 전환이었다고 해야 할 듯하다." 고병익, 「총설: 한국문화와 세계문화」, 『한국사시민강좌』 4, 일조각, 1989, pp. 4-5, 10-11.

2 김용섭은 1차 문명전환은 중국이 그 중화사상과 조공책봉 등의 논리로 중국 중심의 천하체제를 확립하는 과정에서 그 질서하에 들어간 것으로 보고, 2차 문명전환은 산업혁명 이후 식민지 확보를 위한 제국주의 침략하에서 진행된 세계화 과정에서 시작된 것이며, 당시 조선은 문명전환의 물결에 적절히 대응하지 못해 국민국가로 변신하지 못하고 식민지로 전락했다고 보았다. 김용섭, 『동아시아 역사 속의 한국문명의 전환: 신정 증보판』, 지식산업사, 2015, pp. 229-234.

3 "조선에서 제2차 문명전환과 세계화는 내·외로 두 측면에서 일어나고 있었다. 그 하나는 조선 내부에서 사회변동이 있어서 문명전환이 일어날 수 있는 기반·배경을 조성하고 있는 일이었다." 김용섭, 위의 책, 2015, pp. 197-202.

4 "한국·베트남·일본 등 몇몇 민족 국가와 같이, 중국의 천하체제에 들어가 중국으로부터 그 문명과 유교사상을 받아들여 문명전환을 하면서도, 중국의 팽창주의 동진정책, 남진정책에 끈질기게 저항하고 중국화를 거부함으로써 그들 자신의 독자적 자주적인 국가와 고유문명을 유지한 경우이다. … 한국과 베트남은 중국을 정복하지 않았으면서도, 중국의 거듭되는 침략을 받아 크나큰 희생을 치른 뒤에야 중국의 천하체제 안에서 자주국가 고유문명을 유지할 수 있었다." 김용섭, 위의 책, 2015, pp. 43-44.

5 "19세기 후반에서 20세기 초두에 걸친 시기에 서양문화의 도입·수용이 동아시아의 전통문화

글 창제를 통해 재창출한 "한글·한자 통합문명"이 근대 서구문명을 수용하면서도 정체성을 지킬 수 있게 해준 힘이었다고 본다.[6] 내인론과 외인론 모두 유교문명과 서구 근대문명의 도입이 한국역사 흐름의 획기적(劃期的) 전환점이었음에는 이견이 없다.

역사관의 요체인 문명의 기준은 역사가들의 지향만이 아니라 시대에 따라 변해왔다. 조선 시대 사관(史官)이나 유교 지식인들에게 문명이란 "문치교화(文治敎化)", 즉 형벌과 위력을 쓰지 않고 인민을 가르치는 유교적 교화, 중국화를 의미했다. 19세기 서세동점(西勢東漸)의 시대를 맞아 사대자소(事大字小, 큰 나라는 아비처럼 섬기고 작은 나라는 아들같이 돌보는)의 조공(朝貢)체제에 기반을 둔 계서(階序)화된 동아시아 국제질서가 서구 국민국가 사이의 국

에 커다란 변화를 가져왔으며 … 이 변화가 단순히 문물제도의 변혁을 가져온 데 그치는 것이 아니라 그리고 과거의 자체 전통에 대한 부정적인 시각을 도입하는 데 그치는 것이 아니라 과거와의 하나의 깊은 단층을 초래했다. 그것은 문체(文體)의 변화에서 유래하는 단층이다. 동아시아 각국에서는 지난 1세기 동안에 근대의식의 성장에 따라 언문일치(言文一致) 운동이 전개되어 구어체(口語體)가 주류를 이룸에 따라 과거의 문어체(文語體)로 된 고전(古典)들과는 하나의 단층이 생기게 된 것이다. … 한국의 경우 이 단층이 가장 깊고도 넓은 것은 두말할 것도 없다. … 한국의 경우가 문체상으로 가장 큰 변화를 겪어서 자국의 고전과의 거리가 가장 멀게 되었다." 고병익, 앞의 글, 1989, pp. 2-4.

6 "내부사정의 변화 가운데서도 한글문화의 발달·보급은 무엇보다도 주목해야 할 일이었다고 하겠다. 이는 한글·한자 통합문명으로서의 한글문화로서, 이 시기의 서민 대중에게 중세적 질서를 부정하는 반봉건 사회의식을 고취하고 있었다. 19세기에 들어오면 이러한 의식을 가진 한글문화가 민중사회에 깊숙이 스며들고 광범하게 파급되고 있었다. 그리고 이 시대사조는 반봉건 농민항쟁 — 민란과 농민전쟁 — 의 배경을 조성하게까지 하였다. … 한민족의 문명전환은 중국 유교문명을 우리 자신의 것으로 적극 도입하여 이를 발전시키되(궁정교학, 조선 성리학), 우리 고유 문명도 우리의 언어체계에 맞는 새로운 문자를 연구 개발하여(훈민정음, 한글) 발전시켰다. 그리고 이 한글문명을 한자문명과 결합하고, 유교문명과 일체가 되도록 결합함으로써 우리의 고유문명을 '한글·한자 통합문명'이라고 하는 새로운 차원의 깊고 넓은 선진문명으로 재창출시켰다. 그리하여 한민족의 이 한글·한자 통합문명은 과거의 동아시아 문명권 속에서 뿐만 아니라 현재의 세계 문명권 속에서도 그들을 창의적인 문명 민족의 당당한 일원이 될 수 있도록 하였다. 이는 한민족이 장구한 세월에 걸쳐 문명전환에 적극 대응하면서도 자신의 정체성을 놓치지 않으려고 노력한 산물이었다." 김용섭, 앞의 책, 2015, pp. 201, 232.

제질서를 규율하는 조약체제로 대체되자,[7] 중국화를 문명으로 보는 전통적 문명관도 전복되었다.[8] 중국과 일본은 영국과 미국의 무력에 굴복해 각각 남경(南京)조약(1842)과 가나가와(神奈川)조약(1854)을 맺었으며, 뒤늦게 조선도 서구화된 일본의 포함(砲艦)외교에 밀려 강화도조약(1876)을 체결했다.

베스트팔렌조약(1648) 이후 서구 국제질서를 규율하던 조약체제가 동아시아에서도 작동하기 시작하면서 중국이 야만이 되고 서구가 문명이 되는 역전이 초래되자,[9] 문명의 기준은 서구 근대의 산물인 국민국가 수립 여

---

7 김용섭은 19세기에 군사적으로 제패한 서구의 근대국가가 중국 중심 동아시아 문명권, 이슬람 문명권, 인도 문명권 등 중(中)규모의 지역단위 문명권을 통합해 전 세계적 대(大)규모 세계문명권으로 문명전환시켰다고 본다. 김용섭, 위의 책, 2015, pp. 28-29, 196. 이삼성은 중국 중심 국제질서가 아편전쟁을 계기로 실질적으로 붕괴되었다는 데 이견이 없다고 본다. "전 지구적 국제체제가 1850년에 성립되었다는 것은 다른 말로 하면 중국을 중심으로 한 동아시아 국제질서, 즉 중화질서가 19세기 중엽에 아편전쟁을 분수령으로 사실상 종언을 고하게 되었다는 얘기이다. … 아편전쟁을 계기로 중국에 등장한 새로운 질서의 개념화를 둘러싼 여러 이견에도 불구하고, 그때를 계기로 중국 중심의 동아시아 질서가 실질적으로 붕괴했다는 데에는 이론이 없다." 이삼성, 『동아시아의 전쟁과 평화: 근대 동아시아와 말기조선의 시대구분과 역사인식』, 한길사, 2009, p. 30.

8 이러한 전복은 일본이 주도했다. 막말(幕末) 이후 세 차례 서구를 둘러본 후쿠자와 유키치(福澤諭吉, 1835~1901)는 "civilization"의 번역어로 "문명" 또는 "문명개화(文明開化)"를 채택함으로써 서구화가 문명이 되고 중국화는 야만이 되는 문명의 전환이 시작되었다. 노대환, 『문명』, 소화, 2010, pp. 53-54, 59-61; 야나부 아키라, 박양신 역, 『한 단어사전, 문화』, 푸른역사, 2013, pp. 29-32; 정용화, 『문명의 정치사상: 유길준과 근대한국』, 문학과 지성사, 2004, pp. 400-402. 코젤렉은 19세기에 유럽적 자의식의 상징이 된 "문명"은 "진보"와 결합함으로써 그 역동성이 완전하게 작동하게 되었다고 본다. 라인하르트 코젤렉, 안삼환 역, 『코젤렉의 개념사 사전 1: 문명과 문화』, 푸른역사, 2010, p. 14.

9 박정심, 「한국 근대지식인의 '근대성' 인식 I: 문명 · 인종 · 민족담론을 중심으로」, 『동양철학연구』 52, 2007, pp. 123, 126. "서구문명이 배워야 할 전범이 되면서 유럽은 지리적 공간 이상의 의미를 내포하였다. 유럽과 미국은 단순이 오대양육대주의 일부가 아니라 새로운 세계중심으로서 정치적 · 문화적 의미를 내포하였다. … 서구문명을 지선(至善)과 당위로 받아들이는 순간 전근대적 삶의 양식은 야만이 되고, 우리는 문명화를 실현하기 위해 서구를 이식해야만 했다." 강상규, 『(근대 동아시아에 나타난 역사적 전환들) 동아시아 역사학 선언』, 에피스테메, 2021, pp. 100-101. "서구의 국제질서와 전통적 중화질서의 만남은 동아시아 지역에서 '문명기준의 역전' 현상을 가져왔다. 서구근대 국제질서 원리가 적용되는 지리적 공간은 원래 유럽에 국한되어 있었다. … 비서구권 국가들은 서구의 문명기준에서 요구하는 여러 조건을 갖추었다

부로 바뀌었다.[10] 19세기에 동아시아에서 벌어진 국민국가 수립을 향한 시간의 경쟁에서 선두주자는 일본이었다. 메이지유신(1868) 이후 '문명개화'의 기치 아래 서구 따라잡기에 나선 일본은 청일전쟁(1894~1895)과 러일전쟁(1904~1905)에서 승리함으로써 제국(帝國)의 반열에 올랐다. 1876년 개항을 전후해 조선에서도 새로운 문명의 표준을 따르려는 개화파가 등장하면서 중국은 멸시의 대상이 되었고, 문명으로서의 유교는 폐기되었으며, 서양과 일본은 따라 배울 새로운 전범으로 대두되었다.[11] 그러나 일본과 서

고 판단되기 전에는 국제법의 영역 '밖'에 놓이게 되며, '문명의 신성한 의무'라는 미명하에 서구 문명국가의 '보호' 대상으로 전락하기 십상이었다. 동아시아 국가들이 서양 국가와 맺은 조약이 하나같이 일방적인 불평등조약이었던 것은 이처럼 문명적 요소의 미비라는 명분에 따른 것이었다."

10 한 나라가 문명국인지를 가늠하는 판정관도 중국이 아닌 국민국가 체제를 만든 서구였다. 국민국가의 특징적 요소는 다음과 같다. 첫째, 국민국가는 그 정치체제의 여하와 무관하게 국가를 담당하는 주체가 국민이어야 한다. 둘째, 한 국가가 국민국가인지 여부는 자국민이 아니라 국제적으로 다른 국민국가들에 의해 판정되며, 척도는 서구의 기준에 따른 문명화 정도다. 셋째, 국민국가는 국가통합을 위해 의회·정부·군대·경찰 등 지배·억압기구는 물론 학교·언론매체·종교 등 국민통합을 위한 장치도 있어야 한다. 넷째, 국민국가는 홀로 존재하는 것이 아니라 다른 국민국가와의 관계 속에서 존재한다. 따라서 국민국가는 세계적인 국민국가 체제에서 그 위치가 설정되며, 각각의 독자성을 표방하면서도 서로 모방하면서 유사성을 띠는 경향이 있다. 西川長夫,「日本型國民國家の形成 — 比較史的觀点から」, 西川長夫·松宮秀治 編, 『幕末·明治期の國民國家形成と文化變容』, 新曜社, 1995, pp. 3-42. 이삼성은 19세기 서양적 근대의 세 가지 요소를 식민주의, 산업혁명, 그리고 국민국가로의 정치혁명으로 규정한다. 이삼성, 앞의 책, 2009, pp. 33, 115.

11 이 점은 일본에서 2년, 중국에서 3년, 미국에서 5년의 유학생활을 한 개화기(1876~1905)의 대표적 지식인 윤치호가 남긴 다음 글들이 여실히 보여준다. "청국은 사람이 많고 땅이 커서 일본의 11배인데 일본은 30년 내외로 경장·진작(更張·振作)하여 문명 부강함이 60년이나 외국과 통상한 청국보다 백배나 더 낫다고 사람들이 칭하니, 그것은 무슨 까닭입니까? 청국은 옛것만 지켰으나 일본은 옛것을 고쳐 새것을 본받았기 때문입니다. 우리나라에는 이 두 개의 귀감이 있으니, 새것을 좇는 것과 옛것을 지키는 것의 이해가 분명하여 의심할 여지가 없습니다" 『윤치호 일기』 1884년 7월 22일자, 송병기 역, 『국역 윤치호 일기』 I, 연세대학교 출판부, 2001, p. 151. 윤치호의 서구문명 체험과 수용에 관해서는 허동현,「개화기 윤치호의 해외체험과 문화 수용」, 『한국문화연구』 11, 2006, pp. 117-151; 김권정,「근대전환기 윤치호의 기독교 사회윤리 사상」, 『기독교사회윤리』 22, 2011, pp. 77-98 참조.

구를 모델로 문명의 전환을 꿈꾼 개화파의 시도는 갑신정변(1884) · 갑오개혁(1894~1896) · 독립협회운동(1896~1898)의 실패로 인해 수포로 돌아갔다.

그 결과 "소중화(小中華)" 조선은 국민국가 수립을 통한 문명의 전환에 실패함으로써 근대 이전 문화적 열등자로 낮추어 보던 일본의 식민지로 전락하고 말았다. 일제의 어용 역사가들은 식민지화가 낙후된 한국역사를 발전시킨 문명전환의 계기로 작용했음을 주장함으로써 일본의 식민지배를 정당화하려 했다.[12] 이에 맞서 독립의 쟁취해 역사발전을 이끌 주

1989년 베를린 장벽의 붕괴

브란덴부르크문 앞 베를린 장벽에 올라선 동독인들은 냉전 시대가 막을 내렸음을 보여준다.

(출처: 위키피디아)

---

12 "식민주의 사관이란 요컨대 일제의 식민정책을 정당화하기 위해서 생각해 낸 왜곡된 한국사관

체로 민족을 호명(呼名)한 민족주의 역사가들도 등장했다.[13] 1917년 레닌(V. I. Lenin, 1870~1924)의 주도하에 러시아의 볼셰비키들이 소비에트 공산주의국가를 세우자, 식민지 조선인 중에는 이를 전환해야 할 문명으로 보는 이들이 등장했다. 특히 제1차 세계대전이 끝난 1918년 패전국 식민지에 대해 미·소 양국 모두 민족자결주의의 원칙을 내세우면서 조선인도 독립에 대한 희망을 품었다. 미국 대통령 윌슨(Woodrow Wilson, 1856~1924)의 민족자결주의에 고무된 우파 민족주의세력은 1919년 3·1운동 이후 공화주의에 입각한 국민국가를 이루려는 희망을 품은 반면, 식민지 약소민족의 해방을 내걸고 '프롤레타리아 혁명'을 촉발하려 했던 레닌의 전략에 고무된 좌파 공산주의 진영은 인민민주주의 국가를 세우려 했다.[14] 이처럼 일제 식민지시대 한국인은 미국과 소비에트 러시아를 각각 문명전환의 전범으로 삼는

이다. 이 사관에서 강조된 것은 한국 민족이 독립국가로서의 권리를 누릴 자격이 없다는 것이었다." 이기백, 「반도적 성격론 비판」, 『한국사 시민강좌』 1, 일조각, 1987, p. 3. "일제 침략시기의 일본인의 한국사 연구의 목적을 지적한다면, 그것은 요컨대 한반도의 식민지 통치를 위한 학문적 기반을 확립하려는 것이었으며, 한반도에 대한 그들의 침략을 학문적으로 합리화하려는 것이었다." 김용섭, 「일제 관학자들의 한국사관」, 『역사의 오솔길을 가면서: 해방세대 학자의 역사연구 역사강의』, 지식산업사, 2011, p. 480.

13 서양의 인문주의자들이 그러했고, 일본의 국학자들의 후예들이 그러했듯이, 신채호나 최남선 같은 일제하의 지식인들도 고대사를 재구성해 민족을 발견함으로써 이를 토대로 강력한 민족국가의 수립을 갈망했다. 신채호가 『독사신론』에서 민족을 역사의 주체로 호명한 이후 박은식·정인보·최남선 같은 민족주의 사학자들이 단군을 정복영웅이나 자주문화의 상징으로 내세움으로써 민족의식을 확산시켰다. 허동현, 「한국 근대에서 단일민족 신화의 역사적 형성 과정」, 『동북아역사논총』 23, 2009, pp. 21-22.

14 N. Gorden Levin, Jr., *Woodrow Wilson and World Politics: America's Response to War and Revolution*, London: Oxford University Press, 1968, pp. 13-32; 이호재, 「이차대전 중 한국인의 대외인식과 주장: 신한민보의 내용을 중심으로」, 『아세아연구』 68, 1982, pp. 3-4, 25-26; 서대숙, 현대사연구회 역, 『한국공산주의운동사 연구』, 화다, 1985, pp. 37, 45-50; 반병률, 『성재 이동휘 일대기』, 범우사, 1998, pp. 243, 346-349.

1991년 리투아니아에서 철거되는 레닌 동상

사회주의 국가들에서 벌어진 블라디미르 레닌(1870~1924) 동상의 철거는 프롤레타리아 혁명의
신화가 깨졌음을 보여준다.

민족주의 우파세력[15]과 공산주의 좌파세력으로 양분되었으며,[16] 1945년
일제의 패망 이후 미·소 양군의 한반도 분할 점령하에 남북한에는 각기

15 민족주의 세력에게 미국이 문명의 전범이었음은 이승만과 서재필이 주도한 1919년 4월 15일
에 필라델피아에서 열린 "한국인 총대표회의"에서 채택된 「종지(宗旨, Cardinal Principles)」에
서 "우리는 할 수 있는 데까지 미국의 정체를 모방한 민주공화정부를 세우기로 제의하여 교육
을 일치케 할지라"는 대목에 보이는 건국의 밑그림에 잘 나타난다. 유영익, 「3·1운동 후 서
재필의 신대한(新大韓) 건국구상」, 김용덕 외 편, 『서재필과 그 시대』, 서재필기념회, 2003,
p. 371.

16 공산주의 세력에게 조국, 즉 따라 배워야 할 문명의 표상은 만국 "프롤레타리아트의 조국
쎄쎄쎄르(소련)"였으며, 이는 남로당 당수 박헌영이 1945년 8월 20일 조선공산당 재건준
비위원회 명의로 발한 「8월 테제」 말미에 들어 있는 "만국 프롤레타리아트의 조국 쎄쎄쎄
르(소련) 만세! 세계혁명운동의 수령 스탈린 동무 만세!"가 잘 말해준다. 박헌영, 1945. 8.
20, ЦАМО фонд 32, опись 11306, дело 605, p. 467; 이정박헌영전집편집위원회, 박헌영,
「현정세와 우리의 임무」, 『이정 박헌영전집』 2: 미군정기 저작 편, 역사비평사, 2004, p. 56;
『이정 박헌영전집』 5: 미군정기 자료 편①, 역사비평사, 2004, p. 69.

민족주의 우파에게는 미국이 문명의 전범이었다. 이승만과 서재필이 주도한 1919년 4월 15일에
필라델피아에서 열린 "한국인 총대표회의"에서 참가자들이 행진하는 모습

(출처: 독립기념관)

다른 체제의 국가가 들어섰다.

해방 이후 한국사학계는 1970년대까지는 문명의 준거를 자유민주주의와 자본주의에 입각한 국민국가의 수립에 두고 그 주체로 민족을 호명했지만, 1980년대 이후 민족을 단위로 민중이 주인 되는 사회민주주의 체제의 완성을 문명의 전환으로 보는 민족·민중주의 역사가들이 등장하면서 종래의 우파 민족주의 사관은 퇴색하고 말았다. 실존 사회주의 진영이 붕괴·쇠퇴한 2000년대 이후 포스트모더니즘의 영향을 받은 서양 사학계가 민족과 계급(민중) 같은 거대담론에 의한 역사 전유(專有)를 비판하며 젠더(성차)·인종·지역·계층·세대를 아우르는 다원적 개체들을 문명전환의 역사주체로 지목했다. 절대화되었던 민족이 "상상의 공동체(imagined communities)"로 근대의 산물에 불과하다는 탈민족·탈근대 역사가의 등장

1920년 7월 제2차 코민테른 대회

사회주의 좌파에게 따라 배워야 할 문명의 표상은 만국 "프롤레타리아트의 조국
쎄쎄쎄르(소련)"였다. 오른쪽의 대형 태극기는 자연스럽지 않은 것으로 보아 조작된 것으로 보인다.

(출처: herman Axcelbank Collection: Russian 1920)

에 힘입은 신(新)우파 경제성장주의 사학자들은 민족의 허구성을 지목하며
대한민국의 역사를 시장경제와 자유민주주의체제 수립, 즉 문명전환에 성
공한 역사로 보아 이를 이끌어낸 이들을 그 주체로 지목했다. 냉전의 해체
와 함께 지구촌에 몰아닥친 제왕(帝王)에 대한 향수에 힘입어 근왕주의 역
사가도 등장했다.

　　한국 사학계의 주류인 민족 · 민중주의 역사가들은 민족을 단위로 민
중이 주인이 되는 사회민주주의 국가의 건설을, 경제성장주의 사가들은
자유민주주의와 시장경제체제에 기반을 둔 국민국가의 수립을, 그리고 탈
근대 · 탈민족 담론을 설파하는 서양사학자들은 민족과 국경을 넘는 동아

시아공동체 형성을 문명의 완성으로 본다. 또한 그 주체에 대해서도 한국 사학계는 민중과 제왕을, 경제성장주의 사학계는 민주화와 산업화의 초석을 놓은 지도자들을, 서양 사학계는 복수의 개별주체들을 호명한다. 특히 문명전환의 원형이 이미 조선 후기에 싹텄다는 한국 사학계의 "내재적 발전론"과 식민지 시대에 그 원형이 배태되었다는 경제성장주의 사학계의 "식민지근대화론"은 정면으로 충돌한다. 그러나 두 학설 다 탈근대·탈민족 담론을 펴고 있는 서양 사학계의 눈에는 민족(민중)과 국민으로 주어만 다를 뿐 둘 다 근대지상주의로 비칠 뿐이다.[17] 이렇게 충돌하는 역사 인식은 기억의 내전(Civil War)이 계속되는 모멘텀(Momentum)으로 작용하고 있다. 특히 민족·민중주의 사학, 근왕주의 사학, 역사수정주의 사학, 경제성장주의 사학, 탈근대·탈민족주의 사학 등 전(前)근대와 근대, 그리고 탈(脫)근대가 동시에 혼재하는 한국 역사학계의 "비동시성의 동시성(the contemporaneity of the uncontemporary)"은 지체와 조숙이 함께하는 한국사회의 현재를 반영한다. 국가나 민족이라는 개별단위를 넘어 문명사를 이해하고 기술하는 역사연구 방법론은 아직 없다.[18]

따라서 이 장에서는 대한민국이라는 국민국가를 단위로 역사가들의 충돌하는 역사관의 요체인 문명의 기준과 주체에 대한 인식의 특징과 차

---

17 허동현, 「통감부시기(1906-1910)를 어떻게 볼 것인가?」, 『한국독립운동사연구』 27, 2006, pp. 87-88.

18 "'벼랑 끝에 서있는' 현대 역사학의 모습은 아마도 더욱 절박한 상황에 와 있는 듯하다. 벼랑 끝에 서있으면서 한 발은 공중으로 내디딘 채 그 발을 받쳐줄 확고한 가치관을 애타게 찾고 있는 것이 아닐까?" 임상우, 「역사학에서의 문화적 전환: 신문화사 대두의 사학적 검토」, 『서강인문논총』 14, 2001, p. 227; "현대 문명 논의의 가장 큰 문제 중 하나는 새롭거나 뚜렷한 방법론이 부재한다는 것이다. 환경의 중요성에 대한 인식도 있고 역사연구의 축적도 있으나, 국가와 민족이라는 개별단위를 넘는 문명사를 이해하고 기술하는, 새롭고 획기적인 방법론은 아직 등장하지 않고 있다." 한경구, 「문명과 문화」, 주경철 외, 『문명 다시 보기: 다섯 시선으로 바라본 인류의 역사, 그리고 미래』, 나남, 2020, p. 64.

이를 알아본 다음, 다원화된 시민사회를 사는 오늘 우리에게 바람직한 역사기억이 무엇인지에 대한 필자 나름의 관견(管見)을 밝히려 한다.

2

해방 후 문명전환의 주체로 민족을 호명한 민족주의 사관

1) 식민주의 사관 탈피 못한 해방 직후 신(新)민족주의 사관

1945년 8월 해방부터 6·25전쟁이 일어난 1950년 6월까지 격심했던 이념 대립의 와중에서 매우 다양한 한국사 개설서들이 나왔지만, 특히 마르크스 사회경제 사학의 유물사관에 입각한 좌파 역사가들에 맞서 민족을 주어로 세계사의 보편적 흐름에 맞춘 한국사 서술을 도모한 손진태(孫晋泰, 1900~?)가 돋보인다. 그는 1948년 펴낸 『우리 민족이 걸어온 길』과 『한국민족사 개론』에서 계급주의 사관의 맹점과 민족사 서술의 필요성을 다음과 같이 천명했다.

우리는 우리가 지내 온 역사를 거울삼아 우리 민족의 처지를 바르게 똑똑하게 알아 다시는 앞날의 실패를 되풀이하지 않게 하여야 할 것이다. 그리고 그렇게 하는 것은 결코 일부 정치가의 책임이 될 것이 아니요 앞으로는 민족 전체의 책임이 될 것이며, 더욱이 민족의 대부분을 이루는 우리 농민과 노동자들의 책임이 되는 것을 나는 이 책에서 밝히고자 하였다. 또 나는 우리 민족으로서 뭉치면 살 것이요, 계급으로 쪼개져서 싸우면 망할 것을 밝히었으며, 빼앗는 계급과 빼앗기는 계급이 있으면 민족이 쪼개어질 것이요, 그런 계급이 없고 민족이 고르게 살면 저절로 뭉쳐질 것을 또한 밝혔으리라고 생각한다.[19]

백남운 씨의 저작 『조선사회경제사』와 『조선봉건사회경제사』에 대하여 경의를 갖는다. 그러나 나의 견지로 보면 씨는 "우리 자신"의 일부분만을 발견하였고 "우리 자신"의 전체를 발견하지는 못했다. 그것이 씨의 의식적 결과인지 아닌지는 모르되, 씨는 피지배계급을 발견하기에 너무나 열중한 나머지 "민족의 발견"에 극히 소홀하였다. 나는 이 소저(小著)에서 이 "민족의 발견"에 노력하였으며, 또한 이 "민족"의 입지에서 우리 역사를 개론하여 본 것이다.[20]

그는 백남운(白南雲, 1894~1979) 같은 유물 사가들에 맞서 대한제국 말기에 싹터 일제 식민지 치하 민족주의 역사가들의 역사서술에서 꽃폈던 "단일민족" 관념을 계승해[21] "우리 민족은 지난 사오천 년 동안 만주와 반도라는 동일 지역 내에서 성장하였고, 동일한 혈족체로서 동일한 문화 속에서 변함없이 공동체 운명의 생활을 하여 온 단일민족이므로 우리 역사는 곧

---

19 손진태, 『우리 민족이 걸어온 길』, 국제문화관, 1948(a), pp. 1-2.

20 손진태, 『한국민족사 개론』, 을유문화사, 1948(b), p. 2.

21 허동현, 「한국 근대에서 단일민족 신화의 역사적 형성 과정」, 『동북아역사논총』 23, 2009, pp. 18-23.

우리 민족사가 되는 것이다"라고 한 데서 알 수 있듯이 다시 한번 민족을 역사주체로 소환했다.[22] 그러나 그는 배타적 국수주의로 빠지는 것을 경계해 자신의 사관을 신(新)민족주의 사관으로 명명했다.[23]

> 우리 민족사는 우리 민족만으로 만들어진 것이 아니요, 우리 민족이 세계 여러 민족 중의 하나임과 마찬가지로 우리 민족사도 또한 세계사 속의 하나인 것이다. … 우리는 쇄국적인 배타적 독선적인 사이비한 민족사상을 버리고 개방적이요 세계적이요 평등적인 신민족주의 입지에서 우리 민족사를 연구하고 이해하여야 할 것이다.

그럼에도 그의 역사서술에는 식민주의 사관의 잔영이 남아 있었다. 이 점은 그가 조선 시대를 "민족의식 침체기"로 규정해[24] 유교의 문약성과 당파싸움을 아래와 같이 통박(痛駁)한 데서 잘 드러난다.[25]

> 유신(儒臣) 지배의 폐해는 그 도에 지나치는 형식주의와 세습적인 오랫동안의 당파싸움과 사대사상으로 나타났다. … 그들의 당파싸움은 15세기 끝으로부터 일어나 20세기 처음에 이르렀다. 모함 · 중상 · 시기 · 살육 등으로 정권싸움에 몰두하고 자자손손이 당파를 계승하여 서로 원수가 되어 교제를 끊고 혼인을 피하고 풍속까지 달리하였다. 국

---

22 손진태, 『국사대요』, 을유문화사, 1949, p. 1.

23 손진태, 앞의 책, 1948(b), pp. 1-2.

24 그는 한국사를 "민족형성배태기-민족형성시초기-민족통일추진기-민족결정기-민족의식왕성기-민족의식침체기-민족운동전개기"의 7단계로 나누었다. 손진태, 앞의 책, 1949, pp. 11-14.

25 손진태, 위의 책, 1949, p. 39.

가나 민족을 위한 정정당당한 싸움이 아니요, 아비·할아비의 복수를 위한 이기적·가족적인 것이었다. … 이조(李朝)의 유학이 민족적으로 끼친 공헌은 극히 미약하고 민족을 문약화(文弱化)·나태화·비겁화하고 당파의 싸움 버릇을 남겼을 따름이다.

나아가 그는 "민족이 한 계급만이 아닌 두 계급으로 형성"되었다고 보아 망국의 근본 원인을 "계급착취와 계급투쟁에 따른 민족의 내부분열"에서 찾았다.

계급투쟁은 민족의 내부분열을 초래할 것이며, 민족의 내쟁(內爭)은 필연적으로 민족의 약화에 따르는 외(外)민족으로부터의 수모를 초래할 것이다. … 민족은 한 계급만으로 형성된 것이 아니요, 두 계급으로써 형성된 까닭이다.[26]

이조의 망한 원인도 근본은 계급착취와 계급투쟁에 있었다. 계급투쟁은 민족의 내부분열을 초래하므로 이것은 어떤 경우에 있어서도 비민족적 죄악이다.[27]

물론 이는 그의 신민족주의 사관이 식민주의 사관 당파성론의 영향에서 벗어나지 못했기 때문으로 볼 수 있다.[28] 그러나 이는 그가 민족의 미래

---

[26] 손진태, 앞의 책, 1948(b), pp. 2, 5.

[27] 손진태, 앞의 책, 1949, pp. 39-40.

[28] 그에게 보이는 식민주의 사관의 영향에 대해서는 다음을 참조. 이기백, 『한국사학의 방향』, 일조각, 1978, pp. 117-118; 정두희, 『하나의 역사, 두 개의 역사학』, 소나무, 2001, pp. 58-67, 73.

를 밝히기 위해 망국의 역사에 대한 실패의 원인과 교훈을 찾기에 주력했기 때문인 것으로도 볼 수 있다.[29]

사람은 제 잘못을 반성할 줄 모르고 잘한 것만 내세우는 것이 보통이나, 그런 사람은 결단코 큰 사람이 되지 못한다. 그와 마찬가지로 민족도 잘한 것을 지키고 잘못한 것을 뉘우쳐 고쳐야만 위대한 민족이 될 수 있는 것이니, 그 때문에 나는 우리 역사의 사실을 잘되고 잘못된 것을 그대로 솔직하게 비판하였다.

어느 쪽이건 그는 지배계층인 국왕과 개화파는 물론 피지배계층인 민중 누구에게도 문명전환 실패의 책임에 대한 면죄부를 주지 않았다. 그에게 "암약(暗弱)한 인물"인 고종이 다스리던 대한제국은 "하등 실력도 없는" 허울뿐인 나라였고, 갑신정변을 일으킨 개화당도 "사대적 행동으로 반민족적 결과를 초래한 친일파"의 원형에 불과했으며, 동학농민운동은 "귀족 정치에 대한 반항운동"에 지나지 않았다.[30] 망국의 근본 원인을 "민족의 내부분열"에서 찾은 그에게 지난 세기 역사 중 실패했지만 특기(特記)할만한 유의미한 역사적 사건은 민중에게 교육의 기회를 주어 진정한 민족의 일원으로 성장할 기회를 최초로 제공한 애국계몽운동뿐이었다.[31]

조국의 완전한 독립은 국민이 전체적으로 각성하지 아니하면 안 될 것을 알게 된 까닭이었다. 지금까지의 운동은 지식층만이 하여온 것이

---

29 손진태, 앞의 책, 1948(a), p. 1.
30 손진태, 앞의 책, 1949, pp. 226, 232, 234.
31 손진태, 위의 책, 1949, pp. 238-239.

요, … 그들의 사업은 이상대로 되지 못하였다. 그러나 애국적인 계몽운동이 지금 우리의 교육과 종교의 기초가 된 것은 역사적인 대업이었으며, 그때로부터 겨우 교육이란 것이 민중에게 해방되기 비롯한 것이다.

왜냐하면 그에게 역사주체로서 민족이 이루어야 할 이상적 문명의 전범은 "민족 전체가 균등한 의무와 권리를 누리는 민족국가의 달성"이었기 때문이다.[32]

진정한 민족주의는 민족 전체의 균등한 행복을 위하는 것이 아니면 안 될 것이다. 민족 전체가 정치적으로 경제적으로 사회적으로 문화적으로 균등한 의무와 권리와 지위와 생활의 행복을 가질 수 있을 때에 비로소 완전한 민족국가의 이상이 실현될 것이요, 민족의 친화와 단결이 비로소 완성될 것이다. 가장적(假裝的)인 민족주의 하에서 민족의 친화 단결이 불가능한 것은 과거의 역사와 및 금일의 현실이 명백하게 이것을 증명하고 있다.

그러나 그의 뒤를 이어 민족주의 사학에 내재적 발전론을 결합한 이기백(李基白, 1924~2004)의 눈에는 "민족의 균등"이라는 기준에 입각한 손진태의 사론이 도전적인 반복사관으로 되돌아갈 위험성이 큰 것으로 비쳤다.[33]

---

32 손진태, 앞의 책, 1948(b), p. 1.

33 이기백, 앞의 책, 1978, p. 105.

이기백

이기백은 1961년『국사신론』(태성사)에서『한국사신론: 한글판』(일조각, 1999)에 이르기까지 한국
역사학계가 거둔 성과를 계속 수용해 수차례의 개정판을 펴냈다. 그는 세계와의 공존을 도모하되
민족 성원 모두가 주체로서 깨어있는 개인(시민)이 되는 자유화의 역사를 서술해 한국사 역시 개인의
자유의지가 역사 발전의 추동력이었음을 입증했다.

2) 내재적 발전론과 민족주의를 결합한『한국사신론』

해방 이후 민족주의 사관만이 아니라 계급주의 사관과 실증주의 사학
등에 입각한 백가쟁명의 다양한 한국사 개설서가 쏟아져나온 열린 지성의
시기는 짧았다. 6·25전쟁 이후 남북분단이 적대적으로 고착화되고 반공
이념이 지성계에도 짙게 드리우면서 한국 사학계에서 유물사관이 자리할
공간은 사라져버렸다. 그러나 여전히 식민주의 사관의 테두리를 벗어나지

이기백, 『한국사신론: 한글판』(일조각, 1999)

정두희가 내린 "『한국사신론』은 각자의 분야에서 개별적인 연구에 몰두하고 있는 수많은 역사학자들의 연구 성과와 그에 담긴 소망을 집약하여 하나의 체계로 정리해냄으로써 해방 이후 한국 사학계가 거둔 모든 성과를 대변하는 저서가 되었다"라는 평은 합당하다.

못하고 있던 한국 사학계에서 한국사도 발전의 역사임을 밝히려는 움직임이 본격화된 것은 식민주의 사관의 허구성 — 반도적 성격론이 당파성론·타율성론·정체성론으로 연결된다는 점 — 을 지적한 이기백의 『국사신론』(태성사, 1961)이 나오면서부터였다.

6·25전쟁으로 단절된 손진태의 '신민족주의 사관'을 계승하면서 1960년대 이후 제기된 한국 사학계의 내재적 발전론 — 자본주의 맹아론과 근대지향적 사상으로서 실학 연구 — 을 수용해 식민주의 사관을 극복하려 한 그의 노력은 『한국사신론: 개정판』(일조각, 1976)에서 결실을 맺었

다.[34] 특히 그는 이 책의 「종장 한국사의 발전과 지배세력」에서 신라 말기에서 오늘에 이르는 사회적 지배세력의 확대 과정을 추적해 지배세력 다음 신분층이 새로운 시대를 여는 것이 한국사에 변화의 논리임을 밝혔다.[35]

통일신라기 이후에는 지배세력의 바로 밑 계층이 새로운 지배세력으로 등장하고 하여 점점 지배세력의 사회적 기반이 확대되어 가는 결과를 초래했다. … 신라 말기에 가서 중앙에서는 육두품이 대두하고, 지방에서는 호족이 대두하였는데, 이들은 모두 왕족인 진골(眞骨) 다음 가는 신분층이었다. 육두품과 호족 출신의 문신귀족으로 형성된 고려 사회에서, 중앙에서는 무신들이, 지방에서는 향리들이 지배세력으로 상승작용을 하였는데, 이들도 문신귀족 다음가는 지배층이었다. 무인 정권을 세우고 조선왕조를 건설하려 한 것은 바로 이들이었다. 뒤에 향리의 전통을 이은 사람들의 등장으로 인하여 지배세력의 기반은 더욱 확대되어 갔다. 조선 후기에 등장한 중인도 양반 다음가는 신분층이었고, 상공업자와 농민은 그 다음가는 지위에 있었다. 그런데 그들이 차례로 사회적 지배세력으로 등장하였던 것이다. 이러한 절차는 노비와 같은 천민의 신분이 해방되기에 이르기까지 계속되어 갔다.

이러한 작업을 통해 그는 공산주의 사회의 건설을 역사 발전의 끝으로 본 유물 사가와 달리 헤겔(G. W. Friedrich Hegel, 1770~1831)처럼 자유와 평등

---

34 1967년 처음 나온 『한국사신론』은 이전의 『국사신론』(태성사, 1961)에 비해 식민주의 사관 비판이 체계화되었다. 이기백은 1976년 이 책의 개정판을 낸 후에도 신수판(1990) 등 지속적으로 한국 사학계가 거둔 성과를 수용했으며, 그 완결판이 『한국사신론: 한글판』(일조각, 1999)이다.

35 이기백, 위의 책, 1999, p. 400.

의 보편적 실현을 그 종착역으로 보았으며, 이것이 한국에서도 예외가 아님을 지배세력의 사회적 저변의 확대과정을 추적해 밝히려 했다.

근대란 무엇인가? 부르주아지가 일찍 자라난 선발국 영국과 프랑스에는 굴뚝과 인권 세우기(산업혁명과 시민혁명)가 함께 행해진 시대였고, 그렇지 못했던 후발국 독일과 일본에는 인권을 유보한 국가주도의 산업화가 추동(推動)된 문명전환의 시대였다. 세계사적·문명사적 시각에서 보자면 19세기 당시 한국에서 새로운 시대를 열, 즉 문명의 전환을 담당할 주체는 영국처럼 상공업자이거나 독일이나 일본처럼 왕실이나 무사였다. 이기백이 본 문명전환의 주체는 각성하지 못한 민중이나[36] "외세 의존적"인 왕실이 아니었다.[37] 그는 실패했지만 근대과제를 이루려 노력한 갑신정변과 갑오개혁, 특히 독립협회운동(1896~1898)을 이끈 개화파를 문명전환의 주체로 보았다.[38] 특히 그는 독립협회운동에 참여하고 지지를 보낸 혁신파 유학자와 자본가, 그리고 새롭게 성장한 피지배계층 모두에게서 미래 문명전환

---

[36] 그는 "동학농민군의 봉기는 양반사회의 부정부패에 항거하여 일어난 농민들의 반항운동"이자 "일본상인의 경제적 침략에 대한 항쟁"에서 비롯되어 일본군과 무력으로 대결한 "항일전"으로 평가한다. 이기백, 「제13장 개화세력의 성장」, 위의 책, 1999, pp. 311-312.

[37] 그는 갑신정변 이후 고종과 왕실세력의 외세 의존성을 "조선은 긴박한 국제정세에 처하여 있었건만 이렇다 할 정부의 대책은 없었다. 고종과 민씨 지배하에 정부는 외국세력에 의존함으로써 그 존립을 꾀하려는 의타적인 태도를 취하고 있을 뿐이었다"라고 꼬집었다. 이기백, 「제13장 개화세력의 성장」, 위의 책, 1999, p. 306.

[38] 그는 갑신정변과 갑오경장 주도세력에 대해 "이들은 평등사상의 소유자들로 신분의 차별을 없이하고 일본의 메이지 유신을 본떠 정치를 쇄신하는 한편 청의 간섭을 배격하여 참된 독립국가가 되려 하였다"거나, "이 개혁이 일본의 성장하는 자본주의가 침투할 수 있는 평탄한 길을 닦아 놓는 구실도 하였지만, 한국근대화 과정에서 중요한 의의를 지니는 정치·경제·사회 등 실로 다방면에 걸친 대개혁이었다"라고 평가했다. 또한 그는 "독립협회의 활동은 한국 근대화의 기본적인 과제 — 자주독립, 민권신장, 국가의 자강 — 들을 해결하려 한 것으로서 역사적으로 높이 평가되어야 하지만 소위 광무개혁이란 우리나라 근대사 발전의 주류가 될 수 없는 허울뿐인 과장"이라고 보았다. 이기백, 「제14장 민족국가의 태동과 제국주의 침략」, 위의 책, 1999, pp. 300, 315, 325-326.

을 이끌 변혁주체이자 다음 시대를 이끌 지배세력인 시민(민중)의 성장을 보았다.[39]

독립협회는 첫째로 서재필·윤치호·이상재 등 서양의 시민사상에 영향을 받은 신지식층이 주도적 역할을 담당하였다. 다음으로는 남궁억·정교 등 동도서기파(東道西器派)로부터 발전한 유교의 혁신파라고 할 수 있는 세력이 참여하고 있었다. 이 두 세력 외에도 한규설 등의 개화파 무관, 각종 상회나 근대식 주식회사를 경영하는 자본가들도 참여하였고, 또 백정 등의 천민신분으로부터 해방된 일반 시민들도 가담하였다. 그 밖에 농학농민군의 활동을 통해 성장한 농민층, 새로 대두한 광산노동자나 개항장의 부두노동자, 선각적 여성층 및 학생층의 참여와 지지를 받았다. 그러므로 독립협회는 신지식층을 선두로 하고, 새로이 성장한 시민의 광범한 지지를 받으면서 발전해 갔던 셈이다.

나아가 그는 3·1운동을 독립협회운동을 주도했던 도시 지식층·상공업자와 동학운동의 주도자였던 농민이 하나의 민족으로 통합되는 계기가 되었다고 보았고, 임시정부와 4·19혁명에서 민족 성원 모두가 자유와 평등을 누리는 민주주의국가의 출범과 완성, 즉 19세기에 이루지 못한 문명전환의 가능성을 찾았다.[40]

민중이 직접 사회의 지배세력으로 등장하게 된 것은 19세기 말엽부터였다. 이 시기에 우선 주목해야 할 사건은 동학운동이었다. 농민을

---

39 이기백, 「제14장 민족국가의 태동과 제국주의 침략」, 위의 책, 1999, pp. 324-325.

40 이기백, 「종장 한국사의 발전과 지배세력」, 위의 책, 1999, p. 412.

중심으로 한 이 사회운동은 일시나마 집강소(執綱所)를 통한 정치 참여로까지 성장하였다. 다음으로는 독립협회의 운동이었다. 이 운동은 대체로 도시의 지식층과 상공업자를 중심으로 한 민권운동이었고, 국회를 개설하여 그들의 정치 참여를 주장하는 민족국가의 건설운동이었다. 그리고 3 · 1운동은 위의 동학과 독립협회 두 계열의 합작운동이었다. 이리하여 임시정부가 민주주의의 원칙 아래 구성되는 계기가 마련되었다. 이렇게 크게 성장한 민중은 항상 일제의 식민통치에 항거하는 민족운동의 주동세력이 되어 왔다. 이러한 과정을 통하여 해방과 더불어 민중의 직접적인 정치 참여가 가능하게 되었고, 이 대세는 4월 혁명에서 알 수 있듯이 더욱더 발전되어 가고 있다. 그리고 이러한 추세가 자유와 평등에 입각한 사회정치가 보장되는 민주국가의 건설로 이어질 것이 기대되고 있다.

손진태와 이기백의 공통점은 민족을 둘로 나누는 계급사관에 반대해 민족 모두가 자유와 평등을 누리는 민족(國民)국가의 수립을 달성해야 할 문명의 전범으로 본다는 점이며, 차이점은 전자가 근대 문명전환 실패 원인을 "민족 내부분열"에서 찾고 있는 데 반해 후자는 왕실의 개화파 탄압과 특히 일본의 침략이 결정적 이유라고 보는 것이다.[41]

정부는 황국협회(皇國協會)로 하여금 보부상의 무리를 끌어다가 시위 군중에게 테러를 감행케 하였다. 그리고는 병력으로 시위 군중을 해산시키고 만민공동회의 해산 명령을 내리니, 독립협회 활동은 사실상

---

41 이기백, 「제14장 민족국가의 태동과 제국주의의 침략」, 위의 책, 1999, pp. 327, 330-331.

끝나고 말았다. … 러일전쟁은 세계 여러 나라의 예상을 뒤엎고 일본의 연승으로 시종하였다. … 미국의 필리핀에 대한 지배를 승인하는 대가로 일본의 한국에 대한 지배를 인정할 필요를 느끼고 있었다. … 이러한 상황 속에서 맺어진 것이 포츠머스 강화조약이었다. 이 강화조약의 가장 중요한 내용은 일본이 한국에 있어서 정치 · 군사 · 경제 등에 관한 특수이익을 가짐을 러시아가 인정하고, 일본이 한국에서 필요하다고 인정하는 지도 · 보호 · 감리 등의 모든 행동을 러시아가 방해하지 않는다는 것이었다. … 일본은 이제 아무런 거리낌 없이 한국을 식민지화하기 위한 작업에 착수하게 되었다.

내재적 발전론을 민족주의에 접목한 이기백의 경우 식민주의 사관 극복이라는 진전에도 불구하고 실패의 역사에 대한 우리 몫의 책임 찾기에 눈감는다는 비판의 소지가 있다. 거시적 안목으로 볼 때 한국사도 일본사나 서양사처럼 발전의 역사임은 분명하지만, 국민국가의 시대를 맞아 우리의 왕실 · 양반(개화파) · 농민(민중) · 상공업자 중 어느 누구도 산업혁명과 인권 세우기로 상징되는 근대로의 문명전환을 이끌지 못했음은 부인할 수 없는 사실이다.

3

1980년대 말 민중을 문명전환의 주체로 호명한 민족·민중주의 역사학

1) "광무개혁" 논쟁에서 대두한 민족·민중주의 사관

"광무개혁" 논쟁은 1976년 독립협회를 근대 문명전환의 주체로 본 신용하(愼鏞廈, 1937~)의 연구에 대한 김용섭의 비판에서부터 촉발되었다.[42] 그는 독립협회의 활동에 보이는 "민족주의의 불투명성", 즉 외세 의존성을 지적함으로써 그 역사적 의의를 평가절하한 반면, "갑신정변과 갑오개혁의 흐름을 잇는 지배층 개혁방안의 최종안"으로 "광무개혁"을 지목했다.[43] 그러나 그가 독립협회운동을 평가절하하고 "광무개혁"을 호평한 이면에는 왕실 주도 "광무개혁"도 개화파의 그것과 마찬가지로 지주적 개혁에 불

---

[42] 신용하, 『독립협회연구』, 일조각, 1976. 이 책은 1973년부터 1975년 사이에 발표된 단독논문들을 모아 펴낸 것으로, 이기백의 독립협회에 대한 평가는 이에 힘입은 것이었다. 광무개혁 논쟁에 대해서는 이민원, 「대한제국의 성립과 "광무개혁", 독립협회에 대한 연구 성과와 과제」, 『한국사론』 25, 국사편찬위원회, 1995, pp. 253-257 참조.

[43] 김용섭, 「신용하 저, "독립협회 연구" 서평」, 『한국사연구』 12, 1976, pp. 148-149.

과하며, 진정한 문명전환의 주체는 계급전쟁(class war)을 이끈 동학농민군(민중)이라는 관점이 작용하고 있었다. 이는 1958년 발표한 그의 「동학란연구론」과 「전봉준 공초의 분석」에 잘 나타난다.[44]

> 동학란 연구가 해방 전에 있어서는 대개 개별적인 입장과 방법에서 난(亂)의 부분적인 면을 추구(追究)하였으나, 해방 후에는 이러한 개별적 연구를 토대로 하여 동학란의 본질을 과학적으로 종합하고 분석하고 그 내적 관련성을 밝히게 되었다. … 나는 동학란은 본질적으로 ① 부패한 봉건적 지배층에 대한 반봉건운동이요 ② 일본 자본주의 세력의 침투와 농촌경제의 파탄에 대항하는 반식민지화 운동이요 ③ 이러한 반식민지화 운동은 동학이라는 민족종교의 계몽성과 종교성과 비지역성에 의해서 농민층이 광범하게 집결됨으로써 전개되는 농민전쟁이라는 결론에 도달한 것이다.[45]

> 공초의 내용체제는 전봉준의 심문(審問)에 따라서 초초(初招) 문목(問目)에서 5차 문목까지로 되어있다. … 이 모든 것이 법아문(法衙門)의 재판관과 일본공사가 연석(連席)한 가운데서 심문된 것이다. 공초에서 특히 현저하게 눈에 띄는 것은 법관이 전봉준과 대원군과의 연관성을 밝히려고 혈안이 되고 있는 점인데, 그것은 전 5차의 문목 중에서 제3·4·5차 문목의 대부분이 이 점에 집중되고 있을 정도로 비중이 크다. 그러나 우리는 여기서 공초의 이러한 체제에 구애되고자 아니하며, 전

---

44 강재언도 김용섭이 명확하게 표현하지는 않았지만 "동학난"을 "농민전쟁"으로 규정하려 했다고 본다. 姜在彦, 『朝鮮近代史研究』, 日本評論社, 1970, p. 204, 주) 1 참조.

45 김용섭, 「동학란연구론: 성격문제를 중심으로」, 『역사교육』 3, 1958, p. 88.

봉준과 대원군의 관련성 여부에 관하여도 전봉준 자신이 말하고 있는 바와 같이 양자 간에는 아무 관계가 없었다는 것을 그대로 인정하여 이에 대한 검토는 생략하기로 하고, 본고가 뜻하는 바 전봉준의 기포(起包) 이론에 직접간접으로 관계되는 부분만을 살펴 가려고 한다.[46]

일본학계는 물론 북한학계의 관련 연구에 영향을 받은 것으로 보이는[47] 김용섭의 연구들은 1980년대 이후 계급적 관점의 역사인식이 한국사학계의 주류담론이 되는 데 영향을 미쳤다.[48]

이 점은 1989년 대표적 신진 연구자집단인 한국역사연구회가 펴낸 『한국사강의』에 보이는 문명전환(사회변혁)의 주체로서 개화파, 왕실, 농민에 관한 서술이 잘 말해준다. 이 책은 개화파의 경우 그 외세 의존성을 들어 갑신정변·갑오경장·독립협회의 활동은 반외세 자주화의 측면에서 결정적인 오류를 범한 예속적 개혁운동일 뿐이라는 혹평을 내리며,[49] 왕실

---

46 김용섭, 「전봉준 공초의 분석: 동학란의 성격 일반(一斑)」, 『사학연구』 2, 1958, pp. 1-2.

47 북한학계의 대표적 연구는 리청원의 「갑오농민전쟁의 성격과 그 력사적 의의」(『력사의 제문제』 3, 1948)와 오길보의 「갑오농민전쟁과 동학」(『력사과학』 5, 1959)을 들 수 있으며, 일본학계의 경우는 朴慶植의 「開國と甲午農民戰爭」(『歷史學硏究』 特輯號 "朝鮮史の諸問題", 1953)과 姜在彦의 「朝鮮における封建体制の解體と農民戰爭」 1·2(『歷史學硏究』 173·177, 1954)를 들 수 있다. 연구사 정리는 양상현, 「1894년 농민전쟁과 항일의병전쟁」; 정용욱 외, 『남북한역사인식 비교강의』, 일송정, 1989, pp. 120-142 참조.

48 민중사학에 대한 김용섭의 영향에 대해서는 이기동, 「민중사학론」, 『전환기의 한국사학』, 일조각, 1999, p. 85 참조.

49 갑신정변은 "우리 역사상 부르주아적 개혁운동의 출발점"이지만, "반외세 자주화의 측면에서 결정적인 오류를 범해 좌절"했다고 보았고, 갑오경장은 "주관적으로는 부국강병의 근대국가 수립이 목표였으나 객관적으로는 반침략 자주화의 민족적 과제를 상실한 예속적 개혁운동"으로 평가했다. 특히 독립협회가 말한 민권은 "군권에 종속된 충군애국적 신권이어서 민중이 포함"된 것은 아니었고, "민중을 단지 교화와 계몽의 대상으로 인식"하거나, "구래의 지주적 토지소유를 기반으로 자본주의 경제체제를 확립하려 함으로써 민중의 몰락을 가속화"하였으며, "농민의 개혁의지 곧 동학과 의병은 외세의 힘을 빌려서라도 우선적으로 탄압해야 할 대상"으

이 추진한 "광무개혁"도 농민적 개혁 요구를 거부하고 지주자본을 근대적인 산업자본으로 전환시키려다가 식민지화를 노리던 일본 제국주의에게 침략의 발판을 마련해주었다고 평가절하한다.[50] 민중에 의한 근대화를 '올바른' 근대화의 길로 보는 이 책은 동학농민봉기만이 자주적 근대화를 달성하려 한 최대 규모의 민족운동이자 농민전쟁이며, 이 전쟁의 실패가 식민지화의 주된 원인이 되었다고 본다.[51]

결국 농민군은 개화정권과 보수양반계층의 연합세력, 그리고 이들이 끌어들인 외세에 의하여 철저히 압살 당하였다. 그러나 이것은 농민적 길의 소멸이 아니라 새로운 민족운동으로의 발전을 전망하는 것이었다. … 농민전쟁은 실로 자주적 근대화를 달성하려 한 최대규모의 민족운동이며, 전쟁의 실패는 결국 우리 민족의 식민지화를 재촉하는 결정적인 계기를 부여하였다.

문명전환의 주체를 민중으로 보는 사가들은 일제는 침략자이자 수탈자로, 일제와 타협한 개화파는 처단되어야 할 민족반역자로, 왕실은 망국을 막지 못한 무능력자로 규정했다.[52]

로 간주한 외세 의존적 세력으로 혹평했다. 한국역사연구회 편, 『한국사강의』, 한울아카데미, 1989, pp. 240, 243, 253-254.

50 광무개혁이 "지주층과 그 대변자인 조선왕조와 관료집단이 주체가 되어 농민적 이념을 거부하고 지주자본을 근대적인 산업자본으로 전환시키고자 의도한 작업"이었으며, "개항 이후 일련의 변혁 과정 속에서 지배층들이 국체를 지키기 위한 마지막 몸부림"이자 "조선을 식민지화하기 위해 기회를 노리던 일본제국주의에게 스스로 허점을 노출시켜 침략의 발판을 마련해준 결과"를 초래한 것으로 평가한다. 한국역사연구회 편, 위의 책, 1989, p. 252.

51 한국역사연구회 편, 위의 책, 1989, pp. 249-250.

52 강동진, 반민족문제연구소 편, 『한국을 장악하라: 통감부의 조선침략사』, 아세아문화사, 1995,

구한국 말기의 사회 계급계층 관계의 변화는 반일 애국역량과 친일 매국분자를 명확히 구분하게 하였다. 일제에 붙어서 이익을 보는 사람들은 친일 매국세력으로 전락하게 되고, 일제 침략으로 말미암아 처지가 어려워지게 된 사람, 민족적 의분을 금치 못하는 뜻있는 사람들은 반일 애국역량으로 자라나게 마련이다. 즉 농민, 노동자, 애국적인 학생 청년, 양심적인 지식인, 중소상인, 수공업자 등이 그들이다. 이들 반일 애국역량은 일제는 물론, 친일 매국노들에 대해서도 일련의 반대운동을 전개하였다. 한편 친일 매국분자들은 상전을 바꾸어 일제에 충성을 다함으로써 한층 더 민족반역의 길로 줄달음치게 되었다.

이와 같이 농민(민중)을 문명전환의 "올바른" 주체로 보는 계급적 관점은 민족주의 사관이 독재를 옹호하는 도구로 전락했다는 비난이 촉발된 1980년대 중반 이후 한국 사학계의 신진 연구자 모임들이 민중(생산대중)을 역사 발전의 주체로 호명하는 개설서들을 펴내면서 지배적 담론의 지위를 얻기 시작했다.[53]

---

pp. 333~334. 이 책은 1985년 그가 "한일 80년"이라는 제하에 『조선일보』에 연재한 글을 모은 책이다.

53 대표적인 저술로 다음을 꼽을 수 있다. 한국민중사연구회, 『한국민중사』 1·2, 풀빛, 1986; 한국역사연구회, 『한국사 강의』, 한울아카데미, 1989; 구로역사연구소, 『바로 보는 우리 역사』, 거름, 1990; 한국역사연구회, 『한국역사』, 역사비평사, 1992. 이에 관해서는 이기동, 앞의 글, 1999, pp. 67~70 참조.

2) 사회민주주의 체제의 수립 여부로 바뀐 문명의 기준

1980년대 중반 민중주의 역사가들은 반공이데올로기의 굳은 껍질을 깬다는 명분하에 6 · 25전쟁 이후 금기시되었던 마르크스 유물사관을 망각의 저편에서 되살려냄으로써[54] 지배계급의 변화를 살펴 한국사가 발전의 역사임을 입증하려 한 이기백의 민족주의 사관에 반기를 들었다. 이 점은 한국역사연구회가 1992년 펴낸 『한국역사』 발간사에 잘 나타난다.[55]

한국역사연구회는 올바른 세계관에 입각한 과학적 · 실천적 역사학의 수립을 통해 우리 사회의 진정한 민주화와 자주화에 기여하는 것을 목적으로 1988년 가을에 창립되었다. 그동안의 과학적 역사 인식과 방법론의 모색, 그리고 그것에 의한 연구 성과를 바탕으로 이 책의 편찬을 계획한 것은 1990년 7월이었다. 그해 9월에는 통사편찬위원회를 설치하여 이미 간행된 통사들을 분석 검토하였다. 그 통사들은 역사의 발전을 지배세력의 변천 과정에 기준을 두고 파악하고 있거나, 종합사로서 문화사의 발전으로 이해하면서도 지배층의 문화가 곧 전체 문화라

---

54 "역사의 필연적 법칙성은 개괄적으로 말하면 인간해방의 과정을 그 내용으로 하며 기본적으로 생산활동의 발전과 그 변화에서 비롯된다. 즉 생산활동의 발전과 변화는 그것에 적합한 사회로의 전환을 요구하며, 이러한 전환이 일정한 법칙성을 가지는 것, 그것이 역사의 필연성이다. … 역사의 원동력은 인간이 생산활동이었고, 그것의 담당자인 '생산대중'이었다. … 역사에서 생산대중의 역할은 생산력의 발전과 이에 조응하는 새로운 사회체제로 이행하기 위한 전제조건을 준비하는 데 그치는 것이 아니다. 그들은 사회변혁운동의 방향과 그 완수를 결정하는 가장 기본적인 힘이 된다." 한국민중사연구회, 「서설」, 『한국민중사』 1, 풀빛, 1986, pp. 17, 19. 민중주의 사가들의 자평(自評)에도 이 점은 잘 나타난다. "일제시기 마르크스주의사학의 성과를 비판적으로 계승하여 사적유물론을 부활시키기도 하였다. … 특히 근대이래 민족해방운동의 주체로 노동자 · 농민 등이 등장하고 그들에 의해 운동이 주도되었다는 사실도 밝혀냈다." 한국역사연구회, 앞의 책, 1992, p. 452.

55 한국역사연구회, 위의 책, 1992, pp. 3-4.

는 인식을 전제로 하고 있다.

민족 · 민중주의 역사가들이 민족에서 지배계급을 배제한 피지배계급의 역사를 "민중 주체의 우리 민족사"로 명명한 이유는 역사를 현실 사회변혁, 즉 문명전환의 지렛대로 쓰려는 데 있었으며, 이는 아래 인용문에 잘 나타난다.[56]

> 우리는 일 년 전 "구로역사연구소"를 열면서, 우리 민족의 역사를 민중 주체의 입장에서 연구하고 그 성과를 대중에게 전달하는 것을 목표로 삼았다. … 더 이상 지배계급의 입장에서 왜곡된 역사를 "올바른 역사"라고 만들어내서도, 가르쳐서도, 읽게 해서도 안 된다. "80년 이후 역사의 주체로 성큼 나선 이 땅의 민중과 청년 학생은 '미래의 역사를 새롭게 창조하면서 그에 걸맞은 역사"를 요구하고 있다. 우리는 이러한 현실의 요구에 답하기 위하여 지배계급의 역사를 비판하고 "민중 주체의 우리 민족사"를 체계화하여 "바로 보는 우리 역사"라는 이름으로 세상에 내어놓는다. … 8 · 15 해방 이후 역사에서 "북한의 역사"를 포괄함으로써 "분단의 역사"가 아니라 "통일된 역사체제"를 갖추고자 했다.

민족에서 지배계급을 제외한 민족 · 민중주의 역사가들은 민족의 이름으로 북한의 역사도 민족사에 포함하는 '통일된 역사체제'를 갖춤으로써 분단의 역사를 넘어서려 했다. 즉, 이들 민족 · 민중주의 역사가들이 전환해야 할 이상적 문명으로 본 것은 민족을 단위로 하되 피지배계급 민중

---

56   구로역사연구소, 앞의 책, 1990, pp. 5-6.

이 주인이 되는 자주적 민족통일국가였다.[57]

　민족분단과 외국군의 주둔이라는 특수한 현실에서 드러나듯이 한국
은 구래의 식민지와의 차별성이 없는 사실상의 식민지이며, … 국내 독
점자본, 지배세력은 국내의 기반을 갖지 않은 외세의 대리자에 불과하
며 이들을 제외한 전 민중은 식민지적 지배의 청산을 요구한다는 점에
서 동일한 기반 위에 있다는 것이다. … 민주변혁의 과제와 외세로부터
의 해방을 위한 과제는 분단된 나라에서 이루어지기 때문에 최종적으
로는 전체 한반도의 민족자주권의 실현 ― 조국의 자주적·평화적 통
일과 결합 ― 된다는 것이다.

　민족·민중주의 사관이 이루려 하는 문명전환은 외세의 대리자에 불
과한 남한 지배세력을 제외한 민중이 주체가 되어 북한의 인민과 하나 되
는 민족을 단위로 한 통일국가의 건설 여부에 달려 있었다. 분단체제 극복
을 현재적 과제로 설정한 점에서 민족·민중주의 사가들의 통일지향 민족
주의론은 강만길(姜萬吉, 1933~)의 영향을 받은 것으로 보이며,[58] 민족을 계
급으로 나눈다는 점에서 민족·민중주의 역사관은 해방 후 마르크스 유
물사관과 친연성이 크다.[59] 고조선의 멸망 원인조차 패전이 아닌 지배계급

57　한국역사연구회, 앞의 책, 1992, p. 371.

58　이기백과 이기동은 역사학의 현재성 문제를 제기한 강만길 분단사학론이 "민족 균등"을 지고
　　 의 가치로 놓는 손진태 사론과 마찬가지로 "도덕적인 반복사관"의 위험성을 내포하고 있다고
　　 비판했다. 이기동, 앞의 책, 1999, pp. 92-93.

59　정두희는 1980년대 말 이후 민족·민중주의 사가들이 펴낸 개설서와 이청원과 전석담 등 유물
　　 사가들의 저서가 많은 공통점이 있음을 지적했다. 정두희, 앞의 책, 2001, pp. 105-110.

의 분열과 배신행위에서 찾는,[60] 계급투쟁론에 입각해 민중(농민)을 문명전환(역사발전)의 주체로 보는 한국사 서술의 문제점을 지적한 이기동(李基東, 1943~)의 비판은 정곡을 찌른다.[61]

> 민중(혹은 생산대중)이 역사의 주체라는 기본인식을 밑바닥에 깔고서 역사상 집권세력은 항상 이들 민중을 기만하고 억압하며 착취하는 반민중적인 집단이었다고 규정한다. 또한 이런 까닭으로 해서 민중은 시종일관 집권세력과 적대관계에 놓여 있었다고 주장한다. 바로 유물사관의 계급투쟁론인데, 그들의 한국사 서술에 이 같은 입장이 견지되고 있음은 물론이다. … 민중사학자들은 생산대중만이, 그중에서도 특히 소노(小農) 계층이 역사진행의 올바른 노선을 걸었다는 그 자체만으로 진보적 성격을 지닌 계층이었다고 논하고 있으나, 이 같은 인식에도 문제가 없는 것이 아니다. 왜냐하면 농민은 진보적인 면과 보수적·퇴행적인 면도 함께 갖고 있던 계층이기 때문이다. 흔히 얘기되고 있듯이 농민은 스스로 토지를 보유하고 경작한다는 점에서 보수적인 혼(魂)을 갖고 있으며, 한편 스스로 경작한다는 점에서 노동자의식을 갖고 있는 존재다. … 농민은 때로는 집권세력에 대항하는 한편 체제와 타협해 가는 양면적 속성을 지니고 있었던 것이다.

이러한 지적은 스탈린주의로 대표되는 "속류 마르크스주의 역사학"

---

60 "고조선은 멸망했으나 그것은 전쟁에 패배해서가 아니라 지배계급의 분열과 배신행위로 말미암은 것이었다." 한국역사연구회, 앞의 책, 1992, p. 73.

61 이기동, 앞의 책, 1999, pp. 84, 88.

의 문제점과 맞닿아있다.[62] 1980년대 말 당시의 민족·민중주의 사관은 독재체제 옹호논리로 기능하던 반공이데올로기에 맞서 사회적 약자를 옹호하려 했다는 이유만으로도 존재 이유가 있었다. 그러나 30여 년이 지난 다원화된 한국의 현대사회에서도 민족을 계급으로 나누는 민중주의 사관이 여전히 유효한지 되짚어볼 필요가 있다고 본다. 이에 관한 정두희(鄭杜熙, 1947~2013)의 고언(苦言)은 경청할 만하다.[63]

> 반공 이념의 굳은 껍데기를 깬다는 이유만으로 그 존재가 가능했던 초기의 자세를 빨리 버리고 진정 유물사관이 아직도 이 나라의 역사 서술에 기여할 바가 무엇인지를 깊이 사색해야만 하겠다. 그렇지 않으면 역사학이 어느 특정한 이념에 종속되어 버리는 잘못을 범할 위험성이 너무도 크기 때문이다. 그리고 어느 하나의 이념에 종속된 역사학은 이미 특정한 이익 집단의 선전 도구로 전락할 뿐임을 깊이 인식해야 한다.

냉전이 해체된 1990년대 이후 민중주의 사관은 민중을 주어로 민족을 품는 민족·민중주의의 입장을 취하면서 남의 국민과 북의 인민이 하나 되는 민족을 단위로 한 국민국가의 수립이라는 근대기획의 완성과 민중이 주인 되는 세상을 여전히 가슴에 품는 "민중혁명 필연론"을 견지한

---

62 "첫째 역사에 대한 경제적 해석, 즉 다른 요소들은 이 경제적 요소에 절대적으로 의존하는 근본적 요소라는 신념이다. 둘째, 토대와 상부구조 사이를 '지배와 의존'으로 단순화해서 보는 해석이다. 셋째, 역사 속의 모든 갈등을 '계급 이해와 계급투쟁으로만 환원하려는 태도이다. 넷째, 역사적 법칙성에 대한, 즉 연속되는 사회경제구성체의 진행과정에 대한 기계적인 결정론의 입장에서의 해석이다." 강성호, 「포스트모더니즘과 마르크스주의 역사학」, 김기봉 외, 『포스트모더니즘과 역사학』, 푸른역사, 2002, p. 162.

63 정두희, 앞의 책, 2001, pp. 112-113.

다. 바로 이 지점에서 근대성을 더 이상 반드시 구현되어야 할 역사적 진보나 보편적 선으로 보지 않는 신좌파 포스트모더니즘 역사가와 차별성을 띠게 되었다. 이 점은 스탈린주의 속류 마르크시즘이 위기에 대한 대응으로 대중의 원초적 민족 감정에 호소했음을 지적한 임지현(1959~)의 글에 잘 나타난다.[64]

프롤레타리아 국제주의를 이념적 지표로 삼는 사회에서 대중의 원초적 감정에 호소하는 민족주의의 주술적 효과가 절실히 요구된 것은 바로 이러한 이유에서였다. 민족주의가 공산주의의 마지막 단어였다. …
동유럽에서 민족 분규가 추악한 인종 청소 전쟁으로 비약하고 인종주

『해방전후사의 인식』 1-6(한길사, 1979~1991)

한국사학계의 주류인 민족 · 민중주의 사학의 현대사 인식이 담긴 대표적인 책

(출처: 문화헌책서점)

---

64   임지현, 『민족주의는 반역이다: 신화와 허무의 민족주의 담론을 넘어서』, 소나무, 1999, p. 49.

의적 민족주의가 사회주의의 이념적 껍질을 깨고 그 본질을 드러내는 역설적인 상황도 같은 맥락에서 이해된다.

외세의 침략에 맞선 저항담론으로서의 민족·민중주의 사관은 개인에게는 외세와 마찬가지로 억압과 동원의 기제인 거대담론이기에 다원적 시민사회를 사는 오늘에는 시대착오일 수 있다.

4
문명관의 충돌: "비동시성의 동시성"

1) 거대담론 민족과 민중을 해체한 탈민족·탈근대 역사학

　　1990년대 냉전 붕괴 후 실존 공산주의 진영의 몰락은 한국 지식인 사회에 큰 충격을 주었다. 2000년대 들어 신자유주의적 세계화(globalization)가 본격화하자, 자본주의와 공산주의 모두를 "근대"의 산물로 보아 이를 넘어서려는 포스트모더니즘에 입각한 탈민족·탈근대 역사학이 본격적으로 대두했다.[65] 탈민족·탈근대 역사가들은 한국 사학계가 금과옥조로 삼은 두 거대담론인 민족과 민중(계급)을 해체하고 다원적 복수의 개인을 문명전환의 주체로 호명했다.[66]

　　카와 같은 진보론자가 역사의 중심을 사회로 설정했다면, 민족주의 역사가는 민족을 역사의 유일한 중심으로 보았으며, 이에 반해 마르크

65　이선민, 『민족주의, 이제는 버려야 하나』, 삼성경제연구소, 2008, pp. 15-20.

66　김기봉, 「포스트모던 시대에서 역사란 무엇인가」, 김기봉 외, 앞의 책, 2002, p. 57.

스주의자는 계급 중심의 역사를 주장했다. 포스트모던 역사 이론은 위와 같은 역사의 단일중심을 해체할 것을 목표로 한다. 현재와 과거의 대화 주체는 사회, 민족 혹은 계급과 같은 어느 하나의 거대담론이 아니라 이데올로기와 입장에 따라 달라지는 복수의 주체임을 주장한다. 성, 지역, 인종, 계층 그리고 세대 등의 다원적인 주체에 의해 구성된 역사는 하나가 아니라 복수일 수밖에 없다. 이러한 사실을 인정한다면, 역사 인식론상의 중요문제는 "역사란 무엇인가"가 아니라 "누구의 역사" 혹은 "누구를 위한 역사인가" 하는 점이다.

"과학"과 "진보"로서의 역사, 즉 민중혁명 필연론이 부정되고 다원적 주체를 주어로 하는 "누구의 역사"로 바뀌자, 탈민족 · 탈근대 역사가들은 민족이라는 개념이 근대에 들어 창안된 "상상의 정치공동체(imagined communities)"에 불과하다며,[67] 한국 사학계의 당위적 민족 관념을 직격했다.

민족이란 과연 누구의 민족이었던가를 되물을 필요가 있다. 왕과 귀족과 양반의 민족이 여성과 과부, 노비와 농부의 민족과 같은 것이었는가를 되물을 필요가 있다. 민족과 민중이란 추상적 관념을 넘어서서 역사의 무대에 실존했던 사람들의 삶을 재조명해야 하는 것이다.[68]

---

67 Benedict Anderson, *Imagined Communities: Reflections on the Origin and spread of Nationalism*, London · New York: Verso, 1983; Revised Edition 1991. 서구 중심이 아니라 남미와 동남아시아 신생국에서의 국민 형성의 측면에서 민족주의를 분석하여 "민족"의 허구성을 명확하게 지적한 이 책은 국내에서는 다음 서명으로 번역 출판되었다. 앤더슨, 윤형숙 역, 『민족주의의 기원과 전파』, 나남, 1991; B. Anderson, 최석영 역, 『민족의식의 역사인류학』, 서경문화사, 1995.

68 곽차섭, 「포스트모던 시대의 역사학을 위하여」, 김기봉 외, 앞의 책, 2002, pp. 493-494.

민족 구성의 객관적 측면을 강조하는 기왕의 민족주의는 이제 남과 북 모두에서 저항 이데올로기로서 건강성을 상실하고 체제 이데올로기로 변질되어 버렸다. 한때 그것이 건강했다고 해서 지금도 건강하고 앞으로도 건강하리라는 판단은 그야말로 반역사적 판단일 뿐이다.[69]

탈민족·탈근대 역사가에게 민족의 이름으로 자본주의 세계질서하에서 국민국가를 만들려던 개화파, 즉 부르주아계급을 친일파로 단죄했던 메타담론은 놓여나야 할 주술이었다. 계급(민중) 관념도 예외는 아니었다.

우리는 일본 제국주의가 만들어낸 동양이라는 상상의 공동체 속에서 자신의 정체성을 찾았던 조선인들을 '친일파' 또는 '협력자'라고 규정한다. 그들은 제국주의 권력에 동참했기 때문에 "매국노"라는 비난을 받는다. … 구한말 척사위정파는 애국자이고, 근대화를 신봉한 개화파는 매국노였다는 역사의 이분법적 평가는 폐기되어야 한다. … "저항"과 "협력"이라는 이분법을 형성하는 코드는 민족이다.[70]

마르크스주의적 역사관은 억압받는 프롤레타리아를 위한 해방의 거대담론이었다. 자본주의적 소유제도의 이데올로기를 혁명적으로 타파하고 미래에 인간의 진정한 자유와 보편적 자유 위에 새로이 건설될 세계, 즉 공산주의 세계에 대한 낙관적 전망을 그들의 필연적 역사관에 담아놓았던… 계급적 이해나 소망을 표현하는 데 불과한 허구적 창안

---

69 임지현, 앞의 책, 1999, p. 83.

70 김기봉, 『역사를 통한 동아시아 공동체 만들기』, 푸른역사, 2006, pp. 42, 45.

물에 지나지 않는 것이다.[71]

그러나 포스트모더니즘 역사학의 주된 비판 대상은 민족주의였다. 왜냐하면 소련 붕괴 후 다시 돌아온 제국의 시대를 맞아 일본 교과서 왜곡과 동북공정이 잘 말해주듯이, 기억의 국제전이 벌어지던 동아시아는 국가주의와 민족주의의 경연장이었기 때문이다. 탈민족·탈근대 역사가들은 민족이라는 초역사적 거대담론에 사로잡혀 구시대의 미몽에서 깨어나지 못하는 한국 사학자들에게 장기지속(la longue duree) 구조를 중시하는 아날학파의 방법론과 유럽 통합의 역사 경험을 빌려 공동체가 왜 만들어져야 할 역사의 당위인지를 설득하려 했다. 그들에게 전환해야 할 미래 문명은 민족과 국가를 넘어선 대안적 역사세계로서 동아시아 공동체였으며, 그 주체는 새로운 역사교육을 통해 길러야 할 개인으로서의 시민이었다.[72]

21세기에 세계화와 국민국가 사이를 잇는 교량적인 지역으로서 동아시아에 대한 정체성 형성이 과연 가능할까? 세계화의 원심력과 국민국가의 구심력의 균형을 잡고 조정할 수 있는 동아시아 지역질서의 수립이 과제가 된다. … 20세기 서구적 근대와의 대면 속에서 '우리는 누구인가'의 화두가 동아시아였다면, 21세기 탈근대에서 그 화두는 동아시아 공동체로 재등장하고 있다. … 한국사를 우리 민족이 걸어온 발자취이자 기록으로 정의할 것이 아니라 현재 한국인으로서 자기 정체성의 재발견을 목표로 해서 서술해야 한다. 이런 식으로 한국사를 재구성할 때, 한국인의 정체성 코드를 전유했던 민족은 점차 시민으로 바뀌게

---

71 임상우, 「포스트모니즘과 당혹스런 역사학」, 김기봉 외, 앞의 책, 2002, p. 65.

72 김기봉, 앞의 책, 2006, pp. 69-70, 119-120.

됨으로써 역사교육의 목표도 자연스럽게 민족교육에서 시민 교육으로 전환되어 나갈 것이다.

그러나 탈민족·탈근대 역사학은 거시보다 미시, 중심보다 주변, 중요한 것보다 사소한 것 등에 매달려 역사를 세속화한다는 지적과[73] 한국사의 경험이 무시된 비주체적 서구 추종이라는 비판에서 자유롭지 않다.[74]

포스트모더니즘적 역사인식에 입각하여 정통의 한국사 인식을 부정적으로 보는 관점에서 주체성의 결여가 발견되는 이유는 그것이 남의 사론(史論)을 소개하는 데서 시작되었기 때문이다. 오랫동안 맥을 이어 온 자기 고민에서 나온 논의가 아니므로 우리의 존재 혹은 삶에서 유리된 명제로 성립하고 말았다.

특히 포스트모던 역사학은 일상생활사, 마을사, 그리고 여성과 천민 같은 소외집단의 역사 등 한국 사학계가 소홀히 다루었던 연구 분야가 활성화되는 데 영향을 미쳤음은 부정할 수 없다.[75]

---

73 김호, 「우리에게 포스트 모던 역사학이란 무엇인가」, 김기봉 외, 앞의 책, 2002, pp. 332-333.

74 서의식, 「포스트모던 시대 한국사 인식과 교육의 방향」, 김기봉 외, 위의 책, 2002, p. 305.

75 박찬승, 「20세기 한국사학의 성과와 반성」, 『한국사학사학보』 1, 2000, pp. 202-204; 허영란, 「한국 근대사 연구의 '문화사적 전환': 역사 대중화, 식민지 근대성, 경험세계의 역사화」, 『민족문화연구』 53, 2010, pp. 86-94.

2) 문명전환의 주체로 제왕(帝王)을 소환한 근왕주의 역사관

냉전체제 종식 후 사회주의체제의 실체가 드러나면서 "볼셰비키혁명"은 본고장 러시아에서 "정변"으로 격하되었으며, 다시 돌아온 제국의 시대를 맞아 지구촌 사람들은 민족과 국가의 이익을 지키는 상징 영웅으로 제왕을 주목했다. 프랑스와 러시아는 혁명으로 처형된 마지막 제왕의 명예를 회복시켰으며, 일본 우익들까지도 침략전쟁에 책임이 있는 "천황" 히로히토를 "국민과 함께한 애국자"로 분식(粉飾)하려 했다. 한국도 예외는 아니었다. 1990년대 말 고종이 영·정조의 근대지향적 정치이념을 계승한 계몽절대군주이자, '진정한 근대화의 길'을 걸은 문명전환의 주체였다고 보는 이태진(李泰鎭, 1943~)의 근왕주의 학설이 대두했다.[76]

당시 군주가 고수하고자 한 것은 단순한 유교정치 이념이 아니라 18세기 이래 탕평군주들이 시대 변화에 조응하여 갱신한 왕정관인 민국정치 이념이었다. 영조·정조가 수립한 이 정치이념은 종래의 민본사상에서 한 걸음 더 나아가 군민일체의 인식 아래 신분적 불평등을 배제하는 세계를 구현하려는 것으로 그 자체에 근대적 지향성을 뚜렷이 보이고 있었다. 고종은 이 정치이념의 유산을 실현시키려면 개화를 위한 내외적 과제의 실현 기반도 저절로 확보될 것으로 믿었던 것이다. … 군주 중심의 동도서기론적 대응은 자연히 자기 역사와 전통적 기반을 버리지 않는 입장이었던 반면 친일개화파의 문명론적 대응은

---

76 이태진, 『고종시대의 재조명』, 태학사, 2000, pp. 89-91. 이러한 근왕주의 사관은 당시 문민정부의 "역사 바로세우기" 캠페인과 유관하다는 지적도 있다. 김윤희, 「제국민(帝國民), 대한제국, 대한제국 황제」, 『내일을 여는 역사』 17, 서해문집, 2004, p. 187.

과거로부터의 완전한 일탈을 대전제로 삼고 있었다. … 광무개혁의 기
본 입장은 1890년대 군주중심의 동도서기론적 개화정책을 재현시킨
것이다. 독립협회 의회개설운동의 대일의존성과 그 실패, 그리고 이와
대조를 이루는 광무개혁의 성공은 곧 이 시대의 개화, 근대화의 진정한
길이 무엇이었던가를 바로 말해주고 있다.

이 학설에 의하면 당시 문명전환의 주체는 "자기 역사와 전통에 기반
을 둔" 영·정조 시대의 민국(民國)정치 전통을 이은 고종이었으며, 입헌군
주제를 지향하여 추진한 개화파는 서구 추종세력에 불과했다.**77**

조선의 친일개화파는 조선이 문명화의 길에 들어서기 위해서는 입
헌군주제로 전환하고 궁중(宮中)과 부중(府中)도 분리되어야 한다는 주
장을 굽히지 않았다. 이 주장에 따르면 조선의 정치현실은 곧 군주권이
약화됨으로써 국가적 구심을 잃어 일본의 침략주의자들이 바라는 바
로 그 상황이 초래될 것이 불 보듯 했다. 그들이 일본의 실제의 정치현
실을 직시하지 않고 이상론만 고집한 것은 지나친 이상주의자였기 때
문이었든지, 아니면 일본의 침략주의의 마수에 잡혀 있었기 때문이라
고 판단하지 않을 수 없다.

또한 민중주의 역사가들과는 내재적 발전론을 견지한다는 점에서 공
통점이 있지만,**78** 민중을 문명전환의 주체로 보고 식민지 전락 책임을 전

---

77 이태진, 앞의 책, 2000, p. 90.
78 민중주의 사가들은 근왕주의 사가의 "광무개혁" 평가에 동의하지 않는다. "이 글에서 쓰는 '광
무개혁'이라는 용어도 평가가 완결되지 않은 상태에서의 임시적인 것이다. 따라서 그 용어를

제군주 고종에게 묻는[79] 이들과 달리 근왕주의 역사가는 "고종 암약(暗弱)설"을 부정하며, 식민지화의 주된 원인을 일제 침략에서 찾는다.[80] "광무개혁"이 실패한 이유는 고종의 무능이 아니라 산업화 성공을 막기 위한 일제의 "조기 박멸책" 때문이었으며, "동학농민전쟁"도 일본이 "군주와 백성이 하나가 되는 내적 결속"을 우려해 진압한 것이었다고 본다. 근왕주의 사가에게 동학농민군은 "계급혁명(class war)", 변혁의 주체가 아닌 통치의 객체인 충성스러운 백성이었을 뿐이다.

> 광무개혁의 기본입장은 1880년대 군주중심의 동도서기론적 개화정책을 재현시킨 것이다. 독립협회 의회개설운동의 대일의존성과 그 실패, 그리고 이와 대조를 이루는 광무개혁의 성공은 곧 이 시대의 개화, 근대화의 진정한 길이 무엇이었던가를 바로 말해주고 있다. 대한제국은 무능, 무력해서 망한 것이 아니라 광무개혁이 뜻밖의 성과를 올리자 이를 경계한 일본이 러일전쟁이라는 비상수단을 동원해 국권을 강제로 탈점함으로 말미암은 것이었다.[81]

> 대한제국 근대화 사업은 일제침략으로 미완에 그쳤지만 우리의 자

썼다고 해서 우리가 '광무개혁'의 실체를 인정하고 그것을 긍정적으로 평가하는 것은 아니라는 점을 밝혀둔다." "광무개혁"연구반, 「"광무개혁"연구의 현황과 과제」, 『역사와 현실』 8, 1992, p. 342 주) 1 참조.

[79] 이는 도면회의 다음과 같은 평가에 잘 나타난다. "식민지화의 책임은 전제군주정을 선언하고 국가를 사유화한 고종이 국가권력을 조금도 양보하지 않다가 최종적인 위기국면에 가서 몇몇 의정부 대신들의 책임으로 떠넘긴 데 있다고도 할 수 있다." 도면회, 「대한국국제와 황제중심의 정치체제」, 『내일을 여는 역사』 17, 서해문집, 2004, p. 203.

[80] 이태진, 앞의 책, 2000, pp. 95-134.

[81] 이태진, 위의 책, 2000, p. 91.

학자조를 걷어내기에 충분할 것이다. 대한제국은 무능으로 망한 것이 아니라 근대화 사업의 빠른 성과에 대한 일본의 조기 박멸책에 희생되었던 것이다.[82]

동학농민군 측이 국왕에게 거는 기대도 적지 않았다. … 동학교도들은 이후 국왕이 동학의 이념을 현세에 실현시켜 줄 수 있는 성군이 될 수 있다는 기대감을 쉬이 버리지 않았다. … 전쟁에 승리한 일본은 군주와 백성이 하나가 되는 이러한 조선의 내적 결속의 성과를 방관할 수 없었다. 그것은 곧 그들이 노리는 침략에 대한 저항의 힘이 그만큼 더 공고해지는 것을 뜻하기 때문이었다.[83]

황제의 나라 대한제국에서 자주적 근대화의 가능성을 찾는 "내재적 발전론"의 종착점이라 할 수 있는 근왕주의 역사관에 입각한 역사서술은 한국 사학계의 주류학설이 되지는 못했다.

이태진 교수의 『고종시대의 재조명』은 그런 내재적 발전론을 조선 후기에서 '대한제국'시대로 옮겨와서 이어나가려는 야심 찬 시도다. … 대한제국은 시기적으로 볼 때 "자생적 근대화론"이 기댈 수 있는 마지막 보루다.[84]

---

82 이태진, 「식민사관의 덫을 경계해야 한다」, 이태진 · 김재호 외, 교수신문 편, 『고종황제 역사 청문회』, 푸른역사, 2005, p. 32.

83 이태진, 앞의 책, 2000, p. 31.

84 강성민, 「논쟁일지 1」, 이태진 · 김재호 외, 앞의 책, 2005, pp. 41-42.

사실 역사학계에서 이 교수의 학문적 열정과 문제 제기는 높이 평가하지만 그의 주장이 널리 받아들여지고 있다고 할 수는 없다. 내재적 발전론을 수용했다고 생각하는 학자들의 경우에 더욱더 동의하지 않고 있다. … 그의 주장이 "내재적 발전론자들을 중심으로 환대를 받았다"라고 한 것과 "대한제국이 자생적 근대화론이 기댈 수 있는 마지막 보루"라고 한 것은 오해라고 할 수 있다. 이 논쟁은 이태진 교수와 식민지근대화론자 간의 논쟁일 뿐이다.[85]

그러나 이러한 근왕주의 역사관에 입각한 대한제국에 대한 옹호론은 1997년 출간 이래 현재까지 대표적 한국사 개설서로 평가받고 있는 한영우(韓永愚, 1938~)의 『다시 찾는 우리역사』에 수용될 정도로 영향력을 발휘하고 있다.[86] 이 점은 개화파는 "몰역사적 친일세력"으로,[87] 농민(민중)은 "시대의 과제를 이해하지 못한 우중(愚衆)"으로 평가절하한 반면[88] 군주는 "근대 산업국가를 세울 능력이 있는 진정한 문명전환의 주체"로 호평하는 이 책의 서술에 잘 나타난다.[89]

---

[85] 주진오, 「개명군주이나, 민국이념은 레토릭이다」, 이태진 외, 위의 책, 2005, pp. 124-125.

[86] 한영우, 『다시 찾는 우리역사』, 경세원, 1997은 2004년 개정판을, 그리고 2014년에는 전면개정판을 내며 쇄를 거듭하고 있다.

[87] 갑신정변은 "자주독립을 바라면서 일본군대의 힘을 빌려 권력을 잡은 것은 매국행위"였고, 갑오경장은 "일본의 조정을 받고 있는 내각에 실권을 몰아주어 일본이 간섭할 수 있는 공간을 넓혀주는 결과"를 초래했으며, 독립협회도 "시민의식이 아직 성숙하지 않은 상황에서 조급하게 서구식 입헌군주제 국가 혹은 공화국가를 세우려 하였기 때문에 황제는 물론이요 지방의 유생과 농민층, 보부상과 같은 소상인의 지지"를 얻어내지 못했다고 평가절하한다. 한영우, 위의 책, 1997, pp. 434, 449, 459-460.

[88] "갑오동학농민전쟁은 애국적이고 애민적인 동기에서 일어났지만 이 시대의 과제와 전략을 정확하게 이해한 사려 깊은 민중혁명은 아니었다. 결국 동학농민전쟁은 순박하고 애국적인 농민들의 자기생존을 위한 처절한 몸부림으로 끝날 수밖에 없었다." 한영우, 위의 책, 1997, p. 447.

[89] 한영우, 위의 책, 1997, pp. 456-457.

식산흥업(殖産興業)이라는 이름으로 이루어진 과학기술 및 상공업 진흥정책도 상당한 성과를 거두었다. 황제는 근대적 기술학교로서 기예(技藝)학교·의학교·상공(商工)학교·외국어학교 등을 설립하고, 황실 스스로 방직, 제지, 금은세공, 목공예, 무기제조, 유리공장을 설립하거나 민간회사의 설립을 지원하였다. 지방의 영세상인인 보부상을 지원하기 위해 상무사(商務社)를 조직하여 상업특권을 부여하고 영업세의 징수도 상무사에 맡겼다. 1903년에는 이용익의 건의로 박람회를 개최하려고 시도하기도 하였다. 정부는 산업진흥을 위한 교통, 통신사업에도 깊은 관심을 기울였다. 먼저 서북철도국(西北鐵道局)을 설치하여 경의철도 부설을 시도하였다. 이는 대륙과의 경제 문화 관계를 증진시키기 위함이었다. 또한 교통과 통신을 근대화하고 서울을 근대도시로 만들기 위해 전화를 가설하고, 서대문과 홍릉 간에 전차(電車) 선로를 부설하는 등 근대적인 도시계획을 추진하였다. 서울은 동양에서 교토 다음으로 전차가 다니는 도시로 변모했는데, 이는 한·미 합작으로 이루어진 것이었다. 한편 박기종(朴琪淙)을 비롯한 관료와 민간자본가들이 대한(大韓)철도회사 등 토건회사를 설립하여 자력으로 경의철도의 부설을 시도하였다. 또한 외국 면제품(綿製品) 수입에 대항하여 민간인들이 면직물공장을 서울 부근에 건설하게 함으로써 자급능력을 키워 갔다. … 요컨대 광무개혁은 정치제도 면에서는 전제군주제를 강화한 것이지만, 강력한 황제권을 바탕으로 짧은 기간 안에 국방, 산업, 교육, 기술 면에서 놀랄 만한 정도로 근대화의 성과를 거두었다. 만약 일본의 침략과 방해가 없었다면 대한제국은 빠른 속도로 근대산업국가로 진입할 수 있었을 것이다.

제왕을 문명전환을 이끌 주체로 보는 근왕주의 역사관은 그 기준을 근대 국민국가의 수립, 특히 자본주의적 산업화의 달성 여부에 둔다는 점에서 우파적 역사해석이다. 한마디로 근왕주의 사가들의 눈에 비친 대한 제국은 근대 국민국가였다.[90]

대한제국에는 이미 "국민"이 형성되었고, 만국공법에 의해 자주독립을 표방하고, 식산흥업을 통해서 자본주의와 산업화의 길로 들어서고, 자유평등사상이 신식언론을 통해 보급되고 있었던 것이 사실인 이상 대한제국을 근대국가, 그 시기를 근대가 아니라고 볼 근거는 없다.

이러한 대한제국 긍정론은 "광무개혁"의 근대성을 부정하며 식민지 근대화론을 제기하는 신(新)우파 경제성장주의 사학자뿐만이 아니라[91] 이를 1970~1980년대 개발독재 예찬론의 전사(前史)일 뿐이라는 민족 · 민중주의 역사가의 비판에도 직면해 있다.[92]

경제적으로 긍정적이었지만, 정치적으로는 독재권력이었다는 평가는 어디에서 많이 들어봄직한 이야기다. 독재 권력을 유지하기 위해 인권을 유린했지만 굶주림과 배고픔에서 벗어나 개인소득 1만 달러 시대

---

90 한영우, 「대한제국을 어떻게 볼 것인가」, 한영우 외, 『대한제국은 근대국가인가』, 푸른역사, 2006, pp. 53-54.

91 이영훈은 고종은 개명군주가 아니라 도학군주에 지나지 않았다고 보았으며, 김재호도 "민국이념"으로는 근대국가 건설이 불가능하고, 대한제국은 근대적 경제성장에 필요한 각종 제도를 수립하는 데 실패했다고 보았다. 이태진 · 김재호 외, 앞의 책, 2005, pp. 18-25, 34-42, 54-58, 78-86, 95-102, 116-123, 165-175, 211-217 참조.

92 김윤희, 앞의 글, 2004, pp. 184-185.

를 여는 데 빛나는 공로를 세운 1970년대 개발독재정권에 대한 양면적인 평가 속에는 분명 대한제국을 평가할 때 들이대었던 닮은꼴의 얼굴이 있다. 권력과 독점이 저지른 폭력성이 이민족의 폭력성에 의해 정당화될 수 있다는 생각 속에는 분명 강력한 민족 국가상과 부에 대한 동경이 들어 있다.

또한 근왕주의 역사관은 대한제국 고종황제가 이상시한 개혁 모델이 영 · 정조 시대의 탕평정치가 아니라 차르 치하 제정러시아의 전제권력 강화정책이며 문명전환의 기준을 국민국가 수립으로 볼 때 대한제국이 함량미달이라는 지적에도 답해야 한다.[93]

일본의 보호국으로 전락할 위기에서 러시아에 기대어 등장한 황제국 대한제국의 모델이 제정러시아였음은 자명하지 않을까? 왜냐하면 고종 집권 시 러시아의 차르였던 알렉산드르 2세(1855~1881) · 알렉산드르 3세(1881~1894) · 니콜라이 2세(1894~1917)의 치세를 보면 일본의 천황제보다는 러시아의 차르체제가 대한제국의 황제체제와 유사한 것으로 보인다. … 국민국가란 그 정치체제가 군주제든 공화제든, 민주적이든 전제적이든 간에 국가를 담당하는 주체가 국민이어야 한다. 이렇게 볼 때 백성을 국민으로 만들기보다 신민(臣民)으로 잠자게 하려한 대한제국은 진정한 의미의 국민국가로 보기 어렵지 않을까? 또 하나 그 국가가 국민국가인지는 자국민이 아니라 국제적으로 다른 나라들에 의해 판정된다. 미국과 영국 두 나라가 일본과 맺은 가쓰라-태프

---

[93] 허동현, 「시론: 대한제국의 모델로서의 러시아」, 정서화 외, 『러일전쟁과 동북아의 변화』, 선인, 2005, pp. 156, 159-160.

트 밀약(1905.7)과 영일동맹(1905.8)은 "광무개혁"을 호평하는 이들이 그리는 자화상에 정면으로 배치된다. 고종이 거처한 경운궁이 러시아·미국·영국 대사관 옆이었다는 사실도 대한제국의 자주성을 의심하게 한다.

3) 신우파 경제성장주의 역사관의 역사수정주의

대한제국근대화론을 제기한 근왕주의 역사가와 이를 부정하는 신우파 경제성장주의 역사가들은 본래 조선 후기 연구자였다는 공통점이 있다. 전자의 경우 자생적 근대화의 맹아를 조선 후기에서 찾는 "내재적 발전론"의 연장선상에서 "대한제국근대화론"을 제기한다.[94]

> 1980년대 이후로 학계의 세대교체, 연구 외연의 확산, 연구의 심화가 이루어지면서 급진개화파 중심의 연구 경향이 비판을 받기 시작하였다. 특히 근대사 연구에 자극을 준 것은 조선 왕조사 연구였다. 조선 전기의 민본사상이나 조선 후기의 탕평, 성인군주상과 민국이념, 그리고 이를 뒷받침한 경제적·사회적·문화적 발전상이 부각되면서 "전통"을 "봉건제"나 "반(反)근대"로만 볼 수 없으며, "전통"과 "근대"는 결코 대립관계로만 보아서는 안 된다는 시각이 자리 잡기 시작하였다. … 대한제국의 탄생은 얼핏 갑작스럽게 일어난 듯이 보이지만, 사실은 조

---

[94] 한영우, 앞의 글, 2006, pp. 26, 32.

선 후기 300년간 축적된 왕권강화운동과 대청 자주노선, 그리고 민국
노선의 연장선상에서 탄생했다는 것이다. 즉 "전통" 속에 이미 자주적
근대국가를 향한 발걸음이 착실하게 진전되고 있었다는 사실이다.

반면 후자는 "조선 후기 위기론"을 바탕으로 근대로의 문명전환의 본
격적 시발점을 일제 식민지 시대에서 찾는 "식민지근대화론"으로 반박한
다는 점이다. 이 점은 "내재적 발전론"을 비판하는 이영훈(李榮薰, 1951~)의
다음 글에 잘 나타난다.[95]

> 자본주의 맹아의 성립으로 귀결된 조선 후기 사회의 역사적 발전의
> 진수가, 그 역사적 진보성이 막상 문제로 제기되고 입증되어야 할 근대
> 와의 접점에서, 제국주의에 의해 타율적으로 무효화됨으로써, 조선 후
> 기 사회는 근대사회의 구체적 전개과정, 나아가 오늘날의 자본주의적
> 현실과 실질적 관련성이 배제된 추상적인 역사공간으로만 남게 되었
> 다는 것이다. 맹아론은 이 추상적인 역사공간에다 과거 정체론의 정체
> 대신에 형식적인 진보와 제국주의의 반동성에 대한 고발을 채워 넣었
> 을 뿐이다.

사실 경제성장주의 역사가들도 소련 붕괴 후인 1990년대 "중진 자본
주의론"으로 사상적 전회(轉回)를 하기 전까지는 수탈론의 시각에서 식민
지 시대를 보았으며,[96] "식민지 반(半)봉건사회론"을 펼쳐 사회주의 체제를

---

95 이영훈, 「서론」, 『조선후기사회경제사』, 한길사, 1988, p.15.

96 "한국의 농촌을 착취하는 것은 반봉건적 지주만은 아니었다. 도시금융자본에 의한 착취가 그
것이며 상품공세, 고리채, 조세 등을 통하여 한국농촌은 필요노동까지도 수탈당하였다." 안병

전환해야 할 문명으로 본 점에서는 민족·민중주의 역사가들과 같았다. 이는 안병직(安秉直, 1936~)의 다음 글에 여실히 드러난다.[97]

> 사구체[사회구성체] 논쟁의 이론적 불모성은 마르크스의 원전에 의존하지 않고 해설자나 모택동의 모순론에 의존했다는 점에서 연유했다고 할 것이다. 특히 계급모순과 민족모순이 공존하는 모택동의 반(半)식민지·반봉건사회론은 본래 사구체론이 아니었던 것이다. … 나는 오늘날의 한국경제를 중진 자본주의라고 규정한 바 있다. 한국경제는 비록 첨단산업이 없기 때문에 대외적으로 종속성을 띠고 있으며, 경제발전의 수준이 낮아서 대내적으로 노동력의 재생산을 비자본주의 부문에 크게 의존하고 있기는 하지만, 자국자본이 후발성의 이익으로 급속하게 자본축적을 행하여 그 나름의 자립경제를 형성하여 가고 있다고 지적한 바 있다.

냉전체제 붕괴 이후 경제성장주의 사학자들은 한국 사학계의 주류학설인 민족주의 사관과 민족·민중주의 사관에 맞서 대안담론을 제기한다는 점에서 "역사수정주의"로 볼 수 있다. 이 점은 다음 이영훈의 글에 잘 나타난다.[98]

> 근년의 수량경제사 연구는 조선의 경제가 19세기에 들어와 정체를

직, 「일본식민통치의 경제적 유산」, 안병직 외, 『한국근대민족운동사』, 돌베개, 1980, p. 255.

97 안병직, 「한국경제발전에 관한 연구의 방법과 과제: 무엇을 연구할 것인가」, 『한국경제발전의 역사적 조건』, 경제사학회, 1993, pp. 1, 3.

98 이영훈, 「조선후기 경제사 연구의 새로운 동향과 과제」, 이영훈 편, 『수량경제사로 다시 본 조선후기』, 서울대학교출판부, 2004, pp. 382, 389.

거듭하다가 끝내는 심각한 위기 국면에 봉착하였음을 명확히 하고 있다. 1860년대부터 본격화한 위기의 와중에서 사회는 분열하고 정치는 통합력을 상실하였다. 보기에 따라 위기는 1905년 조선왕조의 멸망이 어떤 강력한 외세의 작용에 의해서라기보다 그 모든 체력이 스스로 해체되었다고 해도 좋을 정도로 심각한 것이었다. 이 새로운 19세기 역사상은 1950년대 이래 그들의 전통사회가 정상적인 경로로 발전해 왔으며, 그들의 역사가 왜곡된 것은 제국주의 침입 때문이라고 굳게 믿어온 한국의 많은 역사학자들을 당혹하게 만들고 있다. 한국의 역사학은 커다란 위기에 봉착해 있다. … 한국에 있어서 근대적 경제성장은 20세기의 식민지기(植民地期)부터이다. 근대적 토지소유제도가 정비되고, 철도·도로·항만·통신의 발달에 의해 전국적으로 잘 통합된 상품시장이 성립하고, 나아가 노동시장 및 금융시장이 20세기 후반까지 차례로 성숙하였다. 그러한 새로운 토대 위에서 한국의 시장경제와 산업사회가 발달해 왔지만, 그 발달의 구체적 양상, 그 한국적 유형의 특질과 관련해서는 아무래도 19세기 말까지의 전통 경제체제가 전제로 또는 제약으로 작용하였음은 부정할 수 없다.

경제성장주의 역사가들은 한국 사학계의 주류담론에 입각한 역사 사실을 재해석하려는 "역사수정주의"의 입장을 취했으며, 이는 교과서포럼이 만든 『대안교과서 한국 근·현대사』(2008)에 잘 나타난다.[99]

우리는 이 책에서 민족 중심의 역사관을 누그러뜨리려고 애썼다. 한

---

[99] 교과서포럼, 『대안교과서 한국 근·현대사』, 기파랑, 2008, pp. 5-6. 이 책은 민족사와 일국사 중심 역사해석에 대한 역사수정주의의 소산으로 볼 수 있다.

국인에게 민족주의는 여전히 소중한 공동체 의식임에 틀림없다. 그렇지만 민족주의라는 단일 시각만으로 역사를 보는 것에 대해서는 이미 국내외로부터 많은 비판이 제기된 상태이다. … 지금까지의 역사서술에는 일본 중심의 질서와 그에 대한 민족적 저항만이 중시되었다. 중국 질서와 미국 질서를 이야기하면 민족의 자존심에 상처를 줄지도 모른다는 우려 때문이었을까? 철저한 실증주의를 지향하는 우리는 그러한 우려에 얽매이지 않았다.

따라서 이들은 민중주의 역사가와 근왕주의 역사가가 문명전환의 주체로 본 농민(민중)과 제왕(군주), 그리고 그들이 전개한 운동과 개혁에 대해 그 근대성을 부정한다.[100]

동학농민봉기는 기존체제를 부정한 급진적인 혁명이었다기보다 유교적인 근왕주의에 입각하여 서민의 경제생활을 안정시키고자 했던 복고적인 성격이 강하였다. 동학농민봉기는 개항 이전부터 이어져 온 민란의 정점이었으며, … 대한제국은 1899년 반포된 국제에서 전제국가임을 스스로 밝히고 있듯이 국민의 정치참여를 철저히 부정하였다. 의회제도는 고사하고 황제의 통치에 대해 백성이 옳고 그름을 논하는 것 자체를 금지하였다, 당시 일본은 1889년 제국헌법과 「황실전범(皇室典範)」을 공포하여 입헌군주제하에서 의회를 통한 국민의 정치참여를 제도화하는 한편, 정부와 황실의 경계를 명확히 하였다. 아울러 근대적인 민법을 제정하여 국민을 근대적 인격권과 재산권의 주체로 인정하

---

100 교과서포럼, 위의 책, 2008, pp. 45, 63.

였다. 하지만 대한제국은 그러한 법을 만들지 않았다. 요컨대 국가체제의 기본 원리와 제도에서 대한제국은 근대국가의 형식적 요건을 갖추지 못했다.

나아가 이들은 민족·민중주의 역사가와 근왕주의 역사가가 외세 의존성과 예속성을 이유로 부정적으로 평가한 개화파와 그들이 전개한 개혁운동에 대해서는 제한적인 옹호론을 펼친다. 갑신정변과 갑오경장은 각각 "조선왕조의 정치·경제체제에 대한 근대적 개혁"이자 "근대국가 수립을 위한 불가결한 제도개혁"으로 보아 근대로의 문명전환의 시도라는 점을 긍정했으며, 그 주역들도 비록 실패했지만 "근대화를 추구했던 선각자로 적극 평가되어야 한다"고 보았다.[101] 그러나 개화파들이 문명전환을 수행할 실질적인 능력이 결여되어 있었다고 보는 것이 경제성장주의 역사가 이영훈의 냉정한 평가다.[102]

도전의 성격을 이해하고 올바른 대응을 강구하는 것은 대중이 아니라 창조적 지성이지요. 그리고 대중이 창조적 소수의 지도를 신뢰하고 따라줄 필요가 있습니다. 그러한 좋은 순환의 신뢰관계가 성립해 있는 문명은 응전에 성공하여 살아남을 수 있습니다. 대조적으로 창조적 소수가 제 역할을 하지 못하고 또한 대중이 그에 따라주지 않는다면 그 문명은 실패할 수밖에 없습니다, 저는 메이지유신의 일본은 전자의 경우라고 생각합니다. 유감스럽게도 조선왕조는 후자에 속하지요. 김옥균을 위시한 이른바 개화파라는 창조적 소수가 없지 않았습니다만, 그

---

101 교과서포럼, 위의 책, 2008, pp. 40-41, 55.

102 이영훈, 『대한민국 이야기: '해방 전후사의 재인식' 강의』, 기파랑, 2007, pp. 58-59.

들의 세력은 너무나 미약하였고 또 대중이 그들을 이해하지도 못했습니다.

내인(內因)보다는 외인(外因)에 방점을 둔 역사수정주의로서 경제성장주의 역사관에 의한 역사 재해석은 20세기 대한민국사를 문명전환을 달성한 성공의 역사로 비정한다는 점에서 한국 사학계 주류학설과 대립한다.[103]

조선왕조가 망한 것은 왕과 양반의 조정으로서 나라가 망한 것이지요. 백성의 나라는 아니었습니다. 동시에 중화제국의 질서 속에서 위치한 한 제후의 나라가 망한 것이지요. 그리고 그런 나라가 망한 것은 그런 국가관과 국제질서의 감각을 해체할 만한 지성의 창조적 변화가 그 나라에서 생겨나지 않았기 때문입니다. … 견갑(堅甲)으로 둘러싸인 전통문명은 보기에 따라 무척이나 아름답지요. 그러나 그에 현혹되어서는 곤란합니다. … 20세기의 한국사는 나라를 빼앗겼다가 독립운동으로 다시 나라를 되찾았던 역사만이 아닙니다. 그것보다는 문명사의 일대 전환이 있었던 겁니다. 중국문명권에서 이탈하여 서유럽문명권으로 편입된 역사가 20세기 한국의 역사입니다. 유교문명권에서 기독교문명권으로, 대륙농경문명에서 해양상업문명으로의 일대 전환이 있었던 겁니다. … 20세기 한국사를 일본과의 관계로만 국한된 좁은 시각에서 벗어나 문명사의 대전환이라는 넓디넓은 시각에서 다시 바라볼 필요가 있습니다. … 대한민국이 기초하고 있는 자유, 인권, 국민주권,

---

103 이영훈, 위의 책, 2007, pp. 63-64, 231.

사유재산, 시장경제 등의 문명은 원래 서유럽 기원으로서 20세기에 들어 일본과 미국을 거쳐 한반도에 들어온 것입니다. … 대한민국의 성립은 바로 그러한 문명사의 대전환으로 맺어진 결실입니다.

이와 같이 경제성장주의 역사가들은 "내재적 발전론"을 부정하며 일제 식민지 시대를 문명전환의 전사(前史)로 보는 "식민지근대화론"을 제기한다는 점에서, 특히 대한민국의 역사를 선각한 소수 지도자에 의해 문명전환에 성공한 역사로 긍정한다는 점에서 근왕주의 역사가나 민족·민중주의 역사가들과 대척점에 서 있다.[104]

문명사에 있어서 진정한 의미의 발전은 그 계기가 밖에서 주어진다. 닫힌 문명은 정체하며 결국 소멸한다. 문명의 발전은 서로 다른 문명들의 충돌과 접합으로 이루어진다. 생물학적으로 그것은 이종교배(異種交配)이다. 그러한 문명사적 시각에서 일제하의 식민시기를 현대 한국문명의 직접적 전사(前史)로 올바로 자리매김할 필요가 있다. … 어리석고 고집이 센 인간들 가운데서도 역사가 그러한[자유와 이기심을 눈금으로 하는] 잣대로밖에 발전하지 않음을 익히 안 소수의 선각자들이 있었다. 민주주의와 시장경제의 토대에서 대한민국이라는 국가를 세우는 데 공이 컸던 사람들이다. 그들의 나라 세우기가 처음부터 '정의'였던 것은 그들이 선택한 체제 원리로서 민주주의와 시장경제가 현대 인류가 공유하는 기나긴 문명사의 경험에서 '정의'였기 때문이다. 내가 한국의 현대사에서 정의가 패배했다는 일각의 인민주의적 언설에 동의할 수 없

---

104 이영훈, 「왜 다시 해방 전후사인가」, 박지향 외, 『해방 전후사의 재인식』 1, 책세상, 2006. pp. 57, 63.

『해방 전후사의 재인식』 1 · 2(책세상, 2006)

한국사학계의 주류인 민족 · 민중주의 사학에 대한 경제성장주의 사학의 도전. 냉전 붕괴 이후
현재와의 대화를 통해 대한민국 역사의 재인식을 요구한다.

(출처: yes24)

는 이유는 이상과 같다.

경제성장주의 사학자들은 문명전환의 주체를 외세(일본)와 소수의 선
각자(이승만)로 보며, 자유민주주의와 시장경제체제의 수립 여부에 문명전
환의 성공이 달린 것으로 보았다.[105]

자유민주와 시장경제체제를 나라의 기초 이념으로 확고히 하고, 농
지개혁을 통해 통합적 국민을 창출하고, 사회주의 국제세력의 공세인
한국전쟁을 성공적으로 방위하고, 나아가 자유진영의 헤게모니 국가
인 미국과 군사동맹을 이끌어내는 등 "나라 세우기"의 정치에서 그가

---

105 이영훈, 앞의 책, 2007, pp. 247-248.

후대에 남긴 공적은 아무리 강조해도 지나치지 않을 터입니다. 1960년대 이후 대한민국의 번영은 이승만이 강인하게 추구했던 "나라 세우기" 정치의 성과를 전제해서 가능한 일이었습니다.

그러나 모든 사람을 역사의 주체로 보는 탈민족·탈근대 역사가에게는 영웅주의와 국가주의에 함몰된 근대지상주의로 보일 뿐이었다. 이는 다음과 같은 이삼성의 비판에 잘 나타난다.[106]

1990년대 이래 한국 지식인 사회에서 급속하게 성장한 식민지근대화론은 19세기 조선의 역사적 전개가 보인 두 갈래의 좌절로부터 배태된 지적 경향에 뿌리가 닿아 있다고 생각된다. 첫째 전통적 조선 국가 하에서 갑신정변의 실패를 포함하여, 엘리트주의적인 급진개화파의 개혁론의 좌절이 그 한 뿌리이다. … 둘째 식민지근대화론은 민중주의와 그 좌절에 따른 민중주의적인 역사 허무주의의 뿌리도 내포한다. … 엘리트주의와 민중주의 모두의 실패에 뿌리를 둔 이 지적 경향은 결국 조선사회 안에서의 주체 논의를 무의미하게 본다. 근대화의 주체를 민족과 국가의 경계를 넘어 일종의 '제국적 범위'의 관점에서 바라보려는 근대화 지상주의로 나아간다. 이영훈이 말하는 '문명사적 역사학'의 관점이란 그것을 말하는 것으로 생각된다.

특히 이러한 경제성장주의에 입각한 역사서술은 민족을 단위로 민중이 주인이 되는 통일국가의 완성을 달성해야 할 문명으로 보는 민족·민

---

106 이삼성, 앞의 책, 2009, pp. 819-820.

중주의 역사가나 임시정부를 대한민국의 기원으로 보는 민족주의 역사가들에게는 독선적인 전복 담론으로 비칠 뿐이었다.

5
관견(管見):
기억의 내전(civil war)을 넘어서기 위한 제언

1) 기억의 내전: "비동시성의 동시성"

유럽연합(EU)을 준거로 동아시아공동체를 이뤄야 할 문명의 전범으로 보았던 탈민족 · 탈근대 역사학은 2016년 영국의 유럽연합 탈퇴(Brexit) 결정과 일본과 중국에서의 국가주의와 민족주의 강화라는 역풍을 맞아 수면 아래로 가라앉았다. 그러나 이룩해야 할 문명의 전범과 그 주체를 둘러싼 민족 · 민중주의 사학과 근왕주의 사학, 그리고 뉴라이트(New Right) 계열의 역사수정주의 · 경제성장주의 사학 사이의 간극은 좁혀질 기미가 없다. 오늘 우리 시민사회는 역사기억을 둘러싸고 내전(civil war) 중이다. 특히 민족 · 민중주의 사학과 경제성장주의 사학 사이의 역사기억을 둘러싼 내전은 외교사가 김종학이 『개화당의 기원과 비밀외교』(2017)에서 지적한 것처

럼 "출구 없는 미궁"으로 보인다.[107]

먼저 민족·민중주의 사관의 기원을 연 김용섭은 2017년 출간한 『농업으로 보는 한국통사』에서 농민(민중)이 주도하는 농민전쟁(peasant war)을 통한 사회혁명(social revolution)의 성공을 문명전환으로 보았다.[108]

조선왕조가 살아남으려면 국왕과 정치세력들이 현명하게 대처하지 않으면 안 되었다. 고종조의 정치세력으로는 수구적이며 중국과 유대관계가 깊은 민비 민씨 정권이 있고, 그와 대립되는 제2차 문명전환, 곧 근대화를 지향하며 서구 여러 나라 및 일본과 유대관계가 깊은 개화파가 있으며, … 그 세력들이 각각 자기주장만 내세울 뿐, 그들의 주장을 통합하여 하나의 국론을 조성하는 데까지는 미치지 못하고 있었다. … 고종이 전환기의 개명군주로서 그 같은 일을 감당하기에는 역불급이었다. … 민란이 정치적 성격을 지닌 사령탑과 연결될 수 있을 때에는 그 민란의 성격이 크게 달라지게 된다. … 농민군이 되고, 그 행동목표는 정치적 혁명성을 띤 농민전쟁이 되었다. … 그들이 추구해온 국가체제는 집단지도체제로 운영되는 정부와 집강소체제로 운영되는 일종의 의회로 구성되는 것이었다고 하겠다. 그들이 지향하는 근대국가였다.

---

[107] "김옥균과 개화당의 행적 또는 '개화'라는 말 속에는 '친일적'인 것처럼 해석될 수 있는 요소가 분명히 있다. 처음에 털끝만큼 차이가 나면 끝에는 천 리가 어긋나듯이(差若毫釐 謬以千里), 김옥균으로부터 이완용-이용구로 이어지는 계보와 서재필-안창호의 계보를 크게 다른 것 같지만, 사실 그 차이는 굉장히 미묘한 지점에서 갈라질 뿐이다. 따라서 우리는 한말 '개화'의 의미 그 자체를 규명하기 위해 집요하게 질문을 던져야 한다. 그렇지 않으면 우리의 근현대사는 식민지근대화론이나 친일 논쟁 같은 출구 없는 미궁에서 영원히 헤어나지 못할 것이다." 김종학, 『개화당의 기원과 비밀외교』, 일조각, 2017, p. 384.

[108] 김용섭, 『농업으로 보는 한국통사』, 지식산업사, 2017, pp, 189-190, 193-195.

왜냐하면 그는 "농민혁명"을 이룬 중화인민공화국의 경험을 성공한 문명전환 사례로 호평하고 있으며, 그 연장선상에서 이상적 문명의 기준을 중국식 신민주주의(新民主主義) 혁명의 달성이나 "개량된 자본주의"인 사회민주주의의 수용에 있다는 관점을 유지하고 있기 때문이다.[109]

좌우 정치세력 사이의 내전 및 일제와의 전쟁을 거치면서, 신민주주의 혁명이론에 의해 거대한 사회주의 국가 중화인민공화국(中華人民共和國)에 도달하였다. 그러면서도 산업경제 질서는 서구 자본주의와 다른 국가주도의 거대한 자본주의 시장경제로서 서방진영 미국에 버금가고 있다. 이 변화는 동아시아 유교문명권의 종주국에서 서구식 문명국가로의 대전환이었다. 그러나 그러면서도 이때의 전환은 과거의 동아시아 문명을 폐기한 듯하면서도 그 내면에 그대로 살리고, 재기불능의 위기를 맞은 듯하면서도 살아날 기회를 절대로 놓치지 않는, 중국민족 특유의 문명전환 세계화였다. … 우리의 서구문명 수용이 서구 자본주의문명의 근대화과정 초기에서와 같이 자본만능의 특권을 허용하는 것이 되어서는 안 되었다. 그들이 그 자본주의문명의 부정적 측면 ― 자본가 위주의 경제질서, 자본주의·제국주의의 식민지지배, 제국주의 국가들의 세계전쟁 등 ― 을 다 경험한 뒤, 그것을 다소나마 시정하고 개량하기 위하여 20세기 들어 진보적 정치사상, 복지정책, 사회민주주의, '유럽의 제 민주신헌법' 등도 받아들이며, 스스로 변신하고 있는 사회민주주의와 같은 개량된 자본주의 문명을 수용하지 않으면 안 되었다.

---

109 김용섭, 『(신정·증보판) 동아시아 역사 속의 한국문명의 전환: 충격, 대응, 통합의 문명으로』, 지식산업사, 2015, pp. 204-205, 211. 2008년 초판본과 달리 신정·증보판에는 근대 문명전환에 관한 내용이 보강되었다.

다음으로 근왕주의 역사가 한영우도 2016년 펴낸 『미래를 여는 우리 근현대사』에서 "대한제국근대화론"을 견지하고 있지만,[110] 자유민주주의를 문명의 기준으로 삼는다는 점에서 민중주의 사관과 이승만·박정희 시대의 공과를 균형 있게 조명한다는 점에서 경제성장주의 역사관과 차별성을 갖는다.[111]

대한민국의 최고가치는 자유민주주의라는 데 이견이 있을 수 없지만, 이것이 산업화 과정에서 민주화와 갈등을 일으킨 점도 부인할 수 없는 사실이다. 자유대한을 건설하는 데 큰 공을 세운 이승만도 말년에 자유민주주의를 손상시켜 유종의 미를 거두지 못했고, 산업화에 큰 공을 세운 박정희 정부도 유신체제로 자유민주주의를 훼손시킨 것이 사실이다. … 산업화와 민주화가 동시에 달성되지 못하고 정부에 따라 한쪽으로 치우치면서 갈등이 일어난 것은 사실이지만, 두 가지를 모두 졸업한 오늘의 시점에서 보면 양쪽에 모두 고마움을 가질 필요가 있다. 원래 자유민주주의는 경제가 안정되고 중산층이 형성되지 않으면 제

---

[110] "대한제국을 근대국가로 본 것은 영토·주권·국민이 형성되었고, 교통·산업·통신·교육 등 모든 분야에서 근대화가 추진되었기 때문이다. '대한'이라는 국호에는 광대했던 삼국의 영토를 모두 통일하여 대제국으로 도약하겠다는 웅지가 담긴 것이며, 그래서 간도이민을 촉진하고, 서북철도를 건설하려 하고, 독도를 영토로 확립했던 것이다. 혹자는 신분제도를 들어 '국민'의 형성을 부인할지도 모르지만, 서얼제도나 노비세습제도는 이미 갑오경장 이전에 철폐되었음을 알아야 한다." 한영우, 『미래를 여는 우리 근현대사』, 경세원, 2016, p. 8. 최근 "대한제국근대화론"의 견지에서 망국의 원인을 일제 침략에서 찾는 황태연의 『백성의 나라 대한제국』(청계, 2017)의 출간에서 알 수 있듯이 근왕주의 사관은 그 외연을 넓히고 있다. "대한제국은 경제발전 단계로 보면 1903년 이전에 이미 근대적 경제성장으로 '도약단계(takeoff stage)'에 진입해 있었다. 그리고 일반론적으로 경제발전상의 '내재적 파탄'이나 가난은 결코 국가멸망의 원인일 수 없다. 나라는 가난하더라도 침략자가 없다면 망할 수 없기 때문이다. … 광무제 고종은 사상적으로 '구본신참론'의 근대화철학으로 무장을 하고 양반들의 이익을 희생시켜서라도 앞장서 백성의 근대적 변혁열망을 대변하고 실현했던 '계몽군주'였다." 황태연, 같은 책, 2017, pp. 5-6.

[111] 한영우, 위의 책, 2016, pp. 8-9.

대로 꽃피울 수 없기에 적지 않은 부작용에도 불구하고 산업화가 결과
적으로 민주주의를 꽃피게 하는 바탕을 마련한 것이다. 하지만 그 과정
에서 인권이 유린되고 적지 않은 부작용이 일어난 것에 대한 반성도 반
드시 필요하다.

끝으로 경제성장주의 사가 안병직은 2017년 발간한 『경세유표(經世遺
表)에 관한 연구』에서 정약용의 토지제도 개혁안이 전근대의 틀을 벗어나
지 못했으며,[112] 이용후생학파의 상공업진흥책도 "올바른 발전방향"은 아
니었다고 보았다.[113] 즉, 그는 정약용의 개혁안에서 자본주의 맹아 같은 근
대성이나 농민 사회주의의 원형으로서 "인민혁명적" 지향을 찾아내려는
민족·민중주의 사학자들의 연구는 실체가 없는 허구라는 학설을 견지하
고 있다.[114]

---

[112] "조선후기에는 새로운 상품경제가 발전하는 등 중세후기로 진입하려는 현상이 뚜렷하고 서양
의 새로운 문물이 나날이 전달되고 있었다. 이러한 상황하에서 제기되는 그[정약용]의 토지제
도 개혁방안 및 상공업의 진흥책은 그 자체로서는 근대적인 것이라고 할 수 없다고 하더라도
서세동점의 세계사적 시야에서 보면 근대와 접촉하고 있었다고 할 수 있다. 그럼에도 불구하고
『경세유표』에서 제시되어 있는 국가개혁 방안들은 전근대적 틀 속에 있었다. 정약용의 실학은
전근대의 의리지학(義理之學)에 머물러 있었으며, 그의 관제개혁 방안도 궁부일체(宮府一體)
의 틀 안에서 모색되고 있었던 것이다." 안병직, 『경세유표에 관한 연구』, 경인문화사, 2017, pp.
66-67.

[113] "실증적인 면에서 보면 조선후기 이용후생지학은 당시의 중국과 비교해보아도 많이 뒤떨어진
조선의 상공업을 진흥시키려는 것이 목적이었지 발달된 상공업의 올바른 발전방향을 모색하
는 것을 목적으로 하지 않았다는 것이다. 이 점에서 한·중·일 3국의 실학을 비교해 보면 한
국과 중국의 실학은 빈곤을 극복하기 위하여 상공업의 진흥책을 모색하고 있는 데 대하여 일본
의 실학은 지나치게 발달한 화폐경제의 발달을 억제하고 상공업의 올바른 발전방향을 모색하
는 데 힘썼다." 안병직, 위의 책, 2017, p. 59. 주) 53.

[114] 안병직, 위의 책, 2017, pp. 67-68.

그의 경세학이 의리지학에 머물고 있음에도 불구하고, 제국주의 침략과 대결하면서 한국적 근대의 출발점을 모색할 수밖에 없는 강력한 시대적 요청에 따라 남북의 학계에서는 다산의 경제학에서 민주주의와 농민적 사회주의의 이론을 찾아내려는 수많은 노력이 이루어져 왔다. 심지어 다산의 경제학에서 "반봉건적" 혹은 "인민혁명적" 지향까지도 읽어내려는 노력이 있었다. 물론 필자도 다산의 경제학에는 민주주의나 국가사회주의의 요소로 읽힐 만한 글이 없지 않다고는 생각하지만, … 이러한 주장들은 정약용의 경세학이 조선왕조를 이념적으로 떠받드는 의리지학에 머물고 있다는 사실과 논리적으로 정면충돌하기 때문이다. … 제2차 세계대전 이후의 글로벌리즘이라는 세계사적 환경 속에서 근대화에 성공한 현대 한국 사회는 조선 후기를 바로 계승·발전한 사회가 아니라는 점도 명확하게 인식해야 한다.

또한 이영훈도 2013년 펴낸 『대한민국 역사: 나라만들기 발자취 1945-1987』에서 한국사학계의 "내재적 발전론"을 부정하는 "식민지근대화론"을 견지하면서, 대한민국의 성공을 이끈 문명전환의 주체로 이승만에 더해 "발전국가체제"를 세워 산업화의 토대를 놓은 박정희를 추가로 지목했다. 그가 이상적으로 보는 문명의 기준은 자유민주주의 이념이 구현되는 국가의 수립 여부에 달려 있었다.[115]

대한민국은 일제가 남긴 법, 행정, 경제의 제도와 기구를 그대로 계승하였다. 비록 일제가 지배의 목적으로 구축한 것이지만 그것들은 근

---

115 이영훈, 『대한민국 역사: 나라만들기 발자취 1945-1987』, 기파랑, 2013, pp. 432, 434, 435-436, 438.

대문명의 산물이었다. 그것을 그대로 존치한 것은 '문명사의 대전환' 과정에서 정당한 선택이었다. … 이승만 대통령은 자유민주주의 이념에 입각한 새로운 나라의 건국, 농지개혁, 6·25전쟁의 방어, 한미군사동맹의 체결, 자립경제를 위한 기초공업의 육성, 교육혁명과 같은 수많은 업적을 남겼다. 1960년대 이후 한국의 정치와 경제는 이 같은 1950년대의 성취를 전제하지 않고서는 설명되지 않는다. … 박정희를 중심으로 한 군사혁명 세력은 이승만 건국 대통령이 추구한 대통령중심제, 반공태세, 한미동맹 등과 같은 국가정체성을 충실하게 계승하였다. … 박정희가 구축한 권위주의 발전국가체제는 그의 죽음 이후 전두환 정부에 의해 계승되어 1987년까지 존속하였다. 그사이 한국경제는 세계 최빈국 대열에서 중진경제로 진입하는 기적적인 성과를 이룩하였다. … 대한민국의 역사는 '문명사의 대전환' 과정에서 내외 공산주의세력의 도전을 물리치고 자유 이념에 입각한 새로운 나라를 세운 역사이며, 정부형태와 개발전략을 둘러싼 분열과 갈등을 차례로 해소하면서 1980년대 후반에 이르러 중진경제와 민주주의를 성취한 역사이다. … 국가의 본질은 이념이다. 국가의 성공과 실패는 결국 이념의 성공과 실패이다. 대한민국은 건국의 선각자들이 국가이념에서 올바른 선택을 했기 때문에 성공할 수 있었다. 그 반면교사가 공산주의 이념으로 향한 북한의 역사이다.

나아가 이영훈은 2019년 펴낸 『반일 종족주의』에서 한국 사학계의 고종을 계몽군주로 평가하는 근왕주의 역사가의 대한제국 띄우기를 "엉터리 학설"로, 수탈론은 "전통문화에 규정된 낮은 수준의 역사의식, 곧 반일 종족주의에 기초를 둔 것"이라며 근왕주의 사학과 민족·민중주의 사학을 원색적으로 직격한다.

역사학의 거짓말은 그럴듯한 학술로 포장되었습니다. 조선왕조를 망친 주범을 꼽자면 뉘라 뭐래도 고종이라는 주권자입니다. 그는 왕조를 자신의 가업(家業)으로 간주한 어리석고 탐욕스러운 임금이었습니다. 왕조를 일본에 팔아넘긴 사람은 다른 누구도 아닌 바로 그 사람이었습니다. 덕분에 그의 일족은 일본 황실에 왕공족(王公族)의 신분으로 편입되어 호의호식하였습니다. 종묘사직의 제사는 1945년까지 면면히 이어졌습니다. 그렇지만 2천만 백성은 망국노(亡國奴)의 신세로 떨어지고 말았습니다. 그럼에도 고종을 계몽군주로 받드는 엉터리 학설이 대두하더니 교과서에까지 실렸습니다.[116]

1960년 이후 50년간 한국의 국사 교과서는 일제가 토지조사사업을 벌여 전국 토지의 40%를 수탈했다고 써왔습니다. 일본과 조선을 뺏고 빼앗기는, 죽이고 죽는 야만의 두 종족으로 감각한 것입니다. 우리 조상을 소유권 의식도 없고 신고가 무엇인지도 모르는 선량한 종족으로 감각한 것입니다. 그 선량한 조선 종족을 사악한 일본 종족은 한 손에는 피스톨을, 다른 손에는 측량기를 들고 마구잡이로 수탈한 것입니다. 조선인은 토지의 측량을 위해 일본이 설치한 대소 삼각점을 토지의 혈맥을 찌른 것으로 알고 분노했습니다. 국사 교과서의 터무니없는 토지수탈설은 이렇게 우리의 전통문화에 규정된 낮은 수준의 역사의식, 곧

---

[116] 이영훈, 「프롤로그: 거짓말의 나라」, 이영훈 외, 『(대한민국 위기의 근원) 반일 종족주의』, 미래사, 2019, p. 19.

반일 종족주의에 기초를 둔 것이라고 하겠습니다.[117]

이상으로 살펴본 서로 충돌하는 세 학설에 보이는 역사관은 다음과 같은 점에서 공통분모와 차별성을 보인다. 먼저 이상적 문명의 기준을 민족 · 민중주의 사학은 유럽식 사회민주주의나 중화인민공화국의 "신민주주의"에 두고 있는 반면, 근왕주의 사학과 역사수정주의 · 경제성장주의 사학은 자유민주주의에 두고 있다. 다음으로 문명전환의 주체로 민중을 지목하는 민족 · 민중주의 사학과 달리 근왕주의 사학과 경제성장주의 사학은 각각 계몽 절대군주와 선각적 지도자를 호명한다는 점에서 영웅 사관으로 보인다. 나아가 민족 · 민중주의 사학과 경제성장주의 사학이 각각 이상시하는 문명(사회민주주의와 자유민주주의)의 차이는 한국현대사를 보는 관점의 차이를 배태한다. 즉, 전자는 대한민국의 역사가 경제민주화를 규정한 제헌헌법의 정신을 훼손하는 쪽으로 진행되었기에[118] 그 이상을 달성하는 사회민주주의로의 문명전환이 필요한 미완의 역사로 본다. 반면 후자는 자유민주주의와 시장경제를 대체할 국가이념은 없으므로 이를 선택한 대한민국의 역사는 성공한 역사로 본다. 또한 문명전환의 기준을 전자는 민중이 주인이 되는 통일 민족국가의 완성에 두는 데 반해 후자는 민족에서 인민을 분리한 국민 중심의 국민국가 수립 여부에 두는 점도 차이점이다.

---

117 이영훈, 「한 손에는 피스톨을, 다른 한 손에는 측량기를」, 이영훈 외, 위의 책, 2019, pp. 42-43.

118 "'제헌헌법'은 영리를 목적으로 하는 사기업 경영의 자유를 국영 · 공영기업과 더불어 국민의 권리로 인정하면서도 그 경제질서를 자유로운 '자본주의'로서 명시적으로 내세우지 않았다. 그뿐만 아니라 '제헌헌법'에서는 '경제질서는 모든 국민에게 생활의 기본적 수요를 충족할 수 있게 하는 사회정의의 실현과 균형 있는 국민경제의 발전을 기함을 기본으로 삼으며, 각인의 경제상 자유는 이 한계에서 보장된다'고 하여 기업경영의 자유와 자본의 독주 · 독점에 큰 제약을 가하고 있었다." 김용섭, 앞의 책, 2015, pp. 210-211.

이러한 배타적 문명관과 충돌하는 역사 인식이 기억의 내전이 계속되는 모멘텀(Momentum)으로 작용하고 있다. 특히 탈근대·탈민족주의 사학, 민족·민중주의 사학, 근왕주의 사학, 역사수정주의·경제성장주의 사학 등 전근대와 근대, 그리고 탈근대가 동시에 혼재하는 한국 역사학계의 "비동시성의 동시성(the contemporaneity of the uncontemporary)"은 지체와 조숙이 함께하는 한국사회의 현재를 반영한다.

2) 역사기억을 둘러싼 내전의 원인

1990년대 들어 김영삼 정부(1993)나 김대중 정부(1998)에 의해 시도된 "역사 바로세우기"와 "제2의 건국"을 내건 현대사를 재평가 작업을 계기로 역사기억을 둘러싼 충돌은 시작되었다. 특히 노무현 정부(2003~2008)가 "과거사 진상 규명"을 최우선 국정과제의 하나로 추진하면서 내전 상황을 초래했다. 기억의 내전은 박근혜 정부 들어 국사 교과서 국정화와 건국절 논란으로 다시 불붙었다.[119] 문재인 정부가 정권이 교체되더라도 역사교육을 포함한 국가교육과정의 기준과 내용을 10년간 장악하기 위해 2022년 7월 출범을 예고한 대통령 직속 "국가교육위원회"는 역사기억을 둘러싼 내전에 기름을 부을 것이 명약관화했다.[120] 2002년『고등학교 한국 근·현대사

---

[119] 안병직,「한국 사회에서의 '기억'과 '역사'」,『역사학보』193, 2007, p. 278. 김영삼 정부에서 문재인 정부에 이르는 역사전쟁에 대해서는 박석홍,『역사전쟁』, 기파랑, 2021, pp. 344-369 참조.

[120] 10년 단위로 국가교육계획을 수립하는 역할을 맡는다는 "국가교육위원회(https://eduvision.go.kr/)"는 586 운동권 집단의 시각에서 본 역사기억을 제도화해 공적 기억으로 만들려 했던 것이다.

교과서』 검정 과정에서 불붙기 시작한 기억을 둘러싼 역사전쟁의 포화는 2022년 오늘까지 왜 격화일로를 걷고 있을까?

첫 번째 이유는 세계사의 흐름에 반하는 한국사의 특수성에서 찾을 수 있다. 근대 이후 한반도와 세계의 역사 시계는 서로 합치하지 못했다. 역사는 반복하는가? 냉전 붕괴 후 힘이 지배하는 다시 돌아온 제국의 시대를 사는 오늘도 한반도는 유일하게 냉전의 섬으로 남아 있다. 한 세기 전 중국 중심 국제질서인 조공체제(moral politics)와 서구의 조약체제(power politics)가 병존(竝存)했듯이, 미국과 중국이 패권을 다투는 신냉전 시대에도 한반도에는 힘의 정치와 도덕률로 함축되는 이원적(二元的) 국제질서가 함께 살아 숨 쉰다. 이러한 역사의 지체 현상이 일어나는 이유는 밖으로는 중화민족주의를 내걸고 "일대일로(一帶一路)"의 새로운 조공체제를 구축하려 하는 중국의 원심력이, 안으로는 시대착오적인 민족·민중주의 사관의 오랜 구심력이 작용하기 때문이다. 프랑스혁명 이후 서구제국과 일본은 '근대 국민국가(nation state) 만들기'라는 과제에 매진할 수 있었다. 그러나 역사 시간의 흐름에 뒤처졌던 우리 선조들에게는 '제국주의 열강의 침입에 맞서 나라 지키기'라는 또 하나의 과제가 더 주어졌다. 그때와 마찬가지로 오늘을 사는 이 땅의 사람들도 미완의 근대과제 ― '남북이 하나 되는 근대 국민국가 만들기'와 '국민을 넘어 시민으로 거듭나기' ― 와 근대 이후 과제 ― 남녀동권 사회의 건설, 타자와 더불어 살기 ― 라는 이중의 짐을 어깨 위에 짊어지고 있다. 이처럼 우리 두 어깨를 짓누르는 이원적 국제질서와 이중의 과제, 그리고 식민지에서 준(準)제국의 반열에 오르는 압축 성장을 이룬 우리 근현대사의 특수성이 오늘 역사기억의 내전(內戰, civil war)을 추동하는 배경을 이룬다.

둘째, 이 내전의 원인 중 하나는 1982년 3월 정부의 이데올로기 금서(禁書) 기준이 완화된 이후 물밀듯이 쏟아져 들어온 미국 좌파의 역사관인 "수정주의(修正主義, revisionism)" 사관의 영향에서 찾을 수 있다.[121] 그 이론적 기수였던 브루스 커밍스(Bruce Cumings, 1943~)의 대표작 『한국전쟁의 기원: 해방과 분단정권의 등장, 1945-1947』(*The Origins of the Korean War: Liberation and the Emergence of Separate Regimes, 1945-1947*, Princeton University Press, 1981)은 반공·안보 이데올로기 일색이었던 한국 지성계에 일대 파문을 일으켰다. 광주민주화운동을 계기로 고조되어 있던 민주화운동, 통일운동 및 반미운동과 맞물리면서 "진보적" 사회과학자들과 민중사학자들 간에 탐독 열풍을 몰고 왔던 커밍스 등 수정주의자들의 논저는 1980년대 이후 한국현대사 연구와 서술에 '코페르니쿠스적 전환'을 초래했다.[122] 그러나 1991년 소련의 붕괴 이후 『스티코프 비망록』 등 소련 측의 기밀자료가 속속 공개되고 이정식(李庭植, 1931~2021) 등에 의해 소련의 한반도정책에 관한 연구가 진작됨으로써

---

121 수정주의 사관은 1950~1970년대 초에 걸쳐 미국 위스콘신대 역사학과 교수로서 『미국외교의 비극(*The Tragedy of American Diplomacy*)』 등을 저술한 외교사가 윌리엄스(William Appleman Williams)와 그의 제자들이 주도한 냉전시대사 연구의 학풍을 가리키는 전문 용어다. 이들 수정주의 역사학자들은 네오마르크시즘의 유물사관에 입각하여 19세기 이래 미국이 추구한 대외팽창정책은 미국이 농업사회에서 산업사회로 전환하는 데 따른 경제적 필요에 기인한 것이라 파악함으로써 기존의 전통·정통주의(traditional·orthodox)학파 및 현실주의(realist)학파의 통설에 반기를 들었다. 유영익, 「수정주의와 한국현대사 연구」, 유영익 편, 『수정주의와 한국현대사』, 연세대학교출판부, 1998.

122 유영익에 의하면 수정주의 사관은 다음과 같은 문제점을 노정했다. 첫째, 한국현대사 연구의 초점이 1945~1953년의 8년간에 집중되었다. 따라서 이 기간의 역사를 19세기 후반의 개화시대사와 1905년 이후 일제시대사에 연결시키거나 1953년 이후의 현대사에 결부시키는 작업이 등한시되었다. 둘째, 한국현대사의 연구·서술에 있어 민중운동을 지나치게 강조한 나머지 집권정부 중심의 소위 정사(正史) 연구가 경시되었다. 그 결과 이승만 또는 대한민국사에 대한 연구가 김일성 또는 조선인민공화국사 연구에 비해 뒤지는 기현상이 빚어졌다. 셋째, 현대사연구의 초점이 좌익운동에 모아짐으로써 우익세력에 대한 연구가 간과되었다. 넷째, 독립운동사 연구에 있어 공산주의운동 및 김일성 계열의 '무장항일운동'이 강조되면서 3·1운동과 국내 민족개량주의자들의 독립운동, 그리고 상해·중경의 임정 및 구미위원부의 '외교독립운동' 등은 상대적으로 소홀히 취급되었다. 마지막으로, 사회·경제를 지나치게 중시한 나머지 정치사·외교사·문화사 분야의 연구가 저조를 면치 못했다.

한국현대사에 관한 수정주의적 해석이 흔들리기 시작했다.[123] 그 본산인 미국 위스콘신대학에서조차 수정주의는 퇴출된 지 오래다. 그러나 시대의 흐름에 역행한 한국 사학계 민족·민중주의 역사가들은 수정주의 사관을 폐기하지 않았다. 그 결과 아직도 대한민국 역사학계는 현대사 서술에 보이는 수정주의적 서술을 둘러싼 기억의 내전이 진행 중이다.

셋째, 시야를 넓혀 볼 때 이 내전이 지속되는 또 하나의 이유는 우리 지식사회의 충돌하는 세계인식과 역사관에 기인한다. 세계 보편의 시좌로 보면 냉전의 종식과 실존 공산주의 진영의 붕괴는 진보 개념이 더 이상 좌파의 전유물(專有物)로 머물지 않는 상황을 초래했다. 헤겔(Georg W. F. Hegel, 1770~1831)의 진보개념을 차용하여 미국식 자유민주주의와 시장경제의 불가역의 승리를 선언한 네오콘(neocon)의 대표적 이론가 프랜시스 후쿠야마(Francis Fukuyama, 1952~)의 「역사의 종언(The End of History)」(1989)이 상징하듯,[124] 신(新)보수주의자들은 역사 발전의 마지막 끝을 공산주의의 실현에서 찾은 구(舊)좌파들에게서 진보의 개념을 앗아갔다. 하지만 제국의 등장을 자본주의의 최종 승리가 아닌 해체의 신호로 파악한 이매뉴얼 월러스틴(Immanuel M. Wallerstein, 1930~2019) 같은 신좌파 지식인들은 제국의 지배를 부정하는 탈근대와 제국과 맞서 싸울 탈민족주의를 무기로 신보수주의자들이 지배하는 세상에 도전장을 디밀었다. 이들은 구좌파와 달리 근대성을 더 이상 반드시 구현되어야 할 역사적 진보나 보편적 선 또는 역사적 필연으로 보지 않는다.[125]

---

123 이정식, 『대한민국의 기원』, 일조각, 2006; ──, 이정식 · 허동현, 『20세기에 다시보는 해방후사』, 경희대학교 출판문화원, 2012.

124 Francis Fukuyama, "The End of History", *The National Interest*, 1989: ──, *The End of History and the Last Man*, Free Press, 1992.

125 1970년대 세계의 역사와 사회 전체를 '단일 시스템'으로 파악하는 '세계체제론'을 주장했던 이

신보수주의자와 신좌파는 우리 지식사회에도 등장했다. 냉전이 깨진 1990년대 들어 일본의 침략이 없었다면 개화기에 이미 자력으로 근대화를 이루었을 것이라는 한국 사학계 수탈론자들의 "내재적(內在的) 발전론"은 통계라는 객관적 지표를 앞세운 경제성장 사학자들의 거센 도전에 직면했다. 드라큘라에게 물린 희생자 역시 흡혈귀가 되듯이, 1960년대 이후 한국의 급속한 경제 성장의 기원은 드라큘라에게 피를 빨린 식민지 시대에서 찾아야 한다는 것이었다. 식민지 시대에 수탈만 있었던 것이 아니라 개발도 병존(竝存)했다는 "식민지근대화론"에 일격을 당한 한국 사학계의 철옹성 민족·민중주의 담론은 금이 가기 시작했다. 그러나 1990년대 후반 이후 남녀차별과 환경파괴, 그리고 대량살육이 자행된 근대가 무엇이 좋다고 따라 하지 못해 안달이냐고 비판하는 신좌파 계열의 역사사회학자와 서양사학자들의 눈에는 "식민지근대화론"도 드라큘라가 되기를 꿈꾸는 근대지상주의라는 점에서 민족주의 담론과 한 배 속 쌍생아로 비칠 뿐이었다. 이처럼 오늘 다원화되고 열려 있는 한국 사회에서 하나의 절대적 역사해석이라는 명제는 존재할 수 없게 되었다. 그렇기 때문에 서로 충돌하는 세계관과 현실인식을 갖는 지식인 집단들의 역사관은 식민지 시기만이 아닌 근현대사 전반에 걸쳐 더욱 충돌하는 쪽으로 진행되었다.

1991년 냉전 붕괴 이후 우리 지식사회는 정치지향과 세계인식을 기준으로 볼 때 크게 세 그룹의 지식인 집단으로 분화되었다. 하나는 남의 국민과 북의 인민이 하나 되는 민족을 단위로 한 국민국가라는 근대기획의

매뉴얼 월러스틴 같은 신좌파 지식인은 공산주의라는 균형추가 사라진 후 인류는 "세계 자본주의의 최종 승리를 겪고 있는 게 아니라, 처음이자 유일하게 진정한 위기를 겪고 있다"고 진단한 바 있다. Immanuel Maurice Wallerstein, *Decline of American Power: The U.S. in a Chaotic World*, New Press, 2003; Immanuel Maurice Wallerstein, etc., *Does Capitalism Have a Future?*, Oxford, 2013.

완성을 중시하는 민족주의 담론을 견지하는 지식인 집단이다. 이들은 여전히 민중이 주인이 되는 세상을 꿈꾼다는 점에서 구좌파로 볼 수 있으며, 한국사학자 대다수가 이 그룹에 속한다. 다른 하나는 대한민국이라는 국민국가의 자본주의적 성장을 지속하기 위해 민족에서 인민을 분리할 것을 주장하는 경제성장주의 사학자 또는 정치사학자들이다. 마지막 하나는 갈수록 거세어지는 신자유주의의 압박과 제국의 지배에 맞서 싸우기 위해 민족과 국가를 넘어선 세계 시민 또는 민중의 연대가 필요하다고 보는 서양사학자와 역사사회학자들로서 이들은 미국과 일본의 신좌파들과 지향을 함께하는 것으로 보인다.

해방 직후 마르크스 유물사학자들이 민족을 피지배계급과 지배계급으로 양분한 것은 오늘의 민족·민중주의 역사가들이 취하는 이분법(二分法)의 기원을 이루며, 대안담론으로서 역사수정주의·경제성장주의 사학자들도 산업화세력과 민주화세력을 양분하고, 민족을 국민과 인민으로 가른다는 점에서 동일한 우(愚)를 범한다. 무엇보다 다원화된 시민사회를 사는 오늘에 비춰볼 때, 이상적 문명의 기준을 중화인민공화국의 "신민주주의"에 두고 있는 민족·민중주의 사학은 적색(赤色) 전체주의와의, 그리고 문명전환의 주체로 계몽 절대군주와 선각적 지도자를 호명하는 근왕주의 사학과 경제성장주의 사학은 백색(白色) 전체주의와의 친연성에 대한 비판에서 자유롭지 못하다. 군주체제를 미화하는 근왕주의 사학만이 시대착오(anachronism)가 아니다. 민족·민중(계급)이라는 거대담론(metadiscourse)을 금과옥조 삼아 "민중혁명 필연론"이라는 교조적(敎條的)이자 도식적(圖式的)인 역사발전을 통해 "민중이 주인 되는 세상"을 문명의 완성으로 보는 민족·민중주의 사학이나 그 대안 담론인 국민을 주어로 산업화된 국민국가를 완성된 문명으로 보는 경제성장주의 사학 모두 시대착오다.

3) 충돌하는 역사기억을 넘어서기 위한 제언

"우리는 민족중흥의 역사적 사명을 띠고 이 땅에 태어났다." 1994년 국민교육헌장이 역사의 뒤안길로 사라지기 전까지 이 땅의 사람들은 "민족중흥"을 위해 살아야 했다. "민족"이라는 전체의 이름으로 낱낱의 희생을 강요하던 개발독재 시대를 산 이들의 머리에는 둑에 난 구멍을 고사리손으로 막아 마을을 구한 네덜란드 소년 영웅의 이야기가 담겨있다. 교과서를 통해 주입받은 이야기이기 때문이다. 국가가 국민을 동원하기 위해 만든 신화일 뿐 아이의 손바닥 하나로 둑에 난 구멍을 막을 수는 없는 일이다. 그러나 이에 맞서 민중의 이름으로 새 세상을 꿈꾼 이들의 눈에도 개인은 채 들어오지 않았다. 민족과 민중은 일란성 쌍둥이다. 이데올로기가 모든 것을 지배하던 시대에 자신들이 상상하는 세상에 정당성을 주기 위해 만들어진 개인동원을 위한 거대담론의 수사(修辭)들일 뿐이다. 그때 여성들은 남성보다 큰 희생을 강요받았다. 국가권력과 가부장권이라는 두 개의 족쇄가 여성을 속박했다. '현모양처(賢母良妻)'라는 말이 웅변하듯 여성은 민족과 민중의 이름으로 남성에 봉사하는 도구일 뿐이었다.

역사는 반복하는가? 1991년 냉전 붕괴 후 다시 돌아온 힘이 지배하는 신자유주의 세상을 맞아 다시 돌아본 우리의 현재는 한 세기 전과 너무도 흡사하다. 그때 우리는 양반과 상놈의 신분제 사회를 넘어 국민 만들기를 통한 평등사회 이루기와 민족을 단위로 한 국민국가 세우기에 실패해 식민지로 전락한 쓰라린 역사 경험을 갖고 있다. 지금 우리는 혼혈인과 이주노동자라는 이 시대의 상놈에 대한 차별을 넘어서는 사회 통합 이루기, 남녀동권의 양성평등 사회 이룩하기, 미완인 민족을 단위로 한 통일된 국민국가 세우기, 그리고 동아시아와 더불어 사는 지역공동체 만들기라는 현재적 요구에 답해야 한다. 다시 말해 근대 국민국가 만들기와 더불어 제국주의 열강의 침입에 맞서 나라를 지켜야 할 이중의 과제를 짊어졌던 한 세기 전 이 땅의 사람들처럼 우리도 동시대 다른 나라 사람보다 과중한 책무 ― 남북이 하나 되는 근대 국민국가 만들기와 국민을 넘어 시민으로 거듭나기라는 미완의 근대과제와 함께 타자·타민족과 더불어 살기나 양성평등 사회의 실현 같은 근대 이후 과제 ― 를 양어깨에 짊어지고 있다.

문제는 현재 우리 사회가 미완의 근대과제 수행을 우선하는 쪽과 앞으로 이루어야 할 근대 이후 과제의 달성을 앞세우는 쪽으로 나뉘어 있다는 데 있다. 전자는 민족을 외세에 판 친일파를 역사적으로 단죄하는 과거사 청산과 민족통일을, 그리고 후자는 민족을 넘어서 동아시아 지역공동체를 이루는 것이 급선무라고 목청을 높인다. 우리 지식사회는 민족을 화두로 내전을 벌였고, 아직도 안으로 타들어가고 있는 중이다.

모든 역사서술에는 사가(史家)들의 지향이 실려 있다. 그때 거기를 산 이들의 삶을 어떻게 기억하는가는 오늘 여기를 사는 이들이 바라는 내일이 어떠한지를 알려주는 시금석이다. 태평양전쟁과 대동아전쟁이라는 침략의 과거사를 성찰하는 이들과 분칠하는 이들이 기억하는 군국주의 일본의 모습은 너무도 다르다. 동아시아에 대한 침략을 백인종 제국주의에 맞서 황인종의 번영을 지키려던 방어전쟁이었다고 기억한다면 앞으로도 그들은 과거의 잘못을 스스럼없이 되풀이할 것이다. 일본의 역사 왜곡을 둘러싸고 국제전과 내전의 포연이 가득한 이유는 침략의 과거사를 영광의 역사로 미화하는 교과서가 결과할 미래상에 대한 동아시아와 일본의 시민사회가 품는 우려 때문이다.

사실 서구에서는 탈근대·탈민족이 유행이다. 그들은 남녀차별과 환경파괴, 그리고 대량살육이 자행된 근대와 그 원인을 제공한 민족주의를 벗어나려 애쓴다. 그러나 한국 사학계는 국민과 인민이 하나 되는 민족통일이라는 근대기획을 지고(至高)의 가치로 내세운다. 그들은 실존 공산주의체제의 몰락 이후 서구 좌파들이 폐기한 민중혁명 필연론도 가슴 속에서 지우지 않고 있다. 오늘 우리는 국가 · 민족 · 인종 · 성차(젠더)를 넘어 생각과 지향과 이해를 달리하는 이들이 함께 살아가는 다원화된 시민사회를 꿈꾼다. 그렇기에 낱낱을 전체에 종속시키는 한국 사학계의 민족에 기댄 민중 지키기나 민족을 빌미로 한 북한 인권에 대한 눈감기에 우리는 더 이상 침묵할 수 없다. 오늘은 이데올로기가 모든 것을 지배하던 시대에 자신들이 상상하는 세상에 정당성을 주기 위해 연역적으로 만들어진 도식적 역사서술에서 벗어나 타자와 더불어 살기를 이야기하는 시민의 눈으로 본 역사인식이 더없이 필요한 때다. 왜냐하면 오늘 우리 시민사회는 한데 뭉쳐 다니는 우중(愚衆)이 아니라 자신의 양심과 소신에 따라 행동하는 자율적이며 각성된 개별주체로서 거듭나야 하기 때문이다. 따라서 민족과 민중이라는 거대담론에 입각한 역사 쓰기를 고수하는 한국 사학계의 민족 · 민중주의 사학은 시대착오다.

그렇다면 국사해체를 주장하는 서양 사학계의 민족 벗어나기는 정당한가. 아직도 제2차 세계대전이 남긴 앙금이 채 가라앉지 않고, 냉전이 남긴 상처도 아물지 않은 동아시아를 사는 이들은 유럽공동체(European Community, 1967)를 거쳐 유럽연합(European Union, 1993)을 이룬 그들이 너무 부럽다. 그래서 탈냉전과 탈근대의 시대를 맞아 더불어 사는 세상을 꿈꾸는 동아시아의 지식인들은 앞다투어 백가쟁명(百家爭鳴)의 동아시아 담론을 토해놓았다. 특히 미국 주도하의 세계질서에서 벗어나고자 하는 우리 지식인들의 뇌리에 동아시아공동체 만들기는 매혹적인 탈출구로 아로새겨졌다. 따라서 유럽의 경험을 거울로 삼아 민족을 넘어선 동아시아공동체를 세우자는 탈민족주의자들의 이야기가 귀에 솔깃했다. 그들은 민족이라는 우물에 갇혀 구시대의 미몽에서 깨어나지 못하는 한국사학자들에게 장기지속(la longue duree)의 구조를 중시하는 아날학파의 방법론과 유럽 통합의 역사 경험을 빌려 공동체가 왜 만들어져야 할 역사의 당위인지를 설득하려 한다. 민족이라는 초역사적 거대담론에 사로잡혀 있으면 동아시아라는 대안적 역사세계에 눈을 뜰 수 없으니 민족이라는 색안경을 어서 벗어던지고 공동체 만들기에 동참하라고 손을 잡아끈다.

일본의 역사 교과서 왜곡과 중국의 동북공정(東北工程)을 탓하기 전에 국사 교과서를 들여다보고 우리 눈 안의 들보를 먼저 없애는 데 힘을 기울이는 게 순리가 아니냐고 묻는다. 동화 『백설공주』에 나오는 "마녀의 거울"처럼 민족의 영광만을 노래하는 국사를 버리고 더불어 사는 평화로운 미래를 이야기하는 동아시아사라는 "공동의 거울"을 새로 들여놓으라고 말이다. 그러나 공동번영과 평화를 꿈꾸는 공동체의 싹을 돋아나게 하기엔 아직 동아시아의 토양은 너무도 척박하다. 유럽연합(EU)을 준거로 동아시아공동체를 이뤄야 할 문명의 전범으로 보았던 탈민족 · 탈근대 역사학은 영국의 유럽연합 탈퇴(Brexit)와 일본과 중국에서의 국가주의와 민족주의 강화라는 역풍을 맞아 수면 아래로 가라앉았다. 미 · 중이 충돌하는 신(新)냉전 시대를 맞아 특히 2020년 코로나19 팬데믹과 2022년 러시아의 우크라이나 침략 이후 이 추세는 더욱 강화되고 있다.

지금 한반도를 둘러싼 열강 중 어느 누구도 만만히 볼 수 없기에 우리는 더불어 살기를 도모하는 동아시아 공동체의 실현을 위해 마땅히 노력해야 한다. 역사의 시공간이 변하면 민족주의의 역할도 바뀌는 법이다. 이미 다인종 · 다문화의 잡종사회로 접어든 우리는 혈통을 중시하는 자민족중심주의를 넘어서는 데 힘을 기울여야 한다. 왜냐하면 한 세기 전 제국주의에 맞서 싸운 약자의 "저항 민족주의"는 생존을 위한 최소한의 방패였지만, 오늘 우리의 민족주의는 혼혈인 같은 우리 안의 타자(他者)를 배제하고, 우리 밖의 다른 인종과 민족을 타자로 규정해 차별하는 오리엔탈리즘을 복제할 위험성이 크기 때문이다. 아울러 소위 "발전"을 내세운 근대화 지상주의도 요즘은 환경파괴, 여성 차별, 그리고 인간 소외 같은 역기능만 눈에 가득 들어온다.

지금 우리는 타자·타민족과 더불어 살기와 남녀가 동등한 권리를 누리는 양성평등의 사회도 꿈꾼다. 그렇다면 민족이라는 거대담론과 근대지상주의를 넘어서길 소망하는 것은 정당하다. 그러나 민족 분단의 아픈 현실과 최근 자민족·자국가 중심주의가 충돌하는 국제질서는 우리가 이상적인 당위만을 꿈꾸게 내버려두질 않는다. 탈민족과 탈근대는 입에 물었으되 집어삼킬 수도 뱉어버릴 수도 없는 뜨거운 감자라는 현실이 우리의 가슴을 짓누른다. 동아시아 공동체를 말하는 이들의 "민족 넘어서기"도 강대국이 민족주의를 먼저 폐기하지 않는 한 순진한 이상론에 지나지 않는다. '간어제초(間於齊楚)'라는 고사성어가 우리에게 많은 시사점을 준다. 중국 전국시대 강국 제(齊)와 초(楚) 사이에 끼여 있던 소국 등(滕)의 문공은 약육강식의 현실 속에서 나라를 지키기 위해 왕도정치를 철저하게 시행했지만, 결국 망국(亡國)을 면하지 못했다.

역사는 오늘의 뿌리이자 내일의 진로를 비추는 등대다. 다원화된 시민사회를 사는 오늘 우리에게 필요한 것은 역사학자의 주관적 역사해석이 아니다. 역사가의 존재 이유는 사실 중심의 객관적 역사서술을 함으로써 깨어있는 주체로서 개인(individual)인 시민 스스로 다양한 역사 해석을 할 수 있도록 돕는 데 있다. 그렇다면 전(前)근대와 근대, 탈(脫)근대가 병존하는 "비동시성의 동시성(the contemporaneity of the uncontemporary)"으로 규정되는 지체와 조숙이 혼재하는 오늘, 우리가 이루어야 할 문명의 전범(典範), 즉 역사 해석의 기준은 무엇일까?

첫째, 개인의 자유의지(free will)가 발휘될 수 있는 규율 기반(rule base) 법치주의(法治主義)의 존재가 그 관건이다. 거시적으로 볼 때 인류의 역사는 개인 자유의 확대, 즉 자유화의 과정이다. 민중과 민족, 국민 모두 전체의 이름으로 개인의 자유의지를 억압하는 체제나 제도를 문명의 전범으로 볼 수 없다. 따라서 실패의 역사에 분칠하며 그 책임을 외세에 돌리고 대한민국 건국 이후 이룩한 유례없는 성공의 역사를 폄훼하는 586 운동권 세력의 교조적 역사관은 시대착오다. 이러한 역사관을 AI(Artificial Intelligence)가 이끄는 새로운 대전환기 4차 산업혁명 시대를 맞아 이에 응전할 청년세대가 가져서는 안 된다. 이들은 서구와 일본의 경험을 길잡이 삼아 산업화 · 민주화를 이끈 앞 세대와 달리 따라 배울 청사진이 없다. 또한 앞선 세대는 개천에서 용이 날 수 있었던 시대를 살았지만, MZ세대는 부모가 이룬 성취를 넘어서기도 계층 이동도 쉽지 않은 세상을 산다. 아직도 뿌리 깊은 가족주의나 끼리끼리 문화도 이들의 진취에 발목을 잡는다. 젊은이들이 AI가 이끄는 IT혁명의 시대 새로운 도전에 과감히 응전하는 깨어있는 주체로 거듭나게 해야 할 필요가 있다. 토인비(Arnold J. Toynbee, 1889~1975)가 말한 "창조적 소수자(creative minority)"로서 미래세대를 이끄는 첫걸음은 앞선 세대가 이루고 범한 과오와 성취에 대한 성찰과 자긍이 균형을 이룬 역사 인식을 갖게 하는 것이다.

둘째, 다양성의 보장이다. 계급(자본가와 노동자), 젠더(남성과 여성), 인종(시민권자와 이주노동자) 같은 사회문화적 울타리를 넘어(barrier free) 생각과 지향과 이해를 달리하는 복수의 개인들이 함께 살아가는 남녀동권(男女同權)의 양성평등사회와 다원화된 시민사회의 완성이 우리가 따라야 할 문명의 기준이다. 또한 지구화의 시대에 걸맞은 문화의 경계를 허무는 혼종 문화(hybrid culture)와 타자(他者)와 더불어 사는 잡종사회(hybrid society)도 존중되어야 문명이다.

셋째, 세계로 향해 열린 사회인가 여부다. 닫힌 사회에는 미래가 없다. 대한민국이 식민지에서 6·25전쟁의 폐허를 딛고 "산업화와 민주화"에 성공한 주된 원인은 세계로 향해 열린 사회였다는 점에 있다. 무역을 통해 2022년 현재 코로나19 "팬데믹" 상황에서도 세계 8위의 무역대국이자 9위의 경제대국을 이룬 우리가 "나물 먹고 물 마시고, 팔을 베고 누었으니, 이 아니 행복하냐"던 쇄국시대 조선 선비들의 안빈낙도(安貧樂道)하는 삶을 다시 살 수는 없는 일이다. 오늘 우리가 기억해야 하는 역사의 교훈 하나는 고인 물이 썩듯 사람과 정보와 물자의 출입이 막힌 닫힌 사회는 문명의 기준이 될 수 없다.

넷째, 우물 안 개구리인 정저지와(井底之蛙)의 눈으로 역사를 조망하는 좁디좁은 민족사의 시야에서 벗어나 비교사와 국제사의 시좌에서 한국사의 흐름을 보아야 한다. 비교사의 시점에서 보면 "근대지향적 사상"이라는 실학이나 자본주의 맹아를 중시하는 "내재적 발전론" 모두 동시대 세계의 지식 흐름과 경제발전에 비춰볼 때 설득력이 결여된 강변에 지나지 않는다. 또한 국제사의 시좌에서 근현대사를 조망하면, 대한제국을 식민지로 전락하게 한 두 개의 전쟁 — 청일전쟁(1894~1895)·러일전쟁(1904~1905) — 과 남북의 분단을 초래한 태평양전쟁(1941~1945)이 명증(明證)하듯 우리 역사 흐름에 큰 영향을 준 것은 내인(內因)이 아닌 외인(外因)이었다. 아울러 중국지향 문화권에서 일본지향 문화권으로 이동하는 계기가 된 갑오경장(1895)과 신자유주의의 거센 풍랑을 맞아 영미문화권으로의 전환을 강박한 "외환위기(IMF)"가 말해주듯이 한국사에서 일어난 문명의 전환 역시 국제적 변수에 의해 추동되었음을 부정할 수 없다.

다섯째, 탈민족은 동아시아 지역에서 아직은 시기상조다. 약자가 갑옷을 먼저 벗을 수는 없는 법이다. 민족주의와 국가주의의 마수를 피하는 길은 강대국이 먼저 그 발톱을 뽑는 선순환의 고리에 모범을 보일 때 가능한 게 아닐까? 아직은 민족주의 폐기를 말할 때가 오지 않았다. 우리 안의 타자를 차별하는 민족주의 역기능은 줄이고, 민족주의 사이의 전압을 낮춰 국가 사이의 충돌은 막는 열린 민족주의만이 현실과 이상을 아우르는 차선책이 아닐까 한다.

여섯째, 역사기억을 둘러싼 내전과 국제전의 포화를 멈추는 기억의 화해다. 남의 국민과 북의 인민으로 갈라섰던 "민족"이 다시 하나 되는 남북통일을 위한 전제로 우리 안 남남갈등을 넘어서는 역사기억의 통합이 필요하다. 또한 반면교사로서 일본과 중국의 역사 왜곡에 비춰볼 때 극단적 민족주의와 백색이건 적색이건 전체주의를 넘어 타자와의 공존을 위한 자긍과 성찰이 함께하는 균형 잡힌 역사관도 필요하다. 과거의 역사적 경험은 우리의 앞길을 비추는 등대다. 따라서 세계와의 공존을 도모하되 민족 성원 모두가 주체로서 깨어있는 개인(시민)이 되는 자유화의 역사를 서술해 한국사 역시 개인의 자유의지가 역사 발전의 추동력이었음을 입증한 이기백의 『한국사신론』에 보이는 민족주의 사관 본래의 정신을 되살릴 필요가 있음을 부언(附言)한다.[126]

---

126 이기백은 1961년 『국사신론』(태성사)에서 『한국사신론: 한글판』(일조각, 1999)에 이르기까지 한국 역사학계가 거둔 성과를 계속 수용해 수차례의 개정판을 펴냈다. 이 책이 갖는 사학사적 의미는 대한민국이 자본주의 시장경제 질서와 자유민주주의를 이룩한 국민국가로 발전해 가는 큰 흐름 속에서 파악했다는 점이다. 광복 후 교육받은 1세대 역사학자의 대표자 격인 이기백은 이 책의 말미에 수록된 "종장: 한국사의 발전과 지배세력"의 서술이 잘 말해주듯이, 지배계층의 확대를 중심으로 선사시대부터 국민 모두가 역사발전의 주체가 되는 자유민주주의 체제하 시민사회가 도래하는 과정을 서술함으로써 최초로 대한민국이라는 국민국가의 역사를

서술했다. 정두희는 이 책을 해방 이후 한국 사학계가 거둔 모든 성과를 대변하는, 즉 민족주의와 내재적 발전론이 조화를 이룬 저서로 평가했다. 정두희, 앞의 책, 2001, pp. 86-102. 정두희가 내린 "『한국사신론』은 각자의 분야에서 개별적인 연구에 몰두하고 있는 수많은 역사학자들의 연구 성과와 그에 담긴 소망을 집약하여 하나의 체계로 정리해 냄으로써 해방 이후 한국사학계가 거둔 모든 성과를 대변하는 저서가 되었다"라는 평은 합당하다. 정두희, 같은 책, 2001, p. 102.

참고문헌

1차 자료

국사편찬위원회 편, 『동학란기록』 상·하, 국사편찬위원회, 1959.

──, 『고종 순종실록』 중, 탐구당, 1970.

──, 『윤치호일기』 4·5·6, 탐구당, 1971.

──, 『순조실록』, http://sillok.history.go.kr/

──, 『승정원일기』, https://sjw.history.go.kr/main.do/

──, 『주한일본공사관기록』 2, 국사편찬위원회, 1987.

──, 『주한일본공사관기록』 5, 국사편찬위원회, 1990.

김기수, 『일동기유(日東記遊)』, 국사편찬위원회 편, 『수신사기록』, 국사편찬위원회, 1971.

김윤식, 『속음청사』, 국사편찬위원회, 1960.

『東京日日新聞』, 1894년 6월 26일자.

『동아일보』 1969년 1월 7일자.

동학농민전쟁100주년기념사업추진위원회 편, 『동학농민전쟁연구자료집』 1, 여강출판사, 1991.

딩쉐송(丁雪松), 倪振, 齐光, 「東北解放戰爭時期 東北局 駐朝 鮮辦事處回憶」, 中共中央黨資料征集委員會 編, 『遼沈決戰(上)』, 人民出版社, 1988.

릴리어스 호톤 언더우드, 김철 역, 『언더우드 부인의 조선 생활』, 뿌리깊은나무, 1984.

「茂長縣謄上東學人布告文」, 「隨錄」, 河合文庫 소장자료; 국사편찬위원회 편, 『동학란기록』 상, 국사편찬위원회, 1959.

李基慶 著, 李晚采 편, 『闢衛篇』, 열화당, 1971.

李能和, 『朝鮮基督敎及外交史』, 朝鮮基督敎彰文社, 1928.

이사벨라 버드 비숍, 이인화 역, 『한국과 그 이웃 나라들』, 살림, 1994.

이상식 역주, 『추안급국안』 75, 전주대학교 한국고전학연구소, 2014.

이재기(李在璣), 『눌암기략(訥菴記略)』.

이토 히로부미(伊藤博文) 編, 『祕書類纂: 朝鮮交涉資料』 中, 祕書類纂刊行會, 1936.

「仁川領事 小川盛重 歸朝談」, 『報知新聞』 1894년 6월 13일, 14일자.

일본 외무성 편, 『일본외교문서』 28: 1, 일본국제연합협회, 1936.

「[전봉준]판결선고서 원본」, 『한국학보』 39, 1985.

丁若鏞, 「先仲氏墓誌銘」, 『與猶堂全書』 15.

정교, 『대한계년사』 상, 국사편찬위원회, 1957.

朝鮮總督府 編, 『朝鮮半島史編成ノ要旨及順序 朝鮮人名彙考編纂ノ要旨及順序』, 1916.

중앙연구원근대사연구소, 『淸季中日韓關係史料』 4, 도서번호 999, 태동문화사, 1980.

한국학문헌연구소 편, 『推案及鞫案』, 아세아문화사, 1978.

한국학진흥사업성과포털(waks.aks.ac.kr/site/chuangu-kan).

황준헌, 조일문 역, 『조선책략』, 건국대학교 출판부, 1977.

황현(黃玹), 『梅泉集』, 本傳, 1911.

_____, 『매천야록』, 국사편찬위원회, 1955.

_____, 『오하기문』, 동학농민전쟁100주년기념사업추진회 편, 『동학농민혁명사료총서』 1, 사문연구소, 1996.

_____, 『동비토록』, 동학농민전쟁100주년기념사업추진회 편, 『동학농민혁명사료총서』 6, 사문연구소, 1996.

_____, 이민수 역, 『동학란: 동비기략초고』, 을유문화사, 1985.

_____, 김종익 역, 『번역 오하기문』, 역사비평사, 2009.

「흥선대원군 효유문」, 규장각 소장 도서(도서번호 121415).

2차 자료

(1) 국문 · 일문 · 중문 논문

강만길, 「대한제국 시기의 상공업문제」, 『아세아연구』 16(2), 1973.

──────, 「대한제국의 성격」, 『창작과 비평』 49, 1978.

강성민, 「논쟁일지 1」, 이태진 · 김재호 외, 교수신문 편, 『고종황제 역사 청문회』, 푸른역사, 2005.

강성호, 「포스트모더니즘과 마르크스주의 역사학」, 김기봉 외, 『포스트모더니즘과 역사학』, 푸른역사, 2002.

강재언(姜在彦), 「朝鮮における封建体制の解體と農民戰爭」 1 · 2, 『歷史學研究』 173 · 177, 1954.

강화정, 「교학사 한국사 교과서의 현대사 서술과 민주주의 교육」, 『역사교육연구』 20, 2014.

고병익, 「총설: 한국문화와 세계문화」, 『한국사시민강좌』 4, 일조각, 1989.

고정휴, 「대한민국 임시정부 임시대통령으로서의 이승만」, 유영익 편, 『이승만 대통령 재평가』, 연세대학교출판부, 2006.

곽차섭, 「포스트모던 시대의 역사학을 위하여」, 김기봉 외, 『포스트모더니즘과 역사학』, 푸른역사, 2002.

"광무개혁"연구반, 「"광무개혁"연구의 현황과 과제」, 『역사와 현실』 8, 1992.

구선희, 「조선중국상민수륙무역장정과 조 · 청관계의 변질」, 『한국사』 38, 국사편찬위원회, 1999.

꾼 드 꿰스터, 「1907년 헤이그 특사의 성공과 좌절」, 『한국사학보』 30, 2008.

교육부, 「고등학교 교육과정」, 『교육부 고시 제2015-74호(별책 4)』, 2015.

──────, 「고등학교 교육과정」, 『교육부 고시 제2018-162호(별책 7)』, 2018.

권오영, 「동도서기론의 구조와 그 전개」, 『한국사 시민강좌』 7, 1990.

권평, 「황사영(「백서」)과 정하상(「상재상서」)의 저작에 나타난 천주교의 국가에 대한 두 가지 태도 연구」, 『한국교회사학잡지』 54, 2019.

기쿠치 겐조(菊池謙讓), 「일청전쟁과 대원군」, 동학농민전쟁100주년기념사업추진위원회 편, 『동학농민전쟁연구자료집』 1, 여강출판사, 1991.

──────, 「東學黨の戰亂: 獄中の全琫準(1855-1895)」, 『近代朝鮮裏面史』, 東亞拓植公論社, 1936.

──────, 「東學黨の亂」, 『近代朝鮮史』 下, 鷄鳴社, 1939.

김권정, 「근대전환기 윤치호의 기독교 사회윤리사상」, 『기독교사회윤리』 22, 2011.

김기봉, 「내재적 발전론과 식민지근대화론을 넘어서」, 이태진·김재호 외, 교수신문 편, 『고종황제 역사 청문회』, 푸른역사, 2005.

_____, 「포스트모던 시대에서 역사란 무엇인가」, 김기봉 외, 『포스트모더니즘과 역사학』, 푸른역사, 2002.

김기혁, 「개항을 둘러싼 국제정치」, 『한국사시민강좌』 7, 일조각, 1990.

김도형, 「대한제국 초기 문명개화론의 발전」, 연세대학교 국학연구원 편, 『서구문화의 수용과 근대개혁』, 태학사, 2004.

김명섭, 「한국현대사 인식의 새로운 '진보'를 위한 성찰: 세계사적 맥락화와 '반반공'주의의 극복」, 한국현대사학회 창립학술회의 발제문(2011. 5. 20).

김상기, 「동학과 동학란」 23, 『동아일보』, 1931년 9월 19일자.

김상태, 「일제하 윤치호의 내면세계 연구」, 『역사학보』 165, 2000.

김용덕, 「격문을 통해서 본 전봉준의 혁명사상」, 『나라 사랑』 15, 1974.

김용섭, 「동학란연구론: 성격문제를 중심으로」, 『역사교육』 3, 1958.

_____, 「동학란연구론」, 『역사교육』 3, 1958.

_____, 「전봉준 공초의 분석: 동학란의 성격 일반(一斑)」, 『사학연구』 2, 1958.

_____, 「광무년간의 양전사업에 관한 일연구」, 『아세아연구』 31, 1968.

_____, 「신용하 저, 『독립협회 연구』 서평」, 『한국사연구』 12, 1976.

_____, 「황현의 농민전쟁 수습책」, 『(고병익 선생 회갑 기념논총) 역사와 인간의 대응』, 한울, 1984.

_____, 「근대화과정에서의 농업개혁의 두 방향」, 『한국자본주의 성격논쟁』, 대왕사, 1988.

_____, 「일제 관학자들의 한국사관」, 『역사의 오솔길을 가면서: 해방세대 학자의 역사연구 역사강의』, 지식산업사, 2011.

김윤희, 「제국민(帝國民), 대한제국, 대한제국 황제」, 『내일을 여는 역사』 17, 서해문집, 2004.

김정인, 「동학사의 편찬 경위」, 『한국사연구』 170, 2015.

김재준, 「한국사에 나타난 신교(信敎) 자유에의 투쟁」, 1966, 기독교사상 편집부 편, 『(기독교 사상 300호 기념논문집) 한국역사와 기독교』, 대한기독교서회, 1983.

김재호, 「대한제국기 황실의 재정지배: 내장원 "외획"을 중심으로」, 『경제사학』, 2000.

김종준, 「식민사학의 '한국근대사' 서술과 '한국병합' 인식」, 『역사학보』 217, 2013.

김진소, 「신해박해 당시 서양 선박 청원의 특성」, 한국순교자현양위원회, 『신유박해와 황사영백서사건』, 2003.

김창수, 「동학혁명론: 동학혁명인가, 갑오농민전쟁인가」, 『동학연구』 3, 2002.

김태영, 「황사영의 의식 전환과 천주교적 세계관-백서 작성 배경과 관련하여」, 『지역과 역사』 25, 2009.

김태웅, 「1920-30년대 오지영의 활동과 『동학사』 간행」, 역사학연구소 편, 『역사연구』 2, 거름, 1993.

_____, 「서구자본주의의 침투와 위기의식 고양」, 『한국사』 10, 한길사, 1994.

김학준, 「분단구조의 고착화」, 『해방의 정치사적 인식』, 대왕사, 1990.

김호, 「우리에게 포스트 모던 역사학이란 무엇인가」, 김기봉 외, 『포스트모더니즘과 역사학』, 푸른역사, 2002.

노경덕, 「냉전사와 소련 연구」, 『역사비평』 101, 2012.

노길명, 「조선후기 한국 가톨릭 교회의 민족의식」, 『성농 최석우 신부 고희기념 한국가톨릭 문화활동과 교회사』, 한국교회사연구소, 1991.

노용필, 「오지영의 인물과 저작물」, 『동아연구』 19, 1989.

니시카와 나가오(西川長夫), 「日本型國民國家の形成 ― 比較史的觀点から」, 西川長夫·松宮秀治 編, 『幕末·明治期の國民國家形成と文化變容』, 新曜社, 1995.

다보하시 기요시(田保橋 潔), 「甲午東學變亂」, 『近代日鮮關係の研究』, 下, 朝鮮総督府中枢院, 1940.

도면회, 「대한국국제와 황제중심의 정치체제」, 『내일을 여는 역사』 17, 서해문집, 2004.

리청원, 「갑오농민전쟁의 성격과 그 력사적 의의」, 『력사의 제문제』 3, 1948.

마츠오 마사히도(松尾正人), 「倒幕と統一國家の形成」, 田中彰 編, 『明治維新: 近代日本の軌跡 1』, 吉川弘文館, 1994.

민경배, 「기독교사상」, 고대민족문화연구소 편, 『한국현대문화사대계』 II, 고려대학교 민족문화연구소, 1976.

_____, 「한국교회사에 있어서 민족의 문제」, 1981, 기독교사상 편집부 편, 『(기독교 사상 300호 기념논문집) 한국역사와 기독교』, 대한기독교서회, 1983.

박경식(朴慶植), 「開國と甲午農民戰爭」, 『歷史學研究』 特輯號 "朝鮮史の諸問題", 1953.

박광용, 「황사영백서 사건에 대한 조선왕조의 반응」, 한국순교자현양위원회, 『신유박해와 황사영백서사건』, 2003.

박규환, 「한국 기독교 역사 서술의 관점에 대하여: 황사영백서 사건을 중심으로」, 『(숭실대학교) 인문학연구』 41, 2011.

박노자, 「식민지 개발론이 고개든 이유」, 『한겨레』, 2005년 5월 9일자.

_____, 「내가 동학을 사랑하는 방법: '하원호의 비판'에 대한 또 하나의 답」, 『당대비판』 25, 2004.

박맹수, 「동학농민혁명기 재조일본인의 전쟁 협력 실태와 그 성격」, 『한국독립운동사연구』 36, 2010.

박원용, 「소비에트 체제 해체 이후 러시아 혁명 해석의 주요 경향: 정치세력 및 노동계급과의 관계, 신문화사적 관점을 중심으로」, 『동북아문화연구』 29, 2011.

박정심, 「한국 근대지식인의 '근대성' 인식 I : 문명 · 인종 · 민족담론을 중심으로」, 『동양철학연구』 52, 2007.

박찬승, 「20세기 한국사학의 성과와 반성」, 『한국사학사학보』 1, 2000.

박충석, 「근대일본에 있어서 국가주의의 형성」, 박영재 외, 『19세기 일본의 근대화』, 서울대학교 출판부, 1996.

박현모, 「세도정치기 조선 지식인의 정체성 위기 황사영백서를 중심으로」, 『동방학지』 123, 2004.

박홍식, 「(이 책을 말한다) 도널드 베이커의 『조선후기 천주교와 유교의 대립』」, 『오늘의 동양사상』 1, 1998.

방상근, 「황사영백서의 분석적 이해」, 『교회사연구』 13, 1998.

배항섭, 「동학난에서 농민전쟁으로」, 『내일을 여는 역사』 1, 내일을 여는 역사, 2000.

서의식, 「포스트모던 시대 한국사 인식과 교육의 방향」, 김기봉 외, 『포스트모더니즘과 역사학』, 푸른역사, 2002.

서중석, 「민족의식의 형성과 전개」, 한국사특강편찬위원회 편, 『한국사특강』, 서울대학교 출판부, 1990.

송병기, 「광무개혁연구: 그 성격을 중심으로」, 『사학지』 10, 1976.

시노부 세이자브로(信夫淸三郞), 「東學黨の亂」, 『陸奧外交 : 日淸戰爭の外交史的硏究』, 叢文閣, 1935.

_____, 「동학당의 난」, 동학농민전쟁100주년기념사업추진위원회 편, 『동학농민전쟁연구자료집』 1, 여강출판사, 1991.

스즈키 노부아키(鈴木信昭), 「황사영 백서의 의의와 배경: 천주교 신도의 서양선박 청원계획과 관련해서」, 『부산교회사보』 17, 1998.

신용하, 「김용섭 저 『한국근대농업사연구』 서평」, 『한국사연구』, 13, 1976.

_____, 「19세기 한국의 근대국가 형성문제와 입헌공화국 수립운동」, 『한국의 근대국가 형성과 민족문제』, 문학과 지성사, 1986.

_____, 「대한제국과 독립협회」, 한국사연구회 편, 『(제2판) 한국사연구입문』, 지식산업사, 1987.

_____, 「서재필의 독립협회 운동과 사상」, 서재필기념회 편, 『서재필과 그 시대』, 서재필기념회, 2003.

안수강, 「황사영의 "백서" 고찰」, 『역사신학논총』 24, 2012.

안병욱, 「갑오농민전쟁의 성격과 연구현황」, 역사문제연구소 편, 『한국 근현대사 연구입문』, 역사비평사, 1988.

안병직, 「일본식민통치의 경제적 유산」, 안병직 외, 『한국근대민족운동사』, 돌베개, 1980.

――――, 「한국경제발전에 관한 연구의 방법과 과제: 무엇을 연구할 것인가」, 경제사학회 편,
『한국경제발전의 역사적 조건』, 1993.

안병직, 「한국 사회에서의 '기억'과 '역사'」, 『역사학보』 193, 2007.

양상현, 「1894년 농민전쟁과 항일의병전쟁」, 정용욱 등, 『남북한역사인식 비교강의』, 일송정, 1989.

여진천, 「황사영백서의 이본(異本) 연구」, 『(최석우 신부 수품 50주년 기념논총 제1집) 민족사와
교회사』, 한국교회사연구소, 2000.

――――, 「조선 후기 천주교인들의 교회 재건과 신앙 자유 획득 방안에 관한 연구」, 한국천주교
중앙협의회, 『한국 천주교회사의 성찰과 전망』, 한국사목연구소, 2000.

――――, 「황사영 백서 이본에 대한 비교 연구」, 『교회사연구』 28, 2007.

오길보, 「갑오농민전쟁과 동학」, 『력사과학』 5, 1959.

오다 쇼고(小田省吾), 「李朝の朋黨を略述して天主敎迫害に及ぶ」, 『靑丘學叢』 1, 1930.

――――, 「이조의 붕당을 약술하여 천주교 박해에 이름」, 『한국천주교회사논문선집』 2,
한국교회사연구소, 1977.

오영섭, 「1940년대 후반 유물사가들의 동학농민운동 인식」, 『동학학보』 10, 2005.

――――, 「오지영의 〈역사소설 동학사〉의 12개조 폐정개혁안 문제」, 『시대정신』 68, 2017.

오충근(吳忠根), 「朝鮮分斷の國際的起源」, 『國際政治』 92, 1989.

왕현종, 「1894년 농민봉기, 어떻게 부를 것인가」, 『역사비평』 12, 1990.

우윤, 「고종조 농민항쟁, 갑오농민전쟁에 대한 연구 성과와 과제」, 『한국사론』 25, 국사편찬위원회,
1995.

유영렬, 「개화지식인 윤치호의 러시아 인식」, 『한국민족운동사연구』 41, 2004.

유영익, 「청일전쟁중 일본의 조선보호국화 기도와 갑오ㆍ을미경장」, 『갑오경장연구』, 일조각, 1990.

――――, 「흥선대원군」, 『한국사 시민강좌』 13, 일조각, 1993.

――――, 「전봉준 의거론: 갑오농민봉기에 대한 통설 비판」, 이기백선생
고희기념한국사학논총간행위원회 편, 『이기백선생 고희기념한국사학논총 하:
조선시대ㆍ근현대 편』, 일조각, 1994.

――――, 「수정주의와 한국현대사 연구」, 유영익 편, 『수정주의와 한국현대사』, 연세대학교출판부,
1998.

――――, 「이승만의 〈옥중잡기〉 백미」, 유영익 편, 『이승만연구』, 연세대학교 출판부, 2000.

――――, 「3ㆍ1운동 후 서재필의 신대한(新大韓) 건국구상」, 김용덕 등 편, 『서재필과 그 시대』,
서재필기념회, 2003.

──────, 「동학농민운동의 기본성격」, 『한국사 시민강좌』 40, 2007.

원재연, 「황사영백서의 인권론적 고찰」, 『법사학연구』 25, 2002.

이경구, 「이벽, 황사영, 정하상의 천주교, 유교 인식의 동일성과 차이점」, 『교회사연구』 52, 2018.

이기동, 「민중사학론」, 『전환기의 한국사학』, 일조각, 1999.

이기백, 「반도적 성격론 비판」, 『한국사 시민강좌』 1, 일조각, 1987.

이명희 · 강규형, 「한국근 · 현대사교과서의 문제점과 개선방향」, 『사회과 교육』 48(1), 2009.

이민원, 「대한제국의 성립과 "광무개혁", 독립협회에 대한 연구 성과와 과제」, 『한국사론』 25,
      국사편찬위원회, 1995.

이배용, 「회고와 전망: 한국사학계(1990~1992): 최근세」, 『역사학보』 140, 1993.

이상백, 「동학당과 대원군」, 『역사학보』 27 · 28 합집, 1962.

이시이 도시오(石井壽夫), 「黃嗣永の帛書に就いて ― 朝鮮天主教徒の洋舶請來の思想」, 『歷史學研究』
      10(1), 10(2), 1940.

──────, 「理學至上主義 李朝への天主教挑戰」, 『歷史學研究』 12(6), 1942.

──────, 교회사연구소 역, 「이학지상주의 이조에 대한 천주교의 도전」, 『한국천주교회사논문선집』 2,
      한국교회사연구소, 1977.

──────, 문성규 역, 「황사영 백서에 대하여: 조선천주교도의 양박청래의 사상」, 여진천 편, 『황사영
      백서 논문 선집』, 기쁜소식, 1994.

이영재, 「대원군 사주에 의한 동학농민전쟁설 비판: 유영익의 대원군 사주설 비판을 중심으로」,
      『한국정치학보』 50(2), 2016.

이영춘, 「황사영백서 사건에 대한 역사신학적 성찰」, 한국순교자현양위원회, 『신유박해와
      황사영백서사건』, 2003.

이영학, 「광무양전사업 연구의 동향과 과제」, 『역사와 현실』 6, 1991.

이영훈, 「서론」, 『조선후기사회경제사』, 한길사, 1988.

──────, 「광무양전의 역사적 성격: 충남 연기군 광무양안에 관한 사례분석」, 안병직 외, 『근대조선의
      경제구조』, 비봉출판사, 1989.

──────, 「조선후기 경제사 연구의 새로운 동향과 과제」, 이영훈 편, 『수량경제사로 다시 본 조선
      후기』, 서울대학교출판부, 2004.

──────, 「왜 다시 해방 전후사인가」, 박지향 외, 『해방 전후사의 재인식』 1, 책세상, 2006.

──────, 「프롤로그: 거짓말의 나라」, 이영훈 외, 『(대한민국 위기의 근원) 반일 종족주의』, 미래사,
      2019.

──────, 「한 손에는 피스톨을, 다른 한 손에는 측량기를」, 이영훈 외, 『(대한민국 위기의 근원) 반일

종족주의』, 미래사, 2019.

이윤상, 「대한제국기 국가와 국왕의 위상 제고사업」, 『진단학보』 95, 2003.

———, 「대한제국 재정 운영의 파행성과 경제 정책의 문제점」, 『내일을 여는 역사』 17, 서해문집, 2004.

이원순, 「황사영 백서의 제문제」, 『교회와 역사』 182, 한국교회사연구소, 1990.

———, 「천주교의 수용과 전파」, 『한국사』 35, 국사편찬위원회, 1998.

이원희, 「황사영 백서 연구의 다층적 내러티브 탐색」, 『교육학 논총』 39-1, 2018.

이인호, 「역사에서의 혁명: 러시아 혁명과 역사 해석의 문제」, 『서양사론』 33, 1989.

———, 「러시아 혁명사 연구의 사학사적 배경」, 이인호 편, 『러시아 혁명사론』, 까치, 1992.

이장우, 「황사영과 조선후기의 사회변화−경기 북부 지역 교회 사적의 기초적 검토 일례」, 『교회사연구』 31, 2008.

———, 「신유박해와 황사영백서 사건」, 한국교회사연구소 편, 『한국천주교회사』 2, 한국교회사연구소, 2010.

이태진, 「식민사관의 덫을 경계해야 한다」, 이태진 · 김재호 외, 교수신문 편, 『고종황제 역사 청문회』, 푸른역사, 2005.

이현희, 「대한민국에서의 동학농민혁명 연구의 현황과 특성」, 『동학학보』 12, 2006.

이호재, 「이차대전 중 한국인의 대외인식과 주장: 신한민보의 내용을 중심으로」, 『아세아연구』 68, 1982.

임계순, 「한로밀약과 그 후의 한로관계(1884−1894)」, 『한로관계100년사』, 한국사연구협의회, 1984.

임상우, 「역사학에서의 문화적 전환: 신문화사 대두의 사학사적 검토」, 『서강인문논총』 14, 2001.

———, 「포스트모니즘과 당혹스런 역사학」, 김기봉 외, 『포스트모더니즘과 역사학』, 푸른역사, 2002.

장신, 「조선총독부의 조선반도사 편찬사업 연구」, 『동북아역사논총』 23, 2009.

정경희 · 강규형, 「2013검정 고등학교 한국사 교과서의 서술 분석: 교육부의 수정 과정을 중심으로」, 『사회과교육』 54(1), 2015.

정두희, 「황사영백서」, 『세계의 신학』 36, 한국기독교연구소, 1997.

———, 「황사영백서를 어떻게 볼 것인가」, 『신앙의 역사를 찾아서』, 바오로딸, 1999.

———, 「황사영백서의 사료적 성격」, 한국순교자현양위원회, 『신유박해와 황사영백서사건』, 2003.

———, 「신유박해의 전개과정」, 한국순교자현양위원회, 『신유박해와 황사영백서사건』, 2003.

――――, 「개설서를 통해 본 한국 사학사의 전통」, 『하나의 역사, 두 개의 역사학』, 소나무, 2002.

정민, 「(정민의 다산독본 69) 황사영 백서 사건」, 『한국일보』, 2019년 6월 27일자.

――――, 「(정민 교수의 한국교회사 숨은 이야기 62) 보석처럼 빛났던 소년 황사영」, 『가톨릭평화신문』, 2021년 8월 8일자.

――――, 「(정민 교수의 한국교회사 숨은 이야기 63) 황사영의 애오개 교회」, 『가톨릭평화신문』, 2021년 8월 15일자.

――――, 「(정민 교수의 한국교회사 숨은 이야기 64) 황사영의 도피를 도운 사람들」, 『가톨릭평화신문』, 2021년 8월 22일자.

정성한, 「황사영의 백서에 대한 연구: 보다 통전적인 역사해석을 위한 한 시론」, 『장신논단』 33, 2009.

정진상, 「1894년 농민전쟁의 성격과 지향」, 『역사비평』 24, 1994.

정창렬, 「고부 민란연구: 하」, 『한국사연구』 49, 1985.

――――, 「갑오농민전쟁과 갑오개혁」, 한국사연구회 편, 『한국사연구입문』 2, 지식산업사, 1987.

――――, 「동학농민전쟁인가 갑오농민전쟁인가」, 한국현대사연구회, 『근현대사강좌』 5, 1994.

조광, 「황사영백서의 사회사상적 배경」, 『사총』 21 · 22 합집, 1977.

――――, 「황사영의 생애에 관한 연구」, 제2회 신유박해 순교자 연구 발표회 발표문, 1998.

조성윤, 「임오군란과 청국세력의 침투」, 『한국사』 38, 국사편찬위원회, 1999.

조윤선, 「조선후기 기독교 수용의 사회, 사상적 배경」, 『학문과 기독교 세계관』 1, 2010.

주재용, 「산구정지 저 조선서교사 참정(參訂)」, 『혜암(惠庵) 유홍렬박사화갑기념논총』, 探求堂, 1971.

주진오, 「독립협회의 경제체제 개혁구상과 그 성격」, 박현채 · 정창렬 편, 『한국민족주의론』 3, 창작과 비평사, 1985.

――――, 「독립협회의 대외인식의 구조와 전개」, 『학림』 8, 1986.

――――, 「독립협회의 사회사상과 사회진화론」, 『손보기박사 정년기념론총』, 지식산업사, 1988.

――――, 「한국근대 부르주아지의 형성과정과 위로부터의 개혁의 역사적 성격」, 『한국자본주의론: 주종환박사화갑기념논총』, 한울, 1990.

――――, 「개명군주나, 민국이념은 레토릭이다」, 이태진 · 김재호 외, 교수신문 편, 『고종황제 역사 청문회』, 푸른역사, 2005.

지수걸, 「국가의 역사독점과 민중기억의 유실」, 『역사비평』, 2015.

진기홍, 「무장은 동학농민혁명의 발상지」, 고창문화원 부설 향토문화연구회 편, 『향토사료』 12 · 13 합집, 1993.

차기진, 「황사영」, 『한국가톨릭대사전』 12, 한국교회사연구소, 2006.

————, 「조선후기 천주교 신자들의 성직자 영입과 양박청래에 대한 연구」, 『교회사 연구』 13, 1998.

차미희, 「(해제) 일본인에 의한 동학농민전쟁 연구」, 동학농민전쟁100주년기념사업추진위원회 편, 『동학농민전쟁연구자료집』 1, 여강출판사, 1991.

최기영, 「매켄지: 한국인의 독립의지를 세계에 알린 서양인」, 『한국사 시민강좌』 34, 일조각, 2004.

최덕수, 「독립협회의 정체론 및 외교론 연구」, 『민족문화연구』 13, 1978.

최석우, 「조선후기사회와 천주교」, 『(숭전대학교) 논문집』 5, 1974.

————, 「천주교세력의 확대」, 『한국사』, 국사편찬위원회, 1975.

————, 「한국교회사는 어떻게 서술되어 왔는가?」, 『司牧』 34, 1979.

————, 「한국 근대 국가 형성과 기독교」, 1981.

————, 「박해 시대 천주교 신자들의 국가관과 서양관」, 『교회사연구』 13, 1998.

최영호, 「갑신정변론」, 『한국사 시민강좌』 7, 1990.

최완기, 「황사영백서 작성의 사상적 배경」, 한국순교자현양위원회, 『신유박해와 황사영백서사건』, 2003.

최혜주, 「시데하라(幣原坦)의 고문활동과 한국사 연구」, 『국사관논총』 79, 1998.

카스야 켄이치(糟谷憲一), 「近代の政治史」, 朝鮮史研究會 編, 『新朝鮮史研究入門』, 龍溪書舍, 1981.

츠키아시 다츠히코(月脚達彦), 「愛國啓蒙運動の文明觀・日本觀」, 『朝鮮史研究會論文集』 26, 1989.

통계청, 「합방직전 한국인 가구의 도별・직업별 분포: 1910. 5. 10 조사」, 『통계로 본 개화기의 경제・사회상』, 통계청, 1994.

하성래, 「황사영의 교회활동과 순교에 대한 연구」, 『교회사연구』 13, 1998.

————, 「『눌암기략』의 저자 및 내용 소고」, 『교회와 역사』 280, 1998.

하지연, 「한말・일제강점기 국지겸양의 문화적 식민활동과 한국관」, 『동북아역사논총』 21, 2008.

————, 「다보하시 기요시(田保橋 潔)의 『근대일선관계의 연구』와 한국근대사 인식」, 『숭실사학』 31, 2013.

한경구, 「문명과 문화」, 주경철 외, 『문명 다시 보기: 다섯 시선으로 바라본 인류의 역사, 그리고 미래』, 나남, 2020.

한국민중사연구회, 「서설」, 『한국민중사』 1, 풀빛, 1986.

한국천주교주교회의, 「쇄신과 화해(2000년 12월 3일)」.

한영우, 「대한제국을 어떻게 볼 것인가」, 한영우 외, 『대한제국은 근대국가인가』, 푸른역사, 2006.

한우근, 「동학과 '동학란'」, 대한민국학술원 편, 『(학술원) 한국학입문』, 학술원, 1983.

한정숙, 「볼셰비키 혁명사가 크게 수정되고 있다」, 『역사비평』 12, 1991년 봄.

허동현, 「근·현대 학계의 황사영 백서관 연구」, 『한국민족운동사연구』 28, 2001.

_____, 「"태양(the Sun)"의 함의: 종속의 남한과 주체의 북한」, 『서평문화』 45, 2002.

_____, 「조사시찰단(1881)의 일본 경험에 보이는 근대의 특성」, 『한국사상사학』 19, 2002.

_____, 「1880년대 한국인들의 러시아 인식 양태」, 『한국민족운동사연구』 32, 2002.

_____, 「황사영 백서에 대한 근현대 학계의 평가」, 한국순교자현양위원회, 『신유박해와 황사영백서사건』, 2003.

_____, 「조선책략의 허와 실: 미국 끌어들여 청·일 견제한 생존전략」, 허동현·박노자, 『우리역사 최전선』, 푸른역사, 2003.

_____, 「개화·일제기 한국인의 러시아 인식에 보이는 고정관념」, 『한국민족운동사연구』 42, 2005.

_____, 「시론 : 대한제국의 모델로서의 러시아」, 『러일전쟁과 동북아의 변화』, 선인, 2005.

_____, 「개화기 윤치호의 해외체험과 문화수용」, 『한국문화연구』 11, 2006.

_____, 「통감부시기(1906-1910)를 어떻게 볼 것인가?」, 『한국독립운동사연구』 27, 2006.

_____, 「한국 근대에서 단일민족 신화의 역사적 형성 과정」, 『동북아역사논총』 23, 2009.

_____, 「국민국가 만들기 프로젝트로서의 〈민족개조론〉」, 박노자·허동현, 『길들이기와 편가르기를 넘어』, 푸른역사, 2009.

_____, 「대한민국의 건국외교와 유엔(UN)」, 『숭실사학』 30, 2013.

_____, 「2009년 교육과정에 따른 고등학교 한국사 교과서 서술의 문제점」, 『한국현대사연구』 1(2), 2013.

_____, 「한국 근·현대 문명전환 주체를 둘러싼 논쟁에 대한 관견」, 『숭실사학』 39, 2017.

허영란, 「한국 근대사 연구의 '문화사적 전환'-역사 대중화, 식민지 근대성, 경험세계의 역사화」, 『민족문화연구』 53, 2010.

현광호, 「대한제국은 어떻게 중립화를 실현하려 했나」, 『내일을 여는 역사』 17, 서해문집, 2004.

황의돈, 「민중적 규호의 제일 성인 갑오의 혁신운동」, 『개벽』 22-23, 1922.

_____, 「갑오의 혁신운동과 전봉준」, 개벽사 편집국 편, 『조선지위인』, 개벽사, 1922.

(2) 국문·일문·중문 저서

가와사키 사부로(川崎三郎), 『日清戰史』, 博文館, 1897.

강동진, 『일본근대사』, 한길사, 1985.

———, 반민족문제연구소 편,『한국을 장악하라: 통감부의 조선침략사』, 아세아문화사, 1995.

강상규,『(근대 동아시아에 나타난 역사적 전환들) 동아시아 역사학 선언』, 에피스테메, 2021.

강성현,『21세기 한반도와 주변 4강대국』, 가람기획, 2005.

강재언(姜在彦),『朝鮮近代史研究』, 日本評論社, 1970.

강재언,『조선의 서학사』, 민음사, 1990.

강재언,『西洋と朝鮮 ― その異文化格闘の歴史』, 文藝春秋, 1994.

———, 정창렬 역,『한국의 개화사상』, 비봉출판사, 1981.

———, 이규수 역,『서양과 조선: 그 이문화 격투의 역사』, 학고재, 1998.

교과서 포럼 편,『한국 근현대사 대안교과서 이렇게 고쳐 만듭니다』, 2006.

교과서 포럼,『대안교과서 한국 근·현대사』, 2008, 기파랑.

교육인적자원부,『(교육부 고시 제1997-15호: 별책 7) 사회과 교육과정』, 대한교과서주식회사, 1998.

———,『(교육부 고시 제1997-15호)고등학교 교육과 해설』4: 사회, 대한교과서주식회사, 2001.

구로역사연구소,『바로 보는 우리 역사』, 거름, 1990.

국사편찬위원회 편,『고등학교 한국사』, 교육부, 2017.

권석봉,『청말대조선정책사연구』, 일조각, 1986.

금장태,「기독교의 전래와 이조 유교사회와의 갈등」, 기독교사상 편집부 편,『(기독교사상 300호 기념논문집) 한국역사와 기독교』, 대한기독교서회, 1983.

기쿠치 겐조(菊池謙讓),『朝鮮最近外交史: 大院君傳附王妃の一生』, 日韓書房, 1910.

김광수,『한국기독교전래사』, 기독교문사, 1974.

김기봉,『역사를 통한 동아시아 공동체 만들기』, 푸른역사, 2006.

김기봉 외,『포스트모더니즘과 역사학』, 푸른역사, 2002.

김기혁,『근대 한·중·일 관계사』, 연세대학교 출판부, 2007.

김도형,『대한제국기의 정치사상 연구』, 지식산업사, 1994.

김도태,『서재필 박사 자서전』, 수선사, 1948.

김민제,『러시아혁명의 환상과 현실』, 역민사, 1998.

김상기,『(춘추문고 2호) 동학과 동학난』, 한국일보사, 1975.

김상태 편역,『윤치호일기: 1916-1943』, 역사비평사, 2001.

김성준, 『한국기독교사』, 한국교회교육연구원, 1980.

김성칠, 『고쳐 쓴 조선역사』, 대한금융조합연합회, 1947.

김용섭, 『한국근대농업사 연구』, 일조각, 1975.

_____, 『(신정 증보판)동아시아 역사 속의 한국문명의 전환』, 지식산업사, 2015.

_____, 『농업으로 보는 한국통사』, 지식산업사, 2017.

김윤식, 『이광수와 그의 시대』 3, 한길사, 1986.

김인수, 『(신학연구도서 18) 한국기독교회사』, 한국장로교출판사, 1994.

_____, 『한국기독교회의 역사』 상, 장로회신학대학 출판부, 2004.

김일성종합대학 조선사 강좌, 『조선사 개요』, 국립출판사, 1957.

김진소, 『천주교 전주교구사』 1, 천주교 전주교구, 1998.

김종학, 『개화당의 기원과 비밀외교』, 일조각, 2017.

김창수, 『한국근대의 민족의식 연구』, 동화출판공사, 1987.

나카무라 아키라(中村明), 『日淸戰爭の硏究』, 靑木書店, 1973.

노대환, 『문명』, 소화, 2010.

노대환 외, 『고등학교 한국사』, 동아출판, 2020.

니콜라이 V. 랴자노프스키, 김현택 역, 『러시아의 역사(1801-1976)』, 까치, 1982.

다나카 아키라(田中彰), 『岩倉使節團《米歐回覽實記》』, 同時代ライブラリ 174, 岩波書店, 1994.

_____ · 다카다 세이지(高田誠二) 편, 『《米歐回覽實記》の學制的硏究』, 北海島大學圖書刊行會, 1994.

다보하시 기요시(田保橋 潔), 『近代日鮮關係の硏究』, 下, 朝鮮総督府中枢院, 1940.

도널드 베이커, 김세윤 역, 『조선후기 유교와 천주교의 대립』, 일조각, 1997.

도면회 외, 『고등학교 한국사』, 비상, 2020.

라인하르트 코젤렉 저, 안삼환 역, 『코젤렉의 개념사 사전 1: 문명과 문화』, 푸른역사, 2010.

리쩌펀(李則芬), 『中日關係史』, 中華書局, 1982.

마키하라 노리오(牧原憲夫) 편, 『'私'にとっての國民國家論』, 日本經濟評論社, 2003.

문규현, 『(민족과 함께 쓰는) 한국천주교회사 I: 교회 창설부터 1945년까지』, 빛두레, 1994.

미야자키 마사카쓰, 이규조 역, 『정화의 남해 대원정』, 일빛, 1999.

류홍렬, 『조선천주교회사: 상』, 조선천주교회순교자현양회, 1949.

———, 『(증보) 한국천주교회사: 상』, 가톨릭출판사, 1962.

매켄지, 이광린 역, 『한국의 독립운동(Korea's Fight for Freedom)』, 일조각, 1969.

박영재 외, 『19세기 일본의 근대화』, 서울대학교 출판부, 1996.

박용규, 『한국기독교회사 1(1784~1910)』, 생명의 말씀사, 2004.

박은식(朴殷植), 『韓國痛史』, 大同編譯局, 1915.

———, 『한국통사(미주판)』, 1917, 독립기념관 한국 독립운동사연구소 편, 국학자료원, 1998.

———, 『한국독립운동지혈사』, 維新社, 1920.

박종근, 박영재 역, 『청일전쟁과 조선: 외침과 저항』, 일조각, 1989.

박중현 외, 『고등학교 한국사』, 해냄에듀, 2020.

박지향 외, 『해방전후사의 재인식』 1·2, 책세상, 2006.

반병률, 『성재 이동휘 일대기』, 범우사, 1998.

변기영, 『한국 천주교회 창립사 논증』, 한국천주교회창립사연구원, 1998.

변태섭, 『한국사통론』, 삼영사, 1986.

배본철, 『(선교와 에큐메닉스 중심의) 한국교회사』, 문서선교 성지원, 1997.

배은하, 『(역사의 땅, 배움의 땅) 배론』, 성바오로 출판사, 1992.

배항섭, 「동학농민군의 〈무장기포〉와 〈무장포고문〉에 대한 이해의 변천과정 고찰」, 『역사와 담론』 79, 2016.

브루스 커밍스, 김동노 외 역, 『브루스 커밍스의 한국현대사』, 창작과 비평사, 2001.

브루스 커밍스 · 존 할리데이, 차성수 · 양동주 역, 『한국전쟁의 전개 과정』, 태암, 1989.

사회과학 출판사, 『력사사전』 II, 사회과학원 력사연구소, 1971.

사회과학원 력사연구소, 『조선문화사: 원시−중세편』, 사회과학원 력사연구소, 1977.

———, 『조선통사: 상』, 사회과학출판사, 1977.

———, 『조선전사』 11, 과학 · 백과사전출판사, 1980.

———, 『조선전사』 12, 과학 · 백과사전출판사, 1980.

샤를르 달레, 안응렬 · 최석우 역주, 『한국천주교회사』 상, 분도출판사, 1979.

서대숙, 현대사 연구회 역, 『한국공산주의운동사 연구』, 화다, 1985.

서동만, 『북조선 사회주의체제 성립사』, 선인, 2005,

서정민, 『한국교회의 역사』, 살림, 2004.

서영희, 『대한제국정치사연구』, 서울대학교 출판부, 2003.

서의식, 「포스트모던 시대 한국사 인식과 교육의 방향」, 김기봉 외, 『포스트모더니즘과 역사학』,
　　　　푸른역사, 2002.

서인한, 『대한제국의 군사제도』, 혜안, 2000.

손영종·박영해, 『조선통사: 상』, 사회과학출판사, 1987.

손진태, 『한국민족사개론』, 을유문화사, 1948.

＿＿＿, 『우리 민족이 걸어 온 길』, 국제문화관, 1948.

＿＿＿, 『국사대요』, 을유문화사, 1949.

송건호 외, 『해방전후사의 인식』 1-6, 한길사, 1979⊠1991.

송금영, 『러시아의 동북아 진출과 한반도 정책(1860-1905)』, 국학자료원, 2004.

송병기, 『근대한중관계사연구』, 단국대학교 출판부, 1985.

송병기 역, 『국역 윤치호 일기』, 연세대학교 출판부, 2001.

송재용, 『구한말 최초의 순국열사 이한응』, 제이엔씨, 2007.

송호정 외, 『고등학교 한국사』, 지학사, 2020.

스기무라 후카시(杉村濬), 『明治二十七·八年在韓苦心錄』, 杉村陽太郎, 1932.

시데하라 다이라(幣原坦), 『朝鮮史話』, 冨山房, 1924.

신복룡, 『(개정판) 동학사상과 갑오농민혁명』, 선인, 2006.

신용하, 『독립협회연구』, 일조각, 1976.

＿＿＿, 『동학과 갑오농민전쟁 연구』, 일조각, 1993.

신주백 외, 『고등학교 한국사』, 씨마스, 2020.

안병직, 『경세유표에 관한 연구』, 경인문화사, 2017.

알렌, 신복룡 역, 『조선 견문기』, 집문당, 1999.

야나부 아키라, 박양신 역, 『한 단어사전, 문화』, 푸른역사, 2013.

야마구치 마사유키(山口正之), 『黃嗣永帛書の研究』, 全國書房, 1946.

＿＿＿, 『황사영백서의 연구』, 여진천 편, 『황사영 백서 논문 선집』, 기쁜소식, 1994.

＿＿＿, 『朝鮮西敎史 ― 朝鮮キリスト敎の文化的硏究 ―』, 雄山閣, 1967.

앤드루 고든, 김우영 역, 『현대일본의 역사』, 이산, 2005.

앤더슨, 윤형숙 역, 『민족주의의 기원과 전파』, 나남, 1991.

여진천, 『황사영 백서의 원본과 이본에 관한 연구』, 서강대학교 박사학위논문, 2005.

──────, 『황사영 백서 연구: 원본과 이본 비교 검토』, 한국교회사연구소, 2009.

오지영, 『역사소설: 동학사』, 영창서관, 1940.

오카 요시타케, 장인성 역, 『근대일본정치사』, 소화, 1996.

우남이승만전집 발간위원회 · 연세대학교 이승만연구원 편, 오영섭 역주, 『(우남 이승만 전집 1) 독립정신』, 연세대학교 대학출판문화원, 2019.

우라카와 와사부로(浦川和三郎), 『朝鮮殉教史』, 全國書房, 1944.

유영익, 『갑오경장연구』, 일조각, 1990.

──────, 『이승만의 삶과 꿈』, 중앙일보사, 1996.

──────, 『동학 농민봉기와 갑오경장』, 일조각, 1998.

──────, 『젊은 날의 이승만: 한성감옥생활(1899-1904)과 옥중잡기 연구』, 연세대학교출판부, 2002.

이광린, 『개화당연구』, 일조각, 1975.

──────, 『한국사 강좌: 근대 편』, 일조각, 1981.

──────, 『개화당연구: 증보판』, 일조각, 1994.

────── · 신용하 편, 『사료로 본 한국문화사: 근대 편』, 일지사, 1984.

이돈화, 『천도교 창건사』, 천도교 중앙종리원, 1933.

이병도, 『조선사대관』, 동지사, 1948.

──────, 『한국사대관: 신수판』, 보문각, 1972.

──────, 『한국사대관(5차 개판)』, 동방도서, 1983.

이기백, 『국사신론』, 태성사, 1961.

──────, 『한국사신론』, 일조각, 1967.

──────, 『한국사신론: 개정판』, 일조각, 1976.

──────, 『한국사학의 방향』, 일조각, 1978.

──────, 『한국사신론: 신수판』, 일조각, 1990.

──────, 『한국사신론: 한글판』, 일조각, 1999.

────── 편, 『한국사 시민강좌』 1, 일조각, 1987.

이노우에 가쿠고로 외, 한상일 역, 『서울에 남겨둔 꿈』, 건국대학교 출판부, 1993.

이상백, 『(진단학회)한국사: 근세후기편』, 을유문화사, 1965.

이삼성, 『동아시아의 전쟁과 평화: 근대 동아시아와 말기조선의 시대구분과 역사인식』, 한길사, 2009.

이선근, 진단학회 편, 『한국사: 현대편』, 을유문화사, 1963.

이선민, 『민족주의, 이제는 버려야 하나』, 삼성경제연구소, 2008.

이승만, 『독립정신』, 로스앤젤레스: 대동신서관, 1910.

_____, 『독립졍신』, 정동출판사, 1993.

이영훈, 『조선후기사회경제사』, 한길사, 1988.

_____, 「왜 다시 해방 전후사인가」, 박지향 외, 『해방전후사의 재인식』 1, 책세상, 2006.

_____, 『대한민국 이야기: '해방전후사의 재인식' 강의』, 기파랑, 2007.

_____, 『대한민국역사: 나라만들기 발자취 1945-1987』, 기파랑, 2013.

이영훈 외, 『(대한민국 위기의 근원) 반일 종족주의』, 미래사, 2019.

이영훈 편, 『수량경제사로 다시 본 조선후기』, 서울대학교 출판부, 2004.

이원순, 『조선 서학사연구』, 일지사, 1986.

이익주 외, 『고등학교 한국사』, 리베르, 2020.

이정박헌영전집편집위원회, 『이정 박헌영전집』 2: 미군정기 저작 편, 역사비평사, 2004.

_____, 『이정 박헌영전집』 5: 미군정기 자료 편 ①, 역사비평사, 2004.

이정린, 『황사영백서 연구』, 일조각, 1999.

이정식, 권기붕 역, 『이승만의 청년 시절』, 동아일보사, 2002.

_____, 『이승만의 구한말 개혁운동: 급진주의에서 기독교 입국론으로』, 배재대학교출판부, 2005.

_____, 『대한민국의 기원』, 일조각, 2006.

_____, 허동현 편, 『21세기에 다시 보는 해방후사』, 경희대학교 출판문화원, 2012.

이재오, 『해방 후 한국학생운동사』, 형성사, 1984.

이창환, 『조선역사』, 세창서원, 1945.

이태진, 『고종시대사』, 태학사, 2000.

_____ · 김재호 외, 교수신문 편, 『고종황제 역사 청문회』, 푸른역사, 2005.

일성이준열사기념사업회, 『이준 열사, 그 멀고 외로운 여정』, 한비미디어, 2010.

임지현, 『민족주의는 반역이다: 신화와 허무의 민족주의 담론을 넘어서』, 소나무, 1999.

장도빈, 『갑오동학란과 전봉준』, 덕흥서림, 1926.

장융 · 존 할리데이, 황의방 · 이상근 외 역, 『알려지지 않은 이야기들 마오』 상 · 하, 까치, 2006.

전석담, 『조선경제사』, 박문출판사, 1949.

정두희, 『하나의 역사, 두 개의 역사학』, 소나무, 2002.

정용화, 『문명의 정치사상: 유길준과 근대한국』, 문학과 지성사, 2004.

조경달(趙景達), 『朝鮮民衆運動の展開』, 岩波書店, 2002.

조선민주주의인민공화국 과학원 력사연구소, 『조선통사』, 조선민주주의인민공화국 과학원
        력사연구소, 1956.

조선민주주의인민공화국 과학원 력사연구소, 『조선통사: 상』, 과학원출판사, 1962.

존 루이스 개디스, 박건영 역, 『새로 쓰는 냉전의 역사』, 사회평론, 2002.

주재용, 『한국 가톨릭사의 옹위』, 한국천주교중앙협의회, 1970.

차하순, 『새로쓴 서양사 총론』 2, 탐구당, 2000.

최남선, 『신판 조선역사』, 동명사, 1946.

최문형, 『한국을 둘러싼 제국주의 열강의 각축』, 지식산업사, 2001.

──────, 『국제관계로 본 러일전쟁과 일본의 한국병합』, 지식산업사, 2004.

최병택 외, 『고등학교 한국사』, 천재교육, 2020.

최석우, 『한국교회사의 탐구』, 한국교회사연구소, 1982.

최장집, 『한국 민주주의의 조건과 전망』, 나남출판, 1996.

최준채 외, 『고등학교 한국사』, 금성출판사, 2020.

팔레(James B. Palais), 이훈상 역, 『전통한국의 정치와 정책』, 신원문화사, 1993.

하가 토오루, 손순옥 역, 『명치유신과 일본인』, 예하, 1989.

하타다 다카시(旗田巍), 이기동 역, 『일본인의 한국관』, 일조각, 1983.

한국기독교사연구회, 『한국 기독교의 역사』 I, 기독교문사, 1989.

한국민중사연구회, 『한국민중사』 1, 2, 풀빛, 1986.

한국역사연구회, 『한국사 강의』, 한울아카데미, 1989.

──────, 『한국역사』, 역사비평사, 1992.

한우근, 『한국통사』, 을유문화사, 1970.

한영우, 『다시찾는 우리역사』, 경세원, 1997.

──────, 『미래를 여는 우리 근현대사』, 경세원, 2016.

한영우 외, 『대한제국은 근대국가인가』, 푸른역사, 2006

한철호 외, 『고등학교 한국사』, 미래엔, 2020.

허동현, 『근대한일관계사연구』, 국학자료원, 2000.

허수열, 『개발없는 개발』, 은행나무, 2005.

현광호, 『대한제국의 외교정책』, 신서원, 2002.

황태연, 『백성의 나라 대한제국』, 청계, 2017.

후지무라 미치오(藤村道生), 『日淸戰爭: 東アジア近代史の轉換點』, 岩波書店, 1973.

후지이 쇼우이치(藤井松一), 「日露戰爭」, 『岩波講座 日本歷史』 18, 岩波書店, 1972.

A. 말로제모프, 석화정 역, 『러시아의 동아시아 정책』, 지식산업사, 2002.

B. Anderson, 최석영 역, 『민족의식의 역사인류학』, 서경문화사, 1995.

F. H. 해링튼, 이광린 역, 『개화기의 한미관계: 알렌 박사의 활동을 중심으로』, 일조각, 1973.

M. 카르포비치, 이인호 역, 『제정러시아(1801-1917): 탐구신서 118』, 탐구당, 1992.

(3) 영문 논저

Andrei Lankov, "Soviet Politburo Decisions and the Emergence of the North Korean State, 1946-1948," *Korea Observer*, Vol. 36, No. 3, Autumn 2005.

Anthony Molho and GordonWood (ed.), *Imagined Histories: American Historians Interpret the Past*, Princeton, 1998.

Benedict Anderson, *Imagined Communities: Re ections on the Origin and spread of Nationalism*, Lon-don · New York: Verso, 1983; Revised Edition 1991.

Bruce Cumings, *The Origins of the Korean War: Liberation and the Emergence of Separate Regimes, 1945-1947*, Princeton University Press, 1981.

_____, *Korea's Place In the Sun: A Modern History*, New York and London: W. W. Norton & Company, 1998.

CCP(*Courrier de la Conference de la paix*), "L'appel des dlgus coreans", 9 July 1907.

Chai Sik Chung, "Religion and Cultural Identity: The Case of 'Eastern Learning'," *International Yearbook for the Sociology of Religions 5*, 1969.

Chen Jian, "China in 1945: From Anti-Japanese War to Revolution," Gerhard Krebs and

Christian Oberlander, eds., *1945 in Europe and Asia*, Munich and Tokyo, 1997.

Chong-Sik, Lee, *Syngman Rhee, The Prison Years of a Young Radical*, Yonsei University Press, 2001.

Dae-Sook Suh, *Documents of Korean Communism, 1918-1948*, Princeton: Princeton University Press, 1970.

Dallet, *Histoire de L'eglise de Coree*, I , Librairie Victor Palme, paris, 1874.

De Nieuwe Courant, "Vredesconferentie, Rondom de RidderZaal", 4 September 1907.

E. H. Carr, *What is History?*, University of Cambridge & Penguin Books, 1961.

Francis Fukuyama, "The End of History", *The National Interest*, 1989.

_____, *The End of History and the Last Man*, Free Press, 1992.

Franklin Rausch, "Wicked Officials and Virtuous Martyrs an analysis of the martyr biographies in Alexius Hwang Sayŏng's Silk Letter," 『교회사연구』 32, 2009.

Gustave Mutel, *Lettre d'Alexandre Hoang a Mag de Gouvea, Eveque de Pekin(1801)*, HongKong, 1925.

Immanuel Maurice Wallerstein, *Decline of American Power: The U.S. in a Chaotic World*, New Press, 2003.

Immanuel Maurice Wallerstein, etc., *Does Capitalism Have a Future?*, Oxford, 2013.

Isabella Bird Bishop, *Korea and her Neighbours*, London: JohnMurrray, 1897.

James B. Palais, *Politics and Policy in Traditional Korea*, Cambridge and London: Harvard University Press, 1975.

John Lewis Gaddis, *We Now Know: Rethinking Cold War History*, New York: Oxford University Press, 1997.

Jon Halliday and Bruce Cumings, *Korea: The Unknown War*, Pantheon, 1988.

Jung Chang and Jon Halliday, *Mao: The Unknown Story*, New York: Alfred A. Knopf, 2005.

Key-Hiuk Kim, *The Last Phase of East Asian World Order: Korea, Japan and the Chinese Empire, 1860~1882*, Berkeley and Los Angeles: University of California Press, 1980,

Khitrovo to Waeber, February 21, 1894, No. 50, "Russian Documents Relating to Sino-Japanese War, 1894~1895: From Kransny Archiv, Vol. L-LI, pp. 3-63," *The Chinese Social and Political Science Review* 18:2(July 1934).

Mary Mapes Dodge, *Hans Brinker, or The Silver Skates*, 1865.

N. Gorden Levin, Jr., *Woodrow Wilson and World Politics: America's Response to War and Revolution*, London: Oxford University Press, 1968.

Lillias H. Underwood, *Fifteen Years among the Top-Knotes or Life in Korea*, New York: American Tract Society, 1904.

Pak Chonghyo(박종효), *Rossiya i Koreya, 1895-1898* (러시아와 한국: 1895-1898), 모스크바, 1993.

Pipes, *Russia under the Bolshevik Regime, 1919-1924*, New York: A. A. Knopf, 1994.

Richard Pipes, *Russia under the Old Regime*, NY, 1974.

Robert M. Slusser, "Soviet Far Eastern Policy, 1945~1950: Stalin's Goals in Korea" in Nagai and Iriye (eds), *The Origins of the Cold War in Asia*, New York: Columbia University Press, 1977.

"Roosevelt to Hay, January 28, 1905", Collection Theodore Roosevelt Papers.

Syngman Rhee, *Japan Inside Out: The Challenge of Today*, 2nd Ed. New York: Fleming H. Revell Co., 1941.

Stéphane Courtois, Nicolas Werth, Jean-Louis Panné, Andrzej Paczkowski, Karel Bartosek, Jean-Louis Margolin, *Le Livre noir du communisme: crimes, terreur, répression*, Paris: Robert Laffont, 1997.

The Daily Telegraph in *The New York Times*, "Has No Friends in Europe", 20 July 1907.

Young Ick Lew, "Yüan Shih-k'ai's Residency and the Korean Enlightenment Movement (1885-1894)," *The Journal of Korean Studies*, ⅴ, 1984.

_____, "Dynamics of the Korean Enlightenment Movement, 1879-1889: A Survey with Emphasis on the Korean Leaders," 中央研究院近代史研究所 編. 『淸季自强運動硏討會論文集』上, 臺北: 中央研究院近代史研究所, 1987.

_____, "The Conservative Character of the 1894 Tonghak peasant Uprising", *the Jounal of Korean Studies 7*, Los Angeles: University of Southern Califonia, 1990.

V. Tikhonov(박노자), 「The Experience of Importing and Translating a Semantic System: 'Civilization', 'West', and 'Russia' in the English and Korean Editions of e Independent」, 『한국민족운동사연구』 32, 2002.

찾아보기